Dimensiones de la desigualdad en México

(Problemas de México, 2)

Dimensiones de la desigualdad en México

Oscar Javier Apáez Pineda
Ricardo Bernal Lugo
(Coordinadores)

CoNtRaStE

Este libro ha sido parcialmente financiado por la Universidad La Salle, Ciudad de México, agradecemos su apoyo. Todos los capítulos han sido dictaminados por pares académicos ciegos.

Primera edición, 2020
© Oscar Javier Apáez Pineda, © Ricardo Bernal Lugo
© Contraste Editorial, S. A. de C. V.
I. Ramírez 4, Chilpancingo, Guerrero, 39000
Contacto: contrasteeditorial@hotmail.com
Diseño de portada: © Arq. Juan Carlos Rendón Alarcón
Imagen de la portada: detalle de un cuadro de © René Villalobos
ISBN 978-607-97617-5-2

Índice

III. Desigualdad, Antropología y Urbanismo

IV. Desigualdad y Discriminación

Introducción

La desigualdad es una realidad social que puede ser analizada desde distintas perspectivas. En el mundo de la academia la aproximación a este fenómeno complejo y multiforme varía dependiendo de la disciplina y la tradición intelectual que se tome como punto de partida. Así, la desigualdad puede ser abordada desde la economía, la sociología, la ciencia política o las humanidades, y, en el interior de cada una de estas disciplinas, se puede poner el acento en diferentes aspectos: los ingresos, las oportunidades, los resultados, el capital cultural, las representaciones sociales a las que da lugar, etc. En este libro nos interesa analizar la manera en la que la desigualdad económica afecta el acceso y el ejercicio de los derechos humanos de las personas en nuestro país.

En las últimas décadas se ha desarrollado un intenso debate sobre la posibilidad de distinguir aquellas desigualdades que pueden ser consideradas como legítimas de aquellas que resultarían ilegítimas en el marco de las expectativas de justicia edificadas en la modernidad. Así, por ejemplo, existen autores que consideran que sólo es válido combatir la desigualdad de oportunidades y no la desigualdad de resultados, mientras que otros afirman que es necesario atender la segunda para enfrentar la primera. De igual forma, existen quienes aseguran que las desigualdades producto del azar deben ser corregidas mientras que las que provienen del esfuerzo y el mérito individual deben juzgarse como desigualdades aceptables.

No obstante, la distinción entre desigualdades producto del azar y desigualdades producto del mérito ha sido cuestionada debido a la dificultad de establecer una línea divisoria clara entre unas y otras. En efecto, la complejidad de las relaciones sociales contemporáneas hace prácticamente imposible distinguir los beneficios, privilegios, donaciones y ventajas que provienen de circunstancias que no dependen de nosotros de aquellas que pueden atribuirse a nuestro esfuerzo.

Existe evidencia para afirmar que la herencia, el lugar de nacimiento, el género o las características étnico-raciales producen ventajas sociales que no pueden asociarse al mérito personal. Sin embargo, también es cierto que nuestro lugar en la sociedad se encuentra influenciado de forma permanente por aspectos como el acceso a cierta información decisiva para obtener un trabajo, el hecho de pertenecer o no a redes sociales de confianza o protección, la posibilidad o no de tener una orientación adecuada en la formación o incluso a las consecuencias de haber tomado una buena o mala decisión en un pasado lejano. La combinación desorganizada y, por lo mismo, imprevisible de todos estos factores difumina aún más la posibilidad de establecer una distinción clara entre las desigualdades producto del azar y las desigualdades producto del esfuerzo.

Ahora bien, al convertir la idea de dignidad humana en un criterio normativo inviolable mediante el reconocimiento de un conjunto de protecciones universales, indivisibles e interdependientes, el paradigma actual de los Derechos Humanos ofrece un horizonte excepcional para pensar los límites de la desigualdad pues asume que la imprevisibilidad de circunstancias adversas y las estructuras de poder y dominación vigentes no deben impedir la materialización de la dignidad humana. Así, los Derechos Humanos reconocen que nuestras expectativas de libertad y realización personal sólo son posibles sobre una base amplia de protecciones obligatorias.

De ahí que en esta obra tomemos como punto de partida el paradigma de los Derechos Humanos para analizar las distintas formas en las que un fenómeno como la desigualdad económica afecta las expectativas antes mencionadas. Esto resulta aún más importante si tomamos en cuenta que a partir de la Reforma en Materia de Derechos Humanos de 2011 el Estado mexicano se ha comprometido a incorporar este paradigma en sus instituciones jurídico-políticas.

Paradójicamente, el reconocimiento de los Derechos Humanos por parte del Estado mexicano ha coincidido con un periodo en el que la desigualdad económica ha aumentado de manera significativa, no sólo en nuestro país sino a nivel mundial. No obstante, aun cuando la desigualdad ha crecido desde hace al menos cuatro décadas sólo recientemente ha comenzado a volverse prioridad en la agenda nacional e internacional.

En efecto, en las últimas décadas la desigualdad económica se ha convertido en un tema central en el debate académico y en una de las principales preocupaciones de las instituciones más importantes del mundo (Atkinson, 2016; Piketty, 2014; Milanovic, 2007). Según el *Informe sobre la desigualdad global de 2018* del World Inequality Lab, en los últimos 40 años la desigualdad aumentó en casi todas las regiones a nivel mundial si tomamos en cuenta la distribución de la riqueza (Alvarado/Chantel, *et al.*, 2018). Si tomamos en cuenta otros indicadores, como la distribución del ingreso o la distribución de los activos financieros, los resultados son semejantes. Este hecho resulta preocupante ya que el aumento de la desigualdad económica tiene consecuencias sociales importantes.

En el reciente informe, titulado *La ineficiencia de la desigualdad* (CEPAL, 2018), la Comisión Económica para América Latina y el Caribe ha señalado que, a diferencia de lo que planteaban algunos economistas como Arthur Okun en *Equality and Efficiency: The Big Trade Off* (1975), la desigualdad tiene altos costos para la eficiencia económica. Sin embargo, como se estudiará en este libro, la ineficiencia económica tan sólo es uno de los problemas asociados al aumento de la desigualdad, pues ésta repercute en múltiples aspectos de la vida de las personas.

En nuestro país la persistencia de la desigualdad económica es una realidad insoslayable. Según el informe *Panorama social de América Latina 2016* (CEPAL, 2017), México es uno de los lugares en los que la riqueza se encuentra peor distribuida si se considera el reparto de los activos financieros. De igual forma, los datos de la Encuesta Nacional de Ingresos y Gasto de los Hogares (ENIGH, 2016) muestran que la diferencia de ingresos entre el decil más bajo y el más alto del país equivale al 20%, una diferencia significativa que impacta en más de un ámbito de la vida de las personas.

Entre otras consecuencias, la desigualdad económica tiende a favorecer el poder de las élites, cuya capacidad de incidencia en las decisiones públicas contradice los ideales democráticos. De ahí que el panorama que se plantea en el reporte *Desigualdad extrema en México* (Esquivel, 2015) presentado por Oxfam-México, en el que se afirma que el 1% de la población más rica posee cerca del 26% de la riqueza nacional, deba ser considerado como un retrato sumamente preocupante de la situación nacional.

En México, además, las inmensas brechas de desigualdad tienen lugar en un contexto de pobreza generalizada, tal como lo muestran los más recientes datos del Consejo Nacional de Evaluación de la Política de Desarrollo Social (CONEVAL). En efecto, de los 127 millones de personas con nacionalidad mexicana, el 42% tiene ingresos por debajo de la línea de pobreza; 49% tiene ingresos por debajo de la línea del bienestar y 89.1% tiene al menos una carencia social (CONEVAL, 2018). A esta situación debe sumarse la baja movilidad social pues, como lo ha mostrado un estudio reciente del Centro de Estudios Espinosa Yglesias (2019), más del 70% de las personas que nacen en pobreza permanecen en ella a lo largo de toda su vida.

Estas cifras, sin embargo, no terminan de reflejar las implicaciones sociales de la desigualdad económica. Además de ampliar las brechas en los ingresos y en las expectativas de consumo, la desigualdad económica se traduce en obstáculos para el acceso a los Derechos Humanos, particularmente a los llamados DESCA (Derechos Económicos, Sociales, Culturales y Ambientales), pero también para el ejercicio del derecho a la comunicación, el derecho a la información, la libertad de expresión y el acceso a la justicia. De igual forma, la desigualdad económica potencializa formas de desigualdad y discriminación por género, por características étnico-raciales y por razón de discapacidad.

De hecho, buena parte de las reflexiones de quienes participan en esta obra insisten en que la desigualdad también debe ser comprendida como una práctica con resortes culturales y simbólicos, por lo que resulta esencial entender los estereotipos, prejuicios y estigmas asociados a ella, así como sus efectos en nuestra concepción del espacio, el tiempo, la memoria y la identidad. De ahí que la desigualdad económica deba ser estudiada, al mismo tiempo, como un problema de distribución y como el punto de anclaje de múltiples relaciones de poder que afectan nuestra forma de organización social, nuestra distribución de los espacios, nuestras prácticas sociales y nuestra propia subjetividad.

Así, desde el derecho, la economía, los estudios organizacionales, la ciencia política, la antropología, la sociología y la filosofía, este libro presenta un análisis multidisciplinar de las diferentes dimensiones de la desigualdad en nuestra nación. Como lo sugiere el título del libro de Lesley Byrd Simpsons, *Muchos Méxicos*, en nuestro país no es lo mismo nacer en una región que en otra, ser hombre o mujer, tener determinada orientación o identidad sexual, etc. La posición social, el género o el color de piel, siguen siendo factores que condicionan el acceso a los derechos de las y los mexicanos, factores que favorecen formas de discriminación y que se traducen en conductas, situaciones, estados y realidades que repercuten en la percepción que tenemos sobre los otros y sobre nosotros mismos.

*

La obra que aquí presentamos está dividida en cuatro secciones organizadas en función del enfoque disciplinar y las temáticas abordadas. La primera sección inicia con el capítulo "Desigualdad y justiciabilidad de los derechos económicos, sociales, culturales y ambientales en México" de Óscar Javier Apaéz, quien subraya la importancia de la Reforma en Materia de Derechos Humanos en la Constitución Política de los Estados Unidos Mexicanos que se llevó a cabo en 2011. Esta Reforma implica un cambio de paradigma que, entre otras cosas, establece el reconocimiento de los contenidos de los tratados internacionales de los que forma parte el Estado mexicano. Apaéz centra su argumentación en la importancia de los llamados DESCA y señala que, a raíz del cambio constitucional mencionado, la desigualdad en el goce del derecho al trabajo, a la seguridad social, a la alimentación, vestido, vivienda y existencia digna, así como en el derecho a la cultura y al medio ambiente, puede combatirse a través de su justiciabilidad. El autor afirma que tanto el Pacto Internacional de Derechos Económicos, Sociales y Culturales, como el Protocolo Adicional a la Convención Americana sobre Derechos Humanos en Materia de Derechos Económicos, Sociales y Culturales "Protocolo de San Salvador", otorgan herramientas que pueden coadyuvar a la materialización de los DESCA y, a través de ella, a la reducción de las desigualdades socio-económicas.

En el siguiente trabajo, Analaura Medina Conde analiza un problema que ha comenzado a tomar relevancia para nuestro país: la desigualdad en el acceso al derecho humano al agua. La autora comienza retomando una idea de Boaventura de Sousa Santos, a saber, que los ideales de libertad e igualdad propios de la modernidad no han sido cumplidos para todos en las mismas condiciones. Las enormes brechas en distintas partes del mundo para acceder a un recurso tan esencial como el agua dan cuenta de ello. En México, a 4 millones 341 mil 53 hogares se les suministra agua cada tercer día, un millón 732 mil 243 la reciben dos días a la semana, un millón 305 mil 304 sólo la obtienen una vez por semana y 2 millones 85 mil 208 no la tienen y la consiguen por medio del traslado de otra vivienda o mediante pipas. La autora analiza la legislación nacional e internacional para mostrar cómo se ha avanzado en términos normativos en el reconocimiento del acceso al agua como un Derecho Humano; sin embargo, Medina Conde insiste que en nuestro país existen diferentes obstáculos asociados a la desigualdad económica, a la pobreza y a la asimetría de poder ya que, por ejemplo, la falta de control hacia empresas transnacionales termina por privilegiar sus necesidades económicas sobre los derechos de todas y todos, sin tomar en cuenta el daño al medioambiente y las afectaciones a la población.

Por su parte, Omar Neme Castillo y Cesaire Chiatchoua junto con Ana Lilia Valderrama Santibáñez analizan la relación entre desigualdad y servicios de cuidado en México, considerando en particular el coeficiente de Gini y los gastos corrientes en bienes y servicios asociados con el cuidado para el 2016 con datos de la ENIGH. Sus estimaciones permiten comprobar la hipótesis de que la desigualdad económica lleva a que los hogares con menores ingresos destinen recursos más que proporcionales al cuidado, en comparación con los hogares de mayores ingresos. Esto les permite afirmar que los hogares pobres tienen gastos esenciales relacionados con el cuidado, por lo que la desigualdad de ingreso se traduce en desigualdad de cuidado. Ante ello insisten en la necesidad de garantizar el derecho al cuidado a través de programas y políticas públicas explícitamente orientadas a este aspecto socioeconómico que permitan reducir las privaciones o carencias sociales. Finalmente, argumentan que tanto los mayores ingresos emergentes, como las mayores oportunidades de acceso al cuidado garantizadas por intervenciones públicas, pueden combinarse para alcanzar una alimentación de mayor calidad, viviendas dignas, mayores niveles de escolaridad y mejores estándares de salud y cuidado para todos los miembros del hogar, contribuyendo así a reducir las condiciones de pobreza y desigualdad.

Para finalizar esta sección, Dorismilda Flores-Márquez analiza las desigualdades en materia de comunicación. La autora recuerda que los derechos a la comunicación, el acceso a la información y la libertad de expresión están contemplados en los marcos normativos, tanto a nivel internacional como nacional, y subraya que, a pesar de surgir como derechos individuales, actualmente deben ser considerados también como derechos colectivos. En ese sentido, estos derechos se asumen como prerrequisitos para la democracia en la medida en que permiten y amplían la expresión pública de la ciudadanía. Retomando los hallazgos de la economía política de la comunicación, Flores-Márquez da cuenta de una tendencia a la concentración de la propiedad mediática en todo el mundo, misma que ha pasado de los medios tradicionales a los medios digitales. En tales circunstancias, la autora señala la relevancia del llamado

Informe McBride que desde hace más de tres décadas advertía sobre las dificultades para ejercer el derecho a la comunicación y señalaba vías de solución que aún no han sido del todo aplicadas.

La segunda sección del libro inicia con el capítulo "Desigualdad y Pobreza: el agotamiento del desarrollismo y el derecho a la prosperidad sustentable", donde Carlos Alberto Jiménez-Bandala se enfoca en el caso de México para analizar la relación entre pobreza y desigualdad en tanto elementos indisociables del capitalismo contemporáneo. Aunque desde 1966 las Naciones Unidas han reconocido los DESCA, Jiménez-Bandala señala que en los hechos la erradicación de la pobreza en el mundo sólo será posible alejándose del modelo desarrollista que caracteriza al capitalismo actual. Partiendo del análisis de datos nacionales e internacionales, el autor argumenta que en los últimos 30 años las políticas económicas, en el mundo en general y en México en particular, han sido infructuosas para reducir la pobreza y la desigualdad. Después de presentar las limitaciones en la concepción de la pobreza propias del modelo desarrollista, cuyas distintas vertientes suelen abrevar de la teoría neo-clásica, Jiménez-Bandala propone el tránsito hacia un modelo de "prosperidad sustentable" en el que no sólo se considere el consumo de bienes materiales, sino las necesidades y las capacidades de las personas, así como el tiempo.

Posteriormente, y en consonancia con las cifras presentadas en los capítulos anteriores, Érika Paz Vázquez analiza la manera en la que el aumento de la desigualdad económica y las transformaciones en el mundo laboral de los últimos años han impactado negativamente en la vida de las mujeres. Siguiendo los trabajos de Joan W. Scott, Paz Vázquez argumenta que nuestra organización económica está atravesada por una división sexual del trabajo donde tanto la labor remunerada de las mujeres, como la actividad doméstica y de cuidados se han invisibilizado y menospreciado. La "naturalización" de los roles de género ha nutrido la idea de que exclusivamente las mujeres deben encargarse del trabajo doméstico y de cuidados. Por lo mismo, una vez que ellas se incorporaron de manera masiva al mercado de trabajo, las dobles o triples jornadas de trabajo se normalizaron. La autora insiste en que, en un contexto de desigualdad estructural entre hombres y mujeres, las transformaciones vividas en México en el marco de las políticas neoliberales afectan de modo particular a estas últimas, quienes tienen menos oportunidades de acceder a empleos bien remunerados o a empleos con protecciones sociales.

El siguiente capítulo del libro está dedicado a estudiar las consecuencias de la desigualdad en la democracia mexicana. Agustín Tapia señala que la desigualdad económica, entendida como la creciente diferencia de ingresos entre los sectores de la sociedad, tiene impacto en distintas áreas de la realidad que van desde las decisiones de consumo hasta las relaciones socioculturales y políticas. Así, por ejemplo, el hecho de que, proporcionalmente hablando, el ingreso familiar más alto equivalga 20 veces el del decil más bajo, o que el 30% de los hogares concentren el 63% del ingreso, se refleja en la forma en la que los miembros de los diferentes estratos sociales afrontan los retos económicos y en la manera en la que se representan su situación social. Como señala el autor, la creciente desigualdad económica puede poner en riesgo la estabilidad de un país, por lo que su reducción debe considerarse uno de los objetivos de todo sistema democrático. Tapia realiza un breve recorrido sobre la historia política reciente de nuestro país para mostrar cómo, aun cuando nuestro sistema se haya planteado como un sistema democrático a partir del siglo XX, el predominio de élites económicas capaces de incidir en la toma de decisiones políticas ha pervertido los fundamentos de este sistema.

En el trabajo siguiente, Cutberto Hernández plantea una reflexión acerca de la existencia de avances contra la desigualdad, partiendo de un enfoque de gobernanza que engloba la relación entre organizaciones de la sociedad civil, gobernanza e innovación democrática. Para ello argumenta la existencia de iniciativas internacionales originadas por los organismos financieros y agencias de las Naciones Unidas en favor de una mayor gestión de innovación democrática; alimentada por normas jurídicas internacionales que establecen los mecanismos mediante los cuales la gobernanza actúa en un contexto de desigualdad. Así pues, el autor nos conduce a reflexionar sobre el hombre conceptualizado como agente económico que construye un ecoespacio donde lo importante es el libre trasiego de bienes y capitales, y nos señala que esta visión produce brechas de desigualdad que tienen orígenes económicos y que potencializan las demás desigualdades de las sociedades.

La tercera sección inicia con el capítulo "Desigualdad y memoria colectiva: el papel de los archivos de derechos humanos frente a la impunidad", donde Jorge Valtierra y Adriana María

Arrubla parten de un enfoque antropológico para analizar la forma en la que la desigualdad social se hace presente en casos de violaciones a Derechos Humanos y, sobre todo, para subrayar la importancia de la memoria colectiva como una herramienta para combatir la impunidad. La perspectiva antropológica de la que parten ambos autores tiene la virtud de analizar la desigualdad a partir de lo que se observa, experimenta y transforma individual y colectivamente, no tanto como una cualidad sino como una práctica. En esa línea de argumentación, Valtierra y Arrubla constatan que la situación de desventaja en la que viven ciertos grupos sociales en México dificulta su relación con el Estado y el acceso a la justicia. En tales casos, la memoria colectiva juega un papel central ya que permite mantener vivo el recuerdo de injusticias que el propio Estado no ha podido o no ha querido subsanar de manera institucional. De esta forma, las víctimas de violaciones de Derechos Humanos, ignoradas por el gobierno, pueden organizarse y luchar contra la impunidad. Con todo, para poder trascender la oralidad, la memoria colectiva debe tener un soporte en instrumentos de resguardo que puedan ser utilizados para configurar un discurso con mayor resonancia. De ahí que los Archivos de Derechos Humanos se vuelvan sumamente relevantes para individuos y grupos en situación de desventaja, desigualdad y vulnerabilidad, pues en la práctica se transforman en un instrumento esencial en la búsqueda de la justiciabilización de los derechos.

Mediante un enfoque sustentado en la antropología política, Carlos Ríos-Llamas toma como punto de partida el caso de la alimentación, entendida como base de la salud, para estudiar los contrastes asociados al turismo en nuestro país. Ríos-Llamas se separa de los enfoques que consideran la desigualdad como un asunto de carácter meramente distributivo, sea de bienes, recursos o de reconocimiento, para centrarse en las formas sociales de la dominación, la opresión y la explotación social, determinadas a partir de las relaciones de poder. Desde esa perspectiva, el autor analiza los efectos del turismo en San Miguel de Allende para mostrar las reconfiguraciones del territorio y la manera en que una práctica social como la alimentación se polariza acentuando las desigualdades entre los habitantes ordinarios y los turistas. El trabajo antropológico le permite al autor distanciarse de los acercamientos que sólo consideran los efectos del turismo en términos económicos para comprender cómo la narrativa del desarrollo también puede estar acompañada de relaciones de poder.

Culmina esta sección con el trabajo de Gabriel Gómez, quien argumenta que el estudio de los procesos de reconstrucción ante situaciones de desastre permite entender los efectos de las políticas neoliberales aplicadas para favorecer los desarrollos urbanos gentrificados, mismos que provocan desigualdad urbana para distintos sectores de la población. Gómez sostiene que todo desastre natural puede convertirse en catástrofe humanitaria, y que ello dependerá del nivel de prevención de riesgo y la capacidad de resiliencia del sistema urbano. En ese sentido, enfatiza que las transformaciones urbanas generadas en las últimas décadas dan cuenta de un novedoso y desigual derecho a la ciudad, en donde las personas con mayor poder adquisitivo tienen acceso al consumo de bienes y servicios selectos, provocando la exclusión de aquellos que no cuentan con recursos, por lo que se constata una transformación radical del ejercicio del derecho referido pues este sistema privilegia el espacio privado por encima del público e, incluso, encima del bienestar de todos los habitantes de la ciudad. Además de ello, el autor nos señala la necesidad de revertir los entornos de desigualdad urbana en aras de alcanzar los compromisos asumidos en diversos documentos internacionales como la Nueva Agenda Urbana y los Objetivos de Desarrollo Sustentable (ODS), pero sobre todo para construir ciudades equitativas, sustentables y resilientes que puedan hacer frente a desastres naturales sin provocar mayores desigualdades.

La última sección del libro inicia con el texto "Del derecho llave al derecho bisagra: Una propuesta de análisis conceptual sobre la evolución de la no discriminación en México", de Mario Alfredo Hernández. En dicho capítulo, el autor se propone trazar una breve historia de la evolución conceptual del derecho a la no discriminación en México. Hernández utiliza dos metáforas para ilustrar las dos grandes etapas que ha tenido la evolución de este derecho en nuestro país, a saber: el derecho llave y el derecho bisagra. La primera es usada para referirse a una etapa inicial en la que el derecho a la no discriminación se habría presentado como una proyección de lo que se ha denominado como políticas de la identidad. Con la segunda metáfora, el autor alude a una posterior etapa, iniciada en 2011, en la que se subraya la relación entre la construcción simbólica de las jerarquías y las subordinaciones que articulan el imaginario social, por un lado, y, por el otro, sus consecuencias para el acceso a derechos y oportunidades como medio para el logro de la calidad de vida y la seguridad humana.

En el tránsito entre estas dos etapas el derecho a la no discriminación habría pasado de una posición periférica a una central, abriendo así la posibilidad de convertirse en una referencia para reclamar justicia en los debates contemporáneos.

En el capítulo "Estéticas de la religiosidad popular en México: imaginería, identidad y estigma en la devoción de la Santa Muerte", César Rebolledo toma como punto de partida el caso del culto a la Santa Muerte para estudiar la manera en que se configuran las identidades sociales desde una perspectiva sociológica que subraya su carácter multidimensional, procesual y flexible. El autor considera así que el estudio de la identidad es fundamental para entender los procesos continuos de negociación que los actores sociales entablan para reconocerse y ser reconocidos en entornos de discriminación y desigualdad social. Un elemento central de su argumentación consiste en mostrar el papel de la estética en los procesos de reconocimiento y estigmatización de los sujetos. En el caso particular de la Santa Muerte, Rebolledo constata que en muchas ocasiones el rechazo a los devotos suele vincularse a la valoración estética antes que al argumento moral. Finalmente, señala que gran parte de las formas de catalogar y percibir a estos devotos se encuentra profundamente relacionada con la estigmatización histórica de la pobreza y la marginación en México.

Esta obra concluye con el trabajo de Ricardo Bernal, quien analiza la existencia de discursos que contribuyen a mantener la idea de que la desigualdad socioeconómica no es resultado de circunstancias estructurales sino producto del mérito individual. Para ello retoma el concepto de "conciencia de injusticia" planteado por el filósofo alemán Axel Honneth, para posteriormente presentar un marco histórico-conceptual del desarrollo de las valoraciones sociales sobre la igualdad, culminando con un análisis del debate público mexicano sobre la apelación al esfuerzo individual y la estigmatización de los desaventajados. Bernal concluye de manera global con una reflexión sobre los retos para hacer frente a la desigualdad en sus distintas dimensiones pues, como también afirma, el aumento de la desigualdad económica, la precarización laboral y el desmantelamiento de instituciones de protección social suele acompañarse de discursos que ensalzan las ideas de meritocracia, competitividad y rendimiento individual.

Como se verá a lo largo de la obra, los trabajos aquí reunidos tienen la pretensión de ayudarnos a comprender algunas de las realidades asociadas a la desigualdad económica en México, en tanto que, como señalamos en un principio, sus consecuencias no se agotan en las brechas de ingresos entre los miembros de la sociedad. A lo largo de este libro, diecisiete académicos de cinco instituciones universitarias aportan argumentos y evidencias para problematizar algunas de las dimensiones de un fenómeno complejo cuyo estudio requiere una mirada multidisciplinar. Con este trabajo, en suma, esperamos aportar elementos para los debates actuales sobre la desigualdad en nuestro país con el fin de identificar y comprender mejor su impacto en la sociedad.

Ciudad de México, mayo de 2020
Oscar Javier Apáez Pineda y Ricardo Bernal Lugo

I.

Desigualdad y Derecho

Capítulo 1.
Desigualdad y justiciabilidad de los derechos económicos, sociales, culturales y ambientales en México

Oscar Javier Apáez Pineda

Introducción

La Reforma en Materia de Derechos Humanos (RMDH), constituyó un rompimiento paradigmático de la legislación, ya que implicó la incorporación de los Derechos Humanos en la Constitución Política de los Estados Unidos Mexicanos (CPEUM), dejando atrás el paradigma de las garantías individuales. Además, provocó una transformación en los mecanismos y argumentos para justiciabilizarlos, pues el artículo primero constitucional vigente establece el reconocimiento de los contenidos de los tratados internacionales de los que el Estado mexicano forma parte, al mismo tiempo que prohíbe cualquier tipo de argumento discriminatorio que intente restringirlos.

Con respecto al reconocimiento de los derechos consagrados en tratados internacionales, merecen especial mención los contenidos en el *Pacto Internacional de Derechos Económicos, Sociales y Culturales*, y su *Protocolo Facultativo*, además del *Protocolo Adicional a la Convención Americana sobre Derechos Humanos en Materia de Derechos Económicos, Sociales y Culturales "Protocolo de San Salvador"*, ya que tienen como fundamento el reconocer la dignidad de todos los seres humanos y sus derechos iguales e inalienables, además de centrarse en garantizar los necesarios para poder desarrollar una vida digna, es decir, los denominados Derechos Económicos, Sociales, Culturales y Ambientales (DESCA).

Con relación a lo anterior, se debe precisar que la RMDH también estableció la obligación de las autoridades del Estado mexicano para promover, respetar, garantizar, prevenir, investigar, sancionar y reparar las violaciones a los Derechos Humanos, por lo que teóricamente la desigualdad en el goce de los DESCA puede ser susceptible de eliminarse mediante su justiciabilidad, entendida ésta en el sentido en que lo expresa Luigi Ferrajoli: que los derechos puedan ser "accionables en juicio frente a los sujetos responsables de su violación, sea por comisión o por omisión"

(2001: 917) y se tenga "la posibilidad de reclamar ante un juez o tribunal de justica el cumplimiento al menos de algunas de las obligaciones que se derivan de ese derecho" (Abramovich y Courtis, 2014: 37). De aquí la trascendencia de la justiciabilidad de los DESCA, pues coadyuvan directamente en la reducción de desigualdades ya que su fundamento es garantizar la vida digna y, a raíz de la RMDH, ya se cuenta con metodología e incluso criterios de interpretación para su correcta materialización.

Ahora bien, cuando en México una reforma constitucional entra en vigor, las leyes reglamentarias relacionadas con los derechos reformados sufren el impacto de los principios lógicos de aplicación de los preceptos incorporados, por lo que deben de adecuarse para poder ser compatibles con la Constitución. En los casos en que esto no sucede la Suprema Corte de Justicia de la Nación (SCJN) comienza su labor de interpretación de los asuntos que son presentados para su conocimiento y en los que se alegan violaciones y/o contradicciones de los Derechos Humanos. Así, la SCJN inauguró la décima época de interpretación judicial, a la par que la literatura especializada en la materia ha comenzado a abordar no sólo el estudio teórico-doctrinal, sino que además se realizan esfuerzos para precisar el contenido y metodología necesarios para materializarlos.

En el presente capítulo se plantea la dimensión jurídica de la justiciabilidad de los DESCA y su relación con la desigualdad, sus fundamentos legales y teóricos; las propuestas metodológicas para su materialización; además del análisis de una interpretación sobre la justiciabilidad de los DESCAS relacionados con la desigualdad. El punto de partida es la hipótesis de que existen las herramientas teóricas necesarias para la materialización de los DESCA que inciden en la reducción de desigualdades, mismas que son necesarias identificar y evidenciar para provocar su materialización. Ello bajo la premisa de que el conocimiento de nuestros derechos y su ejercicio inciden en la reducción de las desigualdades y el fortalecimiento de nuestra democracia, de aquí que este capítulo se centre en abordar la dimensión jurídica general de los DESCA en relación con la desigualdad, pues la intención es brindar un conocimiento vigente de sus alcances ya que, como afirman Serrano y Vázquez, "La ignorancia de lo que son los derechos, de cuál es su importancia y de cómo deben protegerse… son factores que desfondan a las democracias" (2013: XV), es decir, derecho que se desconoce no se ejercita, ni se reclama. La pregunta que se intenta responder en este capítulo es la siguiente: ¿Qué relación existe entre la justiciabilidad de los DESCA y la desigualdad en México? ¿Es posible justiciabilizar los DESCA en México con la intención de reducir desigualdades? Comienzo con un primer título encaminado a precisar los DESCA, para después describir el andamiaje del sistema jurídico mexicano establecido para ejercer y, en su caso, solicitar la materialización de esos derechos. Posteriormente, analizo los pormenores de los criterios establecidos por la SCJN para la materialización y exigibilidad de esos derechos y culminar con la crítica y prospectiva de la desigualdad y justiciabilidad de los DESCA.

Mi intención es que el lector encuentre en el presente capítulo los fundamentos legales y teóricos de los DESCA en México, además de una visión sobre las herramientas jurídicas con las que se cuenta para materializarlos y que con ello se genere la reflexión sobre su uso como herramientas que coadyuven a la reducción de las desigualdades.

1. Los Derechos Económicos, Sociales, Culturales y Ambientales

Los denominados DESCA son un conjunto de derechos que se encuentran agrupados en virtud de que poseen relación con los elementos básicos o mínimos para que las personas puedan desarrollar una vida digna. Pisarello precisa que "se presentan como expectativas ligadas a la satisfacción de necesidades básicas de las personas en ámbitos como el trabajo, la vivienda, la salud, la alimentación o la educación" (2007: 11). Ferrer refiere que el uso del término DESCA se prefiere en el contexto de los derechos humanos internacionales y en este capítulo se utiliza dicho término en ese sentido, ya que "en la tradición constitucional se habla de los "derechos sociales"" (2017: 1) sin que el uso de una u otra expresión sea incorrecto, pues, como se señaló, su relación principal es la de establecer aquellos derechos que son básicos para la vida digna de las personas.

Históricamente estos derechos fueron contemplados como Económicos, Sociales y Culturales (DESC), ya que, en el PIDESC y su Protocolo, no se incluyen los derechos ambientales como capítulo específico, pero con la evolución de la justiciabilidad de esos derechos en el ámbito internacional, aunado a la creación y ratificación del "Protocolo de San Salvador", se añadieron a la denominación los derechos sobre el medio ambiente para configurar la actual de DESCA.

Hay que reiterar que el PIDESC establece en su exposición de motivos que los derechos allí consagrados tienen como base el reconocimiento de la dignidad inherente a todos los humanos, por lo que su naturaleza para coadyuvar en la disminución de las desigualdades es evidente, incluso el artículo tercero establece la obligación de los Estados Partes del Pacto a asegurar a los hombres y a las mujeres igual título para gozar de todos los DESC. Por su parte, el Protocolo de San Salvador establece en su artículo tercero que los Estados Partes se comprometen a garantizar el ejercicio de los derechos que en él se enuncian, sin discriminación alguna; además de que, en conjunto con el PIDESC, establece estos derechos considerados como los necesarios para tener una vida digna, mismos que a continuación se precisan.

El derecho al trabajo
El primer derecho que se reconoce en el PIDESC es el *derecho al trabajo*, entendido como el derecho a ganarse la vida mediante un trabajo libremente escogido o aceptado (Asamblea General Naciones Unidas, 1966, art. 6). Al respecto, el *Comité de Derechos Económicos, Sociales y Culturales*, (2005: 3) ha precisado que "Esta definición subraya el hecho de que el respeto a la persona y su dignidad se expresa a través de la libertad del individuo para elegir un trabajo".

Por su parte, el artículo séptimo del PIDESC establece las características para materializar el goce de condiciones de trabajo equitativas y satisfactorias que aseguren a las personas lo siguiente:

a) Remuneración mínima, salario equitativo e igual por trabajo de igual valor sin distinción de ninguna especie. En este sentido el tratado hace énfasis en que en particular debe asegurarse a las mujeres condiciones de trabajo no inferiores a las de los hombres; aunado a ello se establece la obligación de condiciones de existencia dignas para los trabajadores y sus familias. Esta obligación es una herramienta valiosa para coadyuvar en la reducción de las desigualdades provocadas por la discriminación por género en el trabajo. En este libro encontramos las reflexiones que nos comparte Érika Paz con relación al trabajo doméstico, ya que este continúa sin ser prioridad en la agenda del Estado mexicano. Es importante puntualizar que conocer con precisión el contenido del derecho al trabajo en atención al PIDESC nos permite argumentar para priorizar la materialización de condiciones de trabajo justas y equitativas para las mujeres.

b) El respeto a la seguridad y la higiene en el trabajo sin distinción de trabajadores, lo que incluye a los propios empleadores, pues un trabajo con condiciones de seguridad e higiene repercute en el buen funcionamiento y la eficiencia laboral.

c) La igual oportunidad para lograr ascensos laborales, tomando como criterio de selección la antigüedad laboral y la capacidad del trabajador. Esta disposición reitera el contenido de la posibilidad de reducir desigualdades que pudieran presentarse en los trabajos ante la preferencia sustentada en recomendaciones personales, amistad o tráfico de influencias.

d) Por último, el descanso, disfrute de tiempo libre, vacaciones pagadas y remuneración de días festivos.

Por su parte, el artículo octavo de este tratado señala que los Estados deben garantizar el derecho de constituir sindicatos, federaciones, confederaciones y afiliarse a éstos; además del derecho a huelga, sin imponer restricciones más que las necesarias en interés de la seguridad nacional, del orden público, o las que protejan derechos y libertades ajenos.

Del mismo modo, el Pacto de San Salvador entiende este derecho como la oportunidad para obtener los medios para llevar una vida digna y decorosa a través de la realización de actividades lícitas libremente escogidas. En su artículo séptimo añade las siguientes características para materializar el goce de condiciones de trabajo equitativas:

a) La estabilidad en el empleo y el derecho a indemnización o readmisión en el trabajo para los casos de despido injustificado.

b) La prohibición de trabajos nocturnos, insalubres o peligrosos a los menores de 18 años; aunada a la obligación de que el trabajo no sea limitante de la educación de los menores de 16 años y se encuentre subordinado a la educación obligatoria.

c) La limitación razonable del trabajo cuando sean labores peligrosas, insalubres o nocturnas.

d) Por cuanto al derecho sindical, el artículo octavo establece la prohibición de obligar a los trabajadores a pertenecer a un sindicato.

El derecho a la seguridad social
Los artículos noveno y décimo del PIDESC contemplan este derecho, haciendo la distinción entre las medidas que pretenden proteger contra riesgos de vida y sociales cubiertos por políticas, programas o asistencia social y la posibilidad de ser asegurado en un seguro social. Además, se precisa la protección de la familia, matrimonio y maternidad, así como medidas de protección y asistencia de niños y adolescentes, sin discriminación. En cambio, el Protocolo de San Salvador entiende este derecho como protección contra los riesgos de vejez, incapacidad y muerte, incluyendo el derecho de los familiares de las personas aseguradas a ser beneficiario de las prestaciones de seguridad social. Aunado a ello, se precisa que este derecho debe cubrir atención médica y subsidio o jubilación para los accidentes de trabajo; enfermedad profesional y la licencia con pago de salario en caso de maternidad antes y después del parto.

El derecho a la alimentación, vestido, vivienda y existencia digna
El PIDESC establece en su artículo onceavo que los Estados Partes del Pacto reconocen el derecho de alimentación, vestido y vivienda adecuados, y la mejora de las condiciones de existencia. Para ello se establece el derecho de toda persona a obtener protección contra el hambre, mediante cooperación individual o internacional, aunado a medidas para mejorar métodos de producción, conservación y distribución de alimentos a través de conocimientos técnicos y científicos; la promoción de la nutrición y el apoyo al campo con la finalidad de la explotación y utilización eficaz de la riqueza natural y la distribución equitativa de los comestibles. Por su parte el Protocolo de San Salvador, en su artículo doceavo, establece que este derecho asiste a toda persona para contar con la nutrición que le asegure la posibilidad de gozar del más alto nivel de desarrollo físico, emocional e intelectual y obliga a los Estados a erradicar la desnutrición, perfeccionar los métodos de producción, aprovisionamiento y distribución de comestibles, a través de la promoción de la cooperación internacional para el apoyo de las políticas nacionales sobre la materia. En el presente libro contamos con capítulos que abordan las problemáticas del ejercicio de los derechos consagrados en este apartado, como lo son el derecho al cuidado, la gentrificación y el acceso al agua.

El derecho a la salud

El artículo doceavo del PIDESC lo entiende como el derecho de toda persona al disfrute del más alto nivel posible de salud física y mental y establece la obligación de los Estados Partes para asegurar la plena efectividad del derecho. Precisa los siguientes aspectos: a) Reducción de mortinatalidad y mortalidad infantil, sano desarrollo de los niños; b) Mejoramiento de higiene del trabajo y medio ambiente; c) Prevención y tratamiento, así como lucha en contra de enfermedades epidémicas, endémicas, profesionales y de cualquier tipo; d) La creación de condiciones que aseguren asistencia médica y servicios médicos, en caso de enfermedad.

Por otro lado, tenemos que el Protocolo de San Salvador en su artículo décimo reconoce este derecho como un bien público y señala las siguientes medidas para garantizarlo: a) Atención primaria de salud, es decir, asistencia sanitaria esencial para todos; b) Servicios de salud para todos los que se encuentren dentro de la jurisdicción del Estado; c) La inmunización contra las principales enfermedades infecciosas; d) La prevención y tratamiento de las enfermedades endémicas, profesionales y de otra índole; e) La educación sobre prevención y tratamiento de enfermedades y, f) La satisfacción de las necesidades de salud de los grupos vulnerables.

El derecho a la educación

El PIDESC establece en su artículo décimo tercero que la finalidad de la educación es lograr el pleno desarrollo de la personalidad humana y del sentido de su dignidad; además de fortalecer el respeto a los derechos humanos y las libertades fundamentales. Señala además que se debe capacitar a las personas para participar en una sociedad libre, favorecer la comprensión, la tolerancia y la amistad entre naciones y grupos raciales, étnicos o religiosos, con la promoción de las actividades de las Naciones Unidas en pro del mantenimiento de la paz.

Para cumplir con lo anterior los Estados Partes están obligados a establecer: a) Educación primaria obligatoria y gratuita; b) Secundaria en sus diferentes formas y el establecimiento gradual de su gratuidad; c) Enseñanza superior para todos, sobre la base de la capacidad de cada uno y el establecimiento paulatino de su gratuidad; d) Promoción de la educación para los que no han recibido o terminado la instrucción primaria; e) Sistema escolar con becas y mejora continua de las condiciones de los docentes.

Estas obligaciones deben respetar la libertad de padres y tutores de escoger escuelas distintas a las públicas, y de hacer elegir que se reciba la educación religiosa o moral que esté de acuerdo con sus propias convicciones, por lo que las obligaciones que contiene el Pacto no deben interpretarse como restricciones de esa libertad.

En cambio, el Protocolo de San Salvador contiene una distinción en relación con el PIDESC y ella consiste en que señala la obligación de los Estados de establecer programas de enseñanza diferenciada para los minusválidos, con el fin de proporcionar una especial instrucción y formación a personas con impedimentos físicos o deficiencias mentales.

El derecho a la cultura

El artículo décimo quinto del PIDESC y el décimo cuarto del Protocolo de San Salvador son coincidentes respecto de este derecho, pues señalan que consiste en la posibilidad de todas las personas de participar en la vida cultural, gozar de los beneficios del progreso científico, la protección de los bienes morales y materiales producto de innovaciones científicas, literarias o artísticas. Para ello se establece la obligación de los Estados Partes de asegurar este derecho a través de las medidas necesarias para conservar, desarrollar y promocionar la ciencia y la cultura, así como la libertad de investigación científica y la actividad creadora; además de reconocer, estimular y desarrollar la cooperación internacional en estas materias.

El derecho al medio ambiente

El PIDESC no contempla este derecho como tal, sino que señala en su artículo doce que dentro del derecho a la salud corresponde a las Estados el mejoramiento del medio ambiente. Sin embargo, el Protocolo de San Salvador sí lo establece y lo entiende como el derecho que asiste a las personas para vivir en un medio ambiente sano y a contar con servicios públicos básicos; además de que establece la obligación de los Estados Partes para promover la protección, preservación y mejoramiento del medio ambiente.

2. Las bases jurídico-teóricas de los DESCAS y la desigualdad

Como ya mencionamos, el contenido del artículo primero constitucional vigente da pie a una nueva argumentación para la justiciabilidad de los derechos humanos, pues los DESCA son derechos que asisten a las personas en nuestro país y deben materializarse en virtud de las obligaciones de promoción, respeto, protección y garantía, además de los deberes de prevención, investigación, sanción y reparación de sus violaciones establecidos en el párrafo segundo del artículo en comento (Constitución Política de los Estados Unidos Mexicanos, 2019). Al respecto, Serrano y Vázquez (2013) refieren que, dentro de sus múltiples consecuencias, "los derechos y obligaciones no están dirigidos sólo a los jueces o ministros del Poder Judicial, sino a todos los integrantes de los poderes Ejecutivo, Legislativo y Judicial federales, locales y municipales".

Aunado a lo anterior, este artículo establece en sus dos primeros párrafos que todas las personas gozan de los derechos humanos de la Constitución y los contenidos en los tratados internacionales que México ha ratificado, añadiendo que "Las normas relativas a los derechos humanos se interpretarán de conformidad con esta Constitución y con los tratados internacionales de la materia favoreciendo en todo tiempo a las personas la protección más amplia" (Constitución Política de los Estados Unidos Mexicanos, 2019, art. 1). Lo anterior da pie al goce de los derechos precisados en el título que antecede, además de la aplicación del denominado principio *pro homine* que significa que en los casos relacionados a los DESCA siempre debe interpretarse a favor de las personas de conformidad con la norma jurídica que otorgue la protección más amplia. Este criterio ha sido sostenido por la Suprema Corte de Justicia de la Nación, a través de la tesis XVIII.3o.1 K (10a.) emitida por el Tercer Tribunal Colegiado del Décimo Octavo Circuito de la SCJN, visible en la página 1838 del libro VII, tomo 2, abril de 2012, publicada en el Semanario Judicial de la Federación y su Gaceta (décima época) que nos precisa que el principio *pro homine* es un criterio hermenéutico que consiste en ponderar la fundamentalidad de los derechos humanos en favor de las personas, por lo que en los casos en que deba dirimirse un derecho debe otorgarse en los términos que consigne la norma que contenga mayor protección, y en los casos en que se deba restringir un derecho debe acudirse a aquella que contiene los límites menores para su ejercicio.

Ahora bien, con respecto a la desigualdad, el artículo primero establece la prohibición de la discriminación o trato diferenciado injustificado que atente en contra de la dignidad humana ya que establece en su párrafo tercero que:

Queda prohibida toda discriminación motivada por origen étnico o nacional, el género, la edad, las discapacidades, la condición social, las condiciones de salud, la religión, las opiniones, las preferencias sexuales, el estado civil o cualquier otra que atente contra la dignidad humana y tenga por objeto anular o menoscabar los derechos y libertades de las personas (Constitución Política de los Estados Unidos Mexicanos, 2019, art. 1).

Como se observa, se enumeran categorías de características de las personas que históricamente han sido discriminadas, donde además resalta cualquier otra que atente en contra de la *dignidad humana*, principio que si bien no se describe, ni se explica, en la labor de interpretación de la SCJN encontramos criterios que nos permiten establecer en qué momento nos encontramos frente a conductas que atentan en contra de la referida dignidad e, incluso, la propia Corte ha establecido criterios donde se establece la metodología para demostrar una violación de este principio y a continuación se precisan.

La dignidad humana se entiende como el derecho de las personas a ser tratadas como tales y no como objetos, incluyendo la prohibición de ser humillada, degradada, envilecida o cosificada. Este derecho no sólo debe ser respetado por las autoridades, sino que incluso es un deber de los particulares, pues la prohibición de discriminación o de realizar conductas que atenten en contra de este principio es una norma jurídica que consagra un derecho fundamental, según el contenido de la tesis 1a./J. 37/2016, sostenida por la primera sala de la SCJN, visible en la página 633 del libro 33, tomo II, agosto de 2016, publicada en la Gaceta del Semanario Judicial de la Federación, décima época, cuyo rubro y texto es el siguiente:

DIGNIDAD HUMANA. CONSTITUYE UNA NORMA JURÍDICA QUE CONSAGRA UN DERECHO FUNDAMENTAL A FAVOR DE LAS PERSONAS Y NO UNA SIMPLE DECLARACIÓN ÉTICA. La dignidad humana no se identifica ni se confunde con un precepto meramente moral, sino que se proyecta en nuestro ordenamiento como un bien jurídico circunstancial al ser humano, merecedor de la más amplia protección jurídica, reconocido actualmente en los artículos 1o., último párrafo; 2o., apartado A, fracción II; 3o., fracción II, inciso c); y 25 de la Constitución Política de los Estados Unidos Mexicanos. En efecto, el Pleno de esta Suprema Corte ha sostenido que la dignidad humana funge como un principio jurídico que permea en todo el ordenamiento, pero también como un derecho fundamental que debe ser respetado en todo caso, cuya importancia resalta al ser la base y condición para el disfrute de los demás derechos y el desarrollo integral de la personalidad. Así las cosas, la dignidad humana no es una simple declaración ética, sino que se trata de una norma jurídica que consagra un derecho fundamental a favor de la persona y por el cual **se establece el mandato constitucional a todas las autoridades, e incluso particulares,** de respetar y proteger la dignidad de todo individuo, entendida ésta —en su núcleo más esencial— como **el interés inherente a toda persona, por el mero hecho de serlo, a ser tratada como tal y no como un objeto, a no ser humillada, degradada, envilecida o cosificada.**

Por su parte, cuando se trata de establecer metodología para determinar un acto discriminatorio en el goce o restricción de un derecho, la Corte ha establecido una metodología para el análisis de actos y preceptos normativos que directa o indirectamente (por resultado), o de forma tácita, sean discriminatorios. En tal sentido establece dos pasos para el estudio de un trato discriminatorio, mismos que se encuentran establecidos en la tesis 1a./J. 44/2018 (10a.) sostenida por la primera sala de la SCJN, visible en la página 171 del libro 56, tomo I, julio de 2018, publicada en la Gaceta del Semanario Judicial de la Federación, décima época, cuyo texto y rubro precisa lo siguiente:

DERECHOS FUNDAMENTALES A LA IGUALDAD Y A LA NO DISCRIMINACIÓN. METODOLOGÍA PARA EL ESTUDIO DE CASOS QUE INVOLUCREN LA POSIBLE EXISTENCIA DE UN TRATAMIENTO NORMATIVO DIFERENCIADO. Las discusiones en torno a los derechos fundamentales a la igualdad y a la no discriminación suelen transitar por tres ejes: 1) la necesidad de adoptar ajustes razonables para lograr una igualdad sustantiva y no meramente formal entre las personas; 2) la adopción de medidas especiales o afirmativas, normalmente llamadas "acciones afirmativas"; y, 3) el análisis de actos y preceptos normativos que directa o indirectamente (por resultado), o de forma tácita, sean discriminatorios. En el tercer supuesto, cuando una persona alega discriminación en su contra, debe proporcionar un parámetro o término de comparación para demostrar, en primer lugar, un trato diferenciado, con lo que se busca evitar la existencia de normas que, llamadas a proyectarse sobre situaciones de igualdad de hecho, produzcan como efecto de su aplicación: i) una ruptura de esa igualdad al generar un trato discriminatorio entre situaciones análogas; o, ii) efectos semejantes sobre personas que se encuentran en situaciones dispares. Así, los casos de discriminación como consecuencia de un tratamiento normativo diferenciado exigen un análisis que se divide en dos etapas sucesivas y no simultáneas: la primera implica una revisión con base en la cual se determine si las situaciones a comparar en efecto pueden contrastarse o si, por el contrario, revisten divergencias importantes que impidan una confrontación entre ambas por no entrañar realmente un tratamiento diferenciado; y una segunda, en la cual se estudie si las distinciones de trato son admisibles o legítimas, lo cual exige que su justificación sea objetiva y razonable, utilizando, según proceda, un escrutinio estricto —para confirmar la rigurosa necesidad de la medida— o uno ordinario —para confirmar su instrumentalidad—. En ese sentido, el primer análisis debe realizarse con cautela, pues es común que diversas situaciones que se estiman incomparables por provenir de situaciones de hecho distintas, en realidad conllevan diferencias de trato que, más allá de no ser análogas, en realidad se estiman razonables. En efecto, esta primera etapa pretende excluir casos donde no pueda hablarse de discriminación, al no existir un tratamiento diferenciado.

De conformidad con esta tesis, el primer paso consiste en analizar la situación que se argumenta que es discriminatoria para determinar si puede contrastarse con otra similar, o si existen discrepancias que impidan confrontarla con otras situaciones similares por no entrañar realmente un tratamiento diferenciado. Por ejemplo, en caso de un trámite de celebración de matrimonio, si la negativa a celebrar dicho trámite se fundamenta en el argumento de que no puede otorgarse porque los cónyuges son del mismo sexo, se puede contrastar con una situación similar, a saber: el matrimonio de las parejas de sexos contrarios; si a estos últimos sí se les acepta el trámite y expedición del acta de matrimonio, se advierte un contraste que es producto de discriminación. Caso contrario sería que un padre quisiera casarse con un hijo del mismo sexo, pues si contrastamos con otros padres que quieran casarse con hijos de sexo opuesto, la discriminación no será confrontable pues no hay trato diferenciado, en todos los casos existe prohibición expresa de que los padres contraigan matrimonio con sus hijos.

En lo que respecta al segundo paso, la Corte señala que debe estudiarse si las distinciones que se argumentan son admisibles o legítimas, para lo cual tienen que estar justificadas además de ser objetivas y razonables, para confirmar que dicho trato diferenciado es necesario. Por ejemplo, en el segundo caso de matrimonio referido como ejemplo en el párrafo que antecede, existe una razón justificada, objetiva y razonable para prohibir dicho acto por lo que aun cuando se intentara el matrimonio con un hijo de diferente sexo, la restricción del derecho al matrimonio tiene una justificación objetiva y razonable: el incesto.

Con lo hasta aquí expuesto se observa que, con relación a los DESCA y la desigualdad, el sistema jurídico mexicano plantea posibilidades para su materialización que deben seguir una lógica y una metodología. A continuación se revisa un caso emblemático donde se han aplicado estas bases y una metodología referida en relación con los DESCA y la desigualdad.

3. Desigualdad y justiciabilidad del derecho a la vivienda

Los casos presentados ante la SCJN a raíz de la RMDH han constituido rompimientos paradigmáticos en relación con los propios principios de la legislación interna del Estado mexicano, pero también sirven para ejemplificar la relación entre las bases teóricas y la metodología para materializar los DESCA, además de evidenciar el potencial para coadyuvar en la reducción de las desigualdades ya que se encuentran en constante evolución y/o progresividad. En esta sección analizaremos la manera en la cual la SCJN ha interpretado el derecho a la vivienda, interpretaciones que por sus características permiten observar el funcionamiento de la fundamentación y argumentación teórica de los DESCA para su materialización; además de que ilustra la metodología que se utiliza para su interpretación y el progreso de los criterios que se emplean para la misma.

La tesis 1a. CXLVIII/2014 (10a.), sostenida por la primera sala de la SCJN, visible en la página 801 del libro 5, tomo I, abril 2014, publicada en la Gaceta del Semanario Judicial de la Federación, décima época, estableció que el derecho a una vivienda digna y decorosa a la luz de los tratados internacionales y en virtud del artículo 4° de la CPEUM, debe garantizar a todas las personas una vivienda digna y para ello debe de contar, sin interpretarse en sentido restrictivo, con los elementos que garantizan el nivel mínimo de bienestar, esencialmente: infraestructura que permita la protección contra humedad, lluvia, viento, además de contar con baño, cocina, comedor, recámaras, iluminación y ventilación. Aunado a ello debe contarse con una estrategia nacional de vivienda e implementar las medidas legislativas, administrativas, presupuestarias y judiciales para lograr este derecho, así como establecer los recursos jurídicos y mecanismos judiciales para reclamar el incumplimiento del derecho.

Por lo anterior, si bien el artículo 4° de la CPEUM coincide en su texto con los DESCA, ya que nos señala en su párrafo séptimo que "Toda familia tiene derecho a disfrutar de vivienda digna y decorosa. La Ley establecerá los instrumentos y apoyos necesarios a fin de alcanzar tal objetivo", la Ley Federal de Vivienda reglamentaria del artículo 4° de la CPEUM no establece las características enumeradas en la tesis de jurisprudencia que se refiere en el párrafo anterior, por lo que en aplicación del principio *pro homine* en la materialización de este derecho debe hacerse conforme a la protección más amplia, que es precisamente la que encontramos a la luz de los tratados internacionales.

En ese sentido, la interpretación a través de los criterios internacionales contenidos en el PIDESC complementa el párrafo séptimo del artículo 4° constitucional, pero a continuación analizaremos un caso en el que la aplicación de estos criterios resultó insuficiente y dio pie a una nueva interpretación: el Amparo Directo en Revisión 2441/2014 resuelto por la Primera Sala de la Suprema Corte de Justicia de la Nación. Este asunto se deriva de la implementación del programa "Tu Casa", que el Gobierno del Estado de Guanajuato implementó con la intención de dotar de una vivienda digna a personas de escasos recursos. Para ello, los beneficiarios del programa celebraron contratos de compraventa con el gobierno estatal y se obligaron a habitar las casas en un plazo no mayor a tres meses una vez que recibían la vivienda.

Al no ocurrir esta situación, el Gobierno del Estado a través de su Comisión de Vivienda interpuso una demanda en la vía ordinaria civil en contra de una beneficiaria, reclamando la rescisión de contrato por el incumplimiento de ocupar la casa en el plazo señalado. En su contestación de demanda, la beneficiaria demandada argumentó que ocupó el inmueble por un periodo de tiempo y solicitó que se declarara nula la cláusula que la obligaba a ocupar antes de tres meses, con el argumento de que esta cláusula vulnera su dignidad, ya que la casa estaba alejada de la ciudad y en la zona habían ocurrido actos vandálicos. Seguidos los trámites legales, el juez de primera instancia declaró la rescisión del contrato y condenó a la beneficiaria demandada a restituir el inmueble materia del contrato. Los argumentos esgrimidos por la beneficiaria del programa no fueron aceptados ya que, a criterio del juez, no resultaba veraz la afectación a la dignidad humana.

La beneficiaria inconforme con la sentencia presentó apelación y la sentencia fue confirmada por la Cuarta Sala Civil del Supremo Tribunal de Justicia del Estado, precisando que la cláusula que establece el tiempo de tres meses para ocupar:

...no es contraria a ordenamiento jurídico alguno ni a la naturaleza del contrato, sino compatible con la misma, ya que persigue proporcionar viviendas a las familias de escasos recursos para que se ocupen, y en caso contrario se proporcionen a otras familias que sí las necesitan, por lo que la cláusula no resulta excesiva. Tampoco probó la existencia de vicio alguno, sino que en su escrito de contestación de demanda confesó que aceptó dicha cláusula en su integridad... Que las medidas de protección con que cuenta la vivienda —impuestas por la demandada— compensan la falta de seguridad en la zona, y que la vivienda cumple con los requisitos del artículo 4 constitucional, puesto que tiene medidas de seguridad y servicios públicos, como agua, luz, drenaje, banqueta y pavimento, poste acometida aéreo/híbrido, cableado, tinaco, contactos eléctricos, centro de carga, base de medidor (C.F.E.), apagadores, sockets, focos ahorradores de energía, puerta principal, puerta de baño, vidrios, lavabo, manerales de regadera, W.C., regadera, pintura fachada, lavadero, instalación hidráulica, impermeabilización, calentador de agua solar, calentador de agua a gas, dispersores de agua y tarja.

La beneficiaria demandada promovió juicio de amparo ante el Primer Tribunal Colegiado en Materia Civil del Decimosexto Circuito, mismo que resolvió negar el amparo solicitado argumentando que la vivienda cumplía con los criterios establecidos por la Primera Sala de la Suprema Corte de Justicia de la Nación, en la tesis 1ª. CXLVIII/2014 precitada en párrafos anteriores y que el inmueble contenía todos los elementos básicos del derecho a una vivienda digna y decorosa reconocido por el artículo 4° constitucional. Precisando literalmente que, aunque

…esa finca se encuentre establecida en un lugar en el que no se encuentra garantizada la seguridad personal y física de sus habitantes, al haberse acontecido diversos robos, así como que no pasan patrullas por ese lugar, ello no significa que no pueda considerarse como una vivienda digna para ser habitada, pues se reitera sí cuenta con los elementos mínimos para calificarse de ese modo. De ahí que tal circunstancia no justifica que la demandada haya sido omisa en habitar el inmueble en el plazo fijado en el contrato de referencia.

Por lo que la beneficiaria promovió recurso de revisión en contra de la sentencia de amparo argumentando que:

…no puede calificarse al inmueble materia del contrato como una vivienda adecuada o digna en términos del artículo 4° constitucional, sino hasta que se encuentre garantizada la seguridad personal y física de sus habitantes, necesidades que han sido parcialmente atendidas por la propia quejosa, y que la responsable reconoce en su sentencia.

Este asunto concluyó con la sentencia a favor de la beneficiada en términos de la tesis 1a. CCV/2015 (10a.), sostenida por la primera sala de la SCJN, visible en la página 583 del libro 19, tomo I, junio 2015, publicada en la Gaceta del Semanario Judicial de la Federación, décima época, cuyo texto y rubro establecen lo siguiente:

DERECHO FUNDAMENTAL A UNA VIVIENDA DIGNA Y DECOROSA. SU CONTENIDO NO SE AGOTA CON LA INFRAESTRUCTURA BÁSICA ADECUADA DE AQUÉLLA, SINO QUE DEBE COMPRENDER EL ACCESO A LOS SERVICIOS PÚBLICOS BÁSICOS. Esta Primera Sala de la Suprema Corte de Justicia de la Nación, en la tesis aislada 1a. CXLVIII/2014 (10a.), estableció el estándar mínimo de infraestructura básica que debe tener una vivienda adecuada; sin embargo, ello no implica que el derecho fundamental a una vivienda adecuada se agote con dicha infraestructura, pues en términos de la Observación No. 4 (1991) (E/1992/23), emitida por el Comité de Derechos Económicos, Sociales y Culturales de la Organización de las Naciones Unidas, el derecho fundamental referido debe comprender, además de una infraestructura básica adecuada, diversos elementos, entre los cuales está el acceso a ciertos servicios indispensables para la salud, la seguridad y otros servicios sociales, como son los de emergencia, hospitales, clínicas, escuelas, así como la prohibición de establecerlos en lugares contaminados o de proximidad inmediata a fuentes de contaminación. Asimismo, dentro de los Lineamientos en Aspectos Prácticos respecto del Derecho Humano a la Vivienda Adecuada, elaborados por el Comité de Asentamientos Humanos de las Naciones Unidas, se señaló que los Estados debían asegurarse de que las viviendas tengan acceso a la prestación de servicios como recolección de basura, transporte público, servicio de ambulancias o de bomberos. Ahora bien, el derecho a una vivienda adecuada es inherente a la dignidad del ser humano, y elemental para contar con el disfrute de otros derechos fundamentales, pues es necesaria para mantener y fomentar la salud física y mental, el desarrollo adecuado de la persona, la privacidad, así como la participación en actividades laborales, educativas, sociales y culturales. Por ello, una infraestructura básica de nada sirve si no tiene acceso a servicios básicos como son, enunciativa y no limitativamente, los de: iluminación pública, sistemas adecuados de alcantarillado y evacuación de basura, transporte público, emergencia, acceso a medios de comunicación, seguridad y vigilancia, salud, escuelas y centros de trabajo a una distancia razonable. De ahí que si el Estado condiciona el apoyo a la vivienda a que se resida en un lugar determinado, bajo la consideración de que lo hace con la finalidad de satisfacer el derecho fundamental a la vivienda digna y decorosa de los gobernados, la vivienda que otorgue debe cumplir no sólo con una infraestructura básica adecuada, sino también con acceso a los servicios públicos básicos, incluyendo el de seguridad pública ya que, en caso contrario, el Estado no estará cumpliendo con su obligación de proporcionar las condiciones para obtener una vivienda adecuada a sus gobernados.

Esta resolución del asunto permite observar la materialización y progresividad de los DESCA ya que, como se observa, el asunto referido versaba sobre rescisión de un contrato, que ateniéndonos a la rama del derecho donde se desarrolla (derecho civil) y en aplicación de sus principios, para los jueces quedaba demostrado que la beneficiaria del programa de vivienda no cumplió con ocupar una casa que contaba con los elementos mínimos que señala la tesis 1ª. CXLVIII/2014, por lo que al alegar que no cumplía con sus obligaciones porque la casa estaba en zona alejada e insegura, no podían sostenerse como jurídicamente válidas sus razones.

Ahora bien, una vez analizado el asunto por el máximo tribunal podemos observar que se aplicó el principio *pro homine,* ya que el artículo 4º constitucional no determina el alcance de la vivienda digna y la Sala estimó necesario acudir a los tratados internacionales para dotarlo de contenido; en este sentido acudió al artículo 11, apartado 1, del PIDESC y a la Observación General N° 4, del Comité de Derechos Económicos, Sociales y Culturales de la Organización de las Naciones Unidas. Además, estableció que los criterios de la multireferida tesis 1ª. CXLVIII/2014 no son: "todo el contenido del derecho a la vivienda adecuada" ni "que no sea posible abordar otros aspectos del mismo, a medida que se presenten asuntos que lo requieran", por lo que concluyó que "es evidente que no puede considerarse una vivienda digna y decorosa aquella que no tenga acceso a servicios de seguridad ciudadana" y que "no es posible afirmar que el Estado, cumple con su obligación de proporcionar las condiciones para obtener una vivienda adecuada a sus gobernados, si pretende imponerles habitar una vivienda que no tiene acceso a servicios básicos, aunque reúna una infraestructura adecuada".

De estos resolutivos, se observa que el DESCA relacionado al derecho a la vivienda sigue una metodología que debe aplicarse para su correcta interpretación y materialización, misma que a continuación se precisa.

4. Análisis de un método para materializar los DESCA

El derecho a la vivienda, analizado en el caso que mostramos, constituye un ejemplo que se ajusta a la metodología propuesta por Serrano y Vázquez (2013) denominada "el desempaque de los derechos", respecto de la cual es prudente precisar que no es la única metodología posible, pero sí una muy eficaz para lograr su materialización, aunado a que permite reflexionar sobre la generación de nuevas maneras de lograr el ejercicio y respeto de los DESCA.

Esta metodología se puede resumir en los siguientes pasos propuestos por los propios Serrano y Vázquez (2013): a) definir el derecho a materializar; b) precisar su subderecho; c) apelar a las obligaciones del Estado con respecto a los derechos humanos (respeto, protección, garantía, promoción); d) analizar el elemento institucional aplicable (disponibilidad, calidad, accesibilidad, aceptabilidad) para determinar si es entonces procedente ver las implicaciones de los principios de los derechos humanos (universalidad, interdependencia, indivisibilidad) y su aplicación (progresividad, prohibición de regreso, máximo uso de recursos disponibles).

En el asunto que sirve de ejemplo, podemos advertir que en un primer paso para su materialización es importante conocer el derecho desde su aspecto internacional, siguiendo los criterios emitidos por quienes los han interpretado en ese nivel y contrastarlos con el derecho interno, para que una vez precisado su contenido se identifiquen las situaciones susceptibles de obtener la aplicación del principio *pro homine*. Es decir, precisar el derecho a materializar y los derechos que lo componen; en este caso no sólo es derecho a la vivienda, sino que ella debe cumplir con requisitos para considerarla digna. En el segundo paso, la obligación del Estado no sólo era proporcionar los elementos que una tesis jurisprudencial estableció, sino que en estricto cumplimiento de sus obligaciones contenidas en el artículo primero constitucional no sólo debía respetar, proteger, garantizar o promover, sino que además debía investigar, sancionar, reparar aquellos casos en donde con base en el elemento institucional se cumpliera con la esencia del derecho a materializarse.

Así pues, no bastó con que el Gobierno de Guanajuato otorgara créditos a personas de bajos recursos para obtener viviendas que contaran con todos los requisitos esenciales para proteger a las personas del medio ambiente, sino que además debió cumplir su obligación de que dichas viviendas cumplieran con el elemento institucional de accesibilidad y aceptabilidad, pues las condiciones de servicios públicos como la seguridad son esenciales para tener una vivienda digna.

Reflexiones finales

Como hemos visto, los DESCA no son derechos que puedan precisarse en un sólo criterio. Al respecto, Serrano y Vázquez mencionan que "el sistema de derecho no está cerrado, sino que se encuentra en construcción y… la realiza el intérprete o aplicador de la norma" (2013:117). Resulta de importancia mayúscula conocer el contenido de los DESCA desde el nivel internacional, contrastándolo con el nivel nacional para poder precisar la manera en que debe materializarse dicho derecho.

En relación con la desigualdad, el caso analizado en el presente capítulo nos muestra cómo la justiciabilidad de los DESCA y la desigualdad se encuentran relacionadas, pues no basta que las medidas tendientes a reducir desigualdades, como la de otorgar vivienda, sean proporcionadas con requisitos que se consideran necesarios para materializar el derecho, sino que además deben otorgarse todos los elementos para que el desarrollo de las personas en el ejercicio de sus derechos conserve la calidad de digno. Por lo anterior, podemos argumentar que la justiciabilidad de los DESCA no sólo conserva esa relación básica que atiende a su naturaleza para tratar de garantizar elementos mínimos para las personas, sino que coadyuva en la reducción de desigualdades con la interpretación y aplicación de los derechos en constante evolución.

En el caso descrito observamos cómo de elementos básicos para una vivienda se concluyó que debían otorgarse también los elementos básicos para la funcionalidad de la misma, como lo es su accesibilidad, servicios públicos y la seguridad pública del lugar donde se establece el goce del derecho. Esta situación nos permite reflexionar que no sólo se trata de materializar derechos para cumplir con obligaciones que provoquen diferencia en la manera en la cual viven las personas, sino que el cumplimiento debe entrañar la garantía de calidad que permita tener una vida digna.

En el ejemplo analizado incluso podemos comparar el ejercicio del derecho a la vivienda frente a una situación similar, con otras zonas de la ciudad sin problemas de seguridad pública. Con auxilio de la tesis analizada en este capítulo, encontramos que sostener que la seguridad pública no es necesaria cuando se tiene una vivienda con elementos materiales de seguridad o exigir el cumplimiento de la rescisión de un contrato por no haberla ocupado en tres meses puede encarnar formas de discriminación. En efecto, además de provocar desigualdades, podrían considerarse conductas discriminatorias si se toma en cuenta que ciertas zonas de la ciudad gozan de seguridad pública adecuada.

Por último, debemos reflexionar sobre el largo camino para la materialización de un DESCA en México ya que, como se observa en el caso que se analiza, no fue sino hasta que el máximo tribunal del país conoció del asunto cuando la metodología de materialización del DESCA aludido pudo aplicarse, situación que nos habla de la necesidad de capacitar a los distintos niveles de la jurisdicción en México para lograr así incidir con mayor prontitud en la reducción de las desigualdades.

Capítulo 2.
Desigualdad en el derecho humano al agua en México

Analaura Medina Conde

Introducción

El objetivo del presente trabajo es realizar un análisis jurídico de la desigualdad en el acceso al agua en México. El problema se refleja en una distribución inequitativa del líquido vital entre los diferentes estados de la República atendiendo al número de hogares con agua dentro de la vivienda y de la disposición diaria. El estudio da cuenta de una profunda asimetría acentuada en los estados más pobres del país y en algunos otros no considerados pobres, pero donde los afluentes de agua son limitados y hay una baja precipitación pluvial. A ello se suman concesiones a empresas trasnacionales de grandes cantidades de agua y problemas de contaminación: "la carencia de servicios públicos relacionados con el agua afecta directamente la calidad de vida de las personas, su dignidad y el ejercicio de los derechos humanos" (Tello, 2016: 11).

Boaventura de Sousa (2009) afirma que existen pilares que sustentan el paradigma de la modernidad. Uno de ellos es el de regulación que contiene principios específicos: el Estado, la comunidad y el mercado. El principio de Estado se garantiza con coerción y legitimidad. En este sentido, Habermas (2005) considera que para que un Estado se piense legitimado los ciudadanos deben ser libres e iguales, lo que genera estabilidad y aceptación. Sin embargo, Boaventura de Sousa (2009) plantea que precisamente la igualdad y la libertad son las promesas incumplidas de la modernidad; otras promesas incumplidas son la paz perpetua y la promesa del dominio de la naturaleza. No es posible referirse al dominio de la naturaleza cuando se tienen altos niveles de contaminación, deforestación y especies en peligro de extinción.

En este contexto, el contraprincipio de la igualdad es la desigualdad, misma que es definida por Terceiro (2006) como la disgregación de cualquier indicador de bienestar de la sociedad. La Comisión Económica para América Latina y el Caribe, CEPAL, (2018) afirma que en los países desarrollados la desigualdad interna se encuentra en un nivel crítico y aumenta en los demás países. América Latina permanece con los mayores índices de desigualdad del orbe, a pesar de haber bajado algunos puntos en los últimos años.

Es difícil afirmar que existe igualdad en México cuando "los hombres más ricos de México en la fecha 03 de enero de 2019 suman $95.3B". Entre las actividades preponderantes de estos hombres se encuentran las telecomunicaciones, las bebidas y la minería. Los 17 mexicanos más ricos en la lista de Forbes completan 132 mil 500 millones de dólares, cuando 53.4 millones de personas en México se encuentran en pobreza y 68.4 millones carecen de seguridad social.

Boaventura de Sousa (2009) afirma que existe un desequilibrio entre los principios del Estado, el mercado y la comunidad, debido a que se ha priorizado con desmedida al mercado, lo que genera una profunda desigualdad no sólo en términos económicos sino en la posibilidad real de acceder a recursos indispensables para la sociedad como los alimentos y el agua. Bauman (2009), por su parte, dice que las empresas trasnacionales definen las políticas internas de los países donde tienen presencia por el poder económico que poseen: se instalan, se enriquecen, contaminan y se van porque no existe vinculación con la localidad ni con los trabajadores.

Por lo anterior, el objetivo general de este trabajo es analizar el estado de desigualdad en la disposición de agua de la población en México y parte de esta hipótesis: "el criterio que toma como referencia una toma de agua en las viviendas para afirmar que se cumple con el derecho humano al agua en México tiene como consecuencia que las estadísticas sean engañosas, porque no se considera el acceso real diario y la calidad del agua, lo que genera desigualdad". Trabajamos además con las siguientes preguntas de investigación: ¿existe verdad jurídica en la afirmación "Toda persona tiene derecho al acceso, disposición y saneamiento de agua para consumo personal y doméstico en forma suficiente, salubre, aceptable y asequible"? ¿Por qué se otorgan concesiones a empresas trasnacionales en estados de la República con escasez de agua? ¿Por qué los municipios tienen a su cargo las funciones y servicios públicos de agua potable, tratamiento y disposición de sus aguas residuales, drenaje y alcantarillado si el organismo fiscal es la CONAGUA?

La metodología que se utiliza para la presente investigación es el de dogmática jurídica para el análisis de la norma que fundamenta el derecho al agua: la hermenéutica de MacCormick con sus niveles de interpretación, el estudio del hecho social que se evidencia con las estadísticas del grado de disponibilidad del agua por estado de la República y el método axiológico para el estudio de la igualdad como principio, es decir, se analiza el fenómeno como valor, hecho social y norma, atendiendo a la tridimensionalidad del derecho.

1. Análisis factual del derecho al agua

Hablando sobre el derecho humano al acceso al agua, Peña (2006) afirma que un problema prioritario a nivel mundial es su disponibilidad, principalmente por las decisiones de política pública referentes a este vital líquido. Desde principios de los noventas, con la Conferencia de las Naciones Unidas, se refirió la importancia de hacer un uso sustentable del agua, misma que se reafirmó en la Cumbre de las Américas y los principios de Dublín. Sin embargo, también se utilizó la coyuntura del momento para dar inicio a un excelente negocio aprovechado por pocas empresas trasnacionales que tuvieron injerencia directa en el proceso privatizador.

La Comisión Económica para América Latina y el Caribe, CEPAL, (2018), afirma que existen diferencias tecnológicas en la provisión del agua a la que no pueden acceder todos los habitantes, lo que los hace vulnerables a enfermedades; por lo que un país igualitario sería aquel en el que personas de diferente estatus económico pudieran acudir a las mismas instituciones educativas, utilizar el mismo transporte público y tomar agua del grifo. Esta dificultad para tomar agua de grifo en México se debe, entre otras causas, a la poca confianza en la salubridad de este líquido vital, lo que ha convertido a la nación en el primer país en el consumo de agua embotellada —seguido de Italia. Datos del INEGI (2018) muestran que este aumento no sólo se observa en zonas urbanas, sino que también se ha incrementado considerablemente en zonas rurales. El 69% del total de personas encuestadas afirma que consume agua de garrafón porque es más saludable. El gasto semanal promedio por familia es de 51.74 pesos por este concepto que incluye la compra de agua embotellada en sus diferentes tamaños —además del costo para las familias, estas botellas plásticas contaminan los mantos acuíferos. Por otro lado, Zamudio (2018) asevera que el resultado de las auditorías demuestra que los monitoreos y seguimientos de desinfección del agua no son confiables: no se específica la frecuencia, la autoridad encargada y no se cumple con la cantidad de muestras necesarias, de ahí que la desconfianza de la población para tomar agua de grifo pueda ser fundada.

Como lo afirma Guzmán (2019), en 2015 se generaron 6,300 millones de toneladas de plástico convirtiéndose en un verdadero problema. A través de los ríos arriban al mar de 1.15 a 2.14 millones de toneladas, por lo que existe una corresponsabilidad entre el que consume agua embotellada y el que la produce y vende. Por lo mismo, las empresas trasnacionales que fabrican botellas plásticas deberían hacerse responsables por la contaminación que generan en tierra, ríos y mares. Las empresas extraen el agua de los mantos acuíferos mexicanos y después la venden embotellada a la población, el costo del plástico es bajo y además producen bebidas carbonatadas para cuya fabricación necesitan agua, bebidas que no sólo venden en México, sino que son exportadas.

La desigualdad en la posibilidad real de acceso al agua se observa en la Gráfica 1 de la Encuesta Nacional de los Hogares 2016 que afirma que a 4 millones 341 mil 53 hogares se les suministra agua cada tercer día, un millón 732 mil 243 la reciben dos días a la semana y un millón 305 mil 304 sólo la obtienen una vez por semana, un millón 33 mil 320 hogares la reciben en algunas ocasiones y 2 millones 85 mil 208 no la tienen y la consiguen por medio de traslado de otra vivienda o mediante pipas (véase Gráfica 1 al final de este capítulo).[1]

Sólo el 26% de los hogares de Guerrero tienen agua dentro de la vivienda y dispone diariamente de ella; le siguen los estados de Puebla y Chiapas con el 39.9%. La falta de acceso al agua coincide con algunos de los estados en pobreza y pobreza extrema de acuerdo con el CONEVAL (2016). Chiapas es el estado que lidera a las entidades con mayor pobreza, donde ocho de cada diez personas son pobres. Le siguen Oaxaca, Guerrero, Veracruz y Puebla, como las entidades que agrupan el mayor porcentaje de personas en esta situación —con más del 45% del total. Existen causas diversas para el desabasto de agua, mismo que se agudiza en los estados pobres. Es importante indicar que "las tres embotelladoras de una empresa trasnacional de bebidas carbonatadas más grande en México se encuentran en Toluca, Apizaco, Tlaxcala y

---

[1] Las gráficas, tablas, cuadros, figuras e imágenes se localizarán al final de cada capítulo. En el cuerpo del texto se indicará el número de gráfica, tabla, figura, etc., entre paréntesis.

San Cristóbal de las Casas en Chiapas" (Delgado, Meza, Chávez, Navarro y Ávila, 2014: 113) y que tienen concesiones de extracción de agua considerables, a pesar de que de acuerdo con la Gráfica 1 tienen serios problemas de disposición diaria de agua.

En el caso de Baja California Sur, a decir del Consejo Consultivo del Agua (2012) el 12% de la población no dispone de agua entubada en sus hogares, la recarga de mantos acuíferos es insuficiente y la contaminación principalmente por descarga de aguas residuales de la industria tiene consecuencias serias en el acceso al agua potable. La CONAGUA (2018) afirma que existe un déficit de aproximadamente 18 millones de metros cúbicos de agua en esta entidad, lo que está generando problemas sociales importantes.

2. Análisis jurídico

Soberanes (2011) afirma que la libertad y la fraternidad fueron el estandarte de la Revolución francesa que influyó en el mundo occidental, pero que sufrió un cambio significativo después de la Segunda Guerra Mundial cuando se le considera ya como un verdadero derecho subjetivo que obliga a todos los poderes públicos, entre los cuales también se comprende al legislador.

La Oficina del Alto Comisionado de las Naciones Unidas para los Derechos Humanos (2008) afirma que el acceso al agua potable y al saneamiento es un derecho humano que se encuentra contenido en la Convención sobre la Eliminación de todas las Formas de Discriminación contra la Mujer, la Convención Sobre los Derechos del Niño y la Convención sobre los Derechos de las Personas con Discapacidad. El derecho de todos "a disponer de agua suficiente, salubre, aceptable, accesible y asequible para el uso personal y doméstico" se aprobó en el año 2002 por el Comité de Derechos Económicos, Sociales y Culturales de las Naciones Unidas en su Observación general N° 15.

El agua limpia y saneamiento es parte de los Objetivos de Desarrollo Sostenible Agenda 2030, que es el documento marco de la Agenda Global de Desarrollo que sustituyó a la Declaración del Milenio, entre cuyos compromisos para 2015 se encontraba el de reducir en un cincuenta por ciento el número de la población mundial que no dispusiera de agua o no pudiera pagar por ella.

Es importante indicar que el artículo 6°, párrafo 1 del Pacto Internacional de Derechos Civiles y Políticos (PIDCP), establece que en "ningún caso podrá privarse a un pueblo de sus propios medios de subsistencia". En este sentido, Luigi Ferrajoli (2006) dice que existe un derecho de "autonomía" estructurado en dos dimensiones: una autodeterminación interna y otra externa. En la primera, el pueblo tiene derecho a decidir libremente su estatuto político, mientras que la segunda consiste en el derecho del pueblo al progreso y la libre decisión de sus riquezas y recursos. Esto resulta significativo ya que las empresas trasnacionales disponen de los recursos naturales prácticamente sin limitaciones en algunos países, contradiciendo así el derecho de autonomía.

La Comisión Interamericana de Derechos Humanos (2015) afirma que, si bien en la Declaración Americana de los Derechos y Deberes del Hombre no se establece de forma expresa el derecho al agua, se reconocen otras prerrogativas como la integridad personal, la vida y la salud, por lo que esta declaración vinculada con la jurisprudencia del sistema interamericano crea una fuente de obligaciones para todos los Estados miembros a través de medidas cautelares, casos individuales, visitas a los países de la región para asegurar la disposición al agua sin discriminación.

En México, la Constitución Política de los Estados Unidos Mexicanos establece que:

> Toda persona tiene derecho al acceso, disposición y saneamiento de agua para consumo personal y doméstico en forma suficiente, salubre, aceptable y asequible. El Estado garantizará este derecho y la ley definirá las bases, apoyos y modalidades para el acceso y uso equitativo y sustentable de los recursos hídricos, estableciendo la participación de la Federación, las entidades federativas y los municipios, así como la participación de la ciudadanía para la consecución de dichos fines (Art. 4° CPEUM, DOF 8-02-2012).

La gestión del agua, su protección y vigilancia competen a los niveles federal, estatal y municipal. En el nivel federal, es a través de la Secretaría de Medio Ambiente y Recursos Naturales (SEMARNAT) y de la Comisión Nacional del Agua (CONAGUA) que se lleva a cabo la administración y preservación de las aguas nacionales. La CONAGUA emite concesiones, permisos de descarga, cobro de los derechos por el uso a los gobiernos para el aprovechamiento y explotación del agua y vigila el respeto de la Ley de Aguas Nacionales. Su objetivo se encuentra especificado en el artículo 1°: "regular la explotación, uso, aprovechamiento, distribución y control de las aguas, así como preservar su cantidad y calidad para lograr un desarrollo integral sustentable" (Art. 1 LAN, DOF 24-06-2016).

La CONAGUA tiene el carácter de autoridad fiscal de acuerdo con un Reglamento Interior que le dota de las facultades de comprobación, liquidación, cobro y de sanción para la efectiva recaudación de las contribuciones y aprovechamientos sobre las aguas nacionales, como lo establece el Código Fiscal de la Federación y la Ley Federal de Derechos. Una de sus facultades más importantes es la determinación de créditos fiscales que, una vez generados y no pagados, da lugar a la aplicación del Procedimiento Administrativo de Ejecución que es el instrumento fiscal más importante de las autoridades fiscales.

Al ser autoridad fiscal y ejercer el cobro por la explotación y tratamiento de aguas residuales se constituye como un organismo fiscal. Por lo anterior, su fundamento legal se encuentra en la fracción IV del artículo 31 constitucional, misma que establece la obligación de los mexicanos de contribuir, y debe cumplir con los principios constitucionales de equidad; definida como el trato igual a los iguales y desigual a los desiguales; proporcionalidad, que significa atender a la capacidad económica de los contribuyentes, es decir, que lo que se aporta al Estado no les afecte en consideración y vinculación al gasto público, que lo que se recauda se invierta en el bienestar de la sociedad.

En este sentido, Arrioja (1998) afirma que el objetivo de las contribuciones es que lo que el ciudadano aporta le sea regresado en bienes y servicios en proporción a lo que aportó, lo que constituye la Teoría del Beneficio Equivalente. A su vez, Tron (2010) dice que existe una relación indisoluble de codependencia entre el ciudadano y el Estado que se legitima cuando se cumple el objetivo primordial del gasto público. En este caso, el derecho como contribución tiene relación con un derecho humano fundamental que es el acceso al agua y a un medio ambiente sano. La importancia del agua para la vida misma es inminente, pero de acuerdo con la Teoría del Beneficio Equivalente lo que el Estado recibe debería regresarse en bienes y en servicios que son los que proporciona la CONAGUA y que a su vez es una obligación de los municipios. Sin embargo, algo no funciona bien si 102 de los 253 mantos acuíferos se encuentran sobreexplotados, existen problemas de infraestructura y las concesiones no son transparentes.

Por lo que se refiere a la descarga de aguas residuales por el uso de servicios públicos del Estado, la CONAGUA recauda contribuciones que —según la Ley Federal de Derechos— deben pagar las personas físicas o morales por el uso o aprovechamiento de bienes del dominio público de la Nación, como cuerpos receptores de las aguas residuales que descarguen en forma permanente, intermitente o fortuita aguas residuales en ríos, cuencas, cauces, vasos, aguas marinas y demás depósitos o corrientes de agua, así como los que descarguen aguas residuales en los suelos (Art. 276 LFD, DOF 09-04-2012).

Ahora bien, existen plantas de tratamiento de aguas que se dividen en primarias, secundarías y terciarias. En el nivel primario sólo se extraen algunos elementos físicos llamados lodos, pero el agua continúa contaminada. Aunque el terciario es el más efectivo, sólo representa el 2.1% del total de agua tratada, es decir, en la que se remueven materiales disueltos. A ello debe añadirse que el Artículo 115, fracción III constitucional, establece que los municipios tienen a su cargo las funciones y servicios públicos de agua potable, tratamiento y disposición de sus aguas residuales, drenaje y alcantarillado. Esto resulta incoherente ya que se transfiere una obligación tan importante a los municipios a pesar de que la Ley de Derechos es federal, por lo que es la Federación la que recibe a través de esta contribución los recursos por el uso y aprovechamiento del agua y la descarga de aguas residuales.

Así, resulta incoherente que la obligación de proporcionar dichos servicios sea de los municipios, quienes al afirmar su incapacidad económica para hacer frente a estas obligaciones la han concesionado a empresas privadas. Rolland (2010) afirma que, ante la incapacidad de los municipios en términos económicos de hacer frente a esta obligación, a partir de 1990 se otorgaron concesiones de estos servicios a empresas privadas de 20 a 30 años.

MacCormick (2010) afirma que existen niveles de argumentación que inician con los argumentos lingüísticos, continúan con los sistémicos y culminan con los teleológicos/deontológicos. Los argumentos del primer nivel tienen un significado ordinario y un significado técnico en el que se debe dar una categoría de autoridad sintáctica y semántica comprendida a la luz de un significado evidente. En el nivel sistémico se trata de un conjunto de argumentos dirigidos hacia una comprensión aceptable de un texto como parte de un sistema, deben ser interpretados con base en todo al esquema al que pertenecen, sea mayor o sea un conjunto de leyes relacionadas, o con las que tenga una correspondencia cercana, o con otra ley en la materia e incluso a partir de los principios generales del derecho. Finalmente, el nivel de los argumentos teleológicos/deontológicos hace referencia al fin o propósito de una ley. En el caso de los teleológicos, por ejemplo, en sentido negativo lo que la norma trató de evitar o el perjuicio que trató de remediar; mientras que los deontológicos apelan a los principios de lo correcto y lo incorrecto. Los argumentos lingüísticos tendrían que ser suficientes cuando no se requiere mayor interpretación; sólo cuando esto no sucede habría que acudir a los sistemáticos y finalmente a la intención del legislador en los teleológicos.

En el caso del derecho al agua consagrado en la Constitución, tendría que ser suficiente con el análisis de los argumentos lingüísticos para su cumplimiento con base en sus elementos: el derecho al agua requiere que sea suficiente, salubre, aceptable y asequible. En lo que respecta al término suficiente, definido por la Real Academia de la Lengua Española como "bastante para lo que se necesita" (RAE, 2019), la Organización Mundial de la Salud (OMS) afirma que para un acceso intermedio (cantidad promedio de aproximadamente 50 l/r/d) es necesario contar con agua abastecida a través de un grifo público (o dentro de 100 m o 5 minutos del tiempo total de recolección); el consumo debe asegurar la higiene básica personal y de los alimentos y se debe asegurar también la lavandería y el baño (OMS, 2003). En lo que se refiere al término "salubre", la OMS afirma que "agua potable salubre es el agua cuyas características microbianas, químicas y físicas cumplen con las pautas de la OMS o los patrones nacionales sobre la calidad del agua potable". Finalmente, aceptable y asequible quiere decir "que puede conseguirse o alcanzarse" (RAE, 2019).

En este contexto, la Suprema Corte de Justicia de la Nación (SCJN) resolvió la inconformidad 49/2014 en donde se afirma que un tribunal no puede considerar cumplido el derecho humano al agua cuando una familia de cuatro personas recibe en promedio tres horas de servicio por semana, aunado a que en el municipio en el que tiene su vivienda existen concesiones de explotación de aguas subterráneas, lo que vulnera lo establecido en la Constitución, en la Observación General n. 15 del PIDESC y con lo que prevén las directrices de la OMS. La Primera Sala de la Suprema Corte de Justicia de la Nación, el 18 de junio de 2014, resolvió la reasunción de competencia (5/2014) sobre la base de un proyecto donde estableció que la inconformidad estaba fundada, ya que para considerar cumplimentado el fallo protector no basta con garantizar que existe una toma de agua en el domicilio, pues podría llegarse al extremo de considerar que se cumple con ese derecho únicamente con abastecer un minuto de agua a la semana del vital líquido.

En efecto, el criterio que toma como referencia una toma de agua en las viviendas para afirmar que se cumple con el derecho humano al agua en México tiene como consecuencia que las estadísticas sean engañosas, porque no se considera el acceso real diario y la calidad del agua. Como lo afirma la Sociedad Civil DESCA (2017), se tienen cifras positivas de cobertura nacional de agua y saneamiento de 95.4% y 92.9%, respectivamente pero que no muestran la situación real de limitaciones y carencias que se viven en las diversas regiones del país.

Ferrajoli (2004) distingue entre verdad jurídica y verdad factual para diferenciar la verdad de la norma jurídica y la verdad de la realidad social, toda vez que algo puede ser verdadero desde un punto de vista jurídico y no ser verdadero desde la perspectiva de la realidad. El italiano utiliza las variables "p" y "X" para sustituir los enunciados: una proposición es factual o sociológica SI y sólo SI es factualmente verdadera y es Jurídica Operativa SI y sólo SI es verdadera jurídica y factualmente.

Al sustituir los dos enunciados por las variables "p" y "X" se observa lo siguiente:

-La proposición es verdadera jurídicamente SI y sólo SI lo establece la Constitución (Art. 4° CPEUM, DOF 8/02/ 2012).
-La proposición sociológica es verdadera SI y sólo SI toda persona en México tiene ese acceso de forma suficiente y de calidad.

Por lo que existe una verdad jurídica, pero no una verdad factual en el acceso al agua en México. Es interesante la afirmación de Ferrajoli (2004) en el sentido de que la verdad jurídica es una verdad irrefutable con algunas excepciones (interpretación de sentido, cuando se encuentre en conflicto con la anterior o con alguna otra norma). Sin embargo, la verdad factual es refutable casi siempre ya que puede ser desmentida por ulteriores experiencias empíricas, investigaciones o nuevos hechos. Por lo anterior, la norma constitucional del derecho al agua es irrefutable y la verdad factual es refutable. Esa realidad factual, a decir del Consejo Consultivo (2018) del agua, se describe en problemas específicos que se enuncian en la Tabla 1 (véase Tabla 1 al final del capítulo).

Existe un momento clave en el cambio de paradigma del agua como un derecho social. En el sexenio de Carlos Salinas de Gortari se concretó la Ley de Aguas Nacionales en 1992, y su reglamento en 1994 en el que se elimina la relativa orientación social de la administración del agua para formalizar la recaudación como fin principal con base en el criterio de "el agua paga el agua", principalmente desde las concesiones.

Se priorizan las concesiones, ejemplo de ello es que "el 55% del volumen total de agua que se concesionó se concentra en los estados de Yucatán, Nuevo León, Jalisco, Michoacán, México y Tlaxcala" (Ramos, 2014: 108) y, como puede observarse en la Gráfica 1, en el estado de Tlaxcala sólo el 50.5% de las viviendas disponen de agua diariamente. Sin embargo, existe una concesión a una empresa trasnacional de bebidas carbonatadas cuyo volumen de extracción de aguas nacionales que ampara el título es de 1,788,400.00 (m3/año) (REPDA, 2019), esto a pesar de que la CONAGUA publicó en el Diario Oficial de la Federación el Acuerdo por el que se dan a conocer los estudios técnicos de las aguas nacionales subterráneas del Acuífero Alto Atoyac, clave 2901, donde se afirma que es de interés público controlar la extracción, explotación, uso y aprovechamiento del agua subterránea. Asimismo, señala un riesgo de sobreexplotación ya que en el acuífero Alto Atoyac, clave 2901, la extracción total es de 153.4 millones de metros cúbicos anuales, mientras que la recarga que recibe el acuífero está cuantificada en 212.4 millones de metros cúbicos anuales. Además, señala que debido a la creciente necesidad del agua en la región para cumplir con las necesidades principales de sus habitantes y continuar impulsando las actividades económicas de la misma, la extracción indiscriminada implica el riesgo de que se generen los efectos negativos de la explotación del agua subterránea, tanto en el ambiente como para los usuarios del recurso.

La situación de Tlaxcala es sólo un ejemplo de un escenario que ocurre en otros estados del país y en la Ciudad de México. En este sentido, Palomino (2010) dice que, paradójicamente, las empresas trasnacionales no pagan, pagan muy poco o bien pagan extemporáneamente cuando se les otorgan concesiones de explotación de agua.

Ferrajoli (2006) asevera que si se quiere garantizar un derecho fundamental se debe sustraer tanto a la disponibilidad de la política como a la del mercado. Respecto del derecho al agua se establece la participación de la Federación, las entidades federativas y los municipios; por lo anterior, el agua no puede ser vista como un bien mercantil porque no pertenece al Estado, pertenece a la población: el Estado se encuentra obligado a garantizar el respeto a este derecho y establecer los mecanismos para su efectivo cumplimiento.

La mercantilización del agua avanza, y esto a pesar de que la Oficina del Alto Comisionado de las Naciones Unidas para los Derechos Humanos (2008) afirma que debe existir un enfoque más amplio que abarque la ordenación de los recursos hídricos, priorizando a aquellos que sufren discriminación en el acceso al recurso y en la distribución entre los actores que compiten entre sí, y siempre anticipar los usos personales y domésticos de la población. Cabe señalar que la Observación General número 15 (en adelante OG15) (2002) establece como una obligación específica del Estado el "respeto" que consiste en abstenerse de intervenir en el ejercicio del derecho al agua o inmiscuirse de forma arbitraria. "Proteger" implica que los Estados impidan la intervención de particulares o empresas que interfieran en el disfrute del derecho al agua y garantizar la igualdad. El problema en México es que el Estado no sólo no protege, sino que otorga concesiones a empresas trasnacionales cuando existen estados de la República donde los habitantes reciben agua una vez a la semana.

Como lo indica Boaventura de Sousa (2009), se prioriza así el mercado en detrimento de la comunidad, lo que genera desigualdad en un recurso tan importante como el agua. Zagrebelsky (1995) afirma que la perspectiva neo-constitucionalista insiste en el contenido, en el sentido de las disposiciones de principios y en la enunciación de derechos, mientras que el constitucionalismo tradicionalmente había visto en los procedimientos, en la división y en el equilibrio de competencias, la estrategia de restricción. La importancia del neo-constitucionalismo radica en la enunciación de derechos, por lo que es preciso tener en cuenta el derecho de acción. En este contexto Ferrajoli (2006) dice que el garantismo es la otra cara del constitucionalismo, en el que deben ser garantizados y satisfechos los derechos fundamentales para asegurar el máximo grado de efectividad y establecer los mecanismos para dicho efectivo cumplimiento.

Conclusiones

El acceso al agua es un derecho humano fundamental. Sin embargo, la desigualdad en la disponibilidad es inminente, primero, entre estados de la República y, segundo, al otorgar concesiones de agua a empresas trasnacionales sin atender primero al servicio mínimo por persona. La desigualdad también puede ser traducida en el descuido de la CONAGUA al no proporcionar la infraestructura necesaria para el mantenimiento de la calidad de agua que permita tomarla del grifo, esto genera un gasto extra en las familias que deben consumir agua embotellada cuando es su derecho el acceso al agua limpia. No obstante, millones de personas la reciben una, dos o tres veces por semana y sólo algunas horas, sin precisar la calidad. Las auditorías afirman que el monitoreo no es confiable y no es constante, por lo que los datos engañosos de acceso al agua por tener una toma de agua en la vivienda no permiten vislumbrar una seria problemática nacional que repercute en el gasto de agua embotellada en zonas rurales y urbanas, en la salud y en un efecto adverso en el destino final de las botellas plásticas que contaminan los mantos acuíferos.

La CONAGUA, al otorgar concesiones de extracción de agua a empresas trasnacionales, se encuentra obligada a revisar lo establecido en las declaraciones de Derechos Humanos, en el Pacto Internacional de los Derechos Económicos, Sociales y Culturales, en las determinaciones de la Corte Interamericana de Derechos Humanos, entre otros. También está obligada a salvaguardar lo establecido en la Constitución Política de los Estados Unidos Mexicanos y no sólo basarse en los estudios técnicos de disponibilidad media anual. En el caso del estado de Tlaxcala, que se presenta como ejemplo de una situación más o menos generalizada, existe un dictamen técnico positivo de la CONAGUA para otorgar concesiones y, a su vez, un acuerdo publicado en el Diario Oficial que afirma que existe un riesgo de sobreexplotación emitido por la misma autoridad.

La falta de sistematización fiscal y la obligación constitucional del municipio de proporcionar los servicios y tratamiento de aguas residuales, a pesar de que la CONAGUA es el organismo fiscal que recauda el recurso por el uso y descarga a través de un derecho, atenta contra el principio fiscal constitucional de vinculación al gasto público, y en algunos municipios ha sido el pretexto para concesionar los servicios de agua y tratamiento a empresas privadas. Aunado a ello, debe considerarse la concesión a empresas trasnacionales para extraer agua, principalmente a compañías de bebidas carbonatadas en estados de la República que, de acuerdo con el INEGI, no tienen el acceso mínimo de este recurso en el marco de lo establecido por la OMS.

Gráfica 1. *Porcentaje de hogares con agua, dentro de la vivienda o del terreno, que disponen de agua diariamente por entidad federativa, 2016*

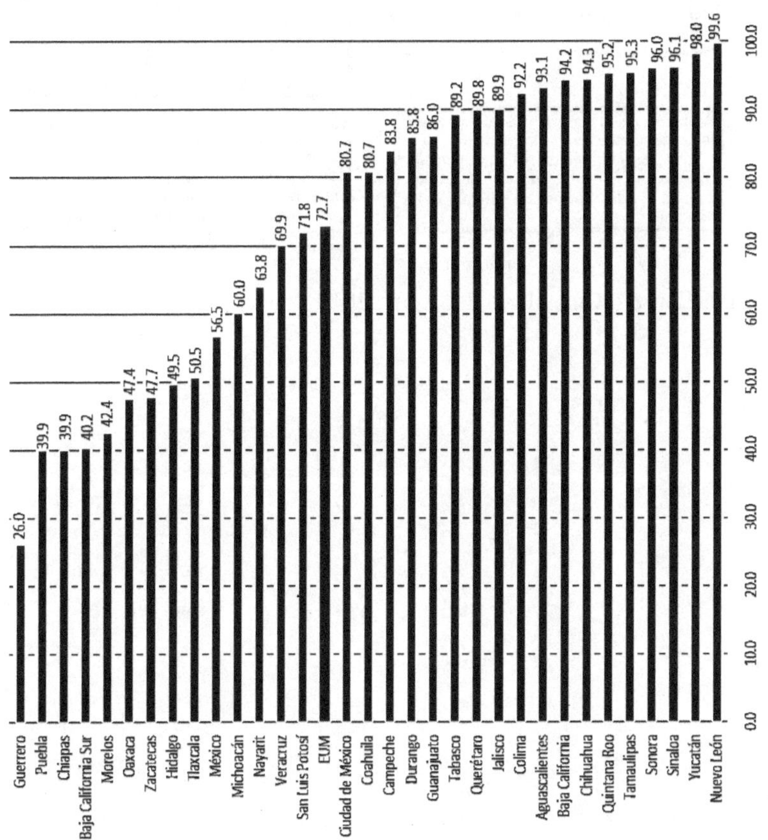

Fuente: INEGI, Encuesta Nacional de Hogares 2016, 2017

Tabla 1. *Situación y contexto de la problemática del agua en México en 2018*

Son ineficientes y opacos la mayoría de los organismos operadores de sistemas de agua. Por fugas en las redes de abastecimiento, en las ciudades se desperdicia aproximadamente el 40% de agua.	Constitucionalmente, los municipios tienen las funciones de ofrecer el servicio público de agua y de tratar las aguas residuales. Con este pretexto la Federación ha descuidado responsabilidades de regulación sobre los organismos operadores municipales. En el mejor supuesto, la regulación está a cargo de los gobiernos estatales.
Respecto de las aguas residuales existe falta de monitoreo y vigilancia y sólo 47.5% de las aguas residuales recibe tratamiento y un menor porcentaje cumple con las normas de calidad de las descargas.	Las concesiones de agua se otorgan con criterios poco claros para los usuarios que las solicitan y el cumplimiento de tratamiento y descarga de aguas residuales no se condiciona ni vincula con el suministro primario.

Fuente: Consejo Consultivo del Agua, 2019

Capítulo 3.
Desigualdad y derecho al cuidado en México

Omar Neme Castillo
Cesaire Chiatchoua
Ana Lilia Valderrama Santibáñez

Introducción

El modelo de crecimiento económico neoliberal en México, como en buena parte del mundo en desarrollo, ha ampliado la brecha entre ricos y pobres, reflejada en un aumento de la desigualdad. De acuerdo con Gerardo Esquivel (2015), el 1% de la población más rica posee cerca del 26% de la riqueza nacional. Esquivel también señala que, en el país, uno de los hombres más ricos del mundo, con una riqueza superior a los 55 mil millones de dólares en 2015, coexiste con cerca de 23 millones de personas con un ingreso insuficiente para acceder a una canasta básica de alimento, esto es, un ingreso por debajo de los 20 mil pesos anuales. En perspectiva, la riqueza de los mayores 15 multimillonarios mexicanos es equivalente al 8.5% del PIB en 2015. Esto se traduce en la segunda tasa de desigualdad más alta entre las economías de la Organización para la Cooperación y el Desarrollo Económicos (OCDE), sin registrar cambios significativos en el último cuarto de siglo.

Aún más, la desigualdad se genera en un contexto de pobreza creciente en términos absolutos, según el Consejo Nacional de Evaluación de la Política de Desarrollo Social (CONEVAL). Si bien el porcentaje de la población en situación de pobreza disminuyó en el periodo 2008-2016, el número de pobres aumentó pasando de 44.4% a 43.6% de la población: el número total de pobres se incrementó en más de 600 mil personas, con un 7.6% de la población que vive en condiciones de pobreza extrema. Esto se debe al aumento de la población, el porcentaje es menor con relación al total de la población sin que ello implique la disminución del número de pobres.

La dinámica de la desigualdad tiene costos que pagan no sólo las personas en situación de pobreza, sino que se extienden al sistema socioeconómico (McKay, 2002). El aumento de la desigualdad lleva a privaciones directas, absolutas o relativas, de las personas en distintas dimensiones asociadas con, además del ingreso, la educación, salud, vivienda, recreación, entre otras. La desigualdad entre grupos sociales —real o percibida— es un factor detrás del malestar y conflicto social, que tiende a impedir la movilidad social, por lo que se considera tiene un efecto social corrosivo. A nivel macro, la desigualdad, principalmente en recursos, conduce a tasas de crecimiento económico en promedio menores.[1] Se reconoce también que la reducción en la desigualdad del ingreso puede tener efectos importantes en los niveles de pobreza (Naschold, 2002). A su vez, la desigualdad refiere a una estructura especial de poder que construye relaciones sociales asimétricas entre los individuos (CEPAL, 2007).

Desde una base ética no hay nada que justifique la pobreza y la desigualdad de personas y grupos. Socialmente, el nivel óptimo de desigualdad es cero. Sin embargo, la desigualdad económica tiende a relacionarse con la reproducción de otras formas de desigualdad social como las de género, etnia o por discapacidad. La desigualdad económica se liga, pues, con el ejercicio efectivo de derechos fundamentales en la vida cotidiana, es decir, con la igualdad sustantiva.

En particular los derechos humanos o, mejor dicho, su garantía, representa una alternativa para la sociedad ante los desafíos económicos globales plasmados, entre otros problemas, en la desigualdad y la pobreza. México ha avanzado hacia un modelo que reconoce la universalidad, interdependencia, indivisibilidad y progresividad de los derechos humanos a través de la reforma constitucional de 2011 (Cruz, 2017). En cualquier caso, en el día a día la población en el país enfrenta una realidad en la que sus derechos no son reconocidos, ni mucho menos garantizados.

En el caso concreto del "cuidado", como un principio rector de la igualdad de oportunidades —paradigma vigente para enfrentar pobreza y desigualdad al ser parte del desarrollo humano—, el derecho a cuidar y ser cuidado permite a las personas alimentarse, educarse, estar sanas y vivir en un hábitat propicio (Rodríguez, 2005). Así pues, el cuidado se entiende como el espacio social de bienes, servicios, actividades, relaciones y valores fundamentales para la reproducción cotidiana de las personas (Rodríguez, 2005).

---

[1] Se estima que el aumento promedio de tres puntos en el Coeficiente de Gini de los países de la OCDE en las últimas dos décadas redujo el PIB en 8.5% en promedio.

Acceder al cuidado en condiciones dignas implica disponer de recursos suficientes para disfrutar de alimentos nutritivos, ropa adecuada, viviendas asequibles y de calidad sanitaria, agua potable y suministro de energía que ofrezcan seguridad e intimidad, educación no discriminatoria en escuelas, atención médica accesible, eficaz y a un precio asequible (ATD, 2019).

Al respecto, la desigualdad económica genera importantes efectos en el gasto de consumo de servicios de cuidado entre los distintos estratos de la población. Las personas en hogares con capacidad de pago de servicios de cuidado (privados o públicos), tienen más posibilidades de una inserción en el mercado laboral y, por ende, la posibilidad de obtener mayores ingresos por trabajo. En contraste, la necesidad de obtener ingresos de las personas en hogares de bajos ingresos las lleva a emplearse en trabajos con remuneraciones precarias y con mayores riesgos laborales (Thirwall, 2006, citado en Ortiz y Ríos, 2013). Este grupo de personas con limitada capacidad de pago del cuidado de calidad, sigue estrategias en las que un miembro del hogar, generalmente mujer, se hace cargo de las actividades del cuidado en el hogar obstaculizando, por esta vía, su inserción al mercado laboral y, en consecuencia, el ingreso familiar (Rodríguez, 2005), perpetuando la desigualdad.

Alternativamente, los costos del cuidado para los hogares de mayor ingreso son comparativamente menores a los que enfrentan los hogares de bajo ingreso. Primero, los costos de oportunidad para las familias de ingresos inferiores que surgen al sacrificar tiempo de trabajo por actividades de cuidado en el hogar son más elevados. Segundo, el restringido ingreso de éstos lleva a un cuidado que se traduce en baja calidad en la alimentación, educación, vivienda y salud y, por ende, a un reducido capital humano. Los ingresos precarios implican hábitos de consumo y estilos de vida que representan una mayor propensión a enfermarse. Aún más, los pobres tienden a gastar una mayor proporción de su ingreso en bienes esenciales como alimentos, no necesariamente nutritivos, siendo muy vulnerables a los aumentos de precios. Las familias de ingreso alto, por el contrario, gastan proporcionalmente más en educación, esparcimiento, vivienda propia y transportación.

Así, la carencia de recursos monetarios, materiales y sociales, asociada con la pobreza y su desigual distribución, supone un obstáculo para acceder a una vida con bienes y servicios de cuidado. En concreto, dado que las personas en el ciclo de vida no son autosuficientes sino, por el contrario, dependientes del cuidado de los demás y son, al mismo tiempo, cuidadores de otros (Izquierdo, 2018), las privaciones sociales y materiales, entendidas como la falta de acceso a bienes y servicios necesarios para llevar una vida digna y participar plenamente en la sociedad (ATD, 2019), propician que las personas en estas condiciones tengan que proveer servicios de cuidado no profesionalizados con mayor costo comparativo sacrificando tiempo laboral y, por tanto, generando ingresos familiares limitados que, en última instancia, lleva a ampliar las desigualdades.

De este modo, se reconoce que la desigualdad y la pobreza impactan directamente en las oportunidades y obligaciones de cuidado, incidiendo directamente en el bienestar individual y social. Aquéllos con mayores recursos pueden disfrutar de este servicio mejorando su calidad de vida, mientras que aquellos con menores recursos, o redes de apoyo, enfrentan menores niveles de cuidado de calidad o lo hacen con mayores costos relativos. Así, el cuidado, visto como bien público, debe ser garantizado por el Estado, que está obligado, por el contrato social con la sociedad, a proveerlo directamente o a establecer incentivos para su provisión por el mercado.

No obstante, este derecho no se reconoce explícitamente en la Constitución Política de los Estados Unidos Mexicanos (CPEUM), lo que, en paralelo con las desigualdades señaladas, tiende a obstaculizar el acceso de las personas a este derecho. Villa (2019) argumenta que en México no existe un sistema de cuidados formal, y en la práctica los servicios y programas de cuidados se estructuran bajo una lógica desarticulada. Si bien las políticas de cuidados se institucionalizan en el marco de los esquemas de protección social y particularmente en los programas de la Secretaría de Bienestar —antes SEDESOL—, en general los programas y servicios se distinguen por la fragmentación institucional, la segmentación de beneficiarios y la duplicidad de programas. Además, afirma que los cuidados sólo se abordan como un elemento dentro de las políticas de combate a la pobreza sin estatus independiente, que supone el reconocimiento de la problemática específica y la visibilización de los derechos a cuidar y ser cuidado. Por ende, la acción pública en materia de cuidado sólo es indirecta a través de políticas sociales enfocadas a otros problemas públicos.

El objetivo de este trabajo es analizar la relación entre desigualdad y servicios de cuidado en México, como materialización de su derecho, utilizando datos de la Encuesta Nacional de Ingreso-Gasto de los Hogares para el 2016. Dada la necesidad de servicios del cuidado, se plantea como hipótesis que la desigualdad económica lleva a que los hogares con menores ingresos destinen recursos más que proporcionales al cuidado, en comparación con los hogares de mayores ingresos. Esto significaría que los pobres tienen gastos esenciales relacionados con el cuidado, por lo que la desigualdad de ingreso se traduce en desigualdad de cuidado, al ser comparativamente más costoso para ellos.

En el resto del documento se revisa el estado del arte sobre desigualdad y cuidado; después se caracteriza la economía mexicana desde la perspectiva de ambas dimensiones, se continua con la estimación de la relación entre desigualdad y cuidado, definiéndose las variables, así como la metodología de la regresión cuantílica para QR10, QR20, QR30…QR90, seguida del análisis y discusión de los resultados. Finalmente se presentan algunas reflexiones.

1. Desigualdad-pobreza y derecho al cuidado

La vinculación desigualdad-pobreza ha sido un tema de interés a lo largo de la historia económica. En general, una mayor desigualdad suele implicar niveles más elevados de pobreza. Gaitán (2011) afirma que la persistencia de un núcleo duro de pobreza conlleva una alta desigualdad en la distribución del producto social (en particular en los países de ingreso medio y medio alto). La experiencia en América Latina muestra que la pobreza puede mantenerse e incluso aumentar, mostrando una mayor sensibilidad al nivel de inequidad de la distribución de ingresos. De aquí que el autor plantee la necesidad de conectar las políticas de combate a la pobreza con las orientadas a la disminución de las desigualdades socioeconómicas.

En el caso de México, Cuesta (2009) muestra que un cambio (aumento o disminución) en la tasa de desigualdad produce a su vez un cambio (aumento o disminución) en la tasa de pobreza. El efecto de la desigualdad del ingreso sobre la pobreza ocurre con una elasticidad positiva de 1.084 para 1990 y 1.101 para el 2000, lo que significa que tras un cambio porcentual en la desigualdad se observa un cambio de alrededor de 10% mayor en la pobreza. Este resultado corrobora la postura de que la relación pobreza y desigualdad van de la mano, es decir, a mayor desigualdad mayor pobreza.

Además, la desigualdad y la pobreza suelen ser dos problemas íntimamente relacionados en la medida en que en sociedades que registran altos niveles de concentración de la riqueza y del ingreso es frecuente encontrar que una gran proporción de sus habitantes viven en condiciones de pobreza, cualquiera que sea la modalidad en que ésta es medida. En ese sentido, Milán y Pérez (2008) en un estudio regional en el Estado de México establecen que el principal factor determinante de la convergencia o divergencia entre pobreza y desigualdad es el grado de marginación que acusa el territorio geográfico en el que se asientan los conglomerados sociales que los experimentan.

Siguiendo el mismo orden de ideas, Sánchez (2006) menciona que la desigualdad y la pobreza son dos de los más graves problemas sociales que, en general, resultan de las relaciones históricas que se establecen entre las esferas de la sociedad, el Estado y el mercado. Esos fenómenos se observan a escala mundial entre regiones y países, y al interior de cada uno de éstos. Por su parte Piketty (2013), en un estudio sobre la evolución de la riqueza para el caso de Francia, aclara que el modelo neoliberal conduce a una economía dominada por quienes tienen la suerte de una posición de riqueza heredada. En concreto, advierte que los hijos de familias de gran fortuna y visibilidad pública se reúnen en grupos de afinidad, gozando de los mejores empleos y dejando trabajos mal remunerados a los que tienen una posición de pobreza.

Corroborando lo anterior, el Informe sobre el Desarrollo Humano de las Naciones Unidas (2002) indica que durante la década de los noventa, la pobreza y desigualdad de ingresos se incrementaron acusadamente en los países de Europa central y oriental, así como en la Comunidad de Estados Independientes. En estos países la renta *per capita* cayó 2.4% al año en la década de 1990. Se ha producido un incremento claro de la concentración de los ingresos en la antigua Unión Soviética, aunque otros países no han sufrido desarrollos similares. El 5% más rico del mundo tiene 114 veces más ingresos que el 5% más pobre.

Ahora bien, ¿cómo la relación desigualdad-pobreza se asocia a los Derechos Humanos? A este interés dedicaremos la presente sección. Para responder a esa inquietud, el Informe sobre el Desarrollo Humano antes mencionado señala que en los años noventa el número de personas en condiciones de extrema pobreza en África subsahariana creció desde 242 millones hasta 300 millones de personas. Veinte países de esta área geográfica, con más de la mitad de la población de la región, eran más pobres en el año 2002 que en 1990. De hecho, el desarrollo humano ha retrocedido en los últimos años en el África subsahariana. Entre tanto, 72%, casi tres cuartas partes de los usuarios de internet, vive en los países de la OCDE, que representa sólo 14% de la población mundial.

El informe califica de "grotesco" el nivel de desigualdad a comienzos del siglo XXI. De hecho, la desigualdad parece haber crecido en la última década entre regiones del mundo. Ha habido un gran crecimiento de la renta *per capita* de Asia en el último cuarto de siglo, mientras que lo contrario ha ocurrido en el África subsahariana en el mismo periodo (Gangas, 2003). Este resultado permite afirmar que existe una relación entre desigualdad y pobreza. Ahora, ¿qué hay de la relación precedente con los accesos a los Derechos Humanos, particularmente los derechos al cuidado?

Al respecto, Acción Ciudadana Frente a la Pobreza (2017) afirma que los Derechos Económicos, Sociales, Culturales y Ambientales están directamente relacionados con las políticas públicas frente a la pobreza. En particular, en este estudio los derechos a la salud, la educación, a la vivienda y a la alimentación se vinculan directamente con los factores generadores de pobreza y desigualdad. La pobreza es una condición socio-histórica de carencia de ingreso suficiente y de falta de acceso a satisfactores y servicios esenciales para vivir y, por ello, inhibe el ejercicio de los derechos. La pobreza es generada por factores económicos, sociales, culturales, ambientales y políticos y su superación requiere por consiguiente acciones en todas esas dimensiones. La condición de pobreza reduce las capacidades de las personas, limita sus libertades, coarta y obstaculiza su futuro y genera múltiples factores de vulnerabilidad que generan exclusión y discriminación; por lo tanto, restringe los derechos humanos.

Ahora bien, respecto a la pregunta anterior en torno a los derechos relacionados con el cuidado como los señalados en el párrafo anterior, es decir, la salud, la educación, a la vivienda y a la alimentación, Aguado, Girón y Salazar (2006), al emplear un modelo Logit de elección múltiple ordenado y modelos de ecuaciones estructurales, encuentran una clara relación entre educación y pobreza; los estructurales revelan la retroalimentación entre ambas variables. Producto de esta última observación se plantea que, aunque la inversión en capital humano mediante la educación es un factor clave para mejorar el ingreso de las personas, ella por sí sola no es suficiente para alterar el cambio de condición de pobre a no pobre, pues se requiere un ambiente macroeconómico favorable en el cual individuos pobres educados en el mercado de trabajo incrementen su flujo de ingresos.

Los autores muestran que existe una relación directa entre la educación como derecho de cuidado y la pobreza, sólo que invertir en educación como formación de capital humano no es suficiente para pasar de pobre a no pobre, pues se necesita todo un conjunto de variables económicas que facilitan el ingreso de los pobres al mercado laboral y que este último asegure un incremento de los salarios que permitiría ser el punto de partida para la salida de la pobreza si somos optimistas.

Posteriormente, un estudio de Cortés (2006) plantea que una de las mayores barreras para reducir la pobreza es la inequidad distributiva de la riqueza. Si Colombia quiere tener prosperidad y justicia social, requiere atender la equidad entre sus zonas rurales y urbanas, entre sus regiones, entre grupos étnicos y entre hombres y mujeres en aspectos como el acceso a la educación, la propiedad de la tierra y la distribución del ingreso. El crecimiento económico requiere no sólo individuos sanos, sino también educación y otras inversiones complementarias, una adecuada división del trabajo entre los sectores públicos y privados, un buen funcionamiento de los mercados, una gestión pública adecuada y acuerdos institucionales que impulsen los avances tecnológicos.

Nuevos estudios realizados por Cortés (2006) sugieren que el estrés de ser pobre tiene una peligrosa influencia en la salud. Hay una fuerte asociación entre inequidad en los ingresos, pobre salud y bajo capital social. Un alto grado de inequidad en los ingresos lleva a un bajo nivel de confianza y soporte, lo cual incrementa el estrés y peligros para la salud. Existe una inmensa responsabilidad de los países ricos en el cumplimiento de las metas de reducción de la pobreza y mejora de las condiciones de vida en el mundo. La mayoría de las muertes son evitables y hay que abordar las causas estructurales de la pobreza y la desigualdad. Hay capacidad y recursos suficientes en el mundo para erradicar el hambre y la pobreza y promover el desarrollo económico sustentable con justicia social. Existe una relación directa entre la salud como derecho de cuidado con la pobreza y desigualdad.

En seguida, Villamán (2001), menciona que la pobreza es un signo de la asimetría social que genera una realidad que se confronta con la ética y genera una discusión sobre los derechos humanos. Todos los seres humanos somos iguales en cuanto seres con dignidad, aunque la realidad social nos separa. Los derechos humanos y la ciudadanía lanzan un fuerte reto a la democracia, entendiendo que se trata de un régimen político capaz de reivindicar la igualdad entre los seres humanos y construyendo una ciudadanía plena en cuanto realiza los derechos humanos, civiles, políticos y sociales. Es una exigencia trabajar por la construcción de la justicia y equidad entre todos, lo cual debe plantearse desde la ética de la responsabilidad como condición para la realización de la democracia.

También, en su estudio sobre la relación entre la discriminación y la pobreza en México, utilizando datos de la Encuesta Nacional sobre Discriminación de 2010 se cuantifica la importancia de la pobreza sobre las actitudes y comportamientos discriminatorios que sufre la población en general, y también los grupos de mujeres, adultos mayores, jóvenes, personas con discapacidad, minorías religiosas, minorías étnicas, minorías sexuales y personal doméstico, considerados por el Consejo Nacional para Prevenir la Discriminación como poblaciones en situación de discriminación. Para ello se construyó un indicador de pobreza y un índice que mide su importancia relativa como factor de discriminación, en el ámbito de las percepciones y en lo referente a las experiencias de los individuos como víctimas. La evidencia muestra que la discriminación tiene mayor incidencia entre las personas en condición de pobreza y que se repite para la mayoría de los grupos vulnerables (Ordóñez, 2018). Los resultados presentados nos llevan a afirmar que existe una relación entre Desigualdad-Pobreza y los Derechos Humanos, particularmente los Derechos al Cuidado mencionados anteriormente.

2. Caracterización de la economía mexicana: desigualdad y cuidado

Este apartado analiza el cuidado, por una parte y, por la otra, la evolución o más bien la situación de la desigualdad. Después, un análisis de dispersión permitirá acercar las dos variables de estudio.

El cuidado en México

La población mexicana —igual que la mundial— crece a una gran velocidad, sólo que ese crecimiento acelerado provoca presiones enormes sobre aspectos de la vida, como el derecho humano. Existe una variedad de derechos como lo mencionamos en un análisis anterior, centraremos nuestra atención en el derecho del cuidado. La intención de esta sección es describir brevemente la situación del derecho citado tomando datos de la Encuesta Nacional de Ingresos y Gastos de los Hogares (ENIGH, 2016).

La Gráfica 1 presenta en porcentajes el gasto efectuado por los hogares trimestralmente por grandes grupos. Se puede apreciar que el rubro de Alimentos y Bebidas ocupa el primer lugar de los gastos en los hogares con una participación de 35.2%, es decir, que por cada 100 pesos que tiene una familia o un hogar le dedica 35 pesos. Esto es casi la mitad del total de ingreso percibido por un hogar. Le siguen los gastos de transporte y comunicaciones con 19.3%. Después sigue la educación y esparcimiento con 12.4%; luego los gastos de la casa, principalmente la electricidad y el agua con 9.5%. Los gastos sobre cuidado personal como accesorios y efectos personales participan con 7.4%, le sigue la limpieza y el cuidado de la casa con 5.9%. Los últimos tres lugares lo componen el Vestido, Transferencias de gasto y la Salud con 4.6%, 2.9% y 2.7%, respectivamente (Véase Gráfica 1 al final de este capítulo).

Podemos ver que los gastos relacionados con la salud ocupan menos ingreso en el gasto general de los hogares. Con relación al cuidado, los hogares gastan cerca del 60% de su ingreso para satisfacer sus necesidades. Esto es muy importante, y la razón por la cual defender ese derecho puede llevar al país a un crecimiento y desarrollo económico sostenible, como lo planteó Cortés (2006).

El Cuadro 1 presenta el gasto corriente trimestral de los hogares en pesos y podemos observar, congruentemente con la Gráfica 1, que las familias gastan en promedio cada tres meses 9,906 pesos (de los 28,143 que dispone) en alimentos y las bebidas, 5,444 en transporte y comunicaciones y 3,495 pesos en educación y esparcimiento. Con respecto al cuidado, los hogares gastan cerca de 16,831 pesos cada tres meses en alimentos, salud, educación y el mantenimiento de la vivienda (véase Cuadro 1 al final de este capítulo).

Desigualdad en México

La desigualdad es un fenómeno social, no es una nueva enfermedad y siempre ha existido, sólo que después del movimiento de la globalización, la adopción del modelo neoliberal y la introducción de la tecnología en la sociedad, el fenómeno mencionado se ha incrementado exponencialmente, creando una distribución inequitativa del ingreso en el mundo, y particularmente en México. Para apreciar la desigualdad de los ingresos se utiliza el Coeficiente de Gini.[2] El valor de este coeficiente en 2016 para la distribución del ingreso por deciles de hogares fue de 0.448.

El cuadro 2 muestra la distribución del ingreso promedio trimestral por decil. Se puede apreciar que el primer decil tiene un ingreso promedio de 8,166 pesos (lo que representa 91 pesos por día), cuando los hogares del décimo decil presentan un ingreso promedio de 168,855 pesos (lo que representa 1,876 pesos por día). La diferencia es de 160,689 y el ingreso del primer decil representa apenas el 4.8% del ingreso del décimo decil. Esto confirma lo dicho por Esquivel (2015): que el 1% de la población más rica posee cerca del 26% de la riqueza nacional. Además, señala que, en el país, uno de los hombres más ricos del mundo, con una riqueza superior a los 55 mil millones de dólares en 2015, coexiste con cerca de 23 millones de personas con un ingreso insuficiente para acceder a una canasta básica de alimentos, esto es, un ingreso por debajo de los 20 mil pesos anuales. Este análisis nos muestra que México es uno de los países con mayor desigualdad en el mundo (véase Cuadro 2 al final de este capítulo).

3. Análisis de dispersión: desigualdad y cuidado

En esta sección se analiza la relación entre la desigualdad y el cuidado, las dos variables de estudio. Se utilizaron los datos de Alimentación, Salud, Educación y Vivienda de más de 70,000 hogares a nivel nacional. Por el lado de la desigualdad, se utilizaron datos del Índice de GINI a nivel municipal. Los resultados se muestran a continuación.

---

[2] El coeficiente de Gini es una medida de concentración del ingreso y toma valores entre cero y uno. Cuando el valor se acerca a uno indica que hay mayor concentración del ingreso; en cambio, cuando el valor del Gini se acerca a cero la concentración del ingreso es menor.

La Gráfica 2 muestra una relación positiva entre la desigualdad y el cuidado de alimentos, es decir, que un movimiento en una variable mueve la otra variable en la misma dirección: si aumenta el gasto en alimento, tiende a aumentar la desigualdad (véase Gráfica 2 al final de este capítulo). La Gráfica 3 muestra una relación positiva entre la desigualdad y el cuidado de la salud, es decir, que un movimiento en una variable mueve la otra variable en la misma dirección: si aumenta el gasto en salud, tiende a aumentar la desigualdad (véase Gráfica 3 al final de este capítulo).

La Gráfica 4 muestra una relación positiva entre el cuidado en el mantenimiento de la vivienda y la desigualdad, es decir, que un movimiento en una variable mueve la otra variable en la misma dirección: si aumenta el gasto en mantenimiento de la vivienda, tiende a aumentar la desigualdad (véase Gráfica 4 al final de este capítulo).

La Gráfica 5 muestra una relación positiva entre el cuidado en educación y la desigualdad, es decir, que un movimiento en una variable mueve la otra variable en la misma dirección: si aumenta el gasto en educación, tiende a aumentar la desigualdad (véase Gráfica 5 al final de este capítulo).

Al término de esa interpretación podemos ver que existe efectivamente una relación directa entre los elementos del cuidado tales como la salud, la alimentación, la vivienda y la educación, como derecho de cuidado con la pobreza y desigualdad. La hipótesis planteada se verifica: la desigualdad económica lleva a que los hogares con menores ingresos destinen recursos más que proporcionales al cuidado, en comparación con los hogares de mayores ingresos. Esto significaría que los pobres tienen gastos esenciales relacionados con el cuidado, por lo que la desigualdad de ingreso se traduce en desigualdad de cuidado, al ser comparativamente más costoso para ellos.

4. Efectos de la desigualdad en el consumo de servicios de cuidado

En este apartado se describen los datos y la metodología de regresión cuantílica a emplear como vía de contraste de la hipótesis; también resume los principales hallazgos y discute sobre sus implicaciones.

Metodología y datos
Los gastos asociados a los servicios de cuidado a lo largo del país son heterogéneos y muestran *outliers* que pueden sesgar las estimaciones MCO. Por ende, las estimaciones se realizan empleando la regresión cuantílica, que es una técnica que permite describir el cuantil condicional de una variable-respuesta (gasto en cuidado), dado un conjunto de variables explicativas (desigualdad y otras características sociodemográficas del hogar).

Se considera que las estimaciones cuantílicas son robustas aun cuando existan valores extremos y sin algún supuesto sobre la distribución normal del término de error (Hao y Naiman, 2007). En los métodos de regresión clásicos el objetivo es minimizar la suma de los residuales al cuadrado y utilizar la media como estimador. La regresión cuantílica busca minimizar una suma de errores absolutos ponderados con pesos asimétricos y utiliza los cuantiles como estimadores (López y Mora, 2007). Formalmente, la regresión cuantílica lineal se expresa como:

$$Y_i = \beta_{0,\tau} + \beta_{1,\tau}X_i + \varepsilon_{i,\tau}$$

Donde i=1, 2, n; τ es el cuantil, está en el rango (0,1). El τ-ésimo cuantil de la variable dependiente de X_i se define como:

$$Q_\tau(Y_i/X) = \beta_{0,\tau} + \beta_{1,\tau}X_i$$

En contraste con MCO, donde se emplea como bondad de ajuste la R^2, en la regresión cuantílica se considera la Pseudo-R^2.[3] Así, esta técnica permite analizar el gasto en servicios de cuidado empleando variables como el coeficiente de Gini, edad, sexo y nivel educativo del jefe de familia y el número total de miembros del hogar, de acuerdo con las definiciones y datos de la ENIGH (2016) del INEGI. Al respecto, la variable dependiente, cuantitativa y continua es el gasto corriente monetario (*gasto_mon*), definido como la suma de los gastos regulares que directamente hacen los hogares en bienes y servicios para su consumo en temas como alimentos, vestido y calzado, vivienda, salud y educación. A su vez, estos gastos se entienden como: alimentos, los gastos en bienes de consumo no duradero que realizan día a día los

---

[3] Definida como: $Pseudo - R^2 = 1 - (\sum_{i=1}^{n}|y_i - \hat{y}_1| / \sum_{i=1}^{n}|y_i - \hat{y}_\tau|)$.

integrantes del hogar en alimentos, bebidas y tabaco, dentro y fuera del hogar; vestido y calzado, los gastos realizados en prendas de vestir y calzado que realizan los miembros del hogar; vivienda, los gastos en vivienda, servicios de conservación, energía eléctrica y combustibles; salud, los gastos en cuidados de la salud; y, educación, los gastos en artículos y servicios de educación.

Las variables predictoras son: *i*) sexo del jefe del hogar (*sexo*), variable cualitativa definida como la distinción biológica que clasifica al jefe del hogar en hombre o mujer, con valor de 1 si es hombre y de 0 si es mujer; *ii*) edad del jefe del hogar (*edad*), que son los años transcurridos entre la fecha de nacimiento del jefe del hogar y la fecha de la entrevista del INEGI; *iii*) educación (*educ*), es la educación formal del jefe del hogar con valores de 1 sin instrucción, 2 preescolar, 3 primaria incompleta, 4 primaria completa, 5 secundaria incompleta, 6 secundaria completa, 7 preparatoria incompleta, 8 preparatoria completa, 9 profesional incompleta, 10 profesional completa y 11 posgrado; *iv*) total de integrantes en el hogar, definido como el número de personas pertenecientes a este hogar, sin considerar a los trabajadores domésticos y a los familiares de éstos ni a los huéspedes (*tot_int*); y, *v*) desigualdad económica, medida a través del Coeficiente de Gini (*gini*), que basado en la covarianza se define como (Yitzhaki, 1998):

$$G(X) = -2cov\left(\frac{X}{\mu(X)}, 1 - F(X)\right)$$

Donde X es la variable aleatoria de interés, en este caso ingreso monetario —la suma de los ingresos por trabajo, de rentas, de transferencias, de estimación del alquiler y de otros ingresos— con media $\mu(X)$ y $F(X)$ es la función de distribución acumulada de esta.[4] El rango de valores está entre 0 y 1, con 1 indicando una distribución del ingreso con la mayor desigualdad y 0 la menor desigualdad en esta distribución. Dada la robustez de la regresión cuantílica se plantea un modelo para evaluar el efecto de la de-

---

[4] El coeficiente de Gini es más conocido por su relación con la Curva de Lorenz, desde este enfoque se define como sigue: uno menos dos veces el área debajo de la Curva de Lorenz de la variable X. Cuando X es el ingreso, entonces, describe la proporción del ingreso total en poder del $100xp$ por ciento de la población más pobre en comparación con p.

siguladad en el consumo de servicios de cuidado. Formalmente, el modelo a estimar es:

$$Log(Y_i) = \beta_{0,\tau} + gini\beta_{1,\tau} + sexo\beta_{2,\tau} + edad\beta_{3,\tau} + educ\beta_{4,\tau} + tot\_int\beta_{5,\tau} + \varepsilon_{i,\tau}$$

Donde Y_i es el gasto monetario en servicios de cuidado para la i-ésima observación, en este caso, municipios con información disponible en la ENIGH 2016, por lo que $n=962$ y $\varepsilon_{i,\tau}$ el término de error. El resto de covariables se definieron con anterioridad. Se emplea la transformación logarítmica del gasto corriente para aproximarla a una distribución normal y para interpretarla como un cambio porcentual ante cambios unitarios en las variables explicativas, con el agregado que se estiman parámetros variables entre cuantiles. Siguiendo a Nava y Brown (2018) las diferencias de los efectos marginales entre cuantiles evidencian la heterogeneidad entre los diferentes grupos de hogares a nivel municipal. Asimismo, siguiendo a estos autores la estimación se realiza a través del procedimiento de errores estándar robustos para considerar el problema de posible heterocedasticidad. Para un enfoque comparativo se incluyen los resultados de la estimación MCO.

Resultados
En el Cuadro 3 se resumen los resultados de las estimaciones cuantílicas y MCO. Prácticamente todas las variables son estadísticamente significativas en las distintas estimaciones, salvo *sexo* en los primeros cinco deciles y *tot_int* en QR2 y QR3 (véase Cuadro 3 al final de este texto). En general, las covariables influyen con signo positivo en el gasto monetario de los hogares en servicios de cuidado a nivel municipal.

Respecto a las características sociodemográficas de los hogares, se observa que la variable sexo impacta positivamente en el gasto monetario en cuidado, esto es, cuando el jefe del hogar es varón, el gasto en estos servicios es entre 9 y 30% mayor que cuando el jefe del hogar es mujer. Por deciles, esta variable no es significativa para los hogares con ingresos en la mitad de la distribución o menores. Así, desde el punto de vista del género, ser hombre o mujer no implica mayores gastos diferenciados en cuidado para estos estratos de la población. Sin embargo, a medida que la riqueza aumenta, los hogares con jefatura masculina tienden a gastar más en este tipo de servicios que los hogares con jefatura femenina. Una posible explicación es que, en estos hogares, si bien el hombre es el proveedor la mujer influye en las decisiones de gasto en servicios de cuidado, dada su naturaleza protectora en comparación al hombre. En contraste, cuando la jefatura del hogar es por una mujer, ella se convierte en proveedora y posiblemente reduce su rol como protectora.

Asimismo, se aprecia que el gasto en servicios de cuidado es inelástico a la edad del jefe del hogar, es decir, con cada año adicional de vida del jefe del hogar, el gasto en cuidado se incrementa en un rango de entre 0.24 y 1.01%. La edad es una aproximación a las necesidades de cuidado del principal miembro proveedor de ingresos en el hogar. Dado que la edad promedio en el decil más bajo es 49.9 años, para cuando se alcance un periodo de vejez (65 años), el gasto monetario promedio en cuidado habría pasado de 10,315 pesos a 11,940 pesos anuales. En el otro extremo, para el decil más rico el gasto monetario habría aumentado a 40,675 pesos desde los 36,504 pesos al año; estos gastos representan el 91.9% del ingreso monetario corriente para la primera cohorte y 60.6% para la segunda. Lo anterior confirma las desigualdades por edad y grupo social.

El nivel educativo del jefe del hogar también resulta relevante puesto que, al aumentar los años de escolaridad, el gasto destinado a servicios de cuidado aumenta simultáneamente en un rango entre 25 y 29% entre los deciles. Conforme se acumulan años de escolaridad, también lo hacen los gastos en cuidado de todos los hogares, independientemente de su nivel de ingreso. No obstante, el decil con mayor elasticidad al nivel educativo es el QR1, lo que puede reflejar la necesidad no cubierta de cuidado por este grupo poblacional. Así, la mayor educación genera mayor conciencia de la importancia de brindar atención y cuidado a los miembros del hogar y tiende a generar mayores ingresos (Godínez *et al.*, 2015) para proveerla.

De igual manera, el número de integrantes del hogar tiene efecto positivo en la cantidad de dinero destinada a servicios de cuidado. Al aumentar esta variable, el gasto crece 2 y 8% entre los deciles. Este resultado es esperado puesto que más miembros del hogar implica mayores necesidades de cuidado. Además, cabe esperar que la estructura de los integrantes del hogar, entre menores de edad y mayores, también tiene repercusiones en la distribución de gastos del hogar (Nava y Brown, 2018). Los deciles de menor ingreso muestran elasticidades mayores del gasto en cuidado ante aumentos en el número de integrantes del hogar en comparación con los deciles de mayor ingreso. En particular, los hogares en el decil más bajo se componen de 3.96 miembros en promedio, mientras que los hogares en el decil de mayor ingreso están integrados por 3.56 personas. Por ende, más personas y mayor sensibilidad llevan a que los grupos más pobres destinen mayores recursos al cuidado. Por esta vía, en consecuencia, las brechas de desigualdad entre cohortes se amplían.

Finalmente, en cuanto a la variable central de este estudio se confirma el efecto de la desigualdad económica en el cuidado, siendo la covariable de mayor impacto en el cuidado. Medida a través del Coeficiente de Gini, mayor desigualdad conduce a mayores gastos en servicios de cuidado. De acuerdo con la estimación MCO, el efecto de la desigualdad creciente en 10% se traduce en un aumento del 6.7% en promedio del gasto en cuidados. Por deciles, se aprecia que la sensibilidad es decreciente al desplazarse de los grupos de menor ingreso a los de ingreso más alto. En otras palabras, los más pobres tienden a gastar más que proporcionalmente en cuidado frente a los más ricos. Aún más, las mayores elasticidades se estiman para los cinco deciles menores, por lo que la desigualdad tiene un doble impacto en el gasto de servicios de cuidado. Esto es, además del efecto señalado, la desigualdad dentro de los grupos de menor ingreso implica que los hogares más pobres de esa categoría gasten más en cuidado que los hogares menos pobres de ese mismo decil.

Los resultados anteriores pueden analizarse por medio del test de las diferencias entre cuartiles. Las diferencias entre deciles significarían desigualdades entre estos. Los resultados se muestran en el Cuadro 4. Se aprecia que, en general, resultan signos negativos y son estadísticamente significativas. El signo negativo señala un comportamiento descendente del coeficiente respectivo. Por ende, las elasticidades estimadas son mayores para el decil de menor ingreso que para el de mayor ingreso. En otras palabras, se comprueba que todas las variables estudiadas, al conducir a mayores gastos en servicios de cuidado en los hogares con menores ingreso, en comparación con los hogares con mayores ingresos, son generadoras de desigualdades (véase Cuadro 4 al final de este capítulo).

Reflexiones finales

Analizamos aquí la relación entre desigualdad y servicios de cuidado en México, considerando en particular el coeficiente de Gini y los gastos corrientes en bienes y servicios asociados con el cuidado para el 2016 con datos de la ENIGH. Las estimaciones a través de regresiones cuantílicas permitieron comprobar la hipótesis en la que se establece que la desigualdad económica lleva a que los hogares con menores ingresos destinen recursos más que proporcionales al cuidado, en comparación con los hogares que cuentan con mayores ingresos. Por tanto, es posible afirmar que los hogares pobres tienen gastos esenciales relacionados con el cuidado, por lo que la desigualdad de ingreso se traduce en desigualdad de cuidado, al ser comparativamente más costoso para los que menos recursos monetarios disponen.

Adicionalmente, se encuentran mayores elasticidades para los deciles de ingresos inferiores para todas las covariables. Así, las diferencias de sexo, la mayor edad y el nivel educativo, aumentos en el total de integrantes del hogar y en las desigualdades de ingresos conducen a mayores gastos comparativos en los grupos de hogares más pobres. Considerando el coeficiente Gini, se tiene que la elasticidad disminuye al pasar de los deciles bajos a los altos, sugiriendo que las desigualdades al interior de estas cohortes también tienen efecto en el cuidado. Al ampliarse las brechas entre estos hogares, el gasto en consumo de estos servicios aumenta. En este sentido, se observa un efecto doble de la desigualdad en los gastos de servicios de cuidado de los hogares a nivel municipal.

Por tanto, se observa una trampa de la desigualdad para el cuidado. Entre mayor la desigualdad y la pobreza, más costoso relativamente resulta acceder al cuidado para el hogar, confirmando el efecto perverso y obstaculizador de las desigualdades. Adicionalmente, dada la necesidad de servicios del cuidado durante todo el ciclo de vida de las personas y la limitada autosuficiencia en distintas etapas del mismo, la garantía del derecho al cuidado, esto es, la socialización del cuidado que implica que sea reconocido como un asunto de valor público y no meramente un problema privado, es fundamental para avanzar en el desarrollo social y bienestar de los miembros de todos los hogares en el país.

Cuando se garantiza el derecho al cuidado a través de programas y políticas públicas explícitamente orientadas a este aspecto socioeconómico, se favorece la inserción al mercado laboral de los cuidadores, potenciando el ingreso del hogar y, por tanto, que se sigan procesos que permitan reducir las privaciones o carencias sociales. Tanto los mayores ingresos emergentes, como las mayores oportunidades de acceso al cuidado garantizadas por intervenciones públicas, pueden combinarse para alcanzar una alimentación de mayor calidad, viviendas dignas, mayores niveles de escolaridad y mejores estándares de salud y cuidado para todos los miembros del hogar, contribuyendo así a reducir las condiciones de pobreza y desigualdad.

Aún más, resulta primordial reconocer de manera explícita en la Constitución Política de los Estados Unidos Mexicanos el valor del cuidado y señalar sus garantías para los mexicanos, convirtiéndose en ley su procuración, más allá de programas gubernamentales y favoreciendo así la construcción de un sistema integral del cuidado coordinando esfuerzos de la administración pública federal en esta dimensión.

Gráficas, Tablas y Cuadros

Gráfica 1. *Gasto corriente monetario total trimestral por grandes rubros de gasto en porcentajes (2016)*[5]

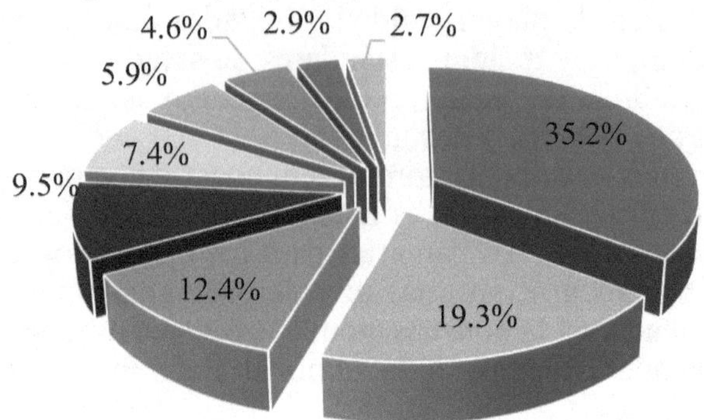

- 1. Alimentos, bebidas y tabaco (35.2%)

- 2. Transporte; adquisición, mantenimiento, accesorios y servicios para vehículos; comunicaciones (19.3%)
- 3. Servicios de educación, artículos educativos, artículos de esparcimiento y otros gastos de esparcimiento (12.4%)
- 4. Vivienda y servicios de conservación, energía eléctrica y combustibles (9.5%)

- 5. Cuidados personales, accesorios y efectos personales y otros gastos diversos (7.4%)
- 6. Artículos y servicios para la limpieza, cuidados de la casa, enseres domésticos y muebles, cristalería, utensilios domésticos y blancos (5.9%)
- 7. Vestido y calzado (4.6%)

- 8. Transferencias de gasto (2.9%)

- 9. Cuidados de la salud (2.7%)

---

[5] Alimentos y bebidas: alimentos, bebidas y tabaco. Transporte y comunicaciones: transporte; adquisición, mantenimiento, accesorios y servicios para vehículos; comunicaciones. Vestido y calzado: vestido y calzado. Vivienda y servicios: vivienda y servicios de conservación, energía eléctrica y combustibles. Limpieza y cuidados de casa: artículos y servicios para la limpieza, cuidados de la casa, enseres domésticos y muebles, cristalería, utensilios domésticos y blancos. Salud: cuidados de la salud. Educación y esparcimiento: servicios de educación, artículos educativos, artículos de esparcimiento y otros gastos de esparcimiento. Cuidados y efectos personales y otros gastos diversos. Transferencias de gasto: transferencias de gasto. Fuente: Encuesta Nacional de Ingresos y Gastos de los Hogares, 2016.

Gráfica 2. *Dispersión Coeficiente de Gini vis-a-vis Gasto en Alimentos*

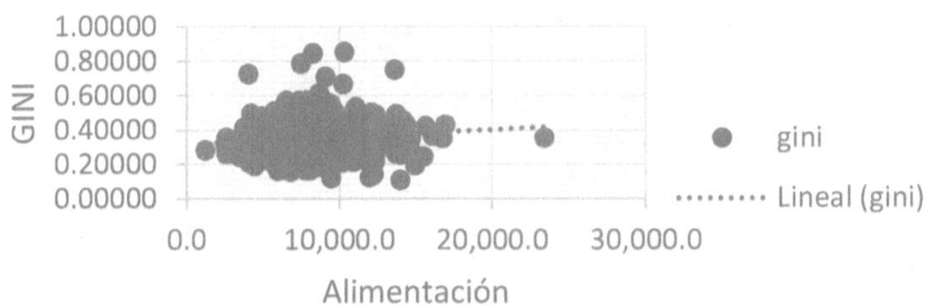

Fuente: Elaboración propia con base en la Encuesta Nacional de Ingresos y Gastos de los Hogares, 2016

Gráfica 3. *Dispersión Coeficiente de GINI vis-a-vis Gasto en Salud*

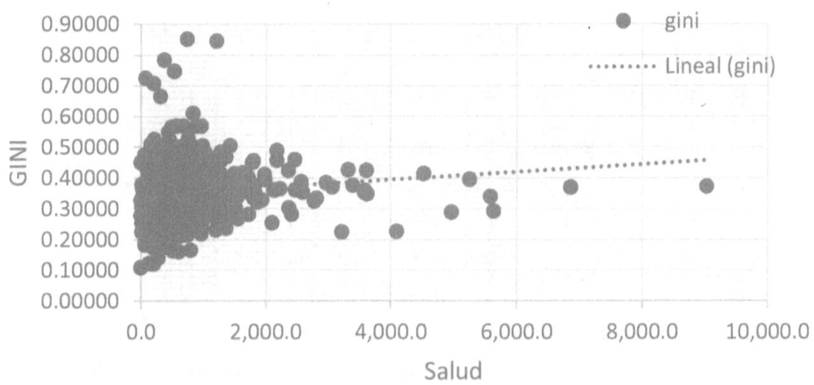

Fuente: Elaboración propia con base en la Encuesta Nacional de Ingresos y Gastos de los Hogares, 2016

Gráfica 4. *Dispersión Coeficiente de Gini vis-a-vis Gasto en Vivienda*

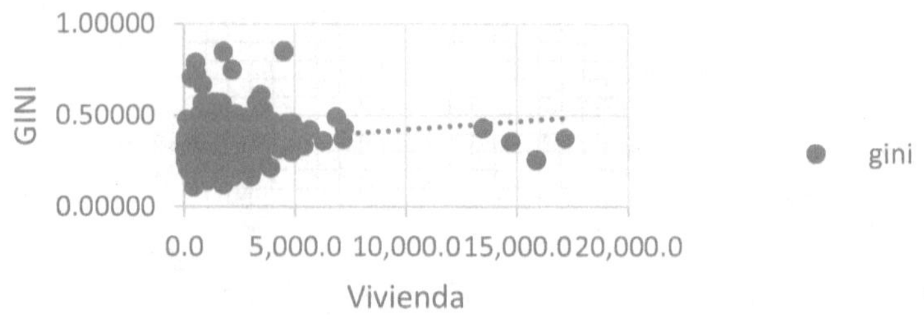

Fuente: Elaboración propia con base en la Encuesta Nacional de Ingresos y Gastos de los Hogares, 2016

Gráfica 5. *Dispersión Coeficiente de Gini vis-a-vis Gasto en Educación*

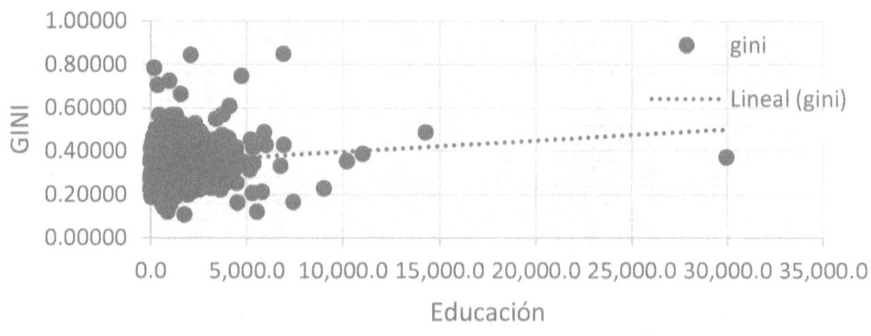

Fuente: Elaboración propia con base en la Encuesta Nacional de Ingresos y Gastos de los Hogares, 2016

Cuadro 1. *Gasto corriente monetario total trimestral por grandes rubros de gasto (2016)*[6]

RUBRO DE GASTO	ENIGH 2016 (pesos)
Gasto corriente monetario	28 143
Alimentos y bebidas	9 906
Vestido y calzado	1 302
Vivienda y servicios	2 670
Limpieza y cuidados de la casa	1 661
Salud	760
Transporte y comunicaciones	5 444
Educación y esparcimiento	3 495
Cuidados personales	2 082
Transferencias de gasto	824

Fuente: Elaboración propia con base en la Encuesta Nacional de Ingresos y Gastos de los Hogares, 2016

---

[6] Alimentos y bebidas: alimentos, bebidas y tabaco. Transporte y comunicaciones: transporte; adquisición, mantenimiento, accesorios y servicios para vehículos; comunicaciones. Vestido y calzado: vestido y calzado. Vivienda y servicios: vivienda y servicios de conservación, energía eléctrica y combustibles. Limpieza y cuidados de casa: artículos y servicios para la limpieza, cuidados de la casa, enseres domésticos y muebles, cristalería, utensilios domésticos y blancos. Salud: cuidados de la salud. Educación y esparcimiento: servicios de educación, artículos educativos, artículos de esparcimiento y otros gastos de esparcimiento. Cuidados personales: cuidados personales, accesorios y efectos personales y otros gastos diversos. Transferencias de gasto: transferencias de gasto.

Cuadro 2. *Ingreso corriente promedio trimestral por decil (2016)*

Deciles de Hogares	ENIGH 2016	LI/LS*
Nacional	46,521	44,353
		48,688
I	8,166	8,034
		8,299
II	14,206	14,043
		14.369
III	18,918	18,736
		19,100
IV	23,556	23,343
		23,768
V	28,812	28,556
		29,069
VI	34,837	34,525
		35,149
VII	42,431	42,025
		42,837
VIII	53,383	52,788
		53,979
IX	72,041	71,070
		73,011
X	168,855	149,046
		188,655

Fuente: INEGI, Encuesta Nacional de Ingresos y Gasto de los Hogares 2016
*Intervalo de Confianza del 90%. (LI) Límite Inferior, (LS) Límite Superior.

Cuadro 3. *Estimaciones por MCO y regresión cuantílica (QR1 a QR9)*. Variable dependiente: Log gasto_mon

varia-bles	QR1		QR2		QR3		QR4		QR5	
gini	0.8148	*	0.8749	*	0.7703	*	0.6238	*	0.6455	*
sexo	0.0530		0.0528		0.0701		0.0645		0.0699	
edad	0.0101		0.0039	**	0.0079	*	0.0068	*	0.0055	*
educ	0.2948	*	0.2770	*	0.2887	*	0.2759	*	0.2785	*
tot_int	0.0201	*	0.0101		0.0668		0.0757	*	0.0752	*
cons-tante	7.3244	***	7.7336	*	7.3589	*	7.5672	*	7.6612	*
N	963		963		963		963		963	
R2	0.3772		0.3679		0.3575		0.3619		0.3702	

varia-bles	QR6		QR7		QR8		QR9		MCO	
gini	0.5370	*	0.5232	*	0.5649	*	0.4619	*	0.6725	*
sexo	0.1135	***	0.1242	***	0.2035	*	0.3003	*	0.0988	***
edad	0.0038	*	0.0024	***	0.0046	**	0.0072	*	0.0056	*
educ	0.2589	*	0.2531	*	0.2545	*	0.2534	*	0.02736	*
tot_int	0.0774	*	0.0826	*	0.0887	*	0.0834	*	0.0492	*
cons-tante	7.8802	*	8.0003	*	7.8276	*	7.7246	*	7.7197	*
N	963		963		963		963		936	
R2	0.3759		0.3738		0.3763		0.3763			

Estadísticamente significativa al *0.0, **0.05 y ***0.010. Estadístico F= 283. 6 (0.0000) para la estimación MCO-. Fuente: Estimaciones propias con base en ENIGH 2016

Cuadro 4. *Test de diferencias intercuartiles*

Variables	QR1-QR9	
gini	-0.3352	*
sexo (1)	0.1774	***
edad	-0.0028	*
educ	-0.0393	*
tot_int	0.0601	**

Estadísticamente significativas al *0.01, **0.05 y ***0.10.

(1) Para la variable sexo dada la no significancia estadística en los primeros cuatro deciles, se considera en QR5.

Fuente: Estimaciones propias con base en ENIGH 2016

Capítulo 4.
Otras desigualdades: comunicación, medios y tecnología

Dorismilda Flores-Márquez

Las discusiones sobre el tema de la desigualdad suelen referirse a la distribución de los recursos. En ese sentido, suelen concentrarse en realidades —casi siempre dolorosas— donde una injusta distribución contradice los ideales de igualdad. Suelen también enfocarse en determinadas áreas, de modo que se habla sobre desigualdad económica, social, de género, laboral, salarial, de salud, alimentaria, educativa, entre otras. Buena parte de estas discusiones sobre la desigualdad apelan a la dimensión económica, pero es también política en tanto que encierran un asunto de poder, a partir de la concentración de éste y de los recursos en determinados sectores, en detrimento de otros. En este marco, hay otras desigualdades sobre las que se discute poco, como aquellas que se producen en la comunicación. Éstas no suelen aparecer en los informes sobre la desigualdad en el mundo, en Latinoamérica o en México, y tampoco hay una línea consolidada sobre la desigualdad en los estudios de comunicación (Trappel, 2019), quizá porque pierden relevancia frente a elementos más apremiantes —no hablamos del mismo nivel de gravedad si alguien no cuenta con recursos para alimentar a sus hijos que si no tiene un celular con plan de datos—, quizá simplemente porque se trata de algo que se discute en otros frentes —tales como la economía política de la comunicación, los estudios de internet y la comunicación para el cambio social— o bajo otros términos —tales como la brecha digital.

En este capítulo abordamos las bases de la discusión sobre desigualdades en comunicación para identificar sus trayectorias, constantes y desafíos. En esta línea, los estudios de comunicación, medios e internet dialogan con otros campos, como los derechos humanos y la economía política, para comprender las implicaciones de la normatividad y las condiciones de acceso en el ejercicio del derecho a comunicar. El capítulo se estructura en tres partes. En primer lugar, se sintetiza el marco normativo que se refiere a los derechos a la comunicación, el acceso a la información y la libertad de expresión. En segundo lugar, se recuperan elementos clave de la discusión sobre medios de comunicación y desigualdad, principalmente a partir de la publicación del Informe MacBride con su pretensión de orientarse hacia un Nuevo Orden Mundial de la Información y la Comunicación. Reflexionamos sobre su actualidad a la luz de las aportaciones de la economía política de la comunicación, para comprender la concentración de la propiedad mediática y sus implicaciones sobre la producción, circulación y consumo de la información. En tercer lugar, se incorpora la discusión sobre tecnologías digitales y desigualdad, principalmente en términos de la brecha digital y sus implicaciones sociales. Esto conduce a comprender algunas tareas pendientes en la búsqueda de la justicia social desde la comunicación.

1. Comunicar es un derecho: El marco normativo sobre comunicación, información y libertad de expresión

Es importante hacer una distinción básica entre la comunicación como práctica, profesión y campo académico. De entrada, la comunicación es una práctica que atraviesa lo social. En este sentido es algo común a todos que realizamos de manera cotidiana y que se ha establecido como un derecho (Fuentes Navarro y Luna Cortés, 1984; Martín-Barbero, 2002; Nieminen, 2019). La comunicación es también un campo profesional en tanto que define a un conjunto de especialistas en la producción y circulación de información. Se ha reconocido la función social de proveer de información a los ciudadanos en las sociedades democráticas para tomar decisiones acerca de los asuntos públicos. Se ha reconocido también la capacidad de creación, en la línea de las industrias creativas (Martín-Barbero, 2002; Miller, 2012). La comunicación es además un campo académico que concentra el interés por analizar cómo construimos sentido juntos (Fuentes Navarro, 2016). Si bien la cara más evidente de la comunicación es la mediática, las discusiones sobre la dimensión de los derechos la sitúan como práctica en un sentido amplio.

Los derechos a la comunicación se refieren a la provisión de información y el funcionamiento de los procesos de comunicación (Hamelink, 2014). La comunicación, el acceso a la información y la libertad de expresión están contemplados en los marcos normativos, tanto a nivel internacional como nacional. En ese sentido, el derecho a la libertad de expresión se estableció en la Declaración Universal de los Derechos Humanos (Naciones Unidas, 1948), el

Pacto Internacional de Derechos Civiles y Políticos (Oficina del Alto Comisionado de las Naciones Unidas para los Derechos Humanos, 1966a), así como la Convención Americana sobre Derechos Humanos (Organización de los Estados Americanos, 1969), de la cual se desprende la Declaración de Principios sobre Libertad de Expresión (Comisión Interamericana de Derechos Humanos, 2000), como se puede observar en la Tabla número 1 (véase Tabla 1 al final de este capítulo).

El marco normativo, entonces, sostiene la libertad de expresión como una precondición para la democracia (MacBride, 1980), en tanto que se garantizan las condiciones para que todos los ciudadanos puedan comunicarse, acceder a la información y participar en la vida pública y en actividades de creación. Una democracia que se precie de serlo requiere de ciudadanos informados, por ello resulta básico garantizar el acceso equitativo a la información (Nieminen, 2019). Además de la información, es importante considerar la posibilidad de participar.

Debemos reconocer la relación que existe entre el derecho a comunicar y aquellos que garantizan la participación pública. Así, el derecho a comunicar va de la mano de la libertad de expresión, del derecho a la información y del acceso universal a las nuevas tecnologías y al conocimiento, pero, también, de la participación de los ciudadanos en los procesos de toma de decisión relacionados con las políticas de comunicación e información, de la promoción de la diversidad cultural por parte de los medios y las nuevas tecnologías, del acceso de los grupos sociales que históricamente han sido excluidos de la esfera pública a las herramientas de la comunicación, así como de la protección y confidencialidad de la comunicación (Vega Montiel, 2012: 15).

En esta lógica, se trata de derechos que apelan a la participación de todos en las sociedades contemporáneas. No refieren solamente a la libertad de prensa, que corresponde a la comunicación como campo profesional, sino a todos los sujetos que pueden tomar parte en los asuntos públicos, en este caso por medio de la expresión. Si bien se trata de derechos que fueron planteados en la búsqueda de libertades individuales, esta lógica participativa apela también a la comunidad: "es un derecho individual, pero también es un derecho colectivo" (La Rue Lewy, 2012: 56). En este sentido, se vincula tanto con el discurso de los derechos humanos que opera por la vía institucional, como con la búsqueda de justicia social que se da en los movimientos sociales (Padovani y Calabrese, 2014). Además, estos derechos se vinculan con otros, en términos de género, etnicidad, infancia, artes, periodismo y ciudadanía (Hamelink, 2014).

Pensar en la plena participación de todos implica considerar por lo menos dos elementos: los participantes y las condiciones para que participen. Sobre los participantes, es importante identificar quiénes y cómo participan. "El acceso a la comunicación es también parte del derecho al desarrollo. Por ello debemos enfatizar que los sectores que históricamente han sido marginados tengan un acceso efectivo a la comunicación y a la información. En el marco del pluralismo y de la cultura de paz, debemos propiciar que todo el mundo tenga acceso a esos derechos" (La Rue Lewy, 2012: 59).

En cuanto a las condiciones, hemos de reconocer que contar con los derechos no implica que automáticamente haya condiciones para participar. En la expresión pública, podemos considerar diferentes niveles: la comunicación interpersonal, la comunicación en medios y la comunicación en redes (Jensen, 2010). Todos tienen acceso a la comunicación a nivel interpersonal, donde es posible comunicarse con los otros que están en co-presencia. Algunos tienen acceso a la comunicación en redes, principalmente a través de compañías privadas que prestan el servicio de conexión a internet. Pocos tienen acceso a la comunicación en medios, en términos de participación, en tanto que los sujetos legitimados para estar ahí, tanto por la vía de la profesión —los equipos de producción en los medios— como por la vía de quienes están socialmente legitimados para ser consultados, emitir opiniones, posicionarse públicamente sobre algún asunto —casi siempre las élites políticas, económicas y culturales—, o bien por la vía de quienes pueden pagar publicidad o emisiones de información. En este escenario, la sociedad civil aparece difuminada en los medios, sobre todo en los casos de sectores marginados, como los pueblos indígenas (La Rue Lewy, 2012).

En suma, el marco de derechos plantea la libertad de expresión como una precondición para la democracia (MacBride, 1980). Sin embargo, en la práctica estos ideales se enfrentan a grandes limitantes por varias vías y en distintos niveles. La concentración de la propiedad mediática y la consecuente centralización en la producción de contenidos deja fuera las voces de distintos sectores sociales. Los intentos de los gobiernos y otros actores corporativos o, incluso, del crimen organizado, por censurar la libre expresión, atacan a ciudadanos, grupos activistas, periodistas y medios de comunicación (Couldry, *et al.*, 2018). Estos obstáculos evidencian las contradicciones entre los marcos institucionales oficiales y el terreno de las prácticas.

Hoy en día es casi impensable que algún gobernante o dirigente social diga que está en contra de la libertad de expresión. Sin embargo, el ejercicio de esa reivindicación encuentra frecuentes e intensos obstáculos que van desde la persecución a los comunicadores hasta la preservación de regímenes jurídicos y prácticas que nutren o favorecen el desempeño de una comunicación autoritaria (Trejo Delarbre, 2012: 112).

Estas limitantes afectan tanto a la esfera de los profesionales y los medios, como a la de los sujetos que realizan prácticas de comunicación en su vida cotidiana. Además, tales limitantes derivan en un acceso desigual de los sujetos a la expresión pública. Para ampliar esta reflexión, las siguientes dos secciones se enfocan en los escenarios de los medios de comunicación, tanto tradicionales como digitales, para explorar dos de las problemáticas antes señaladas: la concentración de la propiedad y la falta de acceso a la expresión pública.

2. La ilusión de la diversidad mediática: medios de comunicación y desigualdad

La discusión sobre medios de comunicación y desigualdad tuvo un momento clave en 1980, con la publicación de *Many voices, one world*, conocido también como el Informe MacBride, texto en el cual se pretendía avanzar hacia un Nuevo Orden Mundial de la Información y la Comunicación. Con el paso de los años, se ha sostenido la actualidad de este documento puesto que las problemáticas señaladas en él no sólo continúan, sino que se han agudizado. Además, en la investigación de comunicación, particularmente en la línea de economía política de la comunicación, se ha analizado el estado de los medios. Entre los hallazgos resalta la identificación de tendencias de concentración de la propiedad mediática en todo el mundo, lo cual tiene implicaciones sobre la producción, circulación y consumo de la información, así como sobre el acceso de los sujetos a la expresión pública.

Un solo mundo, voces múltiples: el informe MacBride
En 1977, la Unesco (Organización de las Naciones Unidas para la Educación, la Ciencia y la Cultura) conformó la Comisión Internacional para el Estudio de los Problemas de la Comunicación. Se trató de un equipo integrado por pensadores de distintos lugares del mundo, que representaban asimismo diversidad cultural e ideológica. El equipo estuvo liderado por Sean MacBride, activista político franco-irlandés, que había recibido el Premio Nobel de la Paz tres años antes. Junto con él participaron Elie Abel (Estados Unidos), Hubert Beuve-Méry (Francia), Elebe Ma Ekonzo (Zaire), Gabriel García Márquez (Colombia), Sergei Losev (Unión de Repúblicas Socialistas Soviéticas), Mochtar Lubis (Indonesia), Mustapha Masmoudi (Túnez), Michi Nagai (Japón), Fred Isaac Akporuaro Omu (Nigeria), Bogdan Osolnik (Yugoslavia), Gamal El Oteifi (Egipto), Johannes Pieter Pronk (Países Bajos), Juan Somavia (Chile), Booble George Verghese (India), así como Betty Zimmerman (Canadá). En 1980, el informe fue presentado, publicado en inglés y francés, así como discutido en la Conferencia General de la Unesco.

En el informe se reconoce a los sistemas de medios de comunicación como una necesidad social y se plantea que el escenario cambió, a finales de la década de 1970, por la expansión de los medios masivos y los avances tecnológicos, tales como las computadoras y los satélites. En ese sentido, la comunicación, que solía estar a cargo de empresas pequeñas se movió hacia una escala industrial. Lo anterior tuvo, entre otras consecuencias, el crecimiento en el volumen de información y en las audiencias, así como la incorporación de grandes capitales. Se produjeron así procesos de concentración de la propiedad mediática vinculados a otros de transnacionalización. La Comisión observó también que se agudizaron las disparidades, en términos de acceso a medios y tecnologías, entre países desarrollados y no desarrollados. Entre los problemas y asuntos de preocupación común señalaron: 1) el libre flujo de información que observaban unidireccional, vertical y dominado por el mercado; 2) el dominio en los contenidos comunicativos, con sus riesgos de distorsión, alienación cultural e influencia externa; 3) la democratización de la comunicación, a partir de la identificación de barreras para llegar a ella, las iniciativas orientadas a romper esas barreras, la formación de conciencia crítica, así como el derecho a comunicar (MacBride, 1980).

Más allá del diagnóstico, la Comisión brindó elementos para la formulación de políticas públicas de comunicación en distintas áreas, tales como la protección a periodistas, la cooperación internacional, la búsqueda de democratización de la comunicación, entre otras. Sin embargo, este esfuerzo de discusión no se tradujo en el compromiso de los Estados para discutir y formular políticas adecuadas a sus contextos.

Extraño destino el del Informe MacBride: en el momento mismo de ver la luz, al aprobarlo la Asamblea General de la Unesco en 1980, comenzó a pertenecer al pasado; estrictamente el Nuevo Orden Mundial de la Información y la Comunicación que el Informe venía a sustentar, no existió jamás. El amplio escrito de la Comisión Internacional para el Estudio de los Problemas de la Comunicación, *Un solo mundo, voces múltiples*, podía hacer pensar en un canto a la armonía planetaria y apenas fue un documento bienintencionado de los tantos que producen los organismos supranacionales (Schmucler, 2005: 29).

Con el paso de los años, distintos autores han revisitado el Informe MacBride, tanto para expresar críticas a su contenido —lo mismo desde posiciones de derecha que de izquierda, así como de perspectivas políticas y académicas— como para reconocer su actualidad y la agudización de las desigualdades que ya registraba desde 1980 (De Moragas, Díez, Becerra y Alonso, 2005).

3. Muchos medios, pocos dueños: La concentración de la propiedad mediática

Entre las preocupaciones que puso en la mesa el citado Informe MacBride se encuentra la concentración de la propiedad mediática. Lo anterior se refiere a la tendencia de ciertas corporaciones hacia la expansión, sea mediante la compra de medios, sea mediante la creación de otros. Diversos autores coinciden en que el aumento en el número y alcance de los medios no necesariamente representa más propietarios, sino más concentración (Becerra y Mastrini, 2015; Couldry *et al.*, 2018; Dragomir y Thompson, 2014; Miège, 2006).

En todo el mundo se observan tendencias de concentración de la propiedad mediática. En palabras de Castells (2009), se habla de medios globales, pero, aunque las corporaciones extienden sus redes a todo el mundo, los capitales están concentrados en pocos dueños y pocos países también. De acuerdo con este mismo autor, desde hace más de una década las corporaciones mediáticas que acaparaban tanto la propiedad como la producción eran Time Warner, Disney, News Corporation, Bertelsmann, NBC Universal, Viacom y CBS, mientras que las cuatro corporaciones tecnológicas más grandes eran ya Google, Microsoft, Yahoo y Apple (Castells, 2009).

En el más reciente reporte sobre libertad de expresión y desarrollo de los medios, la Unesco (2018) sostiene la preocupación ante este fenómeno y afirma que "los modelos empresariales tradicionales de los medios de comunicación continúan viéndose afectados, lo que ha llevado a una concentración vertical y horizontal de la propiedad y a la introducción de nuevos tipos de propiedad cruzada" (Unesco, 2018: 15). Mientras en la concentración vertical se tiende a abarcar distintas etapas o fases de un proceso (por ejemplo, si la misma empresa opera la producción y la distribución cinematográfica) y en la concentración horizontal se tiende a producir distintos productos de la misma área (por ejemplo, si la misma empresa produce distintas revistas impresas), los fenómenos de propiedad cruzada contemplan la participación de una misma empresa en distintas áreas (por ejemplo, si la misma compañía produce impresos, radio y televisión) e implican que tal concentración sobre la propiedad tiene su correlato en otros elementos, como la perspectiva desde la cual se abordan determinados temas, las voces consideradas legítimas, entre otros elementos.

En Latinoamérica se han observado algunos patrones. En primer lugar, en la década de 1990 se dio un fenómeno de privatización de medios y telecomunicaciones, de modo que el Estado perdió presencia y las empresas crecieron. La idea era que, con la apertura del mercado, se favoreciera la competencia y esto ampliara el acceso de diversos sectores de la población a los medios y tecnologías. No fue así en todos los casos. Creció el acceso a la telefonía, la mayor parte de la población tiene acceso a radio y televisión, pero apenas una minoría ha tenido acceso al consumo diversificado de contenidos audiovisuales, al ser muchos de éstos de pago. En segundo lugar, en términos de concentración se observa que la radio es el medio menos concentrado, mientras que la telefonía básica es el más concentrado. En este panorama latinoamericano de alta concentración de la propiedad mediática destaca la participación de conglomerados multimedios y/o de telecomunicaciones, tales como Telefónica de España, Claro de

México, DirecTV de Estados Unidos, Globo de Brasil, Televisa de México, Prisa de España, Clarín de Argentina, Cisneros de Venezuela, Abril de Brasil, Caracol de Colombia, RCN de Colombia, así como Canal 13 de Chile (Becerra y Mastrini, 2015; Mastrini y Becerra, 2006). En este sentido:

El nivel de concentración observado es extraordinariamente elevado para cualquier sector económico. Y esto es muy grave por tratarse de un sector que tiene influencia sobre el volumen y los trayectos de la producción y circulación de información en nuestras sociedades (Mastrini y Becerra, 2006: 324).

Estos fenómenos son cada vez más complejos, con relación al desarrollo de tecnologías digitales. En algunos casos, junto a este acaparamiento de medios se concentra la propiedad de otros servicios de telecomunicaciones, así como de diferentes productos y servicios:

Los grandes grupos de comunicación de la región se están reacomodando al nuevo entorno. Internamente están completando el proceso de transformación que implicó pasar de empresas familiares a estructuras conglomerales. Algunos de estos grupos aprovecharon la globalización diversificando sus intereses en otros países (fundamentalmente Televisa, Cisneros y Globo entre los grupos multimedios y Telmex y Telefónica en telecomunicaciones). A la vez, los grupos deben responder a los desafíos planteados tanto desde los sectores políticos que procuran redefinir el marco regulatorio, como desde las estrategias corporativas de las empresas telefónicas que se han tornado una competencia real a partir de la convergencia tecnológica y la integración de servicios (como el triple play) (Becerra y Mastrini, 2015: 67).

En esta lógica, la concentración de la propiedad mediática en unas cuantas corporaciones de grandes dimensiones tiene como consecuencia más evidente una centralización en la producción y distribución de los contenidos mediáticos. Esto se agrava con los fenómenos de propiedad cruzada, así como con los vínculos y/o desacuerdos entre las corporaciones y el poder político.

El estudio de Open Society Foundations sobre los medios digitales en 56 países brinda un panorama tan interesante como desalentador. En este reporte se observan problemáticas tanto en los medios públicos como en los privados. Los medios públicos registran interferencias, recortes de fondos, desmoralización, incertidumbre y ausencia de valores de servicio público; mientras que los medios privados sufren recortes en los presupuestos para el periodismo de investigación, restricciones a la independencia editorial ante los compromisos con los anunciantes de ámbitos políticos y corporativos (Dragomir yThompson, 2014).

Lo anterior plantea una serie de limitaciones para el acceso a la expresión pública por parte de distintos sectores sociales, sobre todo aquellos que no representan rentabilidad comercial, no tienen vínculos y/o habilidades para intervenir en los medios, o bien se asumen como voces disidentes. En contraste, quienes tienen acceso han estado tradicionalmente vinculados al poder y esto se asocia con la reproducción de dinámicas y contenidos mediáticos que no dan cuenta de la diversidad social y tampoco dan margen de acción para las audiencias.

> El uso de la comunicación como ariete comercial o, en otros casos, como herramienta de propaganda política, origina mensajes de contenidos pobres, esquemáticos y repetitivos. La concentración de muchos medios en pocas manos impide que la sociedad sea algo más que consumidora de tales mensajes (Trejo Delarbre, 2012: 112).

En este sentido, lo que planteaba *Many voices, one world* respecto de la concentración de la propiedad y las implicaciones que ello tendría sobre los espacios y las dinámicas de comunicación, sigue siendo vigente. En una revisión de las condiciones de los sistemas de medios, tiempo después de la publicación del Informe MacBride, Enrique Sánchez Ruiz señalaba: "Al parecer, en los 25 años transcurridos no ha cambiado prácticamente nada en la estructura básica, altamente concentrada y desigual, de la comunicación en el mundo" (2005: 8). Con el paso de los años, esta preocupación se agudiza ante los desafíos que plantean los medios digitales y las corporaciones de telecomunicaciones.

4. La ilusión de las conexiones: medios digitales y desigualdad

La invención de internet y, hace poco más de 25 años, de la World Wide Web, abrieron las esperanzas en torno a la democratización de los medios de comunicación, al menos en el entorno digital. Las perspectivas más optimistas planteaban la posibilidad de que cualquier sujeto pudiera producir y difundir sus propios mensajes en internet, así como consumir y discutir los de otros. Se esperaba que se tratara de un espacio libre, horizontal y democrático. Sin embargo, lo anterior requería garantizar el acceso a las tecnologías de información y comunicación, de modo que se volvió un asunto clave en las discusiones internacionales sobre el desarrollo (Organización de las Naciones Unidas/Unión Internacional de Telecomunicaciones, 2006). En la práctica, la expansión de los medios digitales no necesariamente ha significado eso que se soñaba, en términos de democratización. En este sentido, hay dos fenómenos que se entrecruzan: por un lado, la concentración de la propiedad mediática se extiende a los medios digitales; por otro, las brechas digitales no se han logrado agotar a través del tiempo.

La multiplicación de las redes: la concentración de la propiedad tecnológica

La expansión de los medios digitales, mediante dispositivos, plataformas y aplicaciones, ha sido parte fundamental de la transformación económica, política y cultural de las décadas más recientes. La multiplicación de espacios y la producción de grandes volúmenes de información puede ser leída en términos de diversificación de las opciones. Sin embargo, las lógicas de concentración de la propiedad que se dan en los medios tradicionales han alcanzado también a los digitales, esto en por lo menos dos sentidos: la incorporación de las tecnologías digitales en las nuevas compañías mediáticas tradicionales y la conformación de nuevas empresas tecnológicas.

En primer lugar, la digitalización representa vías de expansión para las compañías mediáticas tradicionales y, en ese sentido, ha contribuido a reforzar los conglomerados mediáticos y la integración vertical, más que contribuir a la diversificación de medios y contenidos. Los grandes conglomerados mediáticos siguen acaparando la mayor parte de las audiencias, en formatos tradicionales y también en las redes digitales (Dragomir y Thompson, 2014). En la mayor parte del mundo, la televisión y la radio son los medios más populares. La presencia de internet no ha disminuido las audiencias de estos medios, sino que ha contribuido a complejizarla puesto que cada vez más gente ve "televisión" en dispositivos móviles (Dragomir y Thompson, 2014). En ese sentido, "aunque abren opciones de participación y expresión que ganan importancia respecto de los medios convencionales, las nuevas tecnologías también han servido para fortalecer la capacidad comunicativa de las corporaciones privadas" (Trejo Delarbre, 2012: 112).

En segundo lugar, el desarrollo tecnológico dio lugar a la llegada de nuevas empresas que crecieron y se diversificaron en poco tiempo. Se conformaron así grandes corporaciones tecnológicas a partir de la compra de otras plataformas y aplicaciones para expandir su alcance, así como de la incorporación de otros negocios más allá de la comunicación digital. Tal es el caso de las corporaciones que señalaba Castells (2009) desde hace una década, Google, Microsoft, Yahoo y Apple, así como de otras que han crecido en estos años, como Facebook y Amazon. Éstas se expandieron a partir tanto de sus propios desarrollos tecnológicos, como de las adquisiciones de otras empresas del mismo giro —es el caso de Google, que compró Blogger y YouTube, o de Facebook, que adquirió Instagram y WhatsApp—, o de otro —por ejemplo Google, que con Alphabet entró al campo de los servicios de salud. Así, acaparan la mayor parte del mercado a nivel global. Aunque suene obvio, lo anterior significa que la mayor parte de la infraestructura tecnológica que soporta las redes de comunicación digital es operada por entidades privadas (Couldry *et al.*, 2018). La concentración de productos y servicios abre otros desafíos en términos de gestión de los datos, privacidad y libertad. A las problemáticas preexistentes se agregan otras propias de la era digital, tales como el filtrado algorítmico, los usos del *big data*, la vigilancia y los rankings sociales (Trappel, 2019).

La red no ha llegado a todos: la desigualdad en el acceso a los medios digitales
Se aprecian varias problemáticas en diversos niveles. Si bien hay una preocupación compartida entre distintos sectores en torno a la inclusión digital, la perspectiva desde la cual se aborda tiene implicaciones sobre su conceptualización, la formulación de políticas públicas, los programas de intervención y la generación de indicadores.

La noción de *brecha digital* se ha discutido tanto en los círculos políticos, en organismos internacionales, como en la academia. En un principio se asumía que la brecha se limitaba a la diferencia entre quienes tienen y quienes no tienen acceso a las tecnologías, de modo que se pensaba que abatir estas inequidades era posible mediante programas que garantizaran el equipamiento. Estas visiones que se produjeron en las discusiones políticas fueron asumidas, muchas veces de manera poco crítica, en la investigación académica. Sin embargo, con el tiempo se ha ido trascendiendo su comprensión como un problema de acceso hacia otra que lo sitúa como un problema multidimensional de desigualdad, donde la inclusión digital se vuelve un horizonte (Medina Mayagoitia, Navarro Casillas y Flores-Márquez, 2017).

Si bien la inclusión digital no se reduce al acceso, es indispensable revisar los indicadores sobre éste para tener un panorama en torno a la presencia de tecnologías digitales en el mundo. La Unesco (2018) celebra que "cerca de la mitad de la población mundial tiene acceso a Internet, en parte debido al rápido aumento de la conectividad móvil a Internet en África, en Asia y el Pacífico y en América Latina y el Caribe" (Unesco, 2018: 14). Sin embargo, de acuerdo con datos de la International Telecommunications Union (2018), que es el organismo de las Naciones Unidas encargado de regular las telecomunicaciones, las diferencias en el acceso persisten. El país con mayor acceso a internet es Islandia, donde el 98.24% de sus habitantes tiene acceso a la red. El país con menor acceso es Eritrea, donde apenas el 1.18% cuenta con ello. La diferencia entre ambos países es abismal.

Al cruzar estos datos con el Índice de Desarrollo Humano del Programa de las Naciones Unidas para el Desarrollo (2016), los resultados son reveladores. En las Tablas 2 y 3 se enlistan los países donde más del 90% y menos del 10% de sus habitantes tiene acceso a internet. Los datos se acompañan del índice de desarrollo humano y de la clasificación que alcanza cada uno de estos países en dicho índice (véanse Tablas 2 y 3 al final de este capítulo).

Se observa que los países donde el acceso es mayor se sitúan en Europa y Asia y están clasificados como países con alto nivel de desarrollo humano. Por el contrario, todos los países donde menos del 10% de la población tiene acceso a internet están en África y la mayor parte de ellos están clasificados con un bajo nivel de desarrollo humano. Esto refuerza algunas posiciones desde las cuales se plantea que las desigualdades en el acceso a las tecnologías están vinculadas a otras desigualdades sociales, que no se resuelven simplemente con el equipamiento tecnológico y que dificultan el acceso de los sujetos a la expresión pública también en los medios digitales. Si bien es cierto que el acceso ha crecido y cada vez más usuarios cuentan con él, la inclusión total, el desarrollo de habilidades, la libertad y otras condiciones para expresarse, persisten como asignaturas pendientes.

Qué paradoja del mundo contemporáneo: tenemos una infraestructura comunicacional y caudales de datos que nos permiten considerar que estamos en una sociedad de la información. Pero, al mismo tiempo, en muchos de nuestros países sufrimos intereses financieros y comerciales, convencenierismos políticos, fundamentalismos ideológicos, regímenes legales obsoletos, brechas digitales y culturales, que dificultan o de plano impiden el ejercicio de los derechos en materia de expresión y comunicación (Trejo Delarbre, 2012: 114).

El panorama de concentración de la propiedad tanto en los medios tradicionales como en los digitales —que, al final de cuentas, se suman al entramado mediático global— y la serie de brechas que afectan principalmente a aquellos países con bajos niveles de desarrollo, plantean desafíos para pensar el vínculo entre comunicación y desigualdad.

A modo de conclusión: la búsqueda de la justicia mediática
Este capítulo hizo una breve revisión de algunos elementos clave sobre desigualdad en términos de comunicación. Se tomó como punto de partida el Informe MacBride que presentaba, desde hace más de tres décadas, preocupaciones en torno a las condiciones para ejercer el derecho a la comunicación. Se colocó el foco de interés en la concentración de la propiedad mediática, que se ha arrastrado de los medios tradicionales hacia los medios digitales y que puede comprenderse en medio de tendencias hacia la concentración de la propiedad en otras áreas, en el contexto de la globalización. Si bien se reconocen algunos avances en el acceso de la población mundial a las tecnologías de la información y la comunicación —particularmente a internet—, también se pone el énfasis en las disparidades entre los más y los menos conectados, sus vínculos con el desarrollo humano y las implicaciones que esto tiene al limitar el acceso a la expresión pública. Esto se constituye como un desafío clave en nuestros tiempos:

La preocupación por las políticas públicas de inclusión digital, tanto en términos de propuestas para su generación como de evaluación, se sitúa como un tema clave que conecta el desarrollo académico de los estudios sobre internet y otras tecnologías con el ejercicio político y gubernamental en la toma de decisiones, pero también con la operación de otras instancias, como los organismos no gubernamentales, civiles y ciudadanos (Flores-Márquez, Bravo Luis y González Reyes, 2012: 54-55).

La presencia de un marco jurídico internacional que garantiza el derecho a la comunicación, expresado como la libertad de expresión, no se ha traducido en términos prácticos en condiciones para ejercer este derecho. Hay desigualdades en el acceso a la expresión pública tanto en los medios tradicionales como en los medios digitales, aunque ciertamente en estos últimos es posible observar avances y posibilidades. Frente a este escenario emergen perspectivas como la de la justicia mediática, en la cual se lucha por un acceso efectivo a los medios como un componente clave de la justicia social. Para ello se requiere considerar por lo menos tres elementos: la distribución de recursos mediáticos, la atención a las desigualdades (lingüísticas, culturales, políticas), así como la necesidad de promover el diálogo, la libertad de expresión, el intercambio cultural respetuoso y la acción para el progreso social (Couldry *et al.*, 2018).

Los desafíos incluyen la discusión en torno a los derechos de comunicación, en relación con la necesidad de formular políticas públicas y diseñar programas de intervención, encaminados a garantizar las condiciones de acceso y uso libre, crítico y creativo por parte de todos, independientemente de las diferencias de ubicación geográfica, género, nivel socioeconómico, nivel educativo, orientación sexual, preferencia política y religiosa, entre otros. Esto incluye la necesidad de generar indicadores más precisos y complejos para medir el acceso, el uso, las habilidades y otros factores que inciden en el acceso a la expresión pública. Junto a ellos se abren otros desafíos en términos de privacidad, gestión de los datos por parte de las corporaciones mediático-tecnológicas, regulaciones, vigilancia gubernamental, alfabetización mediático-digital, entre otros, que no fueron abordados en este capítulo, pero que requieren una revisión profunda en tiempos como los nuestros.

Gráficas, Tablas y Cuadros

Tabla 1. *El derecho a la libertad de expresión en los documentos internacionales*

Documento	Artículos sobre el derecho a la libertad de expresión
Declaración Universal de los Derechos Humanos	Artículo 19. "Todo individuo tiene derecho a la libertad de opinión y de expresión; este derecho incluye el de no ser molestado a causa de sus opiniones, el de investigar y recibir informaciones y opiniones, y el de difundirlas, sin limitación de fronteras, por cualquier medio de expresión" (Naciones Unidas, 1948: 6).
Pacto Internacional de Derechos Civiles y Políticos	Artículo 19. 1. Nadie podrá ser molestado a causa de sus opiniones. 2. Toda persona tiene derecho a la libertad de expresión; este derecho comprende la libertad de buscar, recibir y difundir informaciones e ideas de toda índole, sin consideración de fronteras, ya sea oralmente, por escrito o en forma impresa o artística, o por cualquier otro procedimiento de su elección. 3. El ejercicio del derecho previsto en el párrafo 2 de este artículo entraña deberes y responsabilidades especiales. Por consiguiente, puede estar sujeto a ciertas restricciones, que deberán, sin embargo, estar expresamente fijadas por la ley y ser necesarias para: a) Asegurar el respeto a los derechos o a la reputación de los demás; b) La protección de la seguridad nacional, el orden público o la salud o la moral públicas (Oficina del Alto Comisionado de las Naciones Unidas para los Derechos Humanos, 1966[a]: 7-8).
Convención Americana sobre Derechos Humanos	Artículo 13. Libertad de Pensamiento y de Expresión. 1. Toda persona tiene derecho a la libertad de pensamiento y difundir informaciones e ideas de

	toda índole, sin consideración de fronteras, ya sea oralmente, por escrito o en forma impresa o artística, o por cualquier otro procedimiento de su elección. 2. El ejercicio del derecho previsto en el inciso precedente no puede estar sujeto a previa censura sino a responsabilidades ulteriores, las que deben estar expresamente fijadas por la ley y ser necesarias para asegurar: a) el respeto a los derechos o a la reputación de los demás, o b) la protección de la seguridad nacional, el orden público o la salud o la moral públicas. 3. No se puede restringir el derecho de expresión por vías o medios indirectos, tales como el abuso de controles oficiales o particulares de papel para periódicos, de frecuencias radioeléctricas, o aparatos usados en la difusión de información o por cualesquiera otros medios encaminados a impedir la comunicación y la circulación de ideas y opiniones. 4. Los espectáculos públicos pueden ser sometidos por la ley a censura previa con el exclusivo objeto de regular el acceso a ellos para la protección moral de lo establecido en el inciso 2. 5. Estará prohibida por la ley toda propaganda en favor de la guerra y toda apología del odio nacional, racial o religioso que constituyan incitaciones a la violencia o cualquier otra acción ilegal similar contra cualquier persona o grupo de personas, por ningún motivo, inclusive los de raza, color, religión, idioma u origen nacional (Organización de los Estados Americanos, 1969: 6).
Declaración de Principios sobre Libertad de Expresión	Principio 1. "La libertad de expresión, en todas sus formas y manifestaciones, es un derecho fundamental e inalienable, inherente a todas las personas. Es, además, un requisito indispensable para la existencia misma de una sociedad democrática" (Comisión Interamericana de Derechos Humanos, 2000: 2).

Pacto Internacional de Derechos Económicos, Sociales y Culturales	Artículo 15. 1. Los Estados Partes en el presente Pacto reconocen el derecho de toda persona a: a) Participar en la vida cultural; b) Gozar de los beneficios del progreso científico y de sus aplicaciones; c) Beneficiarse de la protección de los intereses morales y materiales que le correspondan por razón de las producciones científicas, literarias o artísticas de que sea autora. 2. Entre las medidas que los Estados Partes en el presente Pacto deberán adoptar para asegurar el pleno ejercicio de este derecho, figurarán las necesarias para la conservación, el desarrollo y la difusión de la ciencia y de la cultura. 3. Los Estados Partes en el presente Pacto se comprometen a respetar la indispensable libertad para la investigación científica y para la actividad creadora. 4. Los Estados Partes en el presente Pacto reconocen los beneficios que derivan del fomento y desarrollo de la cooperación y de las relaciones internacionales en cuestiones científicas y culturales. (Oficina del Alto Comisionado de las Naciones Unidas para los Derechos Humanos, 1966b: 6).

Tabla 2. *Países donde más del 90% de sus habitantes tiene acceso a internet*

País	Porcentaje de habitantes con acceso a internet	Índice de Desarrollo Humano	Clasificación en el Índice de Desarrollo Humano
Islandia	98.24	0.921	Muy alto
Luxemburgo	98.14	0.898	Muy alto
Lichtenstein	98.09	0.912	Muy alto
Baréin	98.00	0.824	Muy alto
Andorra	97.93	0.858	Muy alto
Noruega	97.30	0.949	Muy alto
Dinamarca	96.97	0.925	Muy alto
Mónaco	95.21	---	Muy alto
Reino Unido	94.78	0.909	Muy alto
Qatar	94.29	0.856	Muy alto
Japón	93.18	0.903	Muy alto
República de Corea	92.84	0.901	Muy alto
Emiratos Árabes Unidos	90.60	0.840	Muy alto
Países Bajos	90.41	0.924	Muy alto
Brunéi Darussalam	90.00	0.865	Muy alto

Fuente: Elaboración propia con datos de International Telecommunications Union, 2018; Programa de las Naciones Unidas para el Desarrollo, 2016

Tabla 3. *Países donde menos del 10% de sus habitantes tiene acceso a internet*

País	Porcentaje de habitantes con acceso a internet	Índice de Desarrollo Humano	Clasificación en el Índice de Desarrollo Humano
Guinea	9.80	0.414	Bajo
Malawi	9.61	0.476	Bajo
Papúa Nueva Guinea	9.60	0.516	Bajo
República del Congo	8.12	0.592	Medio
Comoras	7.94	0.497	Bajo
Liberia	7.32	0.427	Bajo
República Democrática del Congo	6.21	0.435	Bajo
Burundi	5.17	0.404	Bajo
Chad	5.00	0.396	Bajo
Madagascar	4.71	0.512	Bajo
Nigeria	4.32	0.527	Bajo
República Centroafricana	4.00	0.352	Bajo
Guinea Bissau	3.76	0.424	Bajo
Somalia	1.88	-----	Bajo
Eritrea	1.18	0.420	Bajo

Fuente: Elaboración propia con datos de International Telecommunications Union, 2018; Programa de las Naciones Unidas para el Desarrollo, 2016

II.

Desigualdad, Economía y Política

Capítulo 5.
Desigualdad y pobreza: el agotamiento del desarrollismo y el derecho a la prosperidad sustentable

Carlos Alberto Jiménez-Bandala

Introducción

El 16 de diciembre de 1966 se aprobó en la Asamblea General de las Naciones Unidas el Pacto Internacional de Derechos Económicos, Sociales y Culturales. Pasaron casi diez años para que entrara en vigor (3 de enero de 1976) y en el documento se plantea el ideal del ser humano libre como aquel liberado del temor y la miseria. Sin embargo, en ninguna parte del documento se menciona la palabra pobreza o la palabra desigualdad. Treinta y cinco años después, el 4 de mayo de 2001, se aprobó la Declaración titulada "Cuestiones sustantivas que se plantean en la aplicación del pacto internacional de derechos económicos, sociales y culturales", donde por primera vez se menciona como fundamental la erradicación de la pobreza y eliminar la exclusión social para llegar al ser humano liberado de la miseria.

¿Por qué se obvió durante más de tres décadas esta relación? Porque la erradicación tanto de la pobreza como de la exclusión social fue tema tabú en las economías capitalistas (mal llamadas democracias occidentales), por el temor existente de relacionar estas aspiraciones con las banderas del comunismo. Por otro lado, entre las exigencias del capitalismo no se encuentra la de erradicar la pobreza, ésta aparece más bien como una cuestión circunstancial que se presenta en los albores del agotamiento del desarrollismo. En ese sentido, el presente trabajo tiene por objetivo demostrar la siguiente hipótesis: los derechos económicos promovidos por la Naciones Unidas sólo dejarán de tener un carácter demagógico cuando trastoquen la raíz causal que promueve su violación pues, hasta el momento, se ha planteado el tema de los llamados DESCA de forma tardía y tímida con un enfoque retardatario y conservador debido a que antepone la preservación del modo de producción dominante. Desde las condiciones esenciales del capitalismo, cualquier alternativa será inviable para hacer valer estos derechos.

Proponemos, así, transitar de un paradigma del "desarrollo" hacia uno de la "prosperidad".

En este trabajo nos centramos en el caso de México como una economía subordinada al modo de producción hegemónico y donde, por lo tanto, se hace extensiva la inviabilidad de los derechos económicos, sociales y culturales. Los argumentos que desarrollamos a continuación se sustentan en la evidencia empírica de la realidad nacional. En la primera parte del documento exponemos la relación entre pobreza y desigualdad como inherente al modo de producción capitalista; en la segunda abordamos los enfoques desarrollistas y la inviabilidad de la erradicación de la pobreza y la desigualdad. En una tercera parte nos permitimos mostrar indicadores del agotamiento del desarrollismo y planteamos la alternativa de la prosperidad sustentable. Por último, presentamos nuestras conclusiones.

1. Pobreza y desigualdad endémicas y seculares en México

Hacia finales de la segunda década del siglo XXI, sumamos en el planeta 7 mil 530 millones de seres humanos y aproximadamente mil 300 millones de ellos viven en pobreza multidimensional (PNUD, 2018), es decir, no sólo tienen un bajo nivel de renta, sino que además tienen carencias en salud, educación, vivienda y/o nutrición. El 80% está en el África Subsahariana y el Asia Meridional; el resto en América Latina y la región sur asiática. Por otro lado, de acuerdo con el informe de OXFAM (del año 2018) 26 personas en el mundo ostentan el patrimonio equivalente que poseen las 3 mil 800 millones de personas más pobres del mundo. Lo anterior nos indica que la reducción de la pobreza se ha mantenido estancada durante los últimos treinta años, al mismo tiempo que la desigualdad ha aumentado.

El caso mexicano sigue las mismas tendencias mundiales. En un estudio de largo alcance y usando series encadenadas para posibilitar mediciones comparativas, Székely (2005) demuestra que la pobreza disminuyó de forma sostenida de 1950 a 1984 (periodo de sustitución de importaciones). Sin embargo, hay un estancamiento de 1984 a 1994 y, tras la crisis económica, en 1996 se llega a niveles anteriores de 1970. En 2004 se toca el punto más bajo de pobreza. Análisis propios indican que después de la crisis de 2009 los niveles de pobreza se revirtieron a niveles de la década perdida (véase Gráfica 1 al final de este capítulo). De los 127 millones de mexicanos, el 42% tiene ingresos por debajo de la línea de pobreza; 49% tiene ingresos por debajo de la línea del bienestar y 89.1% tiene al menos una carencia social (CONEVAL, 2018).[1]

La desigualdad tampoco disminuyó en México. Junto con los índices de pobreza, la desigualdad disminuyó en el periodo 1963-1984; empieza a aumentar en el año 1985 (aplicación de políticas neoliberales) y se sostiene en crecimiento hasta el año 2000. De 2000 a 2004 empieza una disminución significativa que es interrumpida con la crisis de 2009 y desde entonces parece estancada. De lo anterior se deduce que la reducción de la pobreza está correlacionada positivamente con la reducción de la desigualdad; más aún, múltiples estudios demuestran que el crecimiento económico está correlacionado negativamente con la pobreza y la desigualdad (Székely, 2004; Andrade y Jiménez-Bandala, 2018). No obstante, el sello del periodo neoliberal ha sido el de bajas tasas de crecimiento, lo que explica el estancamiento para reducir la pobreza y la desigualdad.

La Gráfica 2 muestra el comparativo de la desigualdad en 1996 y 2018 a partir de la Curva de Lorenz. Se construye a partir de ordenar los hogares de acuerdo con el ingreso obtenido de menor a mayor y se divide el total de hogares en 10 partes iguales (deciles), se obtiene la media de cada decil y se grafica el ingreso acumulado. Se grafica además una recta de 45° que corta al origen y que se interpreta que el decil I tiene el 10% del ingreso; el decil I y II tienen el 20% y así sucesivamente, es decir, cada decil obtiene sólo el 10% del ingreso. La diferencia entre la recta ideal y la curva de Lorenz muestra la desigualdad, de forma que a medida que la curva de Lorenz se aleja del ideal más desigual es el país al que representa (véase Gráfica 2 al final de este capítulo).

Como se puede observar, la curva de Lorenz muestra una gran desigualdad; pero, además, la curva que representa la situación en 1996 (línea punteada) es apenas visible en los deciles IV al IX con respecto a la situación de 2018 (línea continua), lo que significa que sólo en esos deciles intermedios la desigualdad disminuyó. En los deciles más pobres (I al III) no hubo cambios.

---

[1] Lo anterior no es estadísticamente significativo porque los datos no representan una continuidad comparable en forma de serie de tiempo, se construye mediante aproximaciones calculadas de ajustes de terceros y no de los microdatos originales. Véase la gráfica al final de este capítulo.

La distribución del ingreso actual representa una equivalencia de 1 a 20 entre el decil más pobre y el más rico. En otras palabras, por cada peso que obtiene un hogar pobre, un hogar rico obtiene 20 pesos, o lo que es lo mismo, un hogar rico tiene el ingreso de 20 hogares pobres. El área que se ubica entre la recta de 45° y la curva de Lorenz equivale al índice de Gini, donde 0 (no hay área) indica la igualdad máxima y 1 la desigualdad máxima. Para 2016, nuestro país tenía un índice de Gini de 0.44 que es mayor a los 0.42 que tenía el país en 1984 (en plena crisis de deuda).

Esta medición, sin embargo, tiene severas limitaciones. Una de ellas es que sólo mide la desigualdad en términos de renta y deja de lado otro tipo de desigualdades propias de un proceso discriminatorio derivados del diferencial de renta, mismos que expondremos en el apartado siguiente. Otra limitación de esta medición es que el decil más bajo y el más alto están subestimados, ya que la media de ambos deciles está sesgada hacia la derecha y a la izquierda, respectivamente, y deja de forma velada los ingresos de los más pobres y del 1% más rico. Ese 1% de la población más rica del país acrecentó la acumulación de su fortuna a una tasa media anual del 26%; mientras el país lo hacía a tasas del 2.2%. En 1996, de acuerdo con Forbes, las 15 personas más ricas de México sumaban un patrimonio de 25.6 mil millones de dólares; para 2014, las 16 personas más ricas sumaban 142.9 mil millones de dólares. Lo anterior revela que las políticas económicas en términos generales en el mundo, y de forma particular en México, han sido infructuosas para reducir la pobreza y la desigualdad; pero, ¿era interés del Estado alcanzar estos objetivos?

Para continuar con esta discusión es importante considerar tres aspectos principales: a) que sigue siendo vigente la frase de "que la historia de las sociedades hasta nuestros días es la historia de lucha de clases" (Marx y Engels, 2015[1872]): los Estados occidentales son mayoritariamente estados burgueses y, por lo tanto, han de gobernar en favor de una clase social en específico; b) que posterior a la crisis de 1974-1975 se aplicaron un conjunto de políticas económicas de corte neoliberal que relegaron al Estado (keynesiano) del espacio económico, pero en cuyo periodo las tasas de crecimiento nunca recuperaron el nivel previo y por tanto se ha exacerbado la contradicción capital-trabajo (Wallerstein, 2001); c) que bajo la perspectiva neoliberal el pobre como sujeto no es de interés para el nuevo Estado, sino sólo en su forma pauperizada de pobre extremo, al que debe subvencionarse para evitar su inanición (Harvey, 2010).

2. Las perspectivas desarrollistas y los derechos económicos

No es interés en este apartado realizar un recorrido histórico de las teorías del desarrollo, sino presentar los fundamentos esenciales de las mismas. Para empezar, digamos que los modelos desarrollistas partieron de una sola escuela con diferentes vertientes: la neoclásica; y recorren desde las posturas más ortodoxas hasta las heterodoxas, como Keynes (1930), Nordhaus (2006) o Sen (1980). Los modelos desarrollistas argumentan la convergencia del desarrollo, es decir, que en la medida en que se propague su difusión y aplicación los países pobres cerrarán las brechas con los países ricos. En ese sentido, los modelos son ahistóricos porque no consideran las condiciones específicas de cada país o región en términos espaciales y temporales.

Por otro lado, las teorías críticas sobre crecimiento y desarrollo económico, principalmente ubicadas desde el marxismo y de forma más general el paradigma estructuralista, ponderan en mayor medida los factores endógenos —a diferencia del desarrollismo neoclásico— y recuperan las condiciones contextuales. Podemos mencionar, además de toda la escuela latinoamericana de la dependencia, a Myrdal (1957), Kaldor (1970) y Perroux (1961). Estas teorías van a argumentar en favor de la divergencia del desarrollo.

En efecto, aún con todos los matices que se le ha intentado dar en los informes de organismos oficiales como el Banco Mundial o el Fondo Monetario Internacional, los datos muestran que parece haber un estancamiento entre los países más pobres, cuando no empeoramiento, lo que ha supuesto un aumento de la pobreza y la desigualdad en el mundo. Más aún, dentro de estos países hay una mayor tendencia a incrementar la desigualdad, es decir, a la polarización (Fontela y Huzman, 2003).

Pobreza y desigualdad parecen gemelos paridos por una sola entraña, un modo de producción de clases antagónicas. Thurow (1969) sostenía que los gemelos eran la pobreza y la discriminación, pues presentó evidencia de cómo la discriminación producía pobreza. Pues bien, hemos de sintetizar que en realidad son trillizos los problemas dado que comparten el mismo origen. Si los tres problemas han sido paridos por un modo de producción de clases antagónicas, han de cumplir una función específica: la discriminación es un juego de suma cero, lo que unos pierden otros lo ganan (Ordoñez Barba, 2018). Por tanto, la pobreza de unos es la riqueza de otros.

Si los negros en Estados Unidos o los indígenas en el sur de México son excluidos de los sistemas educativos, obtendrán menos ingresos que serán aprovechados por aquellos que sí hayan tenido acceso a la educación. Por ejemplo, la brecha salarial entre indígenas y no indígenas en México es de 34% para la ocupación de obrero y de 67% para trabajadores por cuenta propia (Horbath, 2008). Esta condición de pobreza será causa de que su descendencia no pueda acceder a la educación, convirtiéndose una variable dependiente en independiente de forma sucesiva en momentos seculares o, dicho de otra forma, desencadenan una causación circular acumulativa (Myrdal, 1974). Esta carga acumulativa no es solamente a lo largo del tiempo, pues en un momento determinado se ha demostrado que una combinación tal da pie a una discriminación múltiple; así, una mujer, indígena, pobre, percibe ingresos aún más bajos.

Ante un proceso de causación circular acumulativo, el propio Myrdal (1974) señala que interrumpirlo resulta difícil para una economía. Andrade y Jiménez-Bandala (2018) encuentran que ese *push-up* de la economía es el empleo. El acceso a un empleo decente y bien remunerado sería la variable significativa para revertir un círculo vicioso de entrampamiento de pobreza.

En línea con lo anterior, Lang (2007) señala que los mercados laborales, cuando funcionan correctamente, pueden ser un freno a la discriminación, pues las unidades productivas, antes de emplear a holgazanes, deben seleccionar una combinación eficiente de características del capital humano que contratarán sin importar su raza, género, religión e (incluiríamos nosotros) si es pobre o si es rico. Pero los mercados laborales tienen fallos y en economías menos desarrolladas la no regulación genera mayores distorsiones. En ese sentido, la movilidad social como mito del desarrollismo capitalista está también truncada por los procesos de discriminación. Las élites económicas, principalmente de economías menos desarrolladas, reproducen círculos cerrados y bastante herméticos que van más allá de esa combinación eficiente de características del capital humano. Por ejemplo, un estudio realizado por Jiménez-Bandala y Pérez (2017) demostró que el 90% de los directores generales de las 135 empresas que cotizan en la Bolsa Mexicana de Valores pertenecían solamente a cinco universidades, todas ellas privadas; de ellos el 54% se concentraba tan sólo en dos universidades. Aun entre el 10% de los directores que habían cursado sus estudios en universidades públicas, el 70% eran de una sola universidad.

Por tanto, tal y como señalábamos en la sección anterior, la desigualdad no sólo está determinada por el nivel de renta, ser pobre o ser rico es en sí mismo un efecto con consecuencias acumulativas. Por ejemplo, en una crisis económica, ante un movimiento inflacionario los pobres serán los más afectados por dos circunstancias: primero porque son los productos alimentarios los que aumentan con mayor dinamismo y los segmentos pobres (decil I al III) dedican entre el 70 y el 90% de su ingreso en alimentos de acuerdo a la ENIGH (INEGI, 2018); al mismo tiempo son los salarios los que pierden mayormente su poder de compra y son asalariados la mayoría de los deciles I al VII; pero además los pobres tienen menos acceso a sistemas financieros que salvaguarden el valor real de sus activos (Székely, 2004).

El desarrollismo está basado en estos procesos discriminatorios porque se trata de dos caras de la misma moneda: desarrollo-subdesarrollo es un mismo proceso sostenido de forma mutua y complementaria. No hay desarrollo sin subdesarrollo (Jiménez-Bandala, 2018). Pero también estos procesos de hiper e hipo desarrollo se perpetúan en el tiempo en una lógica de interdependencia y circularidad (Fontela y Huzman, 2003). Por otro lado, el desarrollo es un fenómeno multidimensional que el desarrollismo neoclásico poco considera —sí, acaso en Shumpeter (1934). Es decir, las teorías desarrollistas son realmente economicistas, a diferencia de las perspectivas marxistas y estructuralistas de las que han derivado análisis institucionalistas, políticos y sociológicos.

Cuando el desarrollo es limitado explícitamente a lo económico, se intentan explicar de forma vacua y frívola las condiciones de pobreza y desigualdad, pues se encierran en argumentos ligeros que tienen que ver con el ahorro y el dispendio, la pereza y la laboriosidad, la desidia y la constancia, que no sólo reflejan un carácter voluntarista del problema gemelar (pobreza-desigualdad), sino también la omisión de los aspectos integrales del ser humano a una realidad meramente material. Se construye entonces un imaginario de los significados de pobreza y desigualdad a partir de elementos materiales cuya única forma es medirlos mediante curvas de utilidad, es decir, de la combinación que tenemos entre el consumo de bienes con un nivel de renta determinado. El desarrollo económico está dado cuando se transita de una curva de utilidad a otra más alejada del origen, esto es, en la medida en que el nivel de consumo del individuo es cada vez mayor. Pero no sólo es un consumo *per se*, se trata de un patrón de consumo específico (Deaton y Muelbauer, 1991). Este patrón está construido desde un nivel de vida occidental.

En esta mirada occidentalizada del desarrollo, la ONU declaró en 1966 el Pacto Internacional de Derechos Económicos, Sociales y Culturales, pero no menciona hasta la declaratoria de 2001 a la pobreza como la causa fundamental de la violación de estos derechos. De acuerdo con la ONU (2001), la pobreza es un problema de derechos humanos y es causa y consecuencia de violaciones de derechos humanos porque se vulneran de forma múltiple los derechos civiles, políticos, económicos, sociales y culturales. De esta forma, es obligación del Estado erradicar la pobreza y la pobreza extrema que condena la perspectiva asistencial o de beneficencia. Si bien esta mirada avanza hacia una concepción multidimensional de la pobreza, lo cierto es que tiene bastantes limitaciones a partir de las contradicciones que en ella subyacen.

Es indudable que la pobreza y la desigualdad violentan los derechos humanos —eso no lo ponemos en cuestión—, pero el abordaje con que se han construido los Derechos Económicos, Sociales, Culturales (y ahora también Ambientales) no atiende las causas reales de estos problemas. Una de las causas de la violación de los Derechos Humanos es la imposición de los intereses de las grandes empresas que conforman una élite mundial (Guevara, 2010), pues han mantenido un modo de producción que vulnera al individuo, pero también al Estado mismo. ¿Cómo es posible entonces que se finquen responsabilidades a un Estado debilitado institucionalmente, mientras que la ONU no condena la imposición de los capitales privados internacionales? Eso sería impensable, se consideraría como un atentado contra la libertad de mercado y la ONU sería acusada de antidemocrática.

De tanto y, por tanto, tenemos que las perspectivas desarrollistas son ahistóricas, economicistas, occidentalizadas, de carácter exógeno y de perspectiva de convergencia en su mayoría; mientras que el proceso de desarrollo económico ha demostrado ser un proceso de complemento entre desarrollo y subdesarrollo, y esto perpetúa las condiciones diferenciadas. La forma en que la ONU ha planteado los derechos económicos, por su carácter superfluo, puede ser percibida como una burla para los pobres ya que, aun cuando reconoce que una vida digna requiere de ciertos elementos simbólicos y materiales, en lo absoluto se atreve a tocar, ni con el viento, el estatuto económico del capitalismo que reproduce el actual estado de cosas.

3. La "prosperidad sustentable"
De acuerdo con distintas estimaciones poblacionales (dependiendo del tipo de modelo), se calcula que la población en el mundo estaría alcanzando su máximo nivel entre 2050 y 2100; es decir, en treinta años más la población mundial podría empezar a decrecer de forma generalizada, al mismo tiempo que casi una tercera parte será mayor de 65 años. Esto es una condición muy semejante a la que vive Japón hoy en día (27% de la población en senectud y desde 2010 tiene tasas de crecimiento negativas, hoy tiene la misma población que en 1998).

Si las condiciones mundiales se aproximan a la condición actual de Japón sería conveniente aprender de esta experiencia. El PIB de Japón está creciendo a tasas demasiado bajas, incluso menores al 1% anual. Uno de los sectores más afectados es el de la construcción; mientras se siguen desarrollando grandes complejos inmobiliarios, se calcula que más de 8 millones de casas están vacías. Así, mientras la fuerza laboral envejece y la población disminuye el Estado hace frente a este freno natural de la economía mediante el gasto público, lo que ha elevado la deuda a más del 200% del Producto Interno Bruto (PIB). El desarrollismo actual, que se basa en un crecimiento económico sin límites, parece haberse agotado, al menos para países como Japón. Si este país asiático no reinventa el modelo de desarrollo su bomba de tiempo estallará muy pronto.

Frenar la economía o el crecimiento económico tendría graves consecuencias sobre la población más pobre. Pero seguir con el mismo modelo es insostenible con la naturaleza humana y el planeta mismo. Por ello es que desarrollo, crecimiento, pobreza y desigualdad deben estar incluidos en un paradigma que discuta el carácter integral de los conceptos y no sólo desde la perspectiva economicista.

Desde la economía ortodoxa, Amartya Sen (1998) es de los primeros en señalar que la pobreza va más allá de la ausencia de riqueza material, sino que implica la privación del desarrollo pleno de las capacidades de una persona. Si bien la superación de esa privación se asocia con el ingreso, involucra mucho más que objetos inanimados. Esto es, hay una separación entre pobreza material y pobreza integral del ser humano, con lo que estaría también incluyendo a su análisis elementos no económicos. De esta forma, se desprende que el crecimiento económico está favorecido por un mayor régimen democrático que trae como consecuencia mayores libertades y mayor transparencia y, por tanto, estabilidad que consolida a su vez a la propia democracia. En estos ambientes hay una mejora en las condiciones económicas.

Sin embargo, habría que criticar de la postura de Sen (1998) la característica de las teorías desarrollistas: su concepción occidental de ver al mundo. La definición de democracia para Sen es solamente aceptable bajos los supuestos de las economías capitalistas, de forma que capitalismo y democracia resultan en sinónimos sin mucho argumento político de por medio. Julio Boltvinik (2007) en su "tesis crítica" señala que es un error estudiar la pobreza y la desigualdad desde "el nivel de vida". El nivel de vida del que se parte es una abstracción que, al analizarse fuera del paradigma dominante occidental, es claramente erróneo pues captura formas de vida que no necesariamente se comparten por la humanidad en su sentido más amplio, sino que sólo representan a un modelo civilizatorio y es captado a través de patrones de consumo. Los estudiosos de la pobreza deben, ante todo, reflexionar "qué es, qué necesita y qué capacidades y qué potencialidad tiene [el ser humano]" (Boltvinik, 2007: 54).

De tanto, hoy se sabe que se es pobre si no se tiene acceso a ciertas mercancías. La preocupación de los modelos desarrollistas por los pobres es en el acceso que tienen al mercado. Cuando las economías del modelo socialista transitaron a economías de mercado, el principal indicador fue el acceso al consumo de productos que antes su renta no les permitía. La principal preocupación económica de la flexibilización de las políticas económicas chinas es que la mayor población del mundo adopte patrones de consumo occidentales; esto no sucedió y es poco probable que suceda. Desde el año 2011, con la celebración del VI Congreso del Partido Comunista, Cuba ha puesto sobre la mesa el mismo debate. A final de cuentas, las políticas públicas deberían buscar el desarrollo humano de todos y en todos los aspectos; por ello, la primera tarea de la construcción del nuevo paradigma debería ser desligar el desarrollo humano del crecimiento económico y, por tanto, desligar desarrollo humano de consumo.

Siguiendo a Boltvinik (2007), lo anterior significaría distinguir entre ser pobre y estar pobre. Lo primero haría alusión al desarrollo de capacidades; mientras que lo segundo a la satisfacción de necesidades y de aplicar efectivamente las capacidades. Al mismo tiempo, hay que diferenciar también entre el nivel individual y el societal. Así, podemos ver que tenemos por un lado un problema de pobreza económica de aquellos que no satisfacen sus necesidades en términos individuales; por el otro lado, tenemos una pobreza humana que no permite un pleno desarrollo de capacidades, aun satisfaciendo las necesidades de las personas. A esto último le llamó Marx alienación (véase Tabla 1 al final de este capítulo).

Las perspectivas actuales de pobreza sólo están enfocadas a satisfactores materiales, desconocen las necesidades humanas en la expresión más amplia, y sólo atienden aquello que puede monetizarse, es decir, que se pueda medir en términos de mercado. Pero hay un recurso "n" que proponemos aquí como fundamental para la propuesta de "prosperidad sustentable" que ponemos a consideración. Nos referimos al tiempo. Esto conlleva reconocer la diferencia entre el tiempo del individuo y el tiempo como especie humana, o el tiempo planetario que en ningún sentido coincide con los tiempos del capital. Entonces, la prosperidad sustentable se debe explicar con respecto al tiempo: se trata de sincronizar el tiempo del individuo con el tiempo de la humanidad, y el tiempo planetario con el tiempo del modo de producción con el que la humanidad y el individuo satisfacen sus necesidades con los recursos del planeta.

En el desarrollismo neoclásico, el tiempo es un recurso que puede ser monetizado. En un modelo de mercado de trabajo, el individuo escoge entre trabajo y ocio (tiempo libre); por tanto, asigna valores que pueden ser racionalizados a cada porción de su tiempo. El tiempo también vale de acuerdo con el individuo que lo disponga, de forma que, en términos de costo de oportunidad, no es el mismo valor el tiempo de un médico especialista que el de un jardinero. De lo anterior consideramos que el tiempo como recurso no puede ser monetizado, pero sí adquirir valores, en términos de satisfacción de necesidades, diferenciados. Por ejemplo, en efecto el tiempo de un médico es diferente al de un jardinero, porque el médico ha consumido un mayor tiempo en su formación que le ha permitido un mayor desarrollo de capacidades.

Bajo esta perspectiva habría una pobreza equiparable, de algún modo, entre el pobre que no tiene los recursos suficientes para sobrevivir, y quien, teniendo los recursos de sobrevivencia, no le ha quedado tiempo de vida más que para el trabajo del que obtiene esos recursos de sobrevivencia. Esto nos remite a la idea de alienación de Marx y a lo que Boltvinik ha diferenciado con las nociones de pobreza del ser y del estar.

Debemos asumir que el valor de las mercancías es tiempo de trabajo socialmente necesario y que adquirimos dichas mercancías con ingresos obtenidos en nuestro empleo, que es también tiempo de vida. En cada momento de consumo de mercancías estamos consumiendo un mayor tiempo de nuestra vida. Una aspiración a alcanzar un nivel de vida occidental (más allá del mínimo indispensable medido por el número de mercancías que se pueden obtener) nos conducirá inevitablemente a la alienación y a la pobreza del ser. La alienación del individuo se reproduce en una alienación societal (de la especie humana). Se trata de un proceso de deterioro social, político y cultural. Pero también planetario, porque en el afán de consumo el individuo atemporal elimina posibilidades de consumo de la especie histórica tanto en el futuro como en el presente, por las lógicas asimétricas de distribución, y deteriora con mayor rapidez la naturaleza.

La prosperidad sustentable significa entonces cambiar el enfoque de la pobreza en su sentido reduccionista, que han concebido los modelos desarrollistas, a un enfoque holístico, integral, de una pobreza sobre capacidades y necesidades, donde el tiempo sea el recurso central para equilibrar satisfactores del individuo, la especie y el planeta. Las fuentes de la prosperidad sustentable se identifican dentro del paradigma civilizatorio complejo o transmoderno y al interior de éste en: a) cosmovisión y pensamiento de los pueblos originarios que principalmente ha sido recogido por tradiciones orales y que implica i) el reconocimiento de la madre tierra como un ser vivo (Pachamama), ii) la no superioridad del hombre sobre la naturaleza (contrario a la tradición judeocristiana), iii) el respeto y conocimiento sobre los límites de la naturaleza; por otro lado, b) el informe de Bruntland de 1987 en los siguientes aspectos: i) las restricciones ecológicas y morales sobre los recursos del planeta, ii) la preservación de los derechos de futuras generaciones sobre el disfrute de los recursos, iii) la finitud de los recursos naturales; por último, en el pensamiento de la

Escuela de Frankfurt de herencia marxista en el sentido: i) la dialéctica materialista, ii) superación de la dicotomía teoría-praxis.

Conclusiones

En este trabajo intentamos demostrar que, en la medida en que no se trastoque la raíz causal de la violación de los derechos económicos, esto es la pobreza y la desigualdad que reproduce un modo de producción de clases antagónicas, los DESCA promovidos por la ONU (1966) sólo podrán tener un carácter demagógico.

En la primera sección de este documento hemos argumentado que la pobreza y la desigualdad no son consecuencia colateral de las fallas del mercado o de las ineficiencias de los modelos económicos; todo lo contrario, son resultado directo e intencionado de los modelos. Para que haya acumulación de capital debe haber expoliación que genere pobreza. Mantener la desigualdad entre ricos y pobres es crucial para sostener la reproducción del capitalismo. De lo expuesto en la segunda sección podemos concluir que es inevitable la ampliación de las brechas de desigualdad bajo el actual modo de producción, pero al mismo tiempo es insostenible en el largo plazo, por tanto, el agotamiento del desarrollismo es consecuencia lógica.

Con respecto a la tercera sección, concluimos que dado que el binomio pobreza-desigualdad bajo este paradigma actual se metamorfosea con patrones de consumo, el alcance de los patrones de consumo actuales de los ricos es insostenible para el planeta, por lo que la sobrevivencia de la especie está en función de que el rico disminuya su consumo de forma sostenida y que los satisfactores que diferencian entre pobreza y desigualdad vuelvan a las necesidades humanas concretas. De tanto y por tanto, la única alternativa real para la superación de la desigualdad y la pobreza es la lucha por el derecho a la prosperidad sustentable.

Gráficas, Tablas y Cuadros

Gráfica 1. *Pobreza de Patrimonio en México (1950-2018)*

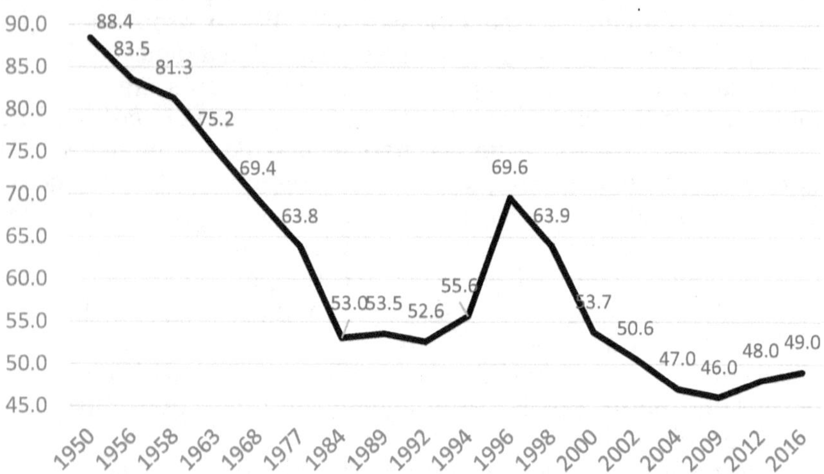

Fuente: Elaboración propia con datos de Székely (1950-2004) y CONEVAL (2004-2018)

Gráfica 2. *Desigualdad económica en México según deciles. Curva de Lorenz 1996-2018*

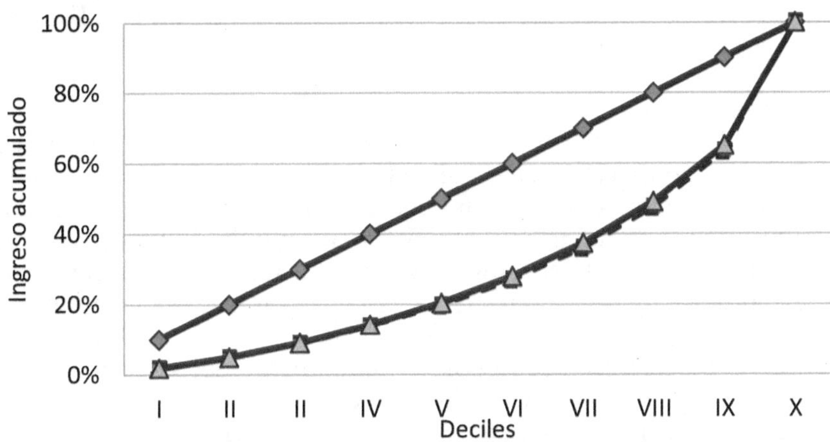

Fuente: Elaboración propia con datos de ENIGH (INEGI, años seleccionados)

Tabla 1. *Conceptos de pobreza desde las perspectivas necesidades-capacidades*

	Individual	*Societal*
Ser *(Capacidades)*	Pobreza Económica del ser ser	Pobreza Humana del ser
Estar *(Necesidades)*	Pobreza Económica del estar	Pobreza Humana del estar

Fuente: Elaborado a partir de Boltvinik (2007)

Capítulo 6.
Desigualdad y género: mujeres y trabajo en el contexto neoliberal

Érika Paz Vázquez

Introducción

Desde la década de 1970 hemos sido testigos del creciente ingreso de las mujeres al mercado de trabajo, del deterioro de las condiciones laborales y del abaratamiento de la mano de obra masculina y femenina (Standing, 2011). Históricamente la desigualdad en la distribución de los recursos ha forjado un modo de diferenciación social que impide el logro de la igualdad en la participación económica entre hombres y mujeres. Sin embargo, la desigualdad parece haberse acentuado con el hundimiento del llamado Estado de bienestar que, a pesar de sus efectos positivos, fue incapaz de lograr la distribución equitativa de bienes y puestos de trabajo.

Como se ha mostrado desde distintas disciplinas (Castel, 2010; Stiglitz, 2015), la década de 1980 se caracterizó por una economía neoliberal que impuso recortes al gasto social, así como la privatización de servicios públicos como la salud, la educación e, incluso, aquellos de primera necesidad como el agua o la electricidad, situación que, como lo destacó en su momento Fraser (1989), ha impactado de forma negativa especialmente en las mujeres al perpetuar el sistema sexo-género en nuestras sociedades. Principalmente son ellas las que realizan el desvalorizado trabajo no remunerado doméstico, de crianza y de cuidados en sociedades que reconocen el trabajo remunerado como el único trabajo con valor monetario, pese a que sea mal pagado o carezca de seguridad social.

El propósito de este capítulo es analizar cómo la transformación en las relaciones laborales y el modelo económico imperante en nuestra región (desde finales de la década de los setenta) no han transitado hacia empleos más justos y una mejor distribución de la economía. Por el contrario, a la luz del trabajo no remunerado doméstico y de cuidados, podemos identificar nuevas formas de desigualdad social, política y económica entre hombres y mujeres. En ese sentido, afirmamos que la participación laboral de las mujeres no ha sido una condición suficiente para la consecución de la autonomía plena en tanto no se aprecian cambios sustanciales sobre la condición de subordinación de la gran mayoría de ellas.

Para ello, estructuramos este trabajo de la siguiente manera: en la primera parte presentamos un acercamiento a los trabajos no remunerados doméstico y de cuidados; en la segunda, nos detenemos en el contexto neoliberal y su impacto en las relaciones laborales ejemplificadas con datos estadísticos comparados entre hombres y mujeres sobre los trabajos remunerado y de cuidados; para, finalmente, reflexionar sobre los rasgos del entorno laboral diferenciado por género que vivimos en México actualmente.

1. El trabajo de cuidados

La transformación de las relaciones laborales es uno de los efectos del modelo económico actual que ha agudizado problemas estructurales como la pobreza y la falta de oportunidades equitativas entre hombres y mujeres (Escalante, 2016; Fraser, 1989). Aunque el trabajo puede ser considerado como un medio para la emancipación, para lograr la independencia económica y para aportar algo a la sociedad, en determinadas circunstancias se convierte en un espacio en el que se acentúan formas de exclusión, opresión y discriminación como la segmentación de las actividades productivas y de reproducción, y la desigualdad en la distribución del ingreso.

Las desigualdades vinculadas a la situación étnico-racial, al género, al color de piel, a la edad, a la nacionalidad, a la identidad sexual, al nivel de escolaridad o al lugar de origen o de residencia (Colmex, 2018), inciden en el nivel de participación en el ámbito laboral y en el tipo de trabajos a los que se accede. De manera que la distribución del ingreso también está atravesada por construcciones sociales que asocian prejuicios y estereotipos negativos o positivos con las personas de acuerdo con su apariencia, sexo, sexualidad y origen (ENADIS, 2017). Las personas indígenas, migrantes y muchas mujeres —sectores de la población históricamente excluidos del ejercicio de los derechos—, son los que generalmente se enfrentan a diferentes obstáculos para conseguir empleo y suelen acceder a los más precarios (Vela, 2017).

Comprender cómo las creencias sobre las diferencias sexuales se traducen en desigualdad social, política y económica resulta primordial para avanzar no sólo en el mejoramiento de la intervención institucional, sino también de las prácticas en la vida familiar y en la comunidad que perjudican a las mujeres. Al respecto, Joan

W. Scott realiza un análisis histórico de cómo la división sexual del trabajo se originó principalmente en la economía política del siglo XIX que postuló la idea de que el salario de un hombre (el salario familiar) debía ser el sustento familiar. Así, los salarios de las mujeres se consideraban —y en muchos sentidos aún se consideran— complementarios y "no debían superar lo suficiente como para su propio <<sustento>>" (Scott, 1993: 110).[1]

El trabajo remunerado de las mujeres, la actividad doméstica y de reproducción fueron desvalorizados e invisibilizados. Bajo la distinción de la fuerza de trabajo según el sexo, con base en las leyes "naturales" de la biología y del mercado, los economistas legitimaron la idea de que el trabajo de las mujeres producía un valor inferior en el mercado, respecto del de los hombres. De manera que la organización espacial y de movilidad en el trabajo, la jerarquía en puestos, salarios, movilidad, etcétera, concentró a las mujeres en ciertos sectores laborales; una práctica socioeconómica que terminó por "naturalizar" la segregación y la exclusión de las mujeres en los espacios del trabajo.

En México, como en muchos otros países, el trabajo se sigue estructurando bajo el esquema de la división sexual del trabajo que designa tareas diferenciadas a los hombres y a las mujeres de acuerdo con lo que se considera propio de cada género (Lamas, 2016). La división del trabajo por sexo ha logrado configurar no sólo actitudes y comportamientos, también las percepciones, auto-percepciones, expectativas y creencias sobre qué personas tendrían mejores capacidades para realizar determinado tipo de trabajo.

Así se ha llegado a concebir que las mujeres están "naturalmente" mejor capacitadas para el cuidado de las personas enfermas, ancianas, con discapacidad y, por supuesto, de las niñas, niños y

---

[1] Las mujeres sólo podían trabajar por cortos periodos de tiempo antes de casarse o sólo si el marido estaba imposibilitado para mantener a la familia o enviudaban. Desde entonces se les relegó a los "empleos mal pagados, no cualificados, que constituían el reflejo de la prioridad de su misión maternal y de su misión doméstica respecto de cualquier identificación ocupacional a largo plazo. El 'problema' de la mujer trabajadora, por tanto, estribaba en que constituía una anomalía en un mundo en que el trabajo asalariado y las responsabilidades familiares se habían convertido en empleos de tiempo completo y espacialmente diferenciados. La <<causa>> del problema era inevitable: un proceso de desarrollo capitalista industrial con una lógica propia" (Scott, 1993: 111).

adolescentes, un trabajo no reconocido y desvalorizado que las mujeres siguen realizando de forma gratuita. En tanto el trabajo de provisión material de la vida y los puestos de liderazgo y dirección en el ámbito público se consideran propios de los hombres.

Dicha segmentación de las actividades productivas y de reproducción origina y profundiza diferencias por clase y por género. Desde la perspectiva de género, las condiciones diferenciadas entre hombres y mujeres en la participación en el mercado laboral y la relación con el trabajo no remunerado y de cuidados que social y culturalmente ha sido asignado a las mujeres, representa uno de los factores de desventaja en el acceso y movilidad en empleos asalariados.

Esta situación no sólo afecta a las mujeres de comunidades pobres o en extrema pobreza, sino prácticamente a cualquier mujer trabajadora que provee o contribuye con el sustento de un hogar. A ello se suman otros obstáculos para acceder a un empleo fuera del hogar, como la violencia en cualquiera de sus tipos o modalidades, la falta de atención médica, de una alimentación saludable y de acceso a la educación. Asimismo, la conciliación entre la vida laboral y el hogar supone además otras dificultades como el tener que mostrar méritos extraordinarios para alcanzar puestos de mayor jerarquía, soportar exclusión de los "círculos 'de favores'", trabajar bajo altos niveles de estrés para conciliar las múltiples tareas que demanda la familia, la comunidad y el trabajo remunerado, así como la falta de guarderías con horarios compatibles con las jornadas laborales y la restricción de este derecho a los hombres (Izquierdo, 2004).

Aun en países que establecen los mismos derechos fundamentales y de propiedad, en el trabajo las mujeres enfrentan discriminación por género en las labores y salarios asignados en los contratos; padecen acoso sexual y laboral, intimidación por parte de superiores, y se enfrentan a los reclamos por parte de la pareja o familia por su ausencia en el hogar. La carga de la doble jornada (las responsabilidades en el empleo y el trabajo doméstico y de cuidado de las personas dependientes) restringen o impiden el tiempo para la recreación, el aprendizaje y el desarrollo de las facultades creativas (Nussbaum, 2009).

Resulta importante señalar que la división sexual del trabajo y la "naturalización" de los roles de género tiene consecuencias que producen privilegios para unos y cargas para otras. En efecto, el extrañamiento del trabajo de cuidado de las hijas e hijos por parte de los hombres se traduce en sobrecarga de trabajo de las mujeres para el mantenimiento de las familias. El sexismo, nos dice Izquierdo (2004), "es el sujeto de la acción, no los hombres o las mujeres… De ahí que se les atribuya a las mujeres ciertas cualidades que se les niegan a los hombres y viceversa". El trabajo de cuidados no sólo de los hijos, sino de las personas dependientes con discapacidad, ancianas o enfermas, genera obstáculos en la participación laboral y política y permanece invisibilizado en las organizaciones productivas, sindicales[2] y en las instituciones públicas.

El carácter relacional de los géneros nos permite observar cómo se han afianzado formas de dominación y subordinación, y cómo las expectativas y preferencias se construyen socialmente. Como señala Lamas (2018: 32), la desigualdad entre hombres y mujeres no es resultado de "decisiones personales sino consecuencias de la estructuración económica y de la cultura" que termina por ser internalizada en la mente y en el inconsciente de las personas, impidiendo la comprensión de los grandes problemas que genera la discriminación por género en nuestras prácticas cotidianas (Bourdieu, 2000).

Muchas mujeres desconocen los medios para procurar su independencia económica, sus derechos como ciudadanas, debido en parte a la privación de información y del derecho a la educación, por lo que dan continuidad a lo aprendido en el ámbito familiar o comunitario donde, por lo general, ocupan una posición de desventaja con respecto a los hombres. En estas circunstancias no es difícil creer que un menor nivel de vida es correcto para ellas, y los espacios de niveles mayores de educación, cargos políticos o puestos de jerarquía, son más apropiados para los hombres (Nussbaum, 2009).

De igual forma, los hombres generalmente preferirán que sus parejas heterosexuales sean las que realicen las labores domésticas y el cuidado de los hijos; situación casi inadvertida por hombres y mujeres, para quienes su entendimiento de las relaciones familiares

---

[2] Donde también campeó el discurso de la división sexual del trabajo durante el siglo XIX; los sindicatos masculinos mantuvieron al margen de sus filas a las mujeres con el fin de proteger sus empleos y salarios, toda vez que éstas eran contratadas con salarios inferiores por realizar el mismo trabajo. Fomentaban la creencia de que el lugar de las mujeres era el hogar y fisiológicamente no estaban capacitadas para realizar el trabajo de los hombres.

y en comunidad está anclado en sus experiencias y en su observación de lo tradicionalmente establecido. Como señala Norbert Elias, hay un "orden imperceptible directamente a los sentidos, el orden invisible de la convivencia entre individuos nos ofrece como personas un abanico más o menos limitado de posibles modos de comportamiento y de funciones" (1999: 41). En efecto, en sociedades donde la subordinación de las mujeres es norma cultural difícilmente sus integrantes notarán las desigualdades en la distribución no sólo de las tareas del hogar, sino de los recursos económicos y de las oportunidades de desarrollo entre los miembros de una familia.[3]

Huelga decir que la distribución de recursos económicos y de oportunidades que benefician primordialmente a los varones acontece tanto en el ámbito doméstico, donde las mujeres realizan la mayor parte del trabajo no remunerado y de cuidados de la vida, como en el mercado laboral, en el que muchas de ellas ocupan el segmento "peor retribuido y en el que se abocan menos recursos sociales… de modo que las personas que ocupan los segmentos masculinizados se benefician de las malas condiciones de trabajo de los feminizados, sean hombres o mujeres quienes los ocupen" (Izquierdo, 2004: 8).

Sin embargo, es importante comprender que el hecho de que las mujeres formalmente tengan acceso a los mismos recursos y bienes primarios (ingresos, mercancías, propiedades), a los mismos derechos como ir a la escuela o contar con un trabajo digno, no quiere decir que todas posean las condiciones materiales que demanda la vida para gozar de los derechos y las libertades fundamentales. Así, la medición de la calidad de vida basada en la maximización de la riqueza y de utilidades, no considera la distribución equitativa de las oportunidades reales de desarrollo humano y la libertad de elegir entre diferentes opciones (Sen, 2010; también Nussbaum, 2009).

En realidad, el crecimiento económico de una familia, de una comunidad, de un país o incluso de una región no se traducirá en la autonomía económica de las mujeres en tanto se les siga privando

---

[3] Este planteamiento no pretende oponerse a la decisión de una mujer a llevar una vida tradicional, sino a señalar que ésta debe detentar oportunidades económicas y políticas. No está bajo discusión la diversidad cultural, sino las prácticas culturales que generan desigualdad y atentan contra los derechos de las personas.

del control de los ingresos del hogar, del acceso a la educación, se desvalorice su trabajo remunerado y no se reconozca su trabajo no remunerado. En la medida en que persistan prácticas que atenten contra su integridad física, perdure la costumbre entre las industrias de abaratar la mano de obra femenina, se desplace a las mujeres hacia sectores no regulados y perciban un salario menor respecto de los hombres, la desigualdad seguirá vigente.

2. Diferencias de género en el contexto neoliberal

Las políticas neoliberales implementadas inicialmente en Estados Unidos, Gran Bretaña y Chile para fortalecer los mecanismos de mercado y a las clases más privilegiadas —disminución de impuestos a empresas, el tránsito entre puestos públicos y privados, o el intercambio de favores entre funcionarios y directores de corporaciones (Harvey, 2010)—, así como la reducción de los beneficios laborales a las personas trabajadoras y el recorte a los servicios públicos (luego de la crisis provocada, entre otras cosas, por el alza de los precios del petróleo y de la mano de obra en 1973 y 1979), terminaron por debilitar a los Estados-nación.

Con la finalidad de producir mayores riquezas, observamos sobre todo en la década de 1980 la oleada de cambio institucional hacia el modelo neoliberal a nivel mundial —implementado mediante el Consenso de Washington y prácticamente impuesto a los países del Sur por el Fondo Monetario Internacional (FMI) y el Banco Mundial (BM). Sin embargo, lo anterior derivó en la caída de los salarios, en la reducción del gasto social, en el desmantelamiento del Estado de bienestar y en recurrentes crisis económicas que desde entonces mantienen elevadas tasas de desempleo en la región de Latinoamérica (Damián, 2012).

Esta reordenación productiva y organizacional, a la que asistimos desde hace por lo menos cuatro décadas, ha reconfigurado y diversificado los entornos del trabajo ahora caracterizados por la flexibilidad, la heterogeneidad y la subcontratación (fuera de la normatividad y reglamentación del antiguo modelo de trabajo), la ausencia de seguridad social, el abaratamiento de la mano de obra, la anulación de un sistema de pensiones digno y la descomposición de los sindicatos (Castel, 2010). Así, las políticas neoliberales han acarreado retrocesos en los derechos laborales, sustituido la organización del trabajo por la empresa unipersonal e intercambiado el lugar del trabajo por el *sin lugar* de contratos temporales y sin límites a los horarios laborales (Standing, 2011). De igual forma, la provisión de estructuras antes suministradas por el Estado o la comunidad han dado paso a la autogestión de la salud, la vivienda y el ahorro para el retiro, que no sólo reproduce sino que robustece la división del trabajo por sexo.

En México los efectos de estas políticas también han sido visibles, especialmente en lo que respecta a la dificultad para generar trabajos con protección social y derechos laborales. Por ejemplo, de acuerdo con la Encuesta Nacional de Ocupación y Empleo (ENOE) correspondiente al cuarto trimestre de 2018, todas las modalidades del empleo informal, como lo son el trabajo no protegido en la actividad agropecuaria, el servicio doméstico remunerado de los hogares, así como los trabajadores subordinados sin seguridad social, representaron el 56% de la población económicamente activa (30.7 millones de personas), un aumento de 1.8% respecto del mismo periodo del año inmediato anterior.

La ausencia de empleos con protección social afecta particularmente a las mujeres ya que, por un lado, son ellas las que se encargan mayoritariamente de las labores del hogar y de los trabajos de cuidado y, por otro, prevalece la idea de que el hombre es el jefe de familia. De acuerdo con la Encuesta Nacional de los Hogares (ENH, 2017), en México hay 34.1 millones de hogares: el 49.5% de los hogares nucleares son encabezados por hombres y el 14.1% por mujeres; 78.3% se localiza en áreas urbanas y el resto en áreas rurales, mismas que presentan un porcentaje mayor de hogares con jefatura masculina (77.1%) que en áreas urbanas (69.9%).

De los hogares monoparentales (sin cónyuge), la jefatura del hogar femenina es de 83.1%. En contraste, los hogares con casa propia encabezados por hombres representan un porcentaje mayor (63.2% y 58.8% mujeres), lo mismo sucede en aquellos con casa independiente (90.4% mujeres y 92.7% hombres), "los cuales superan con 4.4 y 2.3 puntos porcentuales a los jefaturados por mujeres". [4]

Por otro lado, datos de la ENOE (en 2008 y 2018) reflejan las diferencias entre hombres y mujeres para acceder a trabajos remunerados y con mejores salarios. En el año 2008, la población en edad legal para trabajar (15 años y más) ascendía a 77.7 millones.

---

[4] Mujeres y Hombres. INEGI 2018: http://cedoc.inmujeres.gob.mx/documen tos_download/MHM_2018.pdf

41.2 millones eran mujeres y de ellas sólo el 42.8% percibía ingresos propios, mientras que el 57.2% no contaba con empleo. En cambio, de los 36.4 millones de hombres el 80.3% tenía trabajo y sólo el 19% restante no registraba actividad económica. Diez años después, la tendencia es muy similar: en 2018 la población total de 15 años y más ascendió a 93.1 millones, 48.8 millones mujeres y 44.2 millones hombres. De ellas, el 43.7% contaba con trabajo remunerado y el 56.3% no tenía ingresos propios. En el caso de los hombres el 77.5% se encontraba económicamente activo y el 22.5% no tenía trabajo. Esto es, casi 8 de cada 10 hombres y sólo 4 de cada 10 mujeres participaban en el mercado de trabajo.

En diez años (de 2008 a 2018) aumentó un punto porcentual la población femenina económicamente activa y la brecha de género se redujo a 3.7 puntos porcentuales (de 37.5 puntos porcentuales en 2008, a 33.8 en 2018), pero esto se debe en buena medida a que la tasa de participación masculina disminuyó de 80.3% a 77.5%, mas no al aumento de población femenina económicamente activa. Asimismo, y de acuerdo con datos rescatados en el informe Mujeres y Hombres (INEGI, 2018), hasta el primer semestre de 2018 el 77.4% de las mujeres trabajadoras no disponía del servicio de guardería o cuidados maternos en sus empleos.

Datos de la Encuesta Nacional de Ingresos y Gastos de los Hogares (ENIGH, 2016) muestran que de la población de mujeres de 15 años y más, el 27% no dispuso de ningún tipo de ingreso; de éste el 31.2% correspondió a mujeres casadas o en unión y el 32% a mujeres solteras, en tanto sólo el 9% de las mujeres separadas no obtuvo ingresos. Es interesante observar que sólo el 39.3% de las mujeres casadas o en unión percibió ingresos propios, en tanto que en mujeres separadas el porcentaje se eleva a 47.4%. La tendencia es que el matrimonio o la unión tienden a reducir la participación laboral de las mujeres en tanto que en los hombres se genera un efecto contrario. Los datos anteriores coinciden con el informe "El progreso de las mujeres en el mundo 2019-2020" de Naciones Unidas, el cual señala que aun en países con mayor desarrollo económico las mujeres que residen con "una pareja heterosexual aportan menos de la mitad de los ingresos familiares y son titulares de una proporción aún menor del patrimonio familiar" (ONU, 2019), debido en gran parte al costo de los trabajos de cuidados y doméstico que las mujeres realizan gratuitamente.

En cuanto a la brecha salarial entre hombres y mujeres, datos del Instituto Mexicano del Seguro Social de 2017, recuperados en el mismo informe Mujeres y Hombres (INEGI, 2018) señalan que en el año 2000 el salario diario asociado de las mujeres era de 121.80 pesos, mientras que el de los hombres de 150.39. Para el 2017 las mujeres ganaban en promedio 302.82 pesos y los hombres 352.57. La diferencia entre los salarios según el género en el 2000 era de 28.59 pesos, en tanto que en 2017 fue de 43.75, lo que equivale a una ligera disminución de la brecha salarial: de 19.9% a 14.6%. No obstante, las mujeres reciben un salario menor en diferentes actividades económicas y la brecha aumenta en sectores con tendencia hacia la feminización de la mano de obra, como es el caso del comercio con una brecha salarial de 18.7% y de la industria de la manufactura con 15.3% por ciento.[5]

Asimismo, de acuerdo con el INEGI[6] en México los salarios en la industria manufacturera hasta abril de 2019 fueron de 2.7 dólares por hora, en tanto que en Estados Unidos ascendieron a 22 dólares, y en Chile a 3.2 dólares por hora paga. La diferencia salarial entre México y Estados Unidos no se corresponde con el índice de productividad de la mano de obra en la industria manufacturera. Así, México registró en abril de 2019 92.9 puntos y Estados unidos 97.6: en los países del sur se gana mucho menos por el mismo nivel de producción.

De acuerdo con los resultados de la Cuenta Satélite del Trabajo No Remunerado de los Hogares de México (INEGI, 2017), "el trabajo no remunerado de labores domésticas y de cuidados alcanzó un nivel equivalente a 5.1 billones de pesos, que representó el 23.3% del PIB del país", superior al alcanzado por otros sectores económicos como el comercio (18.7%), la industria manufacturera (17.2%) o los servicios educativos (3.8%). El valor del Trabajo No Remunerado Doméstico y de Cuidados de los Hogares ascendió a 39 mil 736 pesos anuales *per capita*; desagregado por sexo reflejó que cada mujer aportó 55 mil 811 pesos anuales y los hombres 20

---

[5] Mujeres y Hombres (INEGI 2018) con datos del Inmujeres basados en la Encuesta Nacional de Ocupación y Empleo.

[6] Con base en la encuesta Mensual de la Industria Manufacturera. Banco de México. Estadísticas. Sistema financiero. FMI. Estadísticas Financieras Internacionales. Instituto Nacional de Estadística (INE) de Chile. Bureau of Labor Statistics (BLS), Current Employment Statistics, recuperado de: https://www.inegi.org.mx/app/tabulados/default.html?nc=539

mil 694 pesos *per capita*, toda vez que las mujeres dedicaron el 76.7% de su tiempo a los trabajos no remunerados y los hombres sólo el 2 por ciento.

Si bien hay una diferencia de valor en pesos del trabajo no remunerado doméstico y de cuidados según el sexo y los estratos poblacionales, las cifras se elevan mucho más entre las mujeres dependiendo de la situación conyugal y de la presencia de menores de seis años en el hogar. Así, las mujeres solteras contribuyeron en 2017 con 31 mil 104 pesos anuales *per capita* y cada mujer casada o en unión aportó 71 mil 517 pesos, en tanto que cada hombre en la misma situación contribuyó con 22 mil 52 pesos. En los hogares con presencia de niños menores de seis años las mujeres aportaron 71 mil 279 y, en los hogares sin menores, 48 mil 824 pesos.

El informe estadístico del INEGI reporta un incremento en las horas semanales destinadas por persona a las labores domésticas y de cuidados en 4.4% del año 2013 al 2017 (de 26.5 a 27.7 horas). También revela que las mujeres en zonas rurales y las que hablan alguna lengua indígena dedican más tiempo a las labores domésticas y de cuidados. Pese a no estar contempladas por el INEGI, otras variables de medición que también impactan en el número de horas destinadas y el valor neto en pesos anualmente del trabajo no remunerado son la situación de pobreza, el estrato social, la edad, la desocupación y el tipo de ocupación.

3. El trabajo remunerado y no remunerado de las mujeres

El modelo económico impuesto desde la década de los setenta en América Latina a través de las dictaduras militares de la región, y en nuestro país en los años ochenta, sustituyó la fórmula keynesiana por la privatización y la liberalización, el reemplazo de la provisión de servicios públicos por el llamado "efecto goteo" que traspasó a la responsabilidad personal el pago de servicios como la educación y la salud. Además, se recortaron apoyos sociales para la vivienda, lo que terminó por desmantelar el salario familiar, criticado por el feminismo de la segunda ola que concebía al salario de las mujeres como complementario del de los hombres.

En este contexto, las recomendaciones por parte de organismos internacionales como la ONU o la CEPAL sobre la obligación de los Estados de garantizar el acceso de las mujeres a ingresos "propios y adecuados", han terminado por ser buenas intenciones que distan de ser efectivas bajo el modelo económico neoliberal, dado que la protección social y sensible al género ha sido desarticulada sistemáticamente, una vez que las relaciones laborales se han transformado en tal medida que la regulación del trabajo ha quedado sin efecto. Entonces, el logro de licencias por maternidad, paternidad, acceso a guarderías y cuidados maternos como servicios públicos, concierne a una mínima población que goza de derechos laborales asalariados.

Observamos la emergencia de trabajos en la maquila pensados principalmente para las mujeres más pobres y residentes de zonas rurales o de cinturones de pobreza de las grandes ciudades en países en vías de desarrollo como México, Corea del Sur o China. Luego de la sustitución del salario familiar por el "ingreso por familia" constituido por dos proveedores, y del fin del Estado de bienestar, se observa la irrupción de mujeres cabezas de familia, madres solteras que ingresan "ejércitos de mujeres trabajadoras de todos tipos de etnia a los empleos por maquila o manufactura", principalmente (Einseintein, 2005), situación que podría ser considerada positiva para las mujeres en tanto se abren posibilidades de empleo, pero con trabajos subvalorizados, precarios, mal pagados, sin derechos laborales, contratadas por tiempos parciales, que poco contribuyen a la autonomía plena de las mujeres. En el caso de la industria de la maquila laboran en condiciones infrahumanas, basta con recordar los casos de las mujeres costureras en la Ciudad de México que en los dos sismos del 19 de septiembre de 1985 y de 2017 murieron encerradas sin posibilidad de salir de sus lugares de trabajo.

Zúñiga (2005) documenta los tipos de violencias que viven las mujeres en su trabajo en el sector servicios y de maquila de la Ciudad de México y de Sonora, los cuales van desde las formas más visibles como el hostigamiento, las reprimendas, el acoso laboral, el abuso sexual y los golpes, hasta los tipos de violencia que no son registrados como tales por las entrevistadas, como son la inestabilidad en el empleo, la amenaza constante de despido o ambientes de trabajo hostiles, el impedimento de descanso y de refrigerio durante la jornada laboral, la reprimenda ante el planteamiento de ideas, la imposibilidad de ejercer sus derechos reproductivos como el embarazo o la discriminación por edad.

Con todo, las mujeres seguirán optando por estos puestos (ante la falta de oportunidades de desarrollo) que al menos les permiten contar con un salario y les brindan la posibilidad de liberarse de prácticas culturales machistas arraigadas en sus familias, comunidades y pueblos, ancladas en la subvalorización de las mujeres. Como nos recuerda Fraser (2009), las trabajadoras del hogar, las trabajadoras sexuales, las migrantes, las deudoras de microcréditos buscan un mejoramiento a la situación personal, pero también la liberación de la autoridad tradicional.

En esta situación se encuentran muchas mujeres que enfrentan los efectos de la crisis financiera reflejada en los recortes al gasto público en educación, servicios de guarderías, en seguridad social, en transporte, que al mismo tiempo demanda de la mano de obra femenina en la maquila, en el comercio, que acarrea la "retradicionalización de género" (MacRobbie, 2009), dado que con este tipo de empleos parciales, flexibles, sin contratos formales de trabajo y con bajos salarios, se da continuidad a las jerarquías de género que imposibilitan la emancipación económica y definitiva de las mujeres. Esto es, si anteriormente los patrones de jerarquía de género se visualizaban en las empresas o negocios familiares en las que el marido o el padre tenía una mayor actividad en las redes laborales, actualmente con este tipo de empleos las mujeres no se pueden sostener sin el apoyo de un compañero o de la familia, aun siendo mujeres que han terminado una licenciatura o han tenido oportunidad de cursar maestrías o doctorados, incluso fuera del país (McRobbie, 2009).

En este proceso de individualización, las personas son quienes deben fabricar sus propias estructuras, una labor que hasta hace unos años se realizaba en comunidad y donde el Estado proporcionaba los derechos sociales como el derecho a la salud, el trabajo o a una pensión por retiro, estructuras que ahora corresponde a cada persona proveerse de ellas. Lo que convierte a la demanda de empleos formales y con derechos sociales reglamentados en una prioridad para las mujeres, particularmente porque se ha formado a generaciones de mujeres dedicadas a varias tareas, a trabajos *multikasking*, a proyectos de autoempleo, al trabajo del autocuidado, pero también de los cuidados si en algún momento deciden ser madres. Recientemente, Nancy Fraser en una entrevista acertadamente señaló: "Las mujeres necesitan opciones de salida. Si tú eres más dependiente que tu compañero, tu compañero puede irse fácilmente, pero tú no. Quién va a tener el poder y la voz en una relación así. Así que una parte de la solución, no toda, es darle a las mujeres posibilidades de salida asegurándonos de que son autosuficientes y pueden sostenerse a ellas y a sus hijos".[7]

Conclusiones

En este contexto, los procesos de individualización (Bourdieu 2000, Elias 1999) no son independientes de las decisiones de política pública y, aun cuando el trabajo no remunerado doméstico y de cuidados genera grandes costos para la equidad en el desarrollo económico, político y social, profundiza las desigualdades, genera conflictos para la conciliación del trabajo y la familia, y aumenta las probabilidades de que se ubique a las mujeres en la línea de la pobreza o por debajo de ella; este trabajo sigue sin ser un tema prioritario en las agendas públicas y gubernamentales a nivel estatal y federal en México.

Visibilizar estas desigualdades por género en las familias y en los entornos laborales implica un desafío para nuestro propio entendimiento, pero es una tarea necesaria para contribuir a la transformación de las relaciones sociales y eventualmente eliminar la brecha de la desigualdad por género. La conciliación del trabajo y de la familia es un tema político crucial si el objetivo es reducir la desigualdad entre hombres y mujeres en todos los ámbitos de la vida en sociedad, lo que implica una profunda transformación en la distribución del trabajo no remunerado y de la provisión de servicios públicos que aligeren la carga de los cuidados de las personas dependientes.

Las culturas son dinámicas y por tanto dignas de desafíos y transformaciones, entre los cuales se encuentra la actualización de los marcos legales vigentes con respecto a la nueva organización del trabajo, toda vez que las leyes sobre no discriminación sexual, los derechos a la seguridad social, la cobertura por enfermedad o baja por maternidad pueden resultar irrelevantes si no existen mecanismos para implementarlas y para asegurar su cumplimiento. El desarrollo humano de toda persona requiere del cuidado de la vida; por lo tanto, los Estados están obligados a responder a las nuevas dinámicas familiares, en su orden doméstico y de cuidados, así como a la transformación del trabajo con el fin de garantizar la

---

[7] Requena, Ana, 2019, "Nancy Fraser: 'El feminismo liberal ha fallado a la mayoría de mujeres'", *El diario*, España, 22 de marzo, recuperado de: https://www.eldiario.es/politica/Nancy-Fraser_0_880512834.html

manutención y el soporte del desarrollo de todas y cada una de las personas que integran una sociedad. No es suficiente con que formalmente todas las personas tengan los mismos derechos en tanto existan las desigualdades que obstaculizan el acceso y el pleno ejercicio de esos derechos.

Capítulo 7.
Desigualdad y democracia en México

Agustín Tapia Alba

Introducción

En el presente trabajo buscamos mostrar la relación entre la desigualdad socioeconómica en México y el acceso e interés de la población mexicana por la democracia representativa. Para tal efecto, inicialmente describimos las características principales de la creciente desigualdad en el país y analizamos cómo ella ha acentuado las diferencias entre la sociedad nacional. Después, mediante una perspectiva histórica estudiamos cuál ha sido la evolución de la democracia electoral.

En las siguientes líneas, argumentamos que México se encuentra en un proceso de transformación democrática que, sin embargo, corre importantes riesgos debido al aumento de la desigualdad. La experiencia de otros países sugiere que existen consecuencias negativas para la consolidación democrática en contextos de desigualdad. Esto resulta particularmente relevante en el caso mexicano pues la distancia entre ricos y pobres va en aumento, según fuentes que citamos aquí mismo más adelante. En este texto, también, destacamos el recorrido histórico que ha tenido la democracia representativa o electoral en el país, comenzando por el México posrevolucionario hasta la última administración encabezada por el priísta Enrique Peña Nieto. A la luz de este recorrido se concluye que las circunstancias políticas y económicas sugieren una evolución errática de la vida democrática, por lo que corresponderá a la sociedad en su conjunto, a través de sus instituciones, consolidarla.

1. La desigualdad socioeconómica en México

La desigualdad, identificada como uno de los problemas más importantes en el ámbito económico a nivel mundial, tiene diversas repercusiones o consecuencias en los ámbitos económico, político y social, por lo que es posible inferir que puede influir en los sistemas políticos y los mecanismos de representación popular, sobre todo en aquellos lugares donde los indicadores muestren mayor desigualdad. El objetivo del presente trabajo es analizar la influencia de la desigualdad en el funcionamiento de la democracia mexicana. Inicialmente pretendemos dar respuesta a la siguiente pregunta: ¿De qué forma afecta la desigualdad a la vida democrática del país? Para tal efecto, es recomendable desarrollar la discusión a partir de algunas manifestaciones de la desigualdad en el sistema político mexicano.

Si la desigualdad socio-económica se concibe como el resultado *injusto* de la interacción de los diversos actores económicos en las actividades relacionadas con la búsqueda de obtener beneficios, entonces se puede afirmar lo siguiente: si estos actores son diversos y cuentan con capacidades distintas, es posible suponer que los resultados que cada uno obtenga sean distintos o *no iguales*, lo anterior debido a múltiples razones. Es decir, si cada empresario o trabajador tiene capacidades o habilidades diversas, se esfuerza de forma distinta y usa dichas habilidades de forma diversa, es de esperar que los resultados de cada uno de ellos sean diversos. La economía de mercado implica o *busca* que los agentes económicos obtengan una recompensa proporcional al esfuerzo y habilidades que estén dispuestos a emplear, con el objetivo de obtener beneficios económicos. Más aún, teóricamente en una economía de mercado las actividades económicas de dichos agentes tendrían que realizarse con el menor grado de interferencia gubernamental para reducir el riesgo de distorsión de los propios mercados. De esa forma, se suele argumentar que esa distorsión opaca la interacción económica entre los actores y puede provocar que los resultados de ésta sean *desiguales*.

Aunque es posible sostener que la desigualdad es resultado de la distorsión de los mercados, también es conveniente señalar que dicha distorsión no es causada de forma exclusiva por la intervención gubernamental, sino también por la inexistente, ineficiente o insuficiente actuación o intervención del Estado en las relaciones económicas. Es decir, el gobierno puede y debe intervenir de forma eficiente y suficiente en la economía para reducir las distorsiones y sus efectos en los actores económicos. En la literatura académica se establecen varias razones que justifican la intervención del Estado en la economía. En primer lugar, el Estado debe actuar para resolver *graves* desequilibrios de oferta y demanda de un bien o servicio; posteriormente, ante la formación de monopolios públicos para la explotación de un bien o servicio de interés público; y, por último, debe sustituir a la iniciativa privada en aquellas áreas, o actividades, en las que a ésta no le interese invertir y que, por razones sociales, sea conveniente hacerlo.

De acuerdo con lo señalado en el párrafo anterior, un Estado democrático, aquel que representa a una sociedad, no debe ni puede permanecer ajeno a la actividad económica que se desarrolla en su territorio. De igual forma, hay que señalar que, en concordancia con lo aquí establecido, si se trata de un régimen democrático la representación del Estado, y su intervención en materia económica, debe hacerse sobre la base del interés público; es decir, que toda decisión que tome el gobierno deberá estar orientada hacia dicho interés, aun cuando esto implique perjudicar los intereses económicos de una minoría. De ello se concluye que el Estado tiene un importante papel en el combate a los efectos negativos de la desigualdad en la sociedad.

Ahora bien, según la Organización para la Cooperación y el Desarrollo Económicos (OCDE), la desigualdad económica es la diferencia en la manera como se distribuyen los activos, el bienestar o los ingresos entre la población (OCDE, 2015). Asimismo, es conveniente señalar que el concepto de desigualdad no es indicativo o sinónimo de pobreza. Al hablar de desigualdad se hace referencia a la variación de los estándares de vida de la población, independientemente de si dicha población está o no en pobreza.

La relevancia de evitar la confusión de los mencionados términos (desigualdad y pobreza), radica en el siguiente hecho: toda economía de mercado, no importando si es una desarrollada o en desarrollo, cuenta con al menos tres segmentos, estratos o clases socioeconómicas: alta, media y baja —aunque una investigación reciente llevada a cabo en el Reino Unido propone hasta siete. Adicionalmente, es menester citar que la distribución de los integrantes de una sociedad en las mencionadas clases sociales es uno de los elementos más distintivos que permiten diferenciar las condiciones de desarrollo entre las diversas economías de mercado. La distribución de la mayor parte de los individuos de una sociedad en el segmento de clase media permite considerar a la misma como desarrollada, mientras que los países en los que el segmento dominante de la población se encuentre en pobreza se consideran en desarrollo. En México, de acuerdo con el INEGI, la población se distribuye como sigue: 1.7% Clase Alta, 39.16% Clase Media y 59.13% Clase Baja.

Con los datos anteriores podemos advertir que la diferente capacidad adquisitiva —o poder de compra— de los diversos segmentos socioeconómicos en México tiene un impacto en diversas áreas que van desde las decisiones de consumo, hasta las relaciones socioculturales y las políticas. Lo anterior puede ser resultado de que los distintos grupos sociales en el país viven realidades diferentes y niveles disímbolos de ingresos, situación que puede intensificarse en tanto crezca la desigualdad en el país. Como afirmamos más arriba, la desigualdad es la creciente diferencia de ingresos entre los diversos sectores de una sociedad. Es decir, los deciles superiores aumentan su nivel de concentración de ingreso con relación a la riqueza producida en un país. De esa forma, conforme pasa el tiempo el margen entre la clase alta y baja se extiende, generando diversos efectos en dicha sociedad. Es de suponer que, por lo señalado anteriormente, la desigualdad es un fenómeno que se opone a la cohesión social y puede generar reacciones diversas entre los diferentes grupos sociales.

En la Tabla 1 mostramos el ingreso trimestral de los deciles en los que se integra la sociedad mexicana de acuerdo con la Encuesta Nacional de Ingreso y Gasto de los Hogares (véase Tabla 1 al final de este capítulo). Esta tabla permite ilustrar la diferencia existente entre los hogares con los menores ingresos (primeros deciles) mensuales en contraste con los de mayores ingresos, ubicados en los últimos deciles. Proporcionalmente hablando, el ingreso familiar más alto en México equivale veinte veces al ingreso del decil más bajo. Ese margen permite suponer que la forma de enfrentar los retos que representa la manutención de las familias en el país es muy diversa. Además, si consideramos que esas diferencias pueden incluir factores tales como el nivel educativo y el entorno sociocultural, las realidades que enfrentan los diversos deciles de la sociedad mexicana son muy diversos.

La desigualdad es el factor de distorsión, e incluso destructor, más importante en los ámbitos económico, político y social de una sociedad. Esto debido a que, al aumentar la brecha entre ricos y pobres, los primeros creen que su creciente riqueza es producto de su esfuerzo e inteligencia, mientras los segundos no se explican por qué su nivel de vida se deteriora a pesar de sus intenciones de obtener mejores niveles de vida producto de su trabajo. Esto es, la desigualdad parece darles una recompensa *excesiva* a los sectores más beneficiados de la sociedad; mientras que la misma es la causa de que los grupos de menores ingresos vean que su situación económica no mejora, por más que lo intenten.

Abundando en lo señalado en el párrafo anterior, podemos afirmar que la desigualdad no sólo distorsiona las relaciones económicas en una sociedad, sino que también atenta contra las relaciones al interior de ésta. La distorsión creada por la desigualdad puede generar diversas realidades, que son vistas con una óptica distinta por los integrantes de una sociedad desigual. Los sectores más privilegiados *creen* merecer la creciente recompensa que ellos reciben, mientras que la pobreza del otro sector de la población es explicada, por las élites, por el nulo o *insuficiente* esfuerzo que hacen por mejorar sus condiciones de vida. Lo anterior es conocido como pobreza estructural. En contraste, los sectores empobrecidos de una sociedad carecen de explicaciones creíbles que fundamenten la situación económica en la que se encuentran. En el más puro sentido huxleyano las élites, con los mecanismos que manejan, justifican y explican la creciente desigualdad socio-económica como resultado de argumentos deterministas.

Ejemplo de lo anterior son las investigaciones de los británicos Richard Lynn y Tatu Vanhanen, quienes señalan que el Coeficiente Intelectual (CI) de los habitantes de hasta 113 países pueden determinar las condiciones de vida en ellos. Es decir, entre mayores son los puntajes, mejores son los indicadores de vida en los mismos. Los mencionados investigadores señalan, como principal explicación, que el CI de un grupo social está determinado por el tipo de alimentación de éste y, en menor medida, por el nivel educativo del mismo. Sin embargo, este argumento —junto con otras fallas de sus investigaciones como usar distintos parámetros e implicar conclusiones sin el debido soporte documental— indica una obviedad más que un hallazgo relevante. El desarrollo de un individuo, en este caso su CI, puede verse influido por el tipo de alimentos que consume. En consecuencia, si el tipo de alimentación de un individuo está ligado al nivel de ingresos que tiene, es muy probable que un mayor, y *mejor*, acceso a los mismos pueda ayudar a mejorar sus condiciones de desarrollo.

Lo anterior nos recuerda el efecto que actualmente tiene, en la salud de los bebés, el consumo de ácido fólico por parte de sus madres y la diferencia que eso representó en comparación con la situación previa. Es decir, las condiciones de vida del ser humano mejoran cuando éste tiene acceso a mejores satisfactores y no al revés. Las personas somos más inteligentes, mejor preparadas y más productivas cuando el medioambiente en el que nos desenvolvemos nos da mejores oportunidades para comer, estudiar, leer, viajar, trabajar y decidir mejor; no lo opuesto.

La desigualdad, como puede suponerse, va en contra del interés público. Los grupos más beneficiados, en términos económicos y sociales, se han encargado de desarrollar explicaciones *ad hoc* de la misma de acuerdo con sus intereses. Dichas explicaciones (el destino, la suerte, la pertenencia a un grupo social e, incluso, las creencias religiosas) han creado una separación social que aumenta en la misma forma en que los indicadores de desigualdad lo hacen. La desigualdad persiste, y crece, debido al aumento de beneficios de aquellos que quieren explicar la (o su propia) realidad a aquellos sectores más desfavorecidos. Como se verá, esas explicaciones también involucran la vida democrática del país. La magnitud de la diferencia de ingresos en la sociedad mexicana puede explicarse con la Gráfica 1 basada en los datos de la Encuesta Nacional de Ingresos y Gastos de los Hogares 2016 (véase Gráfica 1 al final de este capítulo).

De acuerdo con la encuesta señalada se pueden concluir dos puntos importantes: en primer lugar, que el 30% de los hogares mexicanos (deciles VIII, IX y X) concentra el 63% del ingreso nacional; en segundo lugar, que una proporción igual (30%) de los hogares en México reciben sólo el 9% del ingreso del país —esto corresponde a los deciles I, II y III. La proporción del ingreso por parte de los tres últimos deciles de la sociedad mexicana obtiene siete veces más ingresos que los tres primeros (63%/9%). Sin embargo, dicha proporción se amplía hasta casi 41 veces si se compara el límite inferior del primer decil (1.70%), contra el límite superior del último decil (41.03%).

Thomas Piketty señala que la desigualdad ha ido en ascenso en los países altamente desarrollados desde la consolidación del capitalismo a fines del siglo XIX. De hecho, él propone que la desigualdad crece de forma dispar, es decir, mediante una fórmula sencilla, $r>g;$ donde r es la tasa de rendimiento del capital o riqueza, mientras que g equivale al crecimiento económico. Lo anterior significa que, como preveía o *temía* Marx, "a lo largo del tiempo, la renta que se obtiene a partir del capital —fábricas, negocios, propiedades que rinden en promedio un 5% anual— tenderá a ser mayor a la que se obtiene a través del trabajo. Esto, invariablemente, llevará a una desigualdad cada vez mayor entre ricos y pobres".

Derivado de lo anterior, Joseph Stiglitz —entre otros autores—, denomina a la economía basada en la obtención de beneficios por la tasa de rendimiento de capital como economía *rentista*. De esa forma, ese tipo de beneficios cuenta con una curiosa propiedad: la acumulación de capital parece no tener límite a diferencia de la acumulación de bienes. La economía rentista está destinada a aumentar el margen de beneficios para los sectores con mayores ingresos a costa de un menor crecimiento de la economía —*real* la llamaba Marx—, productora de bienes y servicios y que demandan de forma intensiva el factor trabajo.

La creciente desigualdad desmiente a la Teoría del Goteo propuesta por Simon Kuznets y que sostiene que, a medida que crece la economía, la desigualdad tiende a reducirse debido a que los sectores más acaudalados de una sociedad permitirán que parte de sus ingresos *escurra* a los demás sectores sociales. Es decir, esta teoría —que en México ha sido defendida por personajes como el expresidente Vicente Fox—, propone que en algún momento la riqueza de los más afortunados de la sociedad beneficiará a los demás.

El panorama de la desigualdad de ingresos descrito anteriormente se amplía, como demuestra Stiglitz, en el caso de los Estados Unidos, al señalar que seis personas —los herederos de Sam Walton fundador de Wal-Mart—, tienen ingresos por 90 mil millones de dólares, monto que equivale a los ingresos del 30% de la población más pobre del país. Debido a eso, el autor parafrasea la cita de Abraham Lincoln sobre la debida naturaleza del Estado: "El gobierno del pueblo, por el pueblo y para el pueblo" y sostiene que los Estados Unidos son la sociedad del "Uno por ciento, por el uno por ciento y para el uno por ciento". También destaca lo dicho por Warren Buffet en el sentido de que en "en los últimos veinte años ha habido una lucha de clases y mi clase ha vencido" (Stiglitz, 2015: 287). El economista norteamericano considera el aumento de la desigualdad como el problema socioeconómico más importante en la actualidad. Además, considera que ese fenómeno tiene una tendencia creciente en los Estados Unidos. Para Stiglitz, anterior vicepresidente *senior* del Banco Mundial y Premio Nobel de Economía 2001, el simultáneo enriquecimiento de muy pocos y el empobrecimiento de muchos requiere una explicación que no ha sido debidamente desarrollada por la literatura económica existente.

Asimismo Hedrick Smith, autor de *Who Stole the American Dream?* señala que, aun antes de la crisis financiera de 2008, la economía estadounidense fue testigo de una transferencia de fondos (hasta 6 billones -en español- de dólares), provenientes de la clase media estadounidense hacia las clases altas del país como efecto del aumento de tasas de interés, beneficios fiscales e incluso corrupción, producto de los cambios en las leyes y el funcionamiento del mercado en ese país.

En varios aspectos —económicos, políticos, comerciales, tecnológicos y sociales—, los Estados Unidos son una referencia obvia para el caso mexicano. Y aunque en diversos indicadores México se encuentra en una posición muy lejana a ese país, en materia de desigualdad no tenemos rezago alguno si se comparan algunos datos. El coeficiente Gini es una muestra de lo anterior. Las cifras en México y Estados Unidos son 48 y 45, respectivamente, lo que los ubica como los países 24 y 39 más desiguales del mundo. Esto significa que México es uno de los países más desiguales del mundo y esa tendencia sigue creciendo de la misma forma en la que lo hacen las fortunas de los personajes más adinerados del país, como puede verse en el ranking Forbes sobre el aumento del número de personajes que obtuvieron ingresos personales superiores a los mil millones de dólares. Diecisiete personas, una más que hace dos años, poseen 132 mil millones de dólares, 9 mil millones menos que en 2017. Esta cifra representa casi 9% del PIB del país.

La movilidad social es un principio básico de la economía de mercado y de sociedades igualitarias y se puede definir como la capacidad que tiene un individuo, o grupos de ellos, para mejorar su condición socioeconómica producto del trabajo que desarrollan o de las adecuadas decisiones económicas que toman. Es decir, el éxito de las sociedades igualitarias, o las menos desiguales, radica en la mayor movilidad social que presentan. Dicho principio se ve seriamente afectado por la desigualdad, lo anterior debido a la mayor dificultad que los sectores de menores ingresos tienen para mejorar su situación, a pesar del esfuerzo que lleven a cabo. De acuerdo con el Centro de Estudios Espinosa Yglesias, "La baja movilidad social en México es un reflejo de la desigualdad en las oportunidades: de un contexto en el que el progreso de las personas depende más de la condición socio-económica de su hogar de origen que del esfuerzo y el mérito propios".

En un informe publicado por el mencionado centro de estudios, se advierte que la movilidad social en México es tan baja (80%)

que ocho de cada diez personas que nazcan en condiciones de pobreza seguirán en esa situación, no importando cuánto se esfuercen en superar su realidad. De la misma forma, los integrantes de la clase alta seguirán conservando sus beneficios económicos independientemente de las decisiones y el esfuerzo que decidan emplear para seguir ubicados en el segmento más privilegiado de la sociedad.

De acuerdo con los datos señalados en el caso mexicano, y considerando su impacto en la vida democrática del país, se vuelve central la siguiente pregunta: ¿De qué forma la concentración del ingreso en México condiciona el desarrollo de su vida democrática? Los intereses de los diecisiete hombres y mujeres más ricos de México pueden no ser los mismos que los del resto de la población nacional. Así, surge un cuestionamiento legítimo: ¿Cómo puede una sociedad democrática alcanzar sus objetivos en condiciones de desigualdad económica?

Es evidente que las sociedades modernas, de la misma forma que las antiguas, cuentan con diversos estratos o clases socioeconómicas, en especial tras la consolidación en los últimos doscientos cincuenta años del modelo de economía de mercado. Sin embargo, los crecientes niveles de desigualdad amenazan dicho modelo debido a que la desigualdad elimina el argumento del liberalismo económico en el sentido de que cada agente económico obtiene una recompensa proporcional al esfuerzo que dedica para producir riqueza a través de su trabajo o la inversión de capital que hace.

Piketty señala que no existen razones para pensar que la reducción de la desigualdad podrá llevarse a cabo mediante mecanismos pacíficos y contando, para ello, con el consenso de las clases privilegiadas. De hecho, su argumento principal contradice una frase de Kuznets acerca de los efectos del crecimiento económico: *"El crecimiento es una marea creciente que levanta todos los barcos"* con relación a los "Trente Glorieuses" y a una reducción de la desigualdad registrada en Francia. Además, no es aventurado señalar que la desigualdad económica es uno de los enemigos más peligrosos para la cohesión social. Por eso es inconveniente que haya sectores sociales que pretendan defenderla usando argumentos tales como la supuesta falta de educación o la pereza inherente de los sectores más pobres de la población, como lo muestra Ricardo Bernal más adelante en este mismo libro. La pobreza, cuando la desigualdad es creciente, es una resultante del acaparamiento de las mejores oportunidades laborales por un segmento reducido de la población. Por tanto, resulta plausible pensar que este segmento opondrá resistencia a cualquier cambio social que busque alterar el *status quo* que les ha beneficiado.

El crecimiento de la desigualdad ha generado reacciones, incluso por parte de aquellos que se han visto mayormente beneficiados en términos de distribución de riqueza como Warren Buffet, quien señaló: "La lucha de clases sigue existiendo, pero la mía va ganando". Más aún, el mismo Buffet insta a terminar con la cesión de privilegios a las clases altas de la sociedad debido a que los mismos han provocado que las clases media y baja, en los Estados Unidos, contribuyan con mayores cargas fiscales en relación con los ingresos que obtienen. Por último, es relevante considerar que el propio Buffet señala que él y otras personas de altos ingresos (él les llama *Mega Rich*) no se oponen a un mayor pago de impuestos en el entendido de que eso beneficiará al país y, por ende, a las clases media y baja. De hecho, demuestra que en el pasado mayores tasas fiscales produjeron más empleos y crecimiento económico en los Estados Unidos debido a mayores niveles de inversión; lo anterior en contraste con lo que ocurre actualmente, pues una reducción de impuestos a las personas más acaudalados no ha generado el aumento de la inversión que las autoridades de ese país esperaban.

2. La desigualdad, factor de erosión de la representación popular y democrática

Es en este punto donde podemos ubicar la importancia de la participación de un gobierno democrático que tenga como propósito reducir la desigualdad social. Un Estado moderno debe tener como prioridad la reducción de la desigualdad debido a que ésta es una de las amenazas más grandes para la sociedad. De hecho, la desigualdad rompe las estructuras sociales y amplía los conflictos entre la población. La democracia es por deducción uno de los factores de cohesión en un grupo social. Dicha cohesión es más fuerte en cuanto las diferencias son menores y existe un sentimiento de identidad nacional extendido y compartido por los habitantes de un país.

La falta de cohesión social, signo de una sociedad con altos niveles de desigualdad, afecta al sentido de pertenencia y orgullo nacional. La desigualdad genera además diversas realidades que son experimentadas por las distintas clases sociales en el país. La responsabilidad de un gobierno democrático, por tanto, es reducir la desigualdad y promover el acceso a mejores condiciones socioeconómicas que permitan al individuo cumplir con sus expectativas, tener acceso a mejores satisfactores de sus necesidades e intervenir en la vida pública mediante la elección de forma libre de las autoridades que los representarán y a través de otras formas de participación política.

Si bien es cierto que la democracia ha sido, desde una perspectiva teórica, parte fundamental de los discursos políticos desde el fin de la lucha independentista del país en 1821, la realidad parece indicar que ésta no aparece de lleno en el sistema político mexicano sino hasta ya bien entrado el siglo XX. La historia de irregularidades y fraudes en materia electoral parecen ser la muestra del irregular comportamiento de los regímenes democráticos en México. En esta parte del documento analizaremos el impacto que tiene la desigualdad en nuestra vida democrática. Intentaremos identificar si la creciente diferencia entre los segmentos de la población con mayores ingresos y los de menores ingresos repercute en el acceso y tipo de democracia con que contamos. Es decir, inicialmente podemos afirmar que el crecimiento de la desigualdad ha aumentado la desilusión de la sociedad con relación a las expectativas democráticas, especialmente cuando se toman en cuenta los deciles más pobres del país.

Es relevante señalar que la democracia —el gobierno del pueblo— es por antonomasia una construcción social basada en el principio de proporcionalidad, como en el caso de los sistemas de gobierno que pretenden representar a los diversos sectores sociales de acuerdo con la importancia o número que tienen. Es decir, siempre y cuando se garanticen los derechos fundamentales de todos sus miembros, un gobierno democrático debería representar, y defender, primero el interés de los grupos mayoritarios de la población y seguir en orden descendente con los demás estratos sociales.

La desigualdad, como se puede ver, altera el principio de proporcionalidad en las sociedades modernas. No importando si la democracia es representativa o participativa, las formas de gobierno que buscan denominarse democráticas parten del hecho de buscar la aceptación o aprobación de la mayoría de la población a través de mecanismos electorales como las elecciones o los referéndums, para poder acceder al poder. Por lo anterior, podemos inferir que un gobierno democrático lo es porque cuenta con el respaldo de la clase baja y media, principalmente, de una sociedad. En sociedades desiguales, en contraste, priman los intereses de las élites, incluyendo la élite política, sobre los del resto de la población. Es decir, en ellas los crecientes beneficios de un sector minoritario de la población pueden obtenerse a costa de la mayoría. Por lo anterior, podemos afirmar que las formas de gobierno opuestas a la democracia tienden a promover los factores que dan origen a la desigualdad económica. En ese sentido, la manera en la que se afrontan las desigualdades juega un papel crucial en la democracia.

Acemoglu y Robinson señalan que la democracia no es del agrado de las élites socioeconómicas debido a que esa forma de gobierno puede asociarse a la imposición de impuestos progresivos, a la igualación de derechos de las personas ante las leyes y a la equivalencia que tienen los votos de los individuos, sin importar su clase social, en la mayor parte de los sistemas democrático-electorales en el mundo. Ambos autores sostienen que, en las naciones más democráticas, las clases más pobres obtienen una mayor proporción del PIB en comparación con aquellas que no lo son. En ese sentido particular, la democracia es la forma de gobierno de las clases baja y media (sectores mayoritarios en cualquier sociedad moderna). Por lo mismo, es frecuente que en regímenes democráticos se promueva que los ricos paguen más impuestos y que sus privilegios se eliminen en sus respectivas relaciones con las instituciones socioeconómicas que dan operatividad al aparato gubernamental.

La concepción liberal de las democracias modernas plantea que los individuos, no importando su clase social, tengan iguales derechos y deberes ante la sociedad a la que pertenecen. El principio un individuo un voto, punto de partida de nuestro sistema electoral, entre otros, contempla que los cargos de elección popular serán ocupados por aquellos candidatos que hayan obtenido más sufragios en las elecciones. Si en México la mayor parte de la población es pobre, esta clase social determina en buena medida quiénes gobernarán al país.

Un componente fundamental de la democracia liberal es la premisa del interés público y ella supone que el Estado debe privilegiarlo en cada acto de gobierno. En consecuencia, el objetivo de las estructuras democráticas de poder tendería a favorecer la igualdad social. Los intereses de las minorías socioeconómicas, a diferencia de lo que ocurre en México y en países con altos niveles de desigualdad, no deben prevalecer sobre los de los demás, puesto que todos son considerados iguales ante la ley y las instituciones.

De acuerdo con lo señalado anteriormente, era natural esperar que la consolidación de la democracia se acompañara de mejores indicadores socioeconómicos en el país. La realidad, sin embargo, es notablemente distinta. Ya desde el 2007 la CEPAL advertía que Latinoamérica es la región más desigual del mundo, a pesar de que simultáneamente el desarrollo democrático ha alcanzado un importante grado de avance en la región. La misma comisión señalaba que la desigualdad no sólo se medía en virtud de las diferencias de ingreso entre los habitantes de la región, sino también en el acceso a diversos servicios públicos y privados, entre ellos educación, salud, telecomunicaciones y energía. Sin duda, ese acceso a satisfactores básicos, o la falta del mismo en algunos casos, tiene consecuencias en la conformación de diversos grupos sociales.

La constatación de las diferencias de acceso a los satisfactores de necesidades de distintos grupos sociales provoca una serie de preguntas: ¿esa desigualdad beneficia a algunos grupos sociales en comparación con los demás?, ¿la desigualdad socioeconómica supone desigualdades en la capacidad de incidencia en las decisiones públicas?, o, más claramente, ¿la vida democrática es acaparada por las élites socioeconómicas de las sociedades?

Como hemos destacado anteriormente, la desigualdad suele beneficiar a las élites de una sociedad. No es complicado suponer que los sectores sociales mayormente beneficiados busquen preservar el *status quo* que les ha otorgado mayores niveles de ingreso y el alcance de satisfactores de mejor calidad. Para tal efecto, es plausible que se organicen con el propósito de escoger o *elegir* representantes que defiendan mejor sus intereses. De forma tal que, como ocurre con los demás sectores sociales, en un modelo democrático representativo existirá una competencia para ocupar los cargos públicos que forman las estructuras de gobierno con el propósito de defender los intereses del grupo en el poder. Paul Krugman habla de una *electoral competition*, misma que consiste en una competencia que los diversos grupos de interés tienen en aras de influir en el diseño de las políticas públicas de un país. El ejemplo consignado por el autor es diáfano: Krugman muestra cómo en contextos de desigualdad las élites pueden tomar el control de las estructuras burocráticas con el fin de que éstas emitan políticas públicas que las privilegien, aun cuando esto vaya en contra de las mayorías, y, al mismo tiempo, pueden plantearlas como decisiones legítimas que son apoyadas por la mayoría de la población.

El diseño de la política comercial de un país es un caso evidente en el que la mayoría de la población termina por favorecer acciones que beneficiarán sólo a un grupo reducido de personas. Los productores de sectores industriales como automóviles, acero, productos electrónicos pero, sobre todo, la industria textil y la agrícola, son minorías con relación al conjunto de habitantes de un país. Sin embargo, esos productores buscan acceder a los órganos de decisión del Estado mediante cabilderos y entrevistas directas con representantes del gobierno, para convencerlos de que cobren aranceles a los productos competidores que provengan del exterior. Lo anterior con base en el argumento de proteger a la industria local en contra de la competencia que proviene del extranjero. El cobro de aranceles será pagado por los importadores, iniciales y finales, es decir aquellos que compran el producto a un proveedor en el extranjero y aquellos que terminan adquiriéndolo para su consumo. Es de suponer, entonces, que ellos son una mayoría en relación con los productores locales. Sin embargo, el arancel que pagan hace que los productos se encarezcan y que la diferencia de precio que pudieron tener, en un inicio, se elimine con respecto a los productos locales que son más caros y requieren de protección para no ser menos competitivos que aquellos que provienen del exterior.

Lo relevante del ejemplo anterior es que la población mayoritariamente acepta pagar más por los productos que adquiere, por efecto del arancel, con tal de proteger a un grupo pequeño de productores locales. Incluso en casos extremos, el boicot a productos provenientes del extranjero, *Make America Great Again* entre otros casos, provoca que los consumidores paguen precios sensiblemente mayores, estando conscientes de ello, protegiendo a productores locales menos competitivos. La clave que explica este fenómeno es la mayor cercanía con representantes del gobierno que tienen los productores con relación a la población general.

Lo anterior puede extrapolarse a otras áreas de la sociedad en diversos países y momentos. La mayor cercanía de los grupos minoritarios, con mayores recursos, les permite influir, directa e indirectamente según el caso, sobre los tomadores de decisión en las diversas instancias de gobierno para que éste desarrolle leyes y acciones que protejan sus intereses con costo para la mayoría de la población. De esta forma, entre mayores niveles de desigualdad existan en una sociedad, la divergencia entre los sectores de mayores y menores niveles de ingreso provocará que la distancia entre los objetivos de cada grupo social sea mayor.

Un factor relevante en esta parte de la discusión es la forma en la que las élites socioeconómicas legitiman las acciones que el Estado toma para favorecer sus intereses. Para tal efecto, es menester considerar si la influencia, o control, que éstas tienen sobre el gobierno y los medios de comunicación masiva se hace de forma directa o indirecta. En el caso estadounidense, esta discusión empieza a ganar relevancia debido a que se observa una tendencia creciente a legislar sobre asuntos —fiscales principalmente—, que terminan por favorecer a la clase alta.

Como podemos inferir, el caso mexicano no es muy distinto al estadounidense en este sentido. Es decir, hay antecedentes —el caso Fobaproa, el incremento al IVA y el conjunto de las llamadas reformas estructurales—, en los cuales los niveles de aprobación eran bajos en buena parte de la sociedad, pero contaron con el impulso y aprobación de los sectores, o grupos de interés, específicos que buscaron su aprobación. De la misma forma, ese grupo *fabrica* el discurso que ayuda a legitimar las acciones del Estado. El discurso sirve para comunicar a las mayorías la necesidad de las medidas y la importancia del costo de las mismas, ya que en el futuro se podrán comprobar las ventajas de su adopción.

La representación popular, que es la base de un régimen democrático liberal, tendría que fungir como el móvil principal del andamiaje del Estado y de las leyes que éste produce en beneficio de la mayoría de la población. En caso de que ocurra lo contrario se puede suponer que ese Estado ha sido cooptado por grupos de interés que actúan en beneficio de sus intereses. En este punto se nos presenta de forma clara cómo un aumento de la desigualdad influye en la evolución democrática de la sociedad. La *sustitución* de la democracia por la plutocracia en las sociedades modernas no favorece a los grupos mayoritarios, es decir, a las clases media y baja.

3. Desigualdad y democracia en México
Por razones de espacio, y en congruencia con el objetivo del presente trabajo, para analizar el impacto de la desigualdad en la democracia mexicana creemos conveniente trasladarnos al

momento de creación del Partido Nacional Revolucionario (PNR) en 1929 y sus efectos en la conformación de un sistema político que buscaría terminar con el conflicto iniciado en 1910 para sentar las bases de un pacto que permitiría *civilizar* la transferencia del poder desde un grupo de las élites político-económicas a otro. Así, tomando como base lo estipulado en la Constitución de 1917 se creó un complejo sistema de instituciones que incluirían estructuras burocráticas de gobierno, una aparente división de poderes y la simulación de la vía electoral que pretendía convencer a la población que su voto decidiría al jefe de dicho entramado.

En sus inicios, el PNR fue un conjunto de partidos políticos regionales y nacionales subordinados. La fusión de esos partidos se dio en 1933 con el fin de designar al candidato presidencial para las elecciones del siguiente año, a la sazón Lázaro Cárdenas. La presidencia de Cárdenas tuvo el mérito de agrupar a los diversos sectores de la sociedad mexicana, carencia que el PNR sufriría más tarde, mediante la creación de instituciones, de distintos tipos, que buscaban resolver necesidades diversas y crecientes de la población. Sin embargo, el cardenismo hubo de enfrentar la oposición de Calles, quien contaba con importantes apoyos al interior del partido. La derrota definitiva de este último, el 10 de abril de 1936, permitió consolidar el poder presidencial y que el partido aprendiera una lección valiosa: la necesidad de que ese instituto político realmente representara a los diversos grupos sociales en el país.

En contraste, el principal partido de oposición por décadas en México, el Partido Acción Nacional (PAN), se caracterizaba por una constante disputa ideológica entre sus fundadores, pero principalmente por representar a un segmento de la sociedad mexicana que, por su número y características (clase media católica y conservadora), tenía pocas oportunidades de ser representativo de la sociedad mexicana y, por consiguiente, de alcanzar la presidencia de México. Inclusive, se entiende la formación de ese partido como una visible oposición a las políticas estatistas y *populares* del presidente Cárdenas.

La notable habilidad del PRI para conservar la presidencia del país y aumentar el poder que tuvo, desde los años treinta hasta los noventa, es muestra de lo que denominaremos "Maquinaria de Simulación Democrática" (MSD), misma que mostró ser tanto o más eficaz que un sistema dictatorial. Las reglas del juego democrático en México provocaron que Mario Vargas Llosa, principalmente, catalogara a nuestro sistema político de *dictadura perfecta*. En el ámbito económico, Stiglitz señaló que el país practicaba un *capitalismo de cuates*.

La MSD no sólo controlaba al sistema político sino que, de forma más relevante, estableció relaciones mutuamente convenientes con cualquier actor de importancia socioeconómica en el país, entre ellos los empresarios, el clero, las fuerzas armadas, sindicatos públicos y privados, medios de comunicación, organizaciones obreras y campesinas, incluso entre grupos tan diversos como el de la intelectualidad y los deportistas. La mencionada conveniencia funcionaba por medio del uso discrecional de los fondos públicos y el creciente fomento de la corrupción institucionalizada. Es relevante señalar que el periodo de esplendor de la MSD en el control del poder en México (décadas de los cuarenta hasta principios de los setenta, conocido como el "milagro mexicano"), coincide con la aplicación de políticas *keynesianistas* y el Modelo de Sustitución de Importaciones (MSI). Lo anterior dio como resultado que el país registrara las mayores tasas en promedio de crecimiento del PIB. Estos logros provocaron una mayor concentración del poder político en el mismo grupo, la MSD, a cambio de un mejoramiento de las condiciones de vida de la población en general.

Lo señalado en el párrafo anterior nos da una lección fundamental con respecto al estudio de la relación entre desigualdad y democracia. Ésta planteaba, según la visión liberal, que a mayor acceso tengan los habitantes de un país a los mecanismos democráticos y de elecciones libres, de la misma forma mejora la situación económica de éstos. Sin embargo, la realidad nos presenta diversos casos donde ocurre lo contrario. En México, según el informe Latinobarómetro, sólo el 11% de la población se encuentra satisfecho con los resultados de la democracia en el país. Es decir, si un grupo quiere conservar el poder y reducir la oposición que debe enfrentar, es menester que el mismo ofrezca mejoras significativas y *reales* que sean experimentadas por la mayoría de la población.

El estricto control político y social ejercido por las élites mexicanas, la MSD, produjo o prosperó con el aletargamiento de la sociedad mexicana, especialmente, durante el periodo de mayor crecimiento económico en el país. Sin embargo, a principios de los años ochenta el entorno internacional (con la caída de los precios del petróleo, siendo la mexicana una economía petrolizada, y el alza de las tasas de interés), provocaría el colapso de las finanzas públicas de México. En un intento por resolver la situación, el Fondo Monetario Internacional (FMI) habría de ofrecer un rescate financiero con la variante, respecto de los préstamos otorgados previamente al gobierno mexicano, de requerir un plan que garantizara el pago de dicho rescate. El mencionado plan de pagos, conocido como Consenso de Washington, contemplaba la necesidad del gobierno mexicano de reducir el tamaño de su gasto, un aumento en la recaudación y la menor intervención de éste en la economía. Asimismo, México debería impulsar su comercio mediante la apertura de su mercado al exterior, terminar con el MSI, aumentar las exportaciones de manufacturas e implantar una serie de cambios en los sectores económicos, tecnológicos y gubernamentales que buscaban *conectar* al país con el mundo tras décadas de aislamiento.

Los cambios experimentados por la sociedad mexicana, principalmente en el ámbito económico y en algunos casos para mal, provocan que la población comience a desconfiar de las élites locales y los medios de comunicación que describían una realidad que buena parte de los mexicanos no *vivía*. Podemos considerar la segunda mitad de esta década como el punto primigenio en el cual la sociedad mexicana buscó tener mayor acceso a formas de participación electoral menos sujetas al control del PRI, y por ende del gobierno. Mención especial merece el caso de la elección presidencial de 1988.

En efecto, 1988 representó el punto de quiebre para la MSD y la sociedad mexicana, ya que la oposición política y social de la época, aún considerada por las élites como marginal y desorganizada, vio en Cuauhtémoc Cárdenas y los partidos políticos que formaban el Frente Cardenista que él encabezaba, una alternativa real de cambio ante el empeoramiento de las condiciones de vida sufridas por la mayoría de la población, producto de las políticas y reformas llevadas a cabo, a raíz de la crisis de 1982, por la administración de Miguel de la Madrid. Dicho empeoramiento contrastaba con la versión idílica de la realidad presentada por los medios de comunicación mexicanos y el aislamiento del país en relación con el resto del mundo.

El rechazo popular al régimen priísta fue tal que el tradicional *dedazo* comenzó a ser insuficiente para perpetuar el poder. Esta práctica convertía las elecciones presidenciales en México en mero trámite para llevar al poder al candidato designado por el Presidente en funciones, quien, con el objetivo de ganar la elección, podía utilizar, en caso de ser necesario, una colección de prácticas tramposas como la compra *abierta* de votos, el *carrusel*, el *ratón loco*, las urnas *embarazadas* y el control del órgano electoral por una dependencia de la Secretaría de Gobernación. A lo anterior debe sumarse la cobertura favorable que daban los medios de comunicación al candidato oficialista en su campaña electoral, en comparación con los candidatos opositores.

Con todo esto en contra, Cárdenas encabezó una campaña electoral que consiguió el apoyo de sectores sociales que el PRI consideraba tener bajo su control, tales como centrales obreras y campesinas, estudiantes, burócratas, intelectuales e, incluso, sindicatos como el petrolero. Lo ocurrido en 1988 (y la reacción del régimen, la caída del sistema, el fraude electoral y la cooptación de la dirigencia panista ante la victoria de la oposición, según la sociedad mexicana e internacional, por la candidatura de Carlos Salinas), forzó al PRI a *ceder*, un año después, la gubernatura de Baja California al panista Ernesto Ruffo, primera elección estatal que el PRI perdía en su historia —producto de lo que algunos sectores consideraron como un pago de favores del gobierno salinista al panismo por su apoyo en la elección del anterior, fenómeno denominado como las *concertacesiones*.

Existen diversos trabajos que profundizan en las repercusiones del fraude al cardenismo y las políticas represoras del salinismo hacia la oposición, mismos que deben ser consultados para tener una mejor idea de la importancia de ese periodo en la historia de México. Sin embargo, el fraude electoral de 1988 serviría para demostrar que el régimen tendría que pagar mayores costos, transferencias de recursos, para comprar la lealtad de aquellos actores políticos y sociales cuyo apoyo quisiera conseguir. Es decir, ya no será suficiente el uso de la fuerza del Estado, la policía y fuerzas armadas, para convencer a empresarios, medios de comunicación, líderes sociales, campesinos y obreros para que apoyaran a la MSD. Ahora habría que pagar, cada vez más debido al crecimiento de la oposición, por los servicios de esos liderazgos en favor del gobierno.

La controversia relacionada con la llegada al poder de Carlos Salinas se reprodujo al término de su sexenio, luego de un intermedio en el que el salinismo controló totalmente los mecanismos del poder en México que duró hasta el inicio del TLCAN. No obstante, la aparición del Ejército Zapatista de Liberación Nacional, la designación de su sucesor, Luis Donaldo Colosio, y el empeoramiento de las condiciones económicas en el país cambiaron las cosas. El sistema político y económico mexicano entró en una crisis sin retorno. Los señalamientos y críticas al manejo de la situación económica entre la presidencia saliente y la entrante, encabezada por Ernesto Zedillo, fueron un hecho inédito en el México post-revolucionario que daba cuenta de su agotamiento.

La presidencia de Zedillo rompió con el salinismo. Muestra de ello fue el encarcelamiento de Raúl Salinas, hermano de Carlos, posteriormente liberado bajo la presidencia de Fox, e implicado en el asesinato de otro priista célebre en esa época —José Francisco Ruiz Massieu. El sexenio zedillista además vio el comienzo de la flexibilización de los mecanismos de autocensura en los medios de comunicación, además de constatar más triunfos para los partidos de oposición en elecciones al congreso federal y en varias elecciones estatales. Nuevamente se repite el fenómeno en México: cuanto mayor es el deterioro de las condiciones económicas, mayor fuerza tendrán los reclamos populares, mismos que más adelante serán explotados por los partidos de la oposición.

Durante el periodo zedillista, México continuó con las reformas recomendadas por los organismos internacionales en materia de liberalización de mercado, apertura comercial y búsqueda de mayores flujos de inversión extranjera directa (el Consenso de Washington). Sin embargo, algo faltaba para dar crédito (en opinión de algunos sectores sociales en el país y analistas en el extranjero) al cúmulo de transformaciones que experimentaba el país: la transición en la presidencia. Síntoma de ello era el hecho de que en el segundo rescate financiero otorgado al país y en las negociaciones del acuerdo comercial con la Unión Europea se incluía la llamada Cláusula Democrática.

La mencionada cláusula demandaba que México cumpliera con garantizar el respeto a los derechos humanos y que el Estado mexicano se comprometiera a realizar una reforma electoral que, eventualmente, condujera a una transición o cambio en el partido en el poder sin que eso significara que el país revirtiera las reformas implementadas por las administraciones priístas. Precisamente en este contexto, las élites políticas mexicanas acordaron el relevo de la presidencia en apariencia, pero sin modificar sensiblemente los elementos constitutivos del presidencialismo nacional.

Para llevar a cabo esa transición pactada eran necesarias dos cosas: el PRI debía presentar a un candidato *débil*, mientras que el PAN proponía lo opuesto. Es difícil encontrar dos personalidades más contrastantes en el caso de candidatos a la presidencia de un país que lo ocurrido en la elección del año 2000. Francisco Labastida, un tecnócrata que había sido Director de Pemex y Secretario de Energía, carecía de empatía y no contaba con el apoyo popular. Vicente Fox, en cambio, antiguo empresario y Director Regional de Coca-Cola, había incursionado en la política, siendo electo Diputado en Guanajuato y luego Gobernador del mismo estado. Él representaba la imagen del político franco, directo y cercano al pueblo gracias a su imagen de *ranchero*.

Fox prometió cambiar la situación económica y política de México. Incluso ofreció desaparecer el régimen priísta que había gobernado desde los años treinta. Lo anterior convenció a importantes sectores de nuestra sociedad. Las mencionadas promesas le permitieron ganar la elección presidencial generando optimismo y, en algunos casos, la percepción de la sociedad en el país de que por fin su voto fue decisivo y que la voluntad popular podría definir el rumbo que seguiría México. El panorama favorable en el país, mismo que era compartido por gobiernos extranjeros y organismos internacionales, representó un gran bono democrático que tiempo después las acciones y omisiones de la primera presidencia panista en la historia del país, se encargaría de dilapidar. Especialmente nociva para la democracia mexicana fue su participación en la elección presidencial en 2006 marcada por la sospecha de un fraude cometido por el gobierno y las autoridades electorales.

La intervención de Fox en las elecciones del 2006 se caracterizó por intentar bloquear la candidatura del entonces Jefe de Gobierno del Distrito Federal, Andrés Manuel López Obrador, mediante un proceso de desafuero; táctica poco eficaz y repudiada por buena parte de la sociedad mexicana. Posteriormente, el foxismo hubo de volcar los recursos del Estado, entre ellos aliarse con el órgano electoral —Instituto Federal Electoral (IFE)— en favor de la candidatura de Felipe Calderón, quien asumió la presidencia de México después de una elección señalada por ser fraudulenta. El mismo Calderón buscaba evitar el recuento total de votos, solicitado por López Obrador como forma de resolver la controversia electoral.

El IFE ordenó un recuento de votos en 9% de las 130 mil casillas electorales, de acuerdo con los criterios procedimentales. López Obrador, como se indicó, pedía el "Voto por voto, casilla por casilla"; el PAN buscó evitar la apertura de las urnas, pero desperdició una oportunidad inmejorable para ganar la legitimidad que marcó, permanentemente, la presidencia de Calderón como espuria. Esa elección dañó también la credibilidad del IFE, situación no menor cuando se consideraba que ese organismo había actuado de forma ejemplar en la elección previa. La democracia mexicana, en pleno desarrollo, recibió un duro golpe que no se revirtió ni con la reforma electoral de 2007, misma que incluía la posibilidad del recuento total de votos en caso de que la diferencia entre candidatos fuera menor al uno por ciento. La diferencia entre Calderón y López Obrador fue del 0.56 por ciento.

La administración encabezada por Calderón mostró ser una regresión democrática en el país. En busca de obtener la legitimidad que las urnas le negaron, el PAN en el poder destinó sumas, entonces récord, de recursos públicos a los medios de comunicación. En la última fase de su sexenio, el gobierno gastó 6 mil 860 millones de pesos, lo cual parece revivir la trágica frase de López Portillo de "no pago para que me peguen" que buscaba silenciar las críticas a un presidente cuestionado y a una administración que incumplía compromisos ofrecidos en la campaña electoral.

Es conveniente señalar que las transferencias de fondos públicos se hicieron no sólo a los medios de comunicación. Los gobiernos estatales disfrutaron de recursos adicionales provenientes de los excedentes petroleros de la época, con el objetivo de comprar la voluntad de los gobernadores de los estados con relación al Ejecutivo Federal. Sin embargo, la fallida estrategia en materia de seguridad pública, los efectos de la crisis financiera en los Estados Unidos (2009) y la corrupción practicada durante esa administración, causaron el rechazo de la población a la candidata del PAN a la presidencia en 2012, quien se ubicó en tercer lugar en la elección. Calderón y los resultados de su sexenio permitieron algo que los mexicanos creyeron muy difícil que ocurriera sólo doce años antes: el regreso del PRI a la presidencia, mediante la vía electoral.

Enrique Peña Nieto usó los mismos recursos y llevó a cabo las mismas prácticas corruptas que caracterizaron a la MSD. El mexicano promedio, considerando que su situación no era mejor que en el pasado, calificaría al panista y al priísta con niveles de aprobación históricamente bajos, de 37% y 20%, respectivamente. Para ellos, el "Sale caro hacer un buen gobierno, por lo que sale más barato comprar a los medios" (Ruelas Serna, 2013: 41), tenía mucho sentido.

Este breve recorrido nos permite sugerir que, siguiendo la hipótesis principal de este trabajo, en tanto se prioriza el poder de las élites sobre el de las mayorías la desigualdad económica se opone al desarrollo democrático de un país. México es uno de los países más desiguales del mundo, por tanto, la vida democrática se ve seriamente afectada por la creciente diferencia de ingresos, y posibilidades, que tienen los diversos sectores socioeconómicos de esta nación. Al ampliarse esos márgenes, los objetivos y aspiraciones de cada grupo social se van distanciando y cada uno, al crecer la desigualdad, reproduce visiones divergentes sobre los efectos y beneficios de pertenecer a una sociedad democrática.

El mayor acceso de la población a los mecanismos de la democracia representativa, sin embargo, implica una cuestión intrigante en el país. La participación del electorado mexicano en elecciones de carácter federal presenta variaciones interesantes. De acuerdo con el IFE, entre los años 1991 y 2012 las elecciones presidenciales cuentan con una mayor participación promedio (9.2 puntos porcentuales), en comparación con las elecciones intermedias para la elección de los diputados a nivel federal. Lo anterior se puede interpretar en sentido de que para el electorado mexicano es más relevante la decisión de elegir a su presidente en comparación con su representante popular más *cercano*.

Este hecho parece ir en contra de lo que propone la "hipótesis de la decisión" que sostiene que los individuos tienen más incentivos de participar en una elección cuando su voto es más decisivo o cercano al resultado de una elección. Otro fenómeno digno de resaltar en el caso de las elecciones en México y cómo éstas pueden verse afectadas por la desigualdad en el país es que se compruebe la llamada "hipótesis del abandono", misma que sostiene el argumento de que a mayor cantidad de problemas económicos se perciban en la sociedad, menores serán los estímulos que tenga la sociedad para participar en los comicios del país. Lo anterior es notorio en el caso del nivel de participación en México, donde en la elección de 1994, poco antes de la crisis económica de diciembre del mismo año, se registró el porcentaje más alto de votación en una elección presidencial (76.1% del electorado), mientras que en los siguientes comicios el mismo indicador no ha pasado del 63%.

Es indudable que el acceso del ciudadano mexicano a la democracia, en su vía representativa, es mayor en el presente; sin embargo, esa ciudadanía no considera que su voto haya contribuido a mejorar sus condiciones económicas como el liberalismo económico sugería. La evolución de la desigualdad en el país parece desincentivar la participación de los votantes en la elección y, entonces, en la actualidad se discute sobre la utilidad o no del abstencionismo e incluso la anulación del voto. Asimismo, será conveniente analizar, en otro espacio, qué fórmulas de representación popular deben conservarse y cuáles serán objeto de una modificación importante de acuerdo con los resultados que las autoridades electas ofrezcan a la ciudadanía. Finalmente, hay que recordar que hay serias objeciones, muchas de ellas justificadas, hechas al régimen de partidos en el país. Y éstas seguro tienen, también, implicaciones en el interés que la ciudadanía pueda tener de participar en la democracia.

Gráficas, Tablas y Cuadros

Tabla 1. *Ingreso trimestral por deciles*

Deciles de Hogares	ENIGH 2016	LI/LS*
Nacional	46,521	44,353
		48,688
I	8,166	8,034
		8,299
II	14,206	14,043
		14.369
III	18,918	18,736
		19,100
IV	23,556	23,343
		23,768
V	28,812	28,556
		29,069
VI	34,837	34,525
		35,149
VII	42,431	42,025
		42,837
VIII	53,383	52,788
		53,979
IX	72,041	71,070
		73,011
X	168,855	149,046
		188,655

*Intervalo de Confianza del 90%. (LI) Límite Inferior, (LS) Límite Superior.
Fuente: INEGI, Encuesta Nacional de Ingresos y Gasto de los Hogares 2016

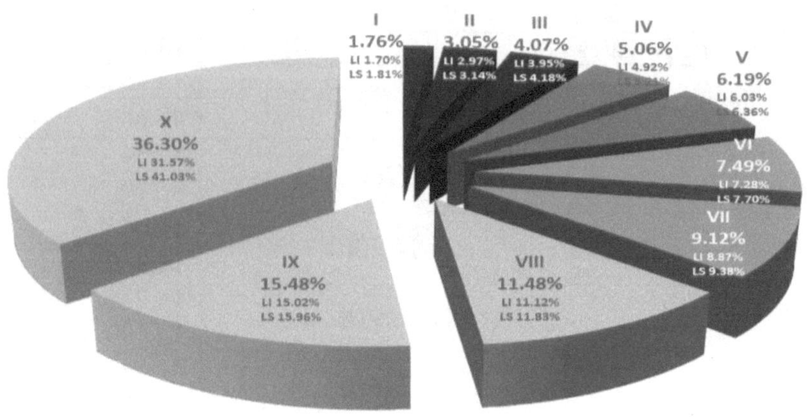

X 36.30%, LI 31.57% LS 41.03%
IX 15.48%, LI 15.02% LS 15.96%
VIII 11.48%, LI 11-12% LS 11.83%
VII 9.12%, LI 8.87 % LS 9.38%
VI 7.49 %, LI 7.28% LS 7.70%
V 6.19%, LI 6.03% LS 6.36%
IV 5.06%, LI 4.92% LS 5.21%
III 4.07%, LI 3.95% LS 4.18%
II 3.05%, LI 2.97% LS 3.14%
I 1.76%, LI 1.70% LS 1.81%
Fuente: INEGI, Encuesta Nacional de Ingresos y Gastos de los Hogares 2016

Capítulo 8.
Organizaciones de la sociedad civil, gobernanza e innovación democrática: ¿avances contra la desigualdad?

Cutberto Hernández Legorreta

Introducción

Urdir argumentos encaminados a aportar los elementos para un análisis de la desigualdad requiere ser imaginativos en el abordaje de los conceptos. Se demanda cierta frescura al momento de ofrecer una serie de propuestas para la interpretación de la problemática. Tal es el caso de la desigualdad como efecto de la "desmodernización" de las sociedades. Es necesario explorar la relación existente entre los conceptos sobre las organizaciones de la sociedad civil y su relación en cierto modo con las prácticas de la gobernanza, en ocasiones traducidas a manera de innovación democrática.

El ejercicio de la política entre sus actores reivindica el carácter ciudadano de la población en las sociedades actuales y le otorga la capacidad de participar políticamente. Desde la perspectiva de los agentes financieros internacionales —en sus formas de organismos financieros o entidades bancarias—, dicha participación queda resuelta desde el momento mismo en que se adoptan sistemas como la gobernanza, pues ello implica la atención y solución a las demandas sociales y políticas. La gobernanza implica administrar la política en nombre de un mejor gobierno, se separa a la población de la agenda que discuta su participación directa; por el contrario, resignifican la democracia desde y para la economía de mercado, a través de prácticas de innovación democrática.

Por su parte, la Organización de la Sociedad Civil (OSC) en términos de la gobernanza se entiende en su forma de organizaciones no gubernamentales (ONG). Implica ser incorporada en la dinámica de la administración del quehacer político en una aparente horizontalidad donde accionan sus mecanismos por igual gobierno, empresas y sociedad civil. Este esquema de participación busca justificarla desde la democracia liberal, al crear mecanismos e institucionalizarla. Legitima la nueva relación y la incorpora al concepto de "innovación democrática" apoyada en el desarrollo tecnológico del "gobierno digital", y en la incorporación del empresariado bajo la figura (en ocasiones) de "órganos reguladores" al pretender desde la innovación dar la idea de sociedades cada vez más consolidadas en las prácticas democráticas. En este esquema cualquier demanda formulada desde el espacio público rápidamente pierde legitimidad. Queda de manifiesto la nueva realidad de un Estado cada vez más "desocializado"; lejos de reducir los márgenes de la desigualdad, en cualquiera de sus formas, la profundiza al invisibilizarla en una nueva relación contextualizada desde los intereses de la economía de mercado.

La narrativa inicia con una contextualización teórica sobre las organizaciones de la sociedad civil, abordadas a partir de distintas teorías, explicando su papel y función dentro del Estado moderno. Metodológicamente permite comprender su dinámica dentro del espacio de la gobernanza. Se hace una revisión de la gobernanza, se explica su devenir histórico y las justificaciones en medio de la globalización y la demanda de las economías de mercado. Se revisa su existencia y necesidad para tomar control de la política al empujarla a una nueva representación al incorporar conceptos como gobernanza horizontal y buena gobernanza, usadas para legitimar esta nueva manera de administrar el quehacer político. Dicho proceso se legitima al crear las condiciones para justificar nuevos mecanismos de control a través de la institucionalización de la democracia con conceptos que la fortalezcan. Tal es el caso de la innovación democrática de la cual su primera forma es, justamente, la gobernanza.

1. Aproximaciones y perspectivas en torno a las Organizaciones de la Sociedad Civil (OSC)

En lo concerniente al concepto sobre la sociedad civil en su forma organizada (OSC), ella se entiende como la totalidad de las organizaciones y las redes que normalmente son externas al aparato formal del Estado. Incluye a las organizaciones dentro de las distintas escalas de los grupos de interés, entre las cuales se encuentran las organizaciones no gubernamentales, organizaciones no lucrativas, asociaciones cívicas, asociaciones voluntarias (Rabotnikof, 2002: 49), por sólo citar algunas de ellas, no sin tomar en cuenta los problemas metodológicos que implican por la diversidad de funciones y naturaleza de las mismas.

A partir del surgimiento del concepto de las OSC, se les ha identificado como un constructo social distinto al Estado y, desde la perspectiva de la investigación, también se debiera encontrar fuera del control del mercado. Esto último queda en duda, como se puede observar en las relaciones establecidas entre OSC y el mercado, las cuales han variado de intensidad y naturaleza. De esta manera se puede construir el supuesto sobre el cual se desarrolla el trabajo que proponemos: las organizaciones de la sociedad civil, al utilizar su elasticidad a lo largo de la historia, no obstante los avances político-sociales, han permitido a la población buscar soluciones a sus cada vez mayores necesidades e intereses como sociedad. Las OSC —históricamente hablando— han mostrado su capacidad imaginativa y propositiva al atenderlas desde distintos enfoques e intereses.

Ahora bien, comprender el entramado desde el cual desarrollan su trabajo las OSC conduce a la necesidad de conocer su funcionamiento. Se parte de la teoría del *fracaso del Estado/fracaso del mercado*. Dicha teoría esboza una explicación en la que la agenda social es resuelta por las OSC como consecuencia de la ineficiencia mostrada por el Estado y del mercado. El fenómeno explica esta situación como consecuencia de la creciente diversidad de la sociedad. A su vez repercute en una creciente incapacidad por parte del Estado por atender las demandas de sociedades nacionales y subnacionales cada vez más heterogéneas (Salamon, Sokolowski y Anheier, 2000: 4-8). La atención a dichas demandas se construye desde la misma sociedad civil, supliendo de esta manera la ineficiencia del Estado. Lo importante, en todo caso, es lograr tomar distancia de las iniciativas que atienden prioritariamente los intereses del mercado.

Al mismo tiempo, se puede observar que en las sociedades con un marcado nivel de pobreza, o con un nivel más alto de precarización del Estado, los gobiernos suelen justificar su ineficiencia reconociendo su incapacidad constitutiva para atender las demandas sociales. Se asume —desde una perspectiva de la gobernanza— que sean las OSC en su denominación como organizaciones no gubernamentales (ONG) las llamadas a atender las necesidades de la sociedad en sus distintos niveles, cerrando con ello el círculo que justifica el adelgazamiento del Estado en favor del mercado —como se verá más adelante al incorporar nuevos actores al juego democrático, es decir, a las OSC. Así es como se pone de manifiesto el actuar de ellas —entiéndase las ONG— como provisoras de bienes y servicios demandados por la sociedad. Desde esta óptica, resulta esencial analizar los elementos que fundamentan su rol, a partir de su naturaleza, su devenir histórico y el tamiz del mercado en la construcción de una agenda social y política propia.

Aquí también se retoma la teoría de *los orígenes sociales* que, de acuerdo con Salamon *et al.* (2000: 19), asevera que las OSC no pueden ser fácilmente explicadas por el avance lineal de un solo factor. El argumento adquiere validez sólo si se considera el diseño de un andamiaje en donde se articule la participación tanto de las instituciones sociales, como de los actores de la sociedad involucrados.

En este orden de ideas, las organizaciones de la sociedad civil expresan legítimamente la relación de intereses entre los involucrados y el medio en donde actúan. Por consiguiente, las distintas organizaciones estructuran sus intereses de manera individual y participan en la configuración de su propio *ecoespacio* social de desempeño. Para discernir sobre la sociedad civil y las organizaciones que la componen se debe tener presente la idea de incidencia recíproca entre la persona, el grupo y el *ecoespacio* de pertenencia. Dicho de otro modo, las OSC y sus formas de organización no serán las mismas, ni se comportarán al unísono o de manera estandarizada. Sus acciones y formas de proceder dependen del lugar donde se ubican, de los tiempos en que operan y de las acciones que se proponen desarrollar (Ramírez, 2012: 493-498); de una serie de factores que definen sus acciones como lo son su cultura, historia, disponibilidad de recursos, desarrollo económico, sistemas de gobierno y marcos regulatorios y normativos de cada uno de los gobiernos a los que pertenecen en los diferentes planos: nacional, regional y/o local.

Es importante remarcar que las OSC forman parte de la estructura política tradicional por su aparición paralela a la del Estado moderno. En este contexto se ha decidido revisar tres posturas, mismas que no pretenden agotar la discusión sobre el tema; por el contrario, son apenas catalizadores para comenzar en otro momento una discusión más amplia. Desde esta perspectiva, para comprender su dimensión se hace necesaria una explicación teórica donde se incluyan sus categorías y que permitan situar con precisión el objeto de estudio. Las posturas propuestas para este caso son la gramsciana; la socialdemócrata y finalmente una tercera, la construida desde los organismos financieros internacionales.

Para la concepción gramsciana, una OSC "interactúa con el aparato del gobierno de manera constante y dinámica, conforma con ella una entidad integral única donde todas las organizaciones que no forman parte del gobierno nutren la sociedad civil" (Gramsci, 1985: 77). De esta manera, las empresas, los sindicatos, las iglesias, los *mass media*, los partidos, las organizaciones benefactoras, e incluso las que atienden intereses particulares, la conforman. En consecuencia, la separación se propone a manera de división metodológica entre la sociedad política y la sociedad civil. Sin embargo, es importante destacar que para la perspectiva gramsciana los grupos dirigentes que controlan la sociedad política deben ejercer un grado de hegemonía en la sociedad civil. Así, los subalternos consienten su propia posición subordinada a la autoridad de los dirigentes.

A partir del análisis que plantea Gramsci (1985), el Estado moderno en el sentido amplio permanece como un instrumento utilizado para el dominio de clase. En este caso, el sentido adquirido por las OSC no es como pudiera pensarse puramente jurídico o político, como se le da en la noción limitada de Estado. En la sociedad moderna tal dominio político es insuficiente. Por lo tanto, los grupos de la élite que dirigen a la sociedad política están llamados a ejercer un grado de hegemonía en las OSC, a partir de las cuales los grupos subalternos consienten su propia posición subordinada y la autoridad de los grupos dirigentes. Visto de este modo, las organizaciones de la sociedad civil operan sin sanciones u obligaciones compulsivas. No obstante, ejercen una presión colectiva capaz de lograr impactar en el progreso social y en la construcción mental de las comunidades.

Para el caso de la postura creada desde la socialdemocracia, se reconoce a las OSC como actores políticos fundamentales; suponen algo más allá de la mera organización o asociación entre personas. Aseveraciones como "Estado y sociedad civil deberían actuar asociados, cada uno para ayudar, pero también para controlar la acción del otro" (Giddens, 1999: 76), revaloran el papel de las organizaciones de la sociedad civil en su relación con los gobiernos. A su vez, implica la revaloración de la colectividad a través de beneficios surgidos de iniciativas locales por medio del —así llamado— "sector terciario", que conlleva el compromiso implícito de la prevención y protección del espacio público contra el crimen, en cualquiera de sus modalidades, y la violencia, al reforzar con ello la construcción de la así llamada familia democrática.

Por lo tanto, se hace necesario definir y justificar esta concepción donde las OSC se suelen agrupar en tres sectores: a) El Estado, cualquiera de los niveles que gobierna; b) El mercado, es decir, el sector productivo y/o empresarial; c) El sector, es decir, las organizaciones de la sociedad civil. Cada uno cumple una función para fortalecer y hace posible la democracia al asegurar el crecimiento de la sociedad según este particular punto de vista (Salamon, 2008: 44-55).

De acuerdo con esta forma de comprender lo que son las OSC, se entiende que son aquellas pertenecientes al tercer sector y se caracterizan, en todo caso, por ser formales y tener algún grado de institucionalización; son privadas y con cierta autonomía del gobierno o deberían de serlo en su totalidad; no persiguen el lucro y tampoco distribuyen ganancias entre sus miembros; deben ser independientes, autogestoras, además de ser operadas por miembros con carácter voluntario (Salamon *et al.*, 2000: 20). Por lo tanto, suelen hacer valer sus ideas y propuestas a través del convencimiento y la persuasión de sus acciones. Se puede concebir en términos generales, desde esta perspectiva, una imagen progresista de la sociedad a partir de las tres áreas clave del poder: el gobierno, la economía y la sociedad; éstas debieran estar acotadas por el interés de la solidaridad social y la justicia, además de un orden democrático soportado por una economía de mercado eficaz del cual dependería su éxito (Giddens, 1999: 86).

Por otro lado, la postura asumida por parte de los organismos financieros internacionales, como lo son el Banco Mundial (BM), el Fondo Monetario Internacional (FMI) y la Organización para la Cooperación y el Desarrollo Económicos (OCDE), considera la actividad de las OSC desde una perspectiva actualizada para el orden financiero, es decir, con relación al mercado. En este contexto, la propuesta de dichos organismos considera el concepto desde un enfoque de "desarrollo" donde los factores económicos y financieros se enfatizan. Para dichos organismos, las OSC constituyen una de las tendencias más importantes de las sociedades contemporáneas. Desde esta óptica la definición incluye, desde luego, la amplísima gradación de las organizaciones no gubernamentales (ONG), mismas que se encuentran presentes en la vida pública. Las ONG son, se asume, uno de los canales a través de los cuales las sociedades expresan los intereses de sus miembros con relación al constructo identitario de ellas mismas (Banco Mundial, 2018).

El término organizaciones de la sociedad civil sugiere una gran variedad de agrupaciones, las cuales cada vez participan más en acciones fundamentales para el diseño de las políticas públicas al promover la incorporación de las opiniones ciudadanas implicadas en estos procesos. Han permitido la creación de redes entre las distintas organizaciones de la sociedad civil con las entidades públicas, el sector productivo y financiero y los organismos multilaterales. Es ésta una relación que responde a las estrategias que demandan las sociedades actuales en el marco de un orden neoliberal donde el modelo de economía de mercado es el dominante.

2. Gobernanza e innovación democrática en la administración de la política

Como se sabe, a lo largo de los años ochenta se comenzó a usar el término "gobernanza" y el uso de este neologismo se ha incrementado de una forma exponencial hasta llegar a posicionarse en un buen número de informes gubernamentales. Se puede encontrar en numerosas instituciones y organizaciones, lo que ha permitido crear lo que se conoce como "gobernanza multinivel". Su uso contempla los distintos niveles del espacio político y social, de los gobiernos nacionales y subnacionales, tales como los municipios o ayuntamientos, asociaciones locales y comunidades. Dado su carácter global, se le puede ubicar en la narrativa de la sociedad internacional en general y, en particular, en la esfera de los organismos internacionales independientemente del carácter al cual pertenezcan. A nivel de gobiernos nacionales y subnacionales también se le incluye en instancias de carácter estatal como secretarías, direcciones generales, etc., o bien locales como consejos municipales, cabildos o consejos de participación ciudadana.

La gobernanza no sólo se encuentra en los diferentes niveles de gobierno —como se ha explicado—, también se le puede ubicar en los diversos sectores del entramado social. En la actualidad se encuentra presente tanto en el ámbito público, como en el ámbito privado, en las esferas empresariales, financieras o educativas. Igualmente la podemos ubicar en el terreno político y/o económico, en especial bajo la denominación de "buena gobernanza". Pero ¿en qué consiste o qué es la gobernanza? La definición más generalizada, reproducida en diversos foros y espacios académicos, se aproxima más o menos a lo siguiente: el término gobernanza, o también conocida como *gobernancia*, se refiere a las pautas y procesos de administrar el gobierno, así como a los procedimientos que inciden en el ejercicio de los poderes, particularmente en su apertura, intervención, compromiso y efectividad, dando pie a una nueva relación entre la sociedad civil y el Estado (Espejel, 2013; Requena, 2014 y Aguilar, 2016).

Una lectura superficial de lo anterior no logra identificar con facilidad sus implicaciones. Se puede distinguir aparentemente una mayor eficacia en el ejercicio del poder en medio de una mayor complejidad social. Lleva igualmente a una gradual distancia entre los epicentros de decisión y los impactados por ellos. Esto ha permitido en su momento que las instancias de gobierno decidieran ser empujadas por el nuevo *status quo* establecido hacia el último cuarto del siglo XX, cuando quedaron de manifiesto los cambios drásticos en los procesos de toma de decisión, así como en las condiciones de ejecución de las disposiciones señaladas por ellos.

El cambio seguido adquirió nuevas dimensiones al ceder a la apertura de sectores exclusivos de los órganos de decisión gubernamental tradicionales, fue así como se dio paso a nuevas prácticas dentro de los mecanismos de consulta, entre ellos se incorporó a un nuevo actor: la organización de la sociedad civil (Espejel, 2013: 27 y Aguilar, 2016: 88-89). Esto implicó la apertura a procesos de negociación y descentralización al delegar parte de los privilegios decisorios y de poder, o debiera decirse un ejercicio saludable, democráticamente hablando, de compartir el poder. Definitivamente se presenta una *innovación democrática* en la era de la globalización al incorporar, por lo menos nominalmente, al sector social a través de estructuras de participación, como lo son las ONG (Espejel, 2013: 32).

No es suficiente la aparente modificación en el proceso de toma de decisión. Si se quiere hablar de *innovación democrática* efectiva debieran observarse también en forma de políticas públicas aplicables. Esto no significa que no se hagan. Sin embargo, huelga decir que en la práctica prevalecen los criterios del mercado; por ejemplo, tenemos los programas de lucha contra la pobreza o la creación de infraestructura donde se atienden las demandas en función de su concentración. De cierta manera los procesos han mejorado en alguna medida y actualmente se pueden observar casos donde se ha incorporado a las personas o entidades relacionadas con la elaboración de programas derivados de políticas públicas. En ellas adquieren relevancia las OSC, tal es el caso del presupuesto participativo (Bloj, 2009), en donde se busca una mayor responsabilidad de ellas. En este sentido, los esfuerzos deben centrarse en desarrollar la confianza hacia las instituciones como un ejercicio desde la gobernanza. Al mismo tiempo, los centros de poder tradicionales debieran asegurar su consolidación para remediar sus tropiezos (Goldfrank, 2006: 20-22) y reajustar los mecanismos de participación al asegurar su consolidación real y no sólo nominal.

Por otra parte, la instrumentación de los mecanismos de gobernanza requiere que los ciudadanos y las instancias gubernamentales comisionadas se responsabilicen de los resultados alcanzados. También, la dupla control-evaluación debiera formar parte de las "buenas prácticas" de la gobernanza; esto con la intención no sólo de alcanzar una nueva forma de ejercer el poder al compartirlo, sino de hacer eficientes las operaciones de los gobiernos —aquí radica su importancia— al consolidar mayores cuotas de legitimidad dentro de las instituciones involucradas. Lo anterior representaría la desactivación oportuna de probables contingencias sociales.

Ahora bien, al incorporar a los conceptos anteriores el de *innovación democrática* es necesario hacer notar, en el planteamiento abordado, la necesidad de hacer patente la importancia estratégica de la gobernanza al ser el vehículo que justifica el actual estado de cosas respecto a la desigualdad. Se deja de lado la responsabilidad del Estado a través de las políticas sectoriales de carácter social, al reducir a meros efectos y productos de los mandatos "consensuados" por los gobiernos, ante la inevitable globalización y los sistemas gubernamentales subordinados al mercado internacional por medio de la implementación de políticas diseñadas desde los organismos financieros internacionales —como más adelante se plantea.

La innovación, como un proceso de carácter político, generalmente al asociarla con la democracia se utiliza para equilibrar las relaciones entre las instituciones públicas y privadas al influir en sus decisiones, en un esquema social sustentado en el conocimiento, si se considera como eje principal que "la modernidad es un proyecto inacabado porque sus cambios y sus novedades siempre tienen la necesidad de afianzarse inicialmente en la tradición" (Echeverría, 2008: 69).

Por otro lado, a inicios del último tercio del siglo pasado una preocupación fue la constante en la dinámica de los Estados: el tamaño alcanzado por sus instituciones —contradictoriamente— y el temor ante el aparente crecimiento progresivo de las demandas sociales, al mismo tiempo requerían mayores recursos humanos y económicos provenientes básicamente del Estado. Para comprender mejor y enfrentar tal situación se creó la Comisión Trilateral. Su objetivo fundamental era evaluar los efectos de la "preocupante relación" entre el Estado y la democracia. Hizo las veces de documento de referencia y análisis, sin dejar de ser objeto de críticas directas sobre el papel que entonces cumplía el Estado y la democracia en las regiones geográficas de interés para la Comisión. No sería sino hasta una década después cuando se implementarían sus recomendaciones de forma directa en economías como la norteamericana y la británica, no sin antes experimentar de manera directa en su laboratorio real, como sucedió con el caso chileno, posterior al golpe de Estado de 1973 (Requena, 2014: 37-38).

En el reporte se aborda como objeto de estudio la dificultad de una gobernabilidad en los distintos estados occidentales, resultado de la desconfianza cada vez más generalizada en las instituciones propias de los regímenes democráticos. Se dejó en evidencia la aparente inoperancia de sus gobiernos al no dar respuesta a las demandas sociales. El mismo reporte deja ver que los Estados democráticos tenían regulaciones de baja calidad. Las instituciones de sus gobiernos eran ineficaces al mostrar una situación de desequilibrio debido a la cantidad exponencial de las demandas sociales insatisfechas. Lo realmente sorprendente es descubrir, entre las explicaciones del fenómeno, una sobrecarga de demandas resultado del "exceso de democracia" y el desequilibrio condicionado a la ingobernabilidad (Requena, 2014: 45).

La gobernabilidad según el informe no tiene un vínculo directo con la gobernanza. Para entonces aún no se habían desarrollado los argumentos teóricos sobre ella —actualmente en construcción. Es innegable a medida que se fueron aplicando sus recomendaciones a través de ajuste económico y participación política de sus nuevos actores. Se requirió de la puesta en práctica de un tipo de gestión que lo legitimara, de ahí la necesidad de crear un modelo denominado: "gobernanza". En aquel momento se puede asumir su prefiguración como *innovación democrática*, con ello se asume también la característica que lo distingue, es decir, la "administración" de la política.

Hacia finales del siglo XX, un conjunto de economistas y políticos cobijados por los organismos internacionales se lanzaron a idear la creación de los sistemas de innovación a partir del modelo de la gobernanza. El resultado propuso una aparente democratización del sistema al señalar la necesidad de diseñar el esquema de la gobernanza horizontal. Este esquema tiene entre sus características la "inclusión" de un nuevo actor en la toma de decisiones y propone una relación horizontal entre: gobierno-empresas-organizaciones de la sociedad civil (Aguilar, 2016: 90). Por lo anterior, se asume que el Estado pierde el monopolio en el dominio de las normas y regulaciones económicas, políticas internas, nacionales y subnacionales o, si se prefiere, se reconoce la existencia de una línea muy delgada entre lo interno y lo externo. Como consecuencia se termina por coexistir en un contexto lleno de actores que justifican como una forma de autorización imperativa la ayuda de los Organismos Financieros Internacionales (Rosenau, 2006: 15).

Lo que sigue ha sido ver cómo sistemáticamente los países se han visto presionados por los organismos internacionales a implementar políticas públicas sectoriales de acuerdo con los requerimientos de organismos financieros; tal es el caso del Fondo Monetario Internacional, el Banco Mundial, la Organización para la Cooperación y el Desarrollo Económicos. Las políticas seguidas coincidentemente se dirigieron a la reconversión industrial exigida por el cambio del contexto internacional cuyo telón de fondo fue la globalización. Dichos instrumentos fueron la expresión de diferentes documentos internos, tales como el Manual de Oslo y Frascati (Rosenau, 2006: 21), cuyo propósito fue el de estandarizar el concepto y propiciar el aumento de investigación y desarrollo (I+D), entre otros aspectos de las sociedades en crisis.

El Fondo Monetario Internacional no generó un concepto sobre la innovación como tal, pero sí enfocó sus esfuerzos en orientar y hacer ejecutar su asistencia técnica en materia de políticas públicas a los gobiernos nacionales. Lo hizo a través del impulso de una política económica centrada en el mercado financiero y sus demás instrumentos como la política fiscal, monetaria y sectorial. La estrategia seguida dejó ver tintes que fácilmente podrían formar parte de lo que hoy se conoce como *innovación democrática*, al proponer la aplicación de la gobernanza que hiciera frente a las exigencias de adecuar el contexto político de las crisis generadas tras el adelgazamiento del Estado. Se asumió inobjetablemente la implantación de las "recetas" de los organismos financieros internacionales como innovación democrática. Desde su perspectiva estaban diseñadas para atender las demandas sociales en los estados incapaces de establecer políticas eficientes y competitivas de la nueva realidad, posterior a la caída de los gobiernos socialistas.

Por otro lado, para la OCDE la innovación es un proceso interactivo impulsado por la percepción de una oportunidad proporcionada por un nuevo mercado y/o nuevo servicio y/o avance tecnológico (OCDE, 2010: 99). De acuerdo con lo anterior, la *innovación democrática* puede encajar con la definición a pesar de la falta de precisión dentro de la misma. Por su parte, el Banco Mundial pareciera tener una posición más "social" sobre el concepto de *innovación democrática* al llamarla *innovación inclusiva*. La innovación inclusiva implica el enlace con distintos actores en contextos específicos, quienes debieran jugar un papel fundamental en los procesos de aprendizaje e innovación colaborativa creados en el seno de la población objetivo (2018). Por supuesto, lo anterior requiere de un análisis aparte.

En lo que a México concierne, tanto la pobreza como la marginación han aumentado y ello puede atribuirse a una desigual distribución del ingreso. No obstante, el Banco Mundial insiste en señalar que "la innovación puede ser un factor clave no sólo para aumentar la productividad y la competitividad, sino también para reducir la desigualdad y la pobreza" (Banco Mundial, 2013). Su insistencia ha llevado al concepto aún más lejos por medio de la recomendación de programas para ser instrumentados por los gobiernos nacionales, con escasos resultados visibles.

Vale la pena acercarse a una vertiente dentro de la *innovación democrática* existente en un marco del mejoramiento del ejercicio gubernamental: nos referimos a la *innovación social*. De acuerdo con la Comisión Europea ésta consiste:

> En encontrar nuevas formas de satisfacer las necesidades sociales, que no están adecuadamente cubiertas por el mercado o el sector público o en producir los cambios de comportamiento necesarios para resolver los grandes retos de la sociedad capacitando a la ciudadanía y generando nuevas relaciones sociales y nuevos modelos de colaboración. Son, por tanto, al mismo tiempo innovadoras en sí mismas y útiles para capacitar a la sociedad a innovar... (European Commission, 2011: 24).

A ella correspondería, por lo tanto, idear o proferir acciones y hechos que abonen en dar respuestas creativas a los problemas y necesidades de la comunidad. En este contexto las acciones y políticas públicas pueden aspirar a tener mejores resultados y a su vez optimizar la utilización de los recursos dedicados a ellas de acuerdo con Ortiz (citado en Soto, 2016).

En el terreno estrictamente político, la innovación democrática hace referencia a los métodos formales distintos de los mecanismos de tipo representativo. Estos métodos han sido desarrollados para involucrar a la ciudadanía en decisiones colectivas y, por lo tanto, incluirla en la esfera política, así como para que ayuden a cambiar estructuras y procesos gubernamentales a fin de mejorarlos (Montes de Oca, 2018). En ese sentido, la innovación se orienta a profundizar la democracia incrementando el poder ciudadano tomando en cuenta que hay un déficit en términos de calidad y justicia social al convertirse en incentivos para participar (Aedo, 2014). En este mismo contexto aparece el concepto de innovación democrática en el sentido de un cambio planeado. Aunque las reformas políticas se asocian a los objetivos sociales que los políticos consideran prioritarios, en diversos países se elaboran cambios respecto al carácter político y gubernamental de estas reformas (Cox, *et al.*, 1999).

Lo anterior nos lleva a formularnos la siguiente interrogante sobre la innovación social: ¿qué rol desempeña la democracia para los cambios sociales? A través de la diferencia y disminución del espacio ocupado por la política se pueden explorar diversos subsistemas sociales establecidos de manera relativamente autónoma. Esto supone la preexistencia de condiciones políticas dentro del ámbito de acción del mercado, contra los problemas que enfrenta la sociedad en áreas como la educación y la salud, luego de las políticas de ajuste que llevaron a lo que Alain Touraine señala como la "desmodernización" del Estado (Touraine, 1997).

La innovación social es un estatus en desarrollo, con cada vez mayor importancia en algunas regiones del mundo, principalmente Europa y América Latina. Este tipo de innovación supone situar a las personas en el centro de la acción; serían el motor del modelo al posicionarse como innovadores. La transformación política actual estaría ligada a cambios estructurales en el ámbito administrativo e institucional, sometiéndose a acciones de gobernanza como procedimiento político en la toma de decisiones y, a su vez, impulsar el empoderamiento ciudadano a través de la regulación del mercado. Lo anterior implica poder conducir las respuestas del gobierno al bienestar social. Según Brunner (2012), la democracia históricamente ha sido el epicentro político donde se han presentado una serie de cambios sociales. Hoy por hoy queda de manifiesto lo anterior al asumir, cada vez más, la forma de organización política que asegura el cambio "de" y "desde" las sociedades. Vale la pena preguntarse lo siguiente: ¿Cuál es el papel de la gobernanza en este proceso de administrar la política para conciliar el interés genuino de las sociedades de participar en la toma de decisiones desde el ámbito político y no meramente como un proceso administrativo? (Soto, 2016: 7).

En la actualidad, la *innovación democrática* ha permitido a los sistemas políticos considerar nuevos esquemas de relación entre los ciudadanos y sus representantes políticos, al admitir un cierto reencuentro entre la política y la sociedad. Lo anterior nos conduce a la *innovación democrática* que describe Lissidini *et al.* (2014) como el empleo de formas y mecanismos que permiten la participación ciudadana, al trascender y cuestionar los modos de hacer política sobreponiéndose a lo históricamente determinado por las organizaciones como los sindicatos o los partidos políticos.

En consecuencia, la *innovación democrática* hace referencia en esencia a mecanismos formales e informales para facilitar la participación de los ciudadanos en la identificación y resolución de sus demandas a través de agentes y acciones políticas, al poder proponer sus propias agendas tanto en el ámbito social, como en el político. De acuerdo con Soto (2016), estos mecanismos aparecen también, en el ámbito de la ordenación, de acuerdo con leyes que susciten procesos de mayor inclusión, participación y transparencia. En el caso de las iniciativas ciudadanas presentes en los gobiernos con iniciativas puntuales (como la convocatoria a asambleas ciudadanas o la activación de mecanismos de gestión regulados con sustento jurídico-administrativo), lo trascendente es saber que el objeto de la *innovación democrática* debe ser la superación de la crisis de la democracia representativa al empoderar a la ciudadanía.

3. OSC y mercado: sus efectos para la desigualdad

En medio del proceso globalizador fundamentalmente económico, usado como marco para la implementación de un sistema centrado en los mercados internacionales, se comenzó a utilizar una serie de políticas de choque para encarar la crisis del Estado. Estas políticas fueron dictadas por los organismos financieros internacionales, siempre enfocados en dar paso al suministro e intercambio de bienes y servicios, fundamentalmente de carácter financiero. En medio de este proceso se consolidó la idea de que era necesario crear mecanismos que aseguren la gobernabilidad de un Estado moderno rebasado por su ineficiencia como gestor de los bienes y servicios de sociedades cada vez más demandantes.

Desde el inicio del siglo XXI, la gobernanza viene a ofrecer el marco perfecto para la implementación de una serie de ajustes del Estado. Se busca fundamentalmente catapultar la innovación siempre desde un sistema discursivamente democrático, en oposición al derrotado sistema socialista puesto fuera de vigencia. Es en medio de este nuevo discurso donde se plantea una nueva práctica dentro del "progresismo democrático". El esquema seguido por las OSC adquiere el símbolo de un equilibrio entre el poder político, el económico y el social. La inserción de una parte de las OSC, fundamentalmente en su forma de ONG, al lado de los gobiernos y la clase empresarial, se cristaliza como la pieza más audaz y prístina de una "buena práctica" dentro de la gobernanza. Este esquema madurará para convertirse, dentro de la innovación democrática, en la práctica más relevante para "buena gobernanza".

En su rol de provisoras de bienes y servicios demandados por la sociedad, las OSC complementan el ejercicio de los gobiernos en el contexto de la gobernanza. No obstante, esto ha coincidido con la nueva función del Estado en relación con las demandas sociales en el marco de una disminución del gasto social. Una consecuencia de este proceso es la redefinición de las políticas y una aceleración en la transferencia de funciones y obligaciones del Estado hacia empresas privadas, muchas veces dispuestas en forma de ONG, las cuales intentan llenar los vacíos dejados por las políticas de bienestar (Irarrázaval, 1990: 170-186).

Las crisis económicas recurrentes que se iniciaron de manera constante a partir de los años ochenta del siglo pasado, pusieron de manifiesto los problemas sociales existentes en la mayoría de los países en América Latina, incluyendo a México. Esta situación dio paso a la instauración de una nueva forma de organización exógena a los gobiernos, es decir, se dio paso a la figura de la ONG como gestora y administradora de políticas públicas (Teixidó y Chavarri, 2000: 21), permitiendo así nuevas formas de atención a las demandas. De esta forma, también se da paso a la convergencia de intereses del empresariado, que al mismo tiempo adquiere legitimidad desde el Estado a través de las prácticas de la Nueva Gestión Pública. Así, la gobernanza parece ser el tamiz a través del cual se crea la relación entre OSC y mercado al adquirir de este modo su carta de naturalización. Por medio de esta nueva relación se movilizan grandes cantidades de dineros, se comienzan a utilizar estrategias nuevas de captación, se crean fundaciones con este fin, posicionándose rápidamente (Teixidó y Chavarri, 2000: 21-23). Tal es el caso de fundaciones como Teletón (la versión mexicana vio la luz en el año de 1997, enfocando su objetivo en la población discapacitada, específicamente en la rehabilitación y su integración a la sociedad).

Entre los actores tradicionales de los sistemas políticos liberales gradualmente afectados por la animadversión se encuentran los partidos políticos y los sindicatos, entre otros. Históricamente vistos, sobre todo en la región de América Latina, como articuladores e impulsores de las demandas sociales, mantuvieron su papel catalizador de los cambios sociales por largo tiempo, prácticamente todo el siglo XX. Con la crisis del Estado sencillamente han estado perdiendo este papel y las nuevas formas de participación y representación ciudadana son ocupadas por las ONG (Huneeus, 2014). Las nuevas formas de organización muestran un quiebre contundente, la mayoría de las veces entre los partidos políticos tradicionales y la sociedad civil. La crisis del Estado trajo consigo la reinvención de la participación ciudadana en el marco de la gobernanza, adquiriendo con ello características propias. Así es como se ha llegado a una nada transparente relación entre las ONG y las empresas, encaminadas cada vez más a desarrollar acciones de gestión y administración de bienes y servicios en atención a las demandas de la sociedad (Irarrázaval, 1990: 156-158), sustituyendo de esta manera las funciones del Estado.

Con el retorno o apertura democrática, en América Latina y en México se ha visto cada vez con mayor interés la participación de la sociedad civil organizada; hecho que ha sido aprovechado para colocar en la agenda política nuevas demandas en función de los intereses de los financiadores de ONG legitimados desde las "buenas prácticas" bajo el cobijo de la gobernanza. En el panorama actual, la dimensión del Estado en esta nueva fase considera el accionar de la sociedad civil organizada como fundamental para la consolidación democrática y, con ello, el aseguramiento de la participación ciudadana.

No obstante, llama poderosamente la atención, pero también preocupa, la traducción de las demandas sociales en políticas públicas. La manera de llevarlas a cabo contradice los avances democráticos, al momento del manejo de recursos en el marco de fondos concursables, como subsidios o subvenciones; al usar cada vez más el esquema de financiamientos y ser destinatarios del otorgamiento de recursos públicos a cambio de prestación de servicios a ONG's, muchas veces ligadas a intereses del mercado, que atienden demandas de varios servicios (De la Maza, 2005: 169). Dicho de otra manera, se está frente a la inmersión del grupo empresarial en el campo de la implementación de políticas públicas al otorgarles bajo este esquema concesiones, desgravaciones fiscales, incentivos, contratos y licencias.

El Estado, como se ha señalado antes, en el actual esquema de la gobernanza ha dejado de ser donante en su cada vez más cuestionada relación con las ONG, para dar paso en cambio a un nuevo modelo de negocio con ellas. Se ha convertido en un auténtico contratante de servicios con ellas, legitimado ahora con argumentos de gobernanza horizontal. Si bien es cierto que el esquema de vinculación ha dado paso a un escenario nuevo con relación a las OSC, a su vez significan más mecanismos de acción, con mayores financiamientos trasferidos del Estado al empresariado. Lamentablemente también dan pie a procesos opacos; en materia de trasparencia poco se avanza en los objetivos y procesos que se llevan a cabo. El vínculo establecido implica, de acuerdo con lo expresado en el trabajo presentado por el Instituto de Comunicación y Desarrollo (2014), que "se ajustan al rol de agencias ejecutoras de políticas públicas y proveedoras de servicios sociales, en desmedro de las organizaciones de segundo grado (redes, colectivo) y las OSC de promoción de derechos e incidencia" (2014: 26). Se afectan entonces de manera significativa las acciones encaminadas a combatir las desigualdades generadas en el marco del nuevo sistema de la "desocialización del Estado" con incidencia no sólo en aquellos ámbitos económicos, sino y básicamente en aquellos de carácter social, contra la exclusión y la discriminación en cualquiera de sus formas.

Una más de las consecuencias negativas de la nueva relación Estado-OSC, en el marco de la gobernanza, se sitúa en la absorción de dichas organizaciones por parte del Estado. Muchas ONG se han convertido en meras subsidiarias que normalizan las políticas públicas por medio de su implementación y no necesariamente por la atención legítima a las demandas de la sociedad. Esta situación ha dañado la naturaleza y los fines propios de las OSC; se ha generado una especie de secuestro por parte de los gobiernos centrales de dichas organizaciones, con la consecuente pérdida de autonomía y su preeminencia como actor social (Acción, 2009). En ocasiones, cuando los gobiernos, ya sea nacionales o subnacionales, ejercen un papel relevante (por no decir protagónico) en el traspaso de patrimonio público a las ONG, su actuar puede concebirse como una especie de maniobra, como sostén en apoyo y fortalecimiento del gobierno hacia instituciones beneficiadas con estos programas surgidos de una nueva relación. Esto provoca que las OSC dirijan sus funciones hacia los objetivos gubernamentales y no a las necesidades sociales, perdiendo con ello su potencial crítico hacia el Estado (De la Maza, 2005: 179).

Conclusiones

A manera de conclusión, vale la pena reflexionar sobre algunos aspectos con relación a la gobernanza como producto y herramienta alineada con los intereses del sistema hegemónico del mercado en la era postindustrial. Conceptualmente hablando, los cánones que la guían al parecer se encuentran alineados con los del mercado. Al trabajar como principio organizador central del sistema, tanto para el Estado como para las OSC, las reglas que imperan en el mercado penetran en la administración pública del Estado, bajo el argumento de hacerlo más eficiente y competitivo. Es en esta lógica donde se generan las iniciativas internacionales usadas por los organismos financieros, y agencias de las Naciones Unidas, para aplicarlas en los sistemas nacionales y subnacionales en favor de una mejor gestión en el esquema de la innovación democrática. En esta lógica se instrumenta el bagaje jurídico a través de tratados, convenciones y protocolos internacionales, así como legislaciones locales, decretos y leyes secundarias que aparentemente tratan de dar certeza y seguridad jurídica (Montes de Oca, 2018: 287-291). Lo anterior ha permitido establecer los mecanismos mediante los cuales actúa la gobernanza en el campo de la desigualdad. Lo mismo sucede en casi toda actividad humana dentro de los gobiernos de todo Estado en proceso de "desmodernización" en la actualidad.

El sistema contextualizado del mercado en la era postindustrial y las teorías que lo fundamentan lo prefiguran en el sistema únicamente en su dimensión económica, despojando el carácter social de las personas. Lo hacen aparecer simplemente como un *homo œconomicus* (Ibáñez, 2012), a partir del cual se construye el *ecoespacio* propicio para el desarrollo del sistema hegemónico de la actualidad. En la globalización, donde es imperativo el libre trasiego de bienes y capitales, no así el de las personas, se profundiza con ello la brecha de las desigualdades, en un primer momento las de tipo económico, pero ineludiblemente terminan por profundizar al resto de las desigualdades de las sociedades cada vez más "desmodernizadas".

Actualmente el sistema, como se ha dicho antes, privilegia la economía de mercado. Se ha insistido todo este tiempo en la abolición de las fronteras económicas y comerciales, no así las fronteras políticas. Se insiste en hacer desaparecer el concepto de nacionalidad, privilegiando la construcción de ideas en favor de una aparente ciudadanía universal; de ahí que no resulte extraña la sustitución de la noción de lo "internacional" por la de la "globalización". Es un cambio muy sutil en medio de la cultura homogeneizadora que requiere el sistema de mercado y donde los individuos pasan a ser seres cosmopolitas, desarraigados, intercambiables, desechables (Touraine, 1997).

En esa misma lógica, al plano político dentro del Estado moderno se le ha designado como "enemigo" del sistema hegemónico actual (aunque se niegue sistemáticamente). Desde una perspectiva moderna de la sociedad, la función del mercado debiera estar sometida a la concepción soberana; sin embargo, no es así. Actualmente, la economía irrumpe en primer lugar, dando pie al despojo del papel sociopolítico del Estado. La intención parece ser su desaparición en favor de un mercado soberano. En política no se puede olvidar que existe una elección prioritaria sobre todas las demás, y el mercado no es la excepción. Por lo tanto, el "bien común" debiera ser prioritario socialmente hablando por encima de los intereses de los sujetos. Pero para quienes defienden el sistema fincado en una economía de mercado, el gobierno de las personas se ha convertido en la organización de los mecanismos en apoyo de los términos de intercambio. Las relaciones sociales se han mercantilizado, a nivel de cosificación del individuo. Su existencia sólo se explica y acepta con relación a su capacidad de compra y no como fue anteriormente en función de su capacidad productiva. Se privilegia lo privado por encima de lo público, las personas interesan si, y sólo si, pueden formar parte de ese mercado, nada que no sea rentable puede adquirir el suficiente interés como para ser preservado (Brown, 2010).

De acuerdo con Brown el Estado protector, garante del "bien común", está siendo destruido para convertirse en un "Estado gerencial" a través de las prácticas de gobernanza y sus "innovaciones democráticas". Sólo está llamado, como se ha señalado, a garantizar los escenarios necesarios para la mejora del libre mercado. El Estado está emplazado a no imponer políticas cercanas a una concepción del "bien común". Por el contrario, se busca que aplique el modelo de gestión construido desde la "gobernanza", de la "buena gobernanza" para ser precisos. En realidad, se busca ocultar en este neologismo al sistema oligárquico, antidemocrático y globalizado al cual sirve (esto es, al nuevo actor de la gobernanza: los agentes del mercado internacional en el neoliberalismo). Su objetivo es claro pues se trata de intervenir en el espacio de lo político, de calar su funcionamiento para que sirva a los intereses del sistema de mercado que busca reproducirse a sí mismo (Brown, 2010; Ibáñez, 2012).

Se trata de que los distintos espacios de la gestión y del poder político trabajen en el esquema de la "gobernanza gerencial" y toma así sus elementos del modelo de la "empresa capitalista", "moderna", encaminada hacia nuevos "modelos de gestión"; tal como lo señala Ibáñez, "con sus contratos programa, sus evaluaciones de resultados, su trabajo por objetivos, su fomento a la autonomía, sus delegaciones de poder, su flexibilización de las líneas de mando, sus incitaciones a la participación y a la responsabilización, su énfasis sobre el rendimiento y sobre la competitividad, etc." (Ibáñez, 2012: 23), es decir, desde la innovación democrática de sus instituciones, las cuales por cierto no anotan en sus agendas el combate a las desigualdades.

III.

Desigualdad, Antropología y Urbanismo

Capítulo 9.
Desigualdad y memoria colectiva: el papel de los archivos de derechos humanos frente a la impunidad

Jorge Valtierra Zamudio
Adriana María Arrubla Echavarría

Introducción

Muchos de los estudios que se han realizado sobre derechos humanos (en adelante DDHH) están vinculados a una gran diversidad de temas como el patrimonio cultural, educación, acceso a los recursos naturales, trata de personas, desaparición forzada, entre otros. Sin embargo, abordar y analizar estos tópicos con relación a los DDHH es muy complejo desde una única disciplina, por lo que resulta necesario considerar diferentes ramas del conocimiento más allá de las ciencias jurídicas para comprender a cabalidad estos fenómenos sociales.

Desde la antropología social, la psicología y la sociología, entre otras ciencias sociales, los sujetos relacionados con los DDHH presentan de forma recurrente una serie de características que deben ser analizadas. La exclusión, marginación, discriminación, injusticia y otras situaciones de vulnerabilidad son sólo algunas de estas características, las cuales pueden concentrarse en la definición de desigualdad social. Para el desarrollo de este término, la antropología social y la sociología han sido muy útiles, pues han generado una clasificación de "desigualdad" que no sólo se ajusta a una cualidad, sino a una práctica, es decir, la desigualdad se define a partir de lo que se observa, experimenta y transforma individual y colectivamente, según el contexto.

La desigualdad, además del nivel de acceso a recursos y atributos de las personas, también se concentra en una suerte de *capital cultural*, es decir, la trascendencia de elementos simbólicos en la construcción de diferencias de clase a través de la socialización que se incorporan en esquemas de percepción y pensamiento que yacen en la sociedad por generaciones (Bourdieu, 1988). Al respecto, Luis Reygadas expone una serie de dimensiones o teorías para entender la desigualdad: las individualistas que se concentran en la distribución de capacidades y recursos entre los agentes; las interaccionistas que destacan las pautas de las relaciones e intercambios desiguales, y las holísticas que se concentran en las características asimétricas de las estructuras sociales (Reygadas, 2004).

Desde el enfoque de estas tres dimensiones de desigualdad, una situación que de mucho tiempo atrás ha afectado a la sociedad mexicana es un complejo escenario conformado por los que tienen el poder y los que son afectados por éstos. Pero el poder está presente no sólo en individuos y colectividades determinados por sus condiciones socioeconómicas, educación o ideología, sino en estructuras conformadas por estos individuos y grupos sociales que podrían denominarse organizaciones. Éste es el caso del gobierno o el Estado.

La desventaja de muchos sectores de la población mexicana frente al Estado, y otras organizaciones ajenas a éste, ha sido evidente a través del ejercicio del poder, traducido en desaparición forzada o represión, que claramente violenta los derechos de las personas. En México, gran parte de estos actos violentos hacia la sociedad son tratados por el Estado a través de estrategias de manipulación de la información para que los eventos que atentan contra los DDHH sean ignorados y olvidados.

Existen muchos ejemplos de represión y estrategias del Estado mexicano para 'invisibilizar', desaparecer y propiciar el olvido de eventos que implican crímenes de Estado y de lesa humanidad a lo largo del siglo XX y XXI. La impunidad y la violencia hacia los derechos de los individuos para contener las exigencias de justicia o de acceso a la información, por ejemplo del paradero de sus familiares detenidos o desaparecidos, son aspectos que se perpetraron constantemente durante la llamada guerra sucia entre las décadas de 1960 y 1980, y siguen sucediendo en la actualidad.

Una característica de estas circunstancias de impunidad y violación a los DDHH es que se concentran más en poblaciones excluidas y donde prevalece la desigualdad social. Se trata de personas con una escolaridad baja, con pocos recursos económicos, con un estatus de mediano a bajo, aunque también hay otros factores que no necesariamente se relacionan con lo anterior, como los grupos de estudiantes, movimientos contraculturales o de otra preferencia política a la del gobierno en turno. Al cabo, se trata de sectores minoritarios y minorizados, por lo tanto, de sectores excluidos que el Estado busca controlar, así tenga que hacer uso de la fuerza. Cuando estos grupos excluidos ya organizados, o la sociedad civil es consciente de esto, trata de contrarrestar la efectividad de las estrategias gubernamentales de invisibilizar, ignorar y olvidar, a partir de la conservación de la memoria de la sociedad excluida para contradecir las versiones históricas y oficiales que llevan a tergiversar los actos que han implicado una violación a los DDHH. La mejor vía de conservación de la memoria no es resguardarla sino hacerla pública, y quienes deben y pueden hacerlo son los miembros de la sociedad civil y los organismos independientes a través de dispositivos como los Archivos de Derechos Humanos (en adelante ADDHH).

A partir de una reflexión general acerca de la desigualdad social en México, en este capítulo se pretende destacar la importancia del papel de la memoria colectiva, en tanto un elemento del que la sociedad civil se vale para contrarrestar las estrategias de Estado de olvido y exclusión, así como explicar la razón de ser y la utilidad de los ADDHH como dispositivos de conservación y divulgación de la memoria colectiva para exigir la rendición de cuentas de estructuras que han contribuido, directa o indirectamente, a la violación de los DDHH y transmitir esa memoria a través de generaciones en pos de acceder a la justiciabilidad.

1. La desigualdad social

El término desigualdad, como se ha advertido antes, no alude sólo a una cualidad o adjetivo en su acepción gramatical, sino a una práctica en un complejo contexto sociocultural. Para María Victoria D'Amico, la desigualdad social incluso va más allá del tiempo presente, es decir, es consecuencia de un proceso histórico de mucho tiempo atrás en el que "las desventajas se heredan y perpetúan intergeneracionalmente" (D'Amico, 2016: 227). En este sentido, hay una manifestación de la desigualdad social en la multiplicación de brechas entre grupos sociales desde el momento en que las oportunidades productivas de la sociedad se vuelven heterogéneas y se segmenta el acceso a la protección social (D'Amico, 2016). El problema en América Latina es que la desigualdad social no se da de forma espontánea, sino que ha sido de forma creciente y paulatina.

Un aspecto que es importante resaltar es que la tendencia de los estudios sobre desigualdad social es enfocarse en la individualidad, la distribución de recursos y atributos entre las personas, así como la forma en que esa distribución "incide sobre los resultados desiguales que se alcanzan en un contexto social dado" (Reygadas,

2004: 8). Sin embargo, en el estudio de la desigualdad es importante concentrarse también en otras situaciones como la cuestión de la pertenencia a un grupo social, el estatus, el género, el lugar de residencia, la edad y otros elementos desde una dimensión tanto individual como colectiva (Judisman, 2009).

A través del método etnográfico, en diferentes ámbitos se ubica un aspecto que se relaciona con los mecanismos de exclusión y discriminación que, finalmente, generan desigualdad: el prestigio social. Reygadas (2004) concibe el prestigio social como un bien preciado desigualmente distribuido que genera nuevas desigualdades, pues tiene que ver con una cuestión de estatus adquirido o que se busca obtener para ascender de escalafón por encima de otros. El gran problema que involucra el prestigio social en las dinámicas de socialización es que el proceso necesario para alcanzarlo implica el desarrollo de una cultura del descarte. En otros términos, una forma reiterativa de discriminar, excluir y restringir que se va consolidando y normalizando con el tiempo hasta llegar a una situación de desigualdad social casi permanente.

Estudiosos de estos temas de desigualdad como Luis Reygadas, María D'Amico, Charles R. Hale y otros, se han concentrado en entender el problema no sólo desde una perspectiva material como la pobreza en sí misma, sino desde estos fenómenos de descarte como el racismo, la xenofobia, el machismo y otros aspectos que alimentan la desigualdad social y que presentan una naturaleza muy compleja para ser cuantificable, pues no siempre cuentan con datos específicos sobre acciones de violencia física; también hay indirección, acciones veladas y actitudinales con relación a la desigualdad.

En un ámbito de este tipo en el que se suscitan acciones de violencia física, simbólica o psicológica, y no sólo de un individuo a otro, sino de una entidad o colectividad hacia otra, hay *per se* una condición de desigualdad social y debe considerarse como una situación vinculada a los DDHH. Esto significa que, como en el caso mexicano, una sociedad en donde prevalece la desigualdad social es común que haya situaciones de impunidad, abuso de autoridad y exclusión hacia los sectores más vulnerables.

Existen muchos y variados motivos que explican estas condiciones de desigualdad en grupos vulnerables, así como hay una gran variedad de elementos por los que un grupo puede clasificarse como vulnerable. Está el caso del género, en que la desigualdad se manifiesta en una limitada participación femenina en política, remuneraciones más bajas para las mujeres en comparación con los varones, situaciones de acoso sexual, entre otros. Otro caso es el de la etnicidad y el lugar de origen o procedencia, en que la desigualdad es visible en grupos indígenas y campesinos que también perciben una remuneración más baja que el resto de los ciudadanos mexicanos, además de ser excluidos de muchos espacios laborales, urbanos o académicos debido a su apariencia, costumbres o forma de hablar. De la misma manera, se halla una situación de desigualdad en las personas de la tercera edad, que son excluidas de espacios laborales, incluso familiares, por sus condiciones físicas.

Así, pueden exponerse muchos otros casos y condiciones de exclusión y desigualdad como personas con discapacidad, menores de edad, por el nivel educativo, etc. Sin embargo, el problema no se constriñe a lo anterior, pues también el aspecto socioeconómico determina muchas condiciones y/o restricciones para acceder o no a espacios y servicios básicos, lo que podría traducirse como una situación de vulnerabilidad para muchos y diferentes grupos sociales en distintos contextos.

A lo largo del proceso histórico de desigualdad social al que alude D'Amico (2016), en México gran parte de los grupos sociales en estas situaciones de vulnerabilidad han sido víctimas de abusos de autoridad que siguen impunes. Sólo por hablar de la guerra sucia durante la segunda mitad del siglo XX y diversos acontecimientos en lo que va del XXI, destaca el papel de un Estado que ha reprimido y silenciado a diversos sectores de la población —estudiantes, trabajadores, activistas, ambientalistas, opositores políticos, etc.,— a través de mecanismos de detención y encarcelamiento fuera del marco legal, tortura y abuso sexual, intimidación, desaparición forzada y asesinato.

Frente a estas acciones que atentan contra los DDHH, el Estado y otros organismos vinculados a éste han buscado la forma de frenar las exigencias de justicia de víctimas y/o de sus familiares, por medio de estrategias de olvido, invisibilización o intimidación. El poder estatal para silenciar a los medios informativos, generar distractores para 'olvidar' o desarrollar una versión o 'verdad' sobre los hechos que, a todas luces, es una tergiversación de lo que ocurrió, ha sido una estrategia eficiente y convincente no sólo ante la población, sino ante organismos internacionales que velan por los DDHH. Sin embargo, desde una sociedad civil organizada una de las herramientas más poderosas para exigir sus derechos, la rendición de cuentas al Estado u organismos responsables, esclarecer la verdad y el paradero de las víctimas, es precisamente la memoria.

Es un hecho que las violaciones a los DDHH afectan a cualquier individuo o grupo social, y que el esquema de desigualdad social que prevalece en el país, así como las situaciones de vulnerabilidad en que se encuentran algunos sectores de la población, favorecen la impunidad. Al respecto, la 'reparación' del daño es un proceso complejo y muchas veces sin éxito. De hecho, para muchas personas, según el grado de desventaja en que se encuentren, es muy complicado lograr una respuesta y solución a sus problemas. Por ejemplo, para tener acceso a la información, salvaguardar la integridad de un pariente en prisión o dar seguimiento a su proceso penal, a pesar de que es gratuito *de facto* es necesario contar con recursos económicos, lo que en las condiciones de la familia del afectado o el afectado mismo resulta difícil obtener.

Ante esta realidad de desigualdad social y grados de vulnerabilidad, en México diversos grupos y organismos dedicados a la orientación y defensa de los DDHH coinciden en que el mecanismo más eficaz para acceder a la justicia, protegerse y/o contrarrestar las estrategias estatales de olvido y tergiversación de los hechos por parte de organismos como el Estado, es la memoria colectiva, es decir, la verdad de la sociedad civil y de las víctimas que se transmite de generación en generación.

Antes de entrar en detalle con la cuestión de la memoria es importante destacar que, desde nuestra perspectiva, hay una relación entre el grado de vulnerabilidad de una población por género, estatus socioeconómico, educación, etc., y la memoria como elemento mediante el cual puede mantenerse una lucha por la justicia. Sin embargo, constantemente existe el peligro de que ésta se pierda, de aquí que conservar la memoria sea indispensable, para lo cual existen dos pasos vitales:

• *Generar documentos*, entendiendo por 'documento' un objeto (tangible o intangible) producto de la actividad humana en donde ésta queda reflejada. El documento conserva y transmite de forma permanente la representación de un hecho, así como da noticia de algo que ha sucedido en el pasado próximo o distante (Galende y García, 2003). Por lo tanto, la generación de documentos resulta importante para registrar cierta información y que ella permanezca y sea susceptible de transmitirse.

• *Hacer pública la información*. En este paso no es suficiente preservarla a través de documentos (pictóricos, de audios, escritos, fotográficos, etc.), pues éstos pueden perderse o confiscarse, por lo que se perdería toda la memoria. Su publicación y divulgación es un mecanismo de protección y para asegurar la conservación de la memoria a través de dispositivos tales como internet, publicaciones periódicas u otros medios.

Ambos pasos son llevados a cabo por los Archivos de Derechos Humanos (ADDHH), tema en el que nos concentraremos más adelante. En lo que llegamos a este punto, primero es indispensable explicar qué es la memoria colectiva, su diferencia con la llamada memoria histórica, cuál es su función en relación con la desigualdad social y los grupos en situaciones vulnerables.

2. La construcción y función de la memoria colectiva y la memoria histórica

A partir de una mayor comprensión de las condiciones de desigualdad y las situaciones de vulnerabilidad de una población cuyos derechos son susceptibles de no ser respetados, se ha advertido la necesidad de mecanismos de protección mediante los que se puede exigir una rendición de cuentas al agresor, sea el Estado u otro organismo o individuo. Uno de los elementos indispensables para lograr estos mecanismos es la memoria, por lo que es importante comprender su construcción, función y contraste con otras formas o constructos de memoria, a partir de los intereses contrarios a las víctimas.

Para empezar, la importancia de construir una memoria, cualquiera que sea, está relacionada con la conformación o la consolidación de una identidad, pero también, como señala Ramón Alberch i Fugueras, "la memoria, en la medida en que deviene del conocimiento, se convierte en una poderosa herramienta de recuperación de los derechos ciudadanos y, en este marco general, deben ligarse de manera inseparable los conceptos de verdad y justicia" (Alberch, 2008: 17). De aquí la importancia de pensar y hacer visible a la sociedad civil, es decir, al pueblo y su memoria no sólo en términos de la construcción de su identidad, sino usar la memoria para legitimar propósitos de una verdad y justicia que el Estado no contempla, no reconoce y/o tergiversa. Ante esto, es claro que existe una clasificación compleja del concepto de memoria. Por eso Darío Betancourt Echeverry, desde su experiencia en Colombia, sugiere una clasificación de tres tipos de memoria:

individual, histórica y colectiva. Para efectos de este capítulo se considerará la memoria histórica y la memoria colectiva.

Por memoria histórica se entiende aquella que se construye desde la perspectiva de un organismo como el Estado. Antequera define a la memoria histórica como "un relato que da sentido a un período" (Antequera, 2011: 17). Pero Betancourt Echeverry indica que "la memoria histórica supone la reconstrucción de los datos proporcionados por el presente de la vida social y proyectada sobre el pasado reinventado" (Betancourt, 2004: 127). Es interesante la perspectiva de ambos, pues evidencia una función de la memoria para dar sentido a un contexto temporal y coyuntural, pero también alude a una interpretación de un periodo pasado que tiende a una suerte de reinvención. La memoria histórica es una suerte de 'tradición inventada', cuya función es reforzar la cohesión social o de una nación, puede definirse como un "conjunto de prácticas normalmente regidas por reglas aceptadas en forma explícita o implícita y de naturaleza ritual o simbólica, que tienen por objeto inculcar determinados valores y normas de conducta a través de su reiteración, lo que automáticamente implica la continuidad con el pasado" (Hobsbawm y Ranger, 2012: 8).

En este orden de ideas, la función de cohesión social y nacional, a partir de la generación de normas, símbolos y la continuidad con un pasado inventado, se inculca en diversos ámbitos como el educativo. No se trata sólo de una historia de 'héroes y villanos', sino también de una historia casi incuestionable, acontecimientos que forjan el carácter de una nación construida con otros símbolos como el del 'pueblo' y fechas que deben memorizarse y conmemorarse. Lo que se manifiesta como contrario a esta memoria histórica llega a asumirse como una suerte de superchería, imaginario popular o, en el mejor de los casos, tradición, pero nunca con el rigor incluso científico que supondría representar la disciplina histórica.

De esta forma, Betancourt Echeverry se refiere a la memoria colectiva como aquella "que recompone mágicamente el pasado, y cuyos recuerdos se remiten a la experiencia que una comunidad o un grupo pueden legar a un individuo o grupos de individuos" (Betancourt Echeverry, 2004: 127). Con relación a esta definición, Edgardo Maya Villazón explica que hay una distinción entre la verdad colectiva y la verdad histórica, siendo esta última la que tiene fundamentos científicos por la "frialdad del análisis que se rige por normas técnicas determinadas, las cuales se entienden bien aplicadas si se acredita suficiente distancia entre el analista y los hechos" (Maya, 2008: 21).

Las intenciones de denostar o vilipendiar la verdad y la memoria colectivas obedecen a intereses particulares. La tergiversación de acontecimientos para justificar o esconder hechos para contrarrestar la presión de las organizaciones y la sociedad civil es cada vez más común en países como el nuestro, a pesar de la determinación y rechazo de la construcción de la verdad histórica, previo análisis e investigaciones de organismos como la Comisión Interamericana de Derecho Humanos (CIDH) y similares. Entre los casos recientes y más destacados está el de la desaparición de los 43 normalistas de Ayotzinapa, México, caso sobre el que se hizo una investigación por parte de la Procuraduría General de la República y se reconstruyeron los hechos para determinar la manera y el contexto en el que se incineraron los cuerpos de estos normalistas. Sin embargo, la CIDH determinó que esta versión (oficial) era falsa, urgió a descartarla y dar una versión definitiva. En la investigación se identifican, por lo menos, once violaciones a los DDHH, probables responsabilidades administrativas como la retención ilegal de siete personas, entre otros hechos.

En México, sobre todo durante la segunda mitad del siglo XX y XXI, situaciones polémicas como la señalada arriba son constantes. Si se apela a la construcción histórica de los hechos que ha sido llevada a cabo por el Estado, por lo menos en los últimos sesenta años, no sólo la parcialidad, sino también la impunidad, han prevalecido.

En la construcción o conformación de una verdad histórica de este tipo de coyunturas existe una rotunda omisión de información. Los motivos tienen que ver con el escenario sutil que, según Jorge Mendoza García, hay entre la memoria y el olvido que, como prácticas sociales que se dominan, conllevan al control y ejercicio del Estado (Mendoza, 2011). Sin embargo, es la memoria colectiva la que juega un papel protagónico de denuncia permanente a la violación de los DDHH que va desde la creación de movimientos con el propósito de recuperar a los desaparecidos y, después, identificar a los responsables de los crímenes de lesa humanidad, hasta organismos para la promoción, orientación y defensa de los DDHH.

Para Mendoza, la memoria colectiva es un proceso social que reconstruye un pasado vivido o experimentado por un grupo social determinado, y ese proceso de reconstrucción del pasado se realiza en el presente (Mendoza, 2011). Así, la memoria colectiva para los familiares de las víctimas, desde las *razzias* y chivos expiatorios a lo largo del siglo XX, las víctimas de Acteal, en Chiapas, o San Mateo Atenco, los familiares de los 43 desaparecidos de Ayotzinapa y miles de situaciones de violación a los DDHH a lo largo del tiempo, es la repetición de aquello que han vivido en carne propia, que recuerdan y cuentan como acontecimientos que contrastan con la verdad histórica del Estado.

En este tenor, Maurice Halbwachs define la memoria colectiva como "una corriente de pensamiento continuo, de una continuidad que no tiene nada de artificial, ya que del pasado sólo retiene lo que aún queda vivo de él o es capaz de vivir en la conciencia del grupo que la mantiene" (Halbwachs, 2004: 81). Esta definición se adapta a la problemática tratada en este capítulo cuando se evoca un hecho actual o presente que ha permeado a un grupo social o colectividad en el pasado. Así es como se puede hablar de memoria colectiva, ya que sólo los miembros que pertenecen a ese grupo social —no los externos— pueden reconstruirla. La relación de la memoria colectiva con los DDHH se encuentra en el derecho a la verdad que tienen los familiares de las víctimas. La reconstrucción colectiva de esa verdad se da a partir de los recuerdos que han sido seleccionados por el grupo colectivo. Sin embargo, desde el momento en que estos recuerdos son inexactos, la característica de la memoria colectiva es que ella se arraigue profundamente en el presente.

Así pues, no sólo se observa el protagonismo de una memoria colectiva que contrasta y se opone a la histórica. La memoria colectiva no es exacta ni fría, sino apropiada por aquellos que experimentaron directa o indirectamente una violación a los DDHH. Está basada en los recuerdos e interpretaciones compartidas por la sociedad y lucha por evitar el dominio del olvido por parte de organismos como el Estado u otros. Para el Estado, la construcción de una memoria histórica no sólo legitima una versión de los hechos de una serie de circunstancias determinadas, sino que, al suprimir cierta información, se genera un dominio del aparato gubernamental hacia la población a través del olvido y se reinventa o recrea una identidad social.

Conservar la versión de aquellos que directa o indirectamente vivieron esas circunstancias y sufrieron la acción del Estado, con el objetivo de propagarla, implica un acto de deslegitimación y cuestionamiento de la verdad histórica. Sin embargo, surgen una serie de preguntas al respecto: ¿cómo conservar y hacer pública esa memoria colectiva con la presión del gobierno? e, incluso, ¿cómo mostrar que en los movimientos sociales no se perdió frente al Estado, a través de mecanismos como el olvido? Desde nuestra perspectiva, podría esbozarse una respuesta a través de la materialidad de la memoria colectiva, es decir, los ADDHH, temática que desarrollaremos a continuación.

3. Los Archivos de Derechos Humanos (ADDHH): dispositivos de la memoria colectiva

Las situaciones de vulnerabilidad y la desigualdad social en México son características de una población en donde predomina la falta de respeto a los DDHH y la impunidad. Ya se ha problematizado y además discutido acerca de las condiciones, contextos y circunstancias en que muchos y distintos sectores de la población se han visto perjudicados por acciones de control por parte de organismos estatales. En gran medida esto se sabe gracias a la memoria colectiva. Mediante ella se tiene noticia de los exilios, los desaparecidos y la violación a los DDHH de los grupos opositores al Estado. También se ha hecho mención de que la manera de conservar la memoria colectiva es a través de su materialidad, es decir, de los documentos y su acervación. Pero esta acción no sólo conserva la memoria, sino que se busca que quede a disposición del mundo para conocer lo que sucedió en la época de las dictaduras, de la guerra sucia y otros momentos en que se han violado los derechos de las personas, y ser utilizados, por ejemplo, para enjuiciar a perpetradores como Efraín Ríos Montt de Guatemala (Rodríguez y Gutiérrez, 2015) o Augusto Pinochet Ugarte de Chile, independientemente de los resultados (Comisión Nacional de Verdad y Reconciliación, 1990).

Para comprender la importancia de los ADDHH, conviene recordar que han tenido un papel vital en uno de los asuntos más delicados en cuanto a violación de DDHH se refiere, esto es, en la desaparición forzada que fue constante en México y en América Latina durante la guerra sucia entre las décadas de 1960 y 1980.

Por desaparición forzada, según la Convención Internacional para la Protección de todas las Personas contra las Desapariciones Forzadas, se entiende la privación ilegal de la libertad por agentes gubernamentales de cualquier sector, por grupos organizados o por particulares que funcionan a nombre del gobierno —con su apoyo directo o indirecto— con el fin de causar temor en la población, pues no sólo es una acción que afecta a la víctima, a su familia y amigos, sino a toda la sociedad. Un obstáculo para comprender la talla de este fenómeno es su difícil cuantificación debido al ocultamiento de información. Sólo queda así la memoria colectiva como alternativa para darse una idea de la magnitud del problema y el grado de impunidad que prevalece en la actualidad.

La desaparición forzada atenta contra una serie de derechos fundamentales establecidos en la Declaración Universal de los Derechos Humanos, empezando por el Artículo 3° que garantiza que toda persona tiene derecho a la vida, a la libertad y a la seguridad de su persona. Además, la mayoría de las veces la desaparición forzada se asocia con otros aspectos que atentan contra los DDHH de las personas como, por ejemplo, lo que estipula el artículo 5° de la Declaración Universal de los Derechos Humanos sobre el derecho a no ser sometido a torturas ni penas o tratos crueles, y el artículo 9° que especifica que nadie podrá ser detenido arbitrariamente, ni desterrado.

En México, en el año 2015 se hizo una reforma constitucional que permitió el análisis y evaluación de una Ley General de Desaparición, la cual finalmente se aprobó el 12 octubre de 2017 con el nombre de Ley General en Materia de Desaparición Forzada de Personas, Desaparición Cometida por Particulares y del Sistema Nacional de Búsqueda de Personas, publicada en el Diario Oficial de la Federación el día 17 de noviembre de 2017. Esta ley busca esclarecer los hechos de desaparición, prevenirlos, sancionarlos y erradicarlos. No obstante, uno de los grandes problemas sobre este asunto es que el Estado se ha visto rebasado para enfrentar este tipo de situaciones que vienen desde la guerra sucia y se han proyectado hasta nuestros días. En la actualidad, gran parte del problema de la desaparición forzada está relacionada con la situación del crimen organizado, y una preocupante y creciente corrupción dentro del sistema gubernamental.

Décadas atrás, como se ha señalado, la guerra sucia fue la principal protagonista de este fenómeno que, con la corrupción que prevalece en el gobierno y el crimen organizado, ha cobrado muchas víctimas y violaciones sistemáticas a los DDHH. Desde esta época la reacción ante los actos de represión y violación a los derechos humanos por parte del Estado fue clara. Las revueltas con la participación de guerrillas populares, urbanas y campesinas que tuvieron presencia en buena parte del territorio mexicano emergieron y muchas de ellas fueron exterminadas con violencia a través del ejército e instituciones de inteligencia como la Dirección Federal de Seguridad, que era una suerte de policía secreta de la Secretaría de Gobernación (Juárez-Salazar, 2017).

Desde estas entidades se perpetraron situaciones de tortura, detenciones ilegales y la elaboración de declaraciones obligadas a los detenidos. Todo esto no está en la memoria histórica, es decir, no es parte de la información que arroja el Estado. Pero en el testimonio de las víctimas sobrevivientes, o sus familiares y amigos, existe otra versión de los hechos que está respaldada por documentos que son resguardados en los ADDHH. Desde esta perspectiva, es claro que no bastaba con la memoria colectiva en sí misma para hacer visible la violación a los DDHH, sino que se requerían instrumentos que resguardaran y que pudieran ser utilizados para configurar el discurso de ésta, siempre con mejores resultados que la oralidad. Los instrumentos a los que se hace alusión son documentos de distinta naturaleza, es decir, escritos, denuncias, gráficos, dispositivos audiovisuales, pancartas, pasquines, material fotográfico, diarios, entre otros, los cuales se acervan y ordenan para conformar los ADDHH.

La conformación de estos ADDHH no es, sin embargo, algo que se da a partir de la organización de estos documentos por archivistas y bibliotecólogos. Debe considerarse que los ADDHH tienen como antecedente la acción de la gente de conservar las denuncias, propaganda, carteles, fotografías, entre otros materiales, como prueba de su lucha por esclarecer el paradero o los motivos de la detención fuera del marco de la legalidad de algún familiar o amistad que ha sufrido algún tipo de injusticia. Así, la conformación de los ADDHH, por el tipo de documentos y frente a una memoria colectiva que es contraria a la inacción y/o negación del Estado sobre una coyuntura relacionada con la violación a los derechos humanos, se da a través de colectivos u organizaciones formados por las víctimas o familiares de las víctimas, debido a que en las oficinas estatales se les negaba el acceso a la información, lo que es un derecho estipulado en el artículo 19 de la Declaración Universal de los Derechos Humanos, en el Pacto Internacional de Derechos Civiles y Políticos, y en la propia Constitución Política de los Estados Unidos Mexicanos. Cuando las organizaciones e individuos se convencieron de que el Estado no brindaba un adecuado acceso a la información comenzaron a elaborar sus propios expedientes con información relacionada con sucesos de desaparición, denuncias ante organismos estatales, violación de DDHH, entre otros. De forma paulatina se crearon así los acervos que son la base de los ADDHH.

Para organizaciones como Archiveros sin Fronteras, los documentos de los ADDHH y los archivos mismos tienen la función de dar acceso a la verdad de los hechos ocurridos en el pasado (Archiveros sin Fronteras, 2008). Además, los ADDHH deben brindar a los ciudadanos la capacidad para que puedan profesar sus derechos y que sus fondos documentales se puedan utilizar como pruebas judiciales, con el fin de hacer justicia. Los archivos, entonces, no sólo contienen documentos, sino que albergan la memoria colectiva de las víctimas y las organizaciones sociales: "La memoria, en la medida en que deviene en conocimiento, se convierte en una poderosa herramienta de recuperación de información de los derechos ciudadanos y, en este marco general, debe ligarse de manera inseparable a los conceptos de verdad y justicia" (Alberch, 2008: 17).

Hasta el momento, se puede observar que en las funciones de los ADDHH en situaciones de abuso de poder tales como la desaparición forzada destaca, en primer lugar, hacer posible el conocimiento de la verdad, es decir, de lo que efectivamente ocurrió en un acontecimiento dado. En segundo lugar, es un instrumento de recuperación de información de los derechos ciudadanos que contrasta con la verdad histórica o aquella construida por el Estado.

Con estas funciones primordiales en las que se construye, organiza y se forma el discurso de la memoria colectiva, hay una más que tiene que ver con la divulgación de la información y acciones de prevención y formación de la sociedad como capacitaciones, talleres, orientación a familiares de víctimas, víctimas y la sociedad en general, apoyo a grupos de investigación en defensa de los derechos humanos, entre otros. Así, un ejemplo de este tipo de archivos es el Centro Académico de la Memoria de Nuestra América (CAMENA), adscrito al Colegio de Humanidades y Ciencias Sociales de la Universidad Autónoma de la Ciudad de México (UACM), que brinda espacios como seminarios, diplomados, capacitaciones y apoya a los grupos de investigación de la propia UACM. Pero también la documentación que resguarda es útil para la generación de políticas de reparación hacia las víctimas.

Hay un aspecto que debe explicarse antes. La función de los ADDHH como salvaguarda de la memoria colectiva, como medio para obtener información y difundirla en tanto derecho a la verdad, no supone una acción o formación de instrumentos de oposición al Estado. De hecho, el Estado tiene la obligación de responder por la protección, preservación y difusión de estos archivos. Sin embargo, al no cumplirse esto e incluso al ser el Estado el que incurre en muchas ocasiones en la mutilación y/o destrucción de la información, una buena parte de los ADDHH son conformados y custodiados por organizaciones, movimientos sociales ajenos al Estado y/o personas veladoras de los derechos de las personas. En específico, el archivo del CAMENA está conformado por fondos con expedientes de denuncias ante el Estado, fotografías de víctimas, volantes con información, reportes, entre otros. Este centro busca generar garantías de no olvido, hacer justicia y salvaguardar las diversas memorias que convergen en su archivo. El CAMENA, más que un lugar o repositorio es un espacio que cumple con la misión de conservar, proteger, administrar y difundir información a través de sus documentos que contienen la memoria colectiva.

Los ADDHH se componen de diferentes relaciones sociales entre diversos agentes como el Estado, víctimas, organizaciones sociales y usuarios, quienes constantemente entran en disputa sobre las versiones oficiales y no oficiales de los hechos ocurridos. Son estos agentes y su contexto los que caracterizan al archivo, pues ellos le darán un uso, una finalidad y valor a todos los documentos y a su conservación. Para Silva, "la propiedad doble de los archivos como lugar de historia y de memoria se refuerza por la actual consideración como instituciones que no son pasivas intermediarias para la producción de historia, sino que también son activas gestoras de memorias" (Silva, 2002: 207). Puede decirse así que el CAMENA, además de la conformación, conservación, digitalización y difusión de sus fondos, también cumple con la función de la conformación de las diversas memorias colectivas que allí yacen, con las cuales se busca la reivindicación de sus derechos, poder combatir la impunidad a la que han venido siendo sometidos, tener una lucha frontal contra el olvido y tener pruebas necesarias (documentos) para hacer justicia, asignar responsabilidades y resolver casos que dentro del ámbito estatal no se han resuelto, pues el Estado parece estar implicado.

Ante la amenaza latente por parte del Estado de manipular, borrar o mutilar la información de los documentos en los ADDHH sobre las violaciones cometidas, se hace un esfuerzo para conservarlos y protegerlos, en ocasiones manteniéndolos lejos de cualquiera de estas posibilidades, pero también a través de la publicación y divulgación. El CAMENA cumple con la función de proteger los acervos que resguarda; por ejemplo, del fondo del Comité Eureka que debió esconderse en más de una ocasión, así como el del Comité Cerezo, al sufrir múltiples allanamientos y amenazas. Una solución interesante que ha señalado el CAMENA para la protección de información ha sido a través de un proceso de digitalización y su divulgación a través de la red. Con el fondo del Comité Eureka se empezó con ese proyecto en el año 2016.

Las amenazas y allanamientos a ADDHH, como los que estos fondos han sufrido, se relacionan con el poder que tienen frente a la posible resolución de los casos de violación a los DDHH. Los archivos son "dispositivos de poder envueltos en las dinámicas políticas de cada sociedad" (Rivera, 2014: 47). Por esta razón es importante discernir y dar un gran valor a los ADDHH, pues ellos entraman esfuerzos para traer unos hechos del pasado que son importantes para un grupo de personas a las cuales les fueron vulnerados sus derechos. Además, el archivo significa una construcción y organización de las memorias colectivas de las víctimas y familiares.

Las funciones de los ADDHH son más amplias. No sólo se trata de configurar, resguardar, proteger y publicar, sino que en la misma configuración y ordenamiento de los documentos se cuenta con un material y un discurso ordenado útil para tener un libre acceso a la información y con ella apoyar y dar soporte a juicios y procesos en busca del restablecimiento de derechos.

Para cerrar con esta idea, debe destacarse la voz de una de las colaboradoras en CAMENA como Beatriz Torres Abelaira, responsable general del centro, que explica que la memoria colectiva está en todos los temas que el archivo del CAMENA ha reunido, y poder conservarla y custodiarla es un gran compromiso, pues allí confluyen miles de voces que tienen algo que expresar, acciones de personas que lucharon por la defensa a la vida:

> …La memoria colectiva para mí es la suma de la cotidianidad de la humanidad, porque la memoria no son actos heroicos. ¡Cuidado con eso! La memoria es algo infinitamente más complejo y que hay que saberla mirar. Ninguna historia la hace una persona, ni solitaria, ni dos, ni tres; y cuanto dicen y los actores sin nombre, la muchedumbre, el pueblo, yo creo que todo eso tiene nombre y rostro (Entrevista a Beatriz Torres Abelaira, 6 de marzo de 2018).

Compartir estas memorias colectivas de las organizaciones con la sociedad hace que los acontecimientos no pasen desapercibidos en el presente, ni en un futuro, y así poder lograr la lucha contra el olvido, que es uno de los objetivos de las organizaciones que aquí se han mencionado.

Consideraciones finales
En suma, en contextos de desigualdad en los que es común que prevalezca la impunidad y la injusticia como ha sucedido en México, la conservación y difusión de la memoria colectiva a través de los ADDHH es indispensable para reconstruir la verdad, exigir un esclarecimiento de las acciones del Estado y, por lo tanto, luchar por un acceso a la justicia y la información.

Se ha explicado en este capítulo la importancia de la memoria para una sociedad, no sólo para construir la identidad, sino para exigir, ante una agresión y el ejercicio de la violencia contra la integridad de la sociedad misma o un individuo que forma parte de ésta, el restablecimiento de los derechos violentados de las víctimas y la rendición de cuentas del responsable. Esto significa que no se trata de una conformación física de un archivo, sino de diversas memorias colectivas, es decir, historias de violencia a los DDHH que han padecido individuos y sociedades enteras, de abuso de poder y persecución.

Una característica de la memoria colectiva con relación a los ADDHH es que no sólo pertenece a la sociedad civil, sino que ella misma contribuye y forma parte indispensable de la formación de acervos de DDHH, a través de los documentos que resguarda. Esto significa que se debe a profesionales de la archivística la configuración del acervo, pero a las víctimas, activistas y familiares de las víctimas les corresponde el crédito de la existencia de los archivos, con los cuales se puede dar seguimiento, se puede denunciar y exigir la rendición de cuentas de los responsables de la violación a los DDHH, como al Estado mismo.

El CAMENA es un ejemplo de importancia que se ha puesto a disposición en este capítulo por el tipo de material que contiene: resguarda los fondos y formatos documentales como libros, revistas, expedientes, denuncias, casetes, videocasetes y un sinfín de material conformado en el período de la guerra sucia en América Latina. Todo ello pertenece a esta sociedad que exige una respuesta a las acciones violentas perpetradas por el gobierno contra sus familiares o su persona misma. En otros ADDHH —además de este caso—, también apuntan a una protección y libre acceso de información para ser divulgada y ayudar a restablecer los derechos violentados de las víctimas. Ésta es la diferencia principal respecto de otros archivos.

Pero también debe señalarse que los ADDHH, desde el momento en que hacen pública la información, contribuyen a la formación en materia de DDHH de las personas, víctimas o no, para que sean conscientes de cuándo y cómo podrían estar siendo vulnerados y, por lo tanto, cómo podrían defenderse. Así, la importancia de los ADDHH de conocer los derechos y de exigir su respeto, implica entender de raíz el contexto y el papel de la memoria colectiva frente a una situación de impunidad que debe combatirse, es decir, la memoria colectiva que se conserva en los ADDHH ayuda al esclarecimiento de los hechos, a reconstruir la verdad de lo que ha sucedido y a luchar contra la impunidad.

Capítulo 10.
Salud urbana en espacios turísticos, alimentos y tensiones entre culturas y territorios

Carlos Ríos-Llamas

Introducción

El turismo se considera una de las mejores oportunidades para el desarrollo económico, la diversificación de actividades y la generación de dinámicas en el territorio. Las iniciativas emprendidas en un primer momento por las grandes ciudades se han desplazado poco a poco hasta los pequeños poblados y las zonas rurales a partir de nuevas búsquedas como el ecoturismo y los deportes extremos. Si, tal y como dice Duterme, "el turismo reposa sobre su propia democratización en el seno de los países ricos, su internacionalización confirma su carácter desigual y el discurso humanista de la Organización Mundial del Turismo manifiesta su opción más liberal" (2006: 7), sucede que mientras se amplía la dinámica turística en la escala global, también se polarizan las sociedades y se incrementan las desigualdades sociales. Resulta pertinente, en esta línea, desentrañar las relaciones existentes entre el impacto de las actividades turísticas y las tensiones entre culturas y territorios, específicamente desde la protección de la vida humana como núcleo y el cuidado de la salud como su salvaguarda.

Este capítulo se concentra en un análisis de las desigualdades en salud que se producen desde la reconfiguración del espacio urbano a raíz del incremento de actividades turísticas. Se plantean las dinámicas de promoción de los destinos turísticos alineadas con otras como *branding* y mercantilización del territorio. El punto de partida es la concepción de la salud como resultado de la movilización de ideas, actores e instrumentos en torno a la protección de la vida de algunos y en riesgo de otros. En el caso que aquí se propone como ejemplo, San Miguel de Allende, la salud urbana es una construcción que se alinea cada vez más a las prácticas turísticas concebidas desde un punto de vista político y cultural, en el que el *flâneur* enunciado por Walter Benjamin como un poeta que reconstruye la ciudad a su paso, no lo hace sin afectar la configuración de la vida cotidiana de los habitantes y las valoraciones sobre sus condiciones sociales y espaciales.

Desde un gesto más específico de la salud urbana como sería la alimentación y su lugar en el soporte de la vida ordinaria, es conveniente revisar los contrastes que se exponen en los espacios turísticos y cómo permiten visibilizar las disimetrías en el cuidado de la vida, más allá de la simple mirada económica sobre quién tiene más dinero o quién tiene mayor movilidad. Como alternativa, se propone un enfoque socioantropológico del espacio urbano y los estudios del turismo, que permite desentrañar las interacciones que ocurren en torno de la ciudad y la alimentación. El escenario del análisis es la ciudad de San Miguel de Allende, en Guanajuato, México, incluida en 2008 en la Lista de Ciudades Patrimonio de la UNESCO y considerada dos veces como la mejor ciudad del mundo por la revista *Travel+Leisure*. A partir de una serie de visitas que se prolongaron durante varios días distribuidos entre enero de 2018 y junio de 2019, se integra el ejercicio etnográfico con el registro fotográfico y algunas entrevistas. En este documento se presentan los principales argumentos que tejen la teoría crítica con el trabajo antropológico a partir de una primera reflexión en torno al turismo, la transformación del espacio urbano y sus implicaciones sobre las desigualdades alimentarias.

Conviene presentar, antes que todo, el marco liberal sobre el que opera el turismo en nuestros días. De acuerdo con las cifras de la OMT, el número de turistas en 2018 fue de 1.4 billones, lo que representa un incremento del 6% con respecto al año anterior y se convierte en un dato relevante por las implicaciones que ha tenido el turismo para la recuperación económica mundial desde 2010. En 2017 México se posicionó en el número 6 de los destinos con respecto al número de turistas que se reciben, por encima de Reino Unido y Alemania. Además, se reportó un aumento en el sector turístico del 6.7% entre 2016 y 2017. Después, en 2017, el turismo creció 3.4% mientras que la economía creció 2.3%, coincidiendo con el dato sobre nueve de los últimos diez trimestres en que el PIB turístico ha crecido más que el resto de la economía. Más aún, para 2018 el Banco de México esperaba un incremento de hasta el 5% en el número de entradas de turistas al país (SECTUR, 2018; SECTUR, 2018b).

En cuanto a la relación entre el desarrollo económico, las desigualdades sociales y el turismo, se pueden descubrir dos miradas fundamentales: la primera es la idea de que la desigualdad es un asunto distributivo cuya antítesis correspondería con el acceso igualitario a los bienes, las oportunidades, el reconocimiento social, el capital económico y las propiedades. La segunda mirada se centra menos en las posesiones y más en los modos sociales de la dominación, la opresión y la explotación social, determinadas a partir de las relaciones de poder (Singer, 2019: 35-36). Queda claro que la mayoría de los estudios sobre el turismo, aun los estudios sociales, ha privilegiado el enfoque de la distribución de los recursos como perspectiva para el análisis. El problema es que los estudios de corte econométrico y los análisis estadísticos olvidan con frecuencia que las desigualdades se sustentan también en valores simbólicos que se reflejan en las estructuras sociales. De aquí la pertinencia de un enfoque alternativo desde la antropología política que revise las conceptualizaciones sobre las que se expresan las desigualdades en el ámbito urbano, a partir de la promoción exponencial del turismo. En esta línea, y de acuerdo con Balandier (2013), se concibe la antropología política como un trabajo de descripción y análisis de los sistemas políticos (estructuras, procesos y representaciones) sobre los que reposa el gobierno de los seres humanos y los sistemas de símbolos que lo sustentan.

Por otra parte, y desde una consideración ecológica, con frecuencia la voluntad de desarrollo turístico se enfrenta con otros conflictos entre las divergencias en la valorización del territorio por parte de los turistas y de los habitantes, sobre todo si se toma en cuenta que todas las actividades económicas que se movilizan a partir del turismo pueden afectar los usos y cuestionar la capacidad de los recursos disponibles (Delaplace y Gravari, 2016: 5). El discurso sobre la "democratización" del turismo internacional se ha convertido en una idea ilusoria porque si en un futuro cercano cada individuo de la esfera global estuviera en posición de ejercer su derecho a la movilidad por el sólo ocio y el placer de rebasar las fronteras, las capacidades de absorción ecológica no serían suficientes.

Además, algunos consideran que el turismo seguirá siendo un lujo restringido a pocas personas. Si se observa con mayor detalle la distribución espacial del turismo, hay una manifestación explícita de las desigualdades que ratifica el carácter elitista de estas actividades. No obstante, y desde la teoría crítica enfrentada con las dinámicas socioespaciales que refleja el turismo, la antropología política encuentra en estas expresiones un nuevo campo de batalla para profundizar sobre la configuración de las lógicas multiculturales y las disimetrías en el poder cuando los actores locales se enfrentan con las lógicas globales en la gestión de un territorio específico. En los siguientes apartados de este capítulo se pretende, desde un ejercicio de análisis y teorización que retoma las principales reflexiones en torno al turismo y las desigualdades sociales en el acceso a la alimentación, analizar cómo la salud urbana expone frente al turismo una divergencia tanto en la constitución de los modelos de comprensión, como en la asimilación de los riesgos y la protección de la vida de algunos seres humanos. El objetivo principal es develar los discursos colonizadores y el higienismo que encarna la promoción turística en detrimento de las prácticas locales en torno a la salud —y en particular a la alimentación— como soporte de la misma, en lugares donde la industria turística ha venido a construir el "exotismo" mediante la intervención impositiva del Estado y de las élites locales.

1. La pertinencia de la antropología para el estudio del turismo y la alimentación

El turismo no siempre ha existido. De acuerdo con Marc Boyer, en su estudio sobre el turismo como una creación de la modernidad occidental, el turismo es contemporáneo de las grandes revoluciones que marcaron al siglo XVIII tanto en agricultura como en la industria y las finanzas. En *Histoire de l'invention du tourisme* (2000), Boyer expone que el turismo es un aspecto esencial de la modernidad desplegado por el ocio de una élite dominante. Para profundizar en las particularidades de los desplazamientos turísticos, Boyer separa los viajes de carácter religioso y sanitario como las peregrinaciones y los desplazamientos en busca de aguas curativas, que no corresponden a las lógicas turísticas sino a otro tipo de intereses. Uno de los grandes problemas de los trabajos sobre el turismo, dice el autor, es que no se utilice una definición clara. Sucede que el término entra apenas en 1875 en el diccionario *Larousse* para referirse a los "viajeros que viajan por curiosidad u ociosidad" (2000: 9).

Por otro lado, se puede encontrar la referencia constante al origen del turismo desde su relación con el Gran Tour de los jóvenes aristócratas ingleses de finales del siglo XVIII. De acuerdo con la mayoría de las fuentes que tratan sobre el origen del turismo como práctica, los jóvenes nobles de las aristocracias británicas comenzaron a viajar con el objetivo de reconocer los sitios y monumentos de diversas culturas. De esta manera, se consideraba que los viajes les garantizaban el aprendizaje y la socialización a partir de conversaciones sobre el mundo que rodeaba a sus círculos sociales.

Posteriormente, en la época romántica algunos médicos recomendaban los viajes como una manera de luchar contra la enfermedad de la angustia y la melancolía. Los viajes al mar y las prácticas como la natación aparecen ligadas a las actividades turísticas al mismo tiempo que se legitiman desde el higienismo médico y el cuidado del cuerpo. Durante el siglo XIX, con las mejoras en el sistema de transporte, las actividades turísticas podrían ampliarse al mismo tiempo que las transformaciones sociales que permitieron ampliar estas prácticas más allá de los círculos aristocráticos. No obstante, no sería sino hasta las primeras décadas del siglo XX cuando se comienza a observar que el turismo interviene en la balanza de pagos y los organismos internacionales buscan poco a poco la manera de definir la figura del turista y de promover este tipo de prácticas. Es de esta manera como se llega al turismo de masas. En el mundo contemporáneo, sin embargo, se observa que "mientras que las migraciones y los exilios son combatidos por todas partes, la movilidad de placer nunca ha sido valorizada de la misma manera" (Cousin y Réau, 2016: 3).

A pesar de la doble estigmatización del turista como individuo de élite y como colectividad disruptiva expresada en el turismo de masas, el turismo sigue siendo una de las principales ambiciones de los agentes económicos y políticos como motor de desarrollo y suele justificarse en términos culturales como un espacio para la alteridad y el reconocimiento de los otros. Ya desde 1991 Jean-Didier Urbain, en *L'idiot du voyage: histoires de touristes*, exponía las transformaciones que había sufrido el viaje de los intelectuales como una oportunidad para ampliar su cultura, al convertirse en un producto del comercio masivo que ya no estaba dispuesto para las exploraciones culturales, sino que promovía los desplazamientos por ocio y buscaba garantizar la comodidad y el mínimo sobresalto a los viajeros.

Dado lo reciente de los estudios sobre el turismo, entender las lógicas de invención, de difusión y de imitación turísticas sigue siendo un trabajo muy delicado. Además, dice Nash, cuando se pretende hacer un análisis antropológico del turismo es necesario rebasar los análisis localizados para entender el fenómeno en todos los lugares donde se presenta (1989: 71). Más allá de una amplia tradición de estudios antropológicos localizados, es conveniente incluir los aspectos culturales que se manifiestan en los fenómenos globales y en las redes e interconexiones de ideas y de personas. Algunos antropólogos contemporáneos como Jonathan Friedman (1994), Marc Abélès (2008) y Michel Agier (2013) han introducido una mirada más amplia de los trabajos de la antropología para observar fenómenos que escapan a la sola particularidad de un territorio y que configuran el ámbito internacional.

Entre los antropólogos, la preocupación por el turismo está relacionada con la importancia en los intercambios interculturales que se generan. El turista es considerado como un "agente de contacto entre las culturas" que puede inducir una serie de cambios, sobre todo cuando se trata de su aparición en las regiones menos desarrolladas del planeta (Nash, 1989: 69). Además, los estudios sobre la movilidad se han centrado específicamente en el tema de las migraciones y la ruta Sur-Norte, dándole muy poca importancia a la movilidad Norte-Sur que se evidencia en las dinámicas turísticas. La mayoría de los trabajos de investigación sobre las migraciones de Norte a Sur coinciden en las situaciones de privilegio (Fabbiano *et al.*, 2019: 15-16), aunque esta lectura se limita al orden económico y lo peyorativo del turista como alguien que aprovecha las disimetrías con los países del sur.

El análisis del turismo implica la comprensión de las transformaciones socioespaciales detonadas por estas prácticas como "procesos colectivos complejos coproducidos por todo un sistema de actores, institucionales y no institucionales... y como resultado de inflexiones, alianzas y acuerdos, conflictos, desacuerdos y resistencias, así como la acción programada por circunstancias, azares, cuando no la simple consecuencia de la inercia del sistema" (Jelidi, 2014: 12-13). De esta manera, la pertinencia del abordaje antropológico se juzga como una urgencia para entender las reconfiguraciones del mundo contemporáneo y las tendencias a la polarización social en medio de los debates sobre los derechos humanos y las profundas tensiones entre las culturas locales y la imposición de ideologías occidentales.

En términos metodológicos, el estudio del turismo sigue siendo un reto en lo que se refiere al enfoque y constitución de parámetros estadísticos. La posibilidad de incluirlo entre los estudios de las movilidades de la época contemporánea presenta a la vez un desafío interdisciplinar y un reto para el tratamiento de datos masivos.

Desde las humanidades, y en un ejercicio dialógico con otras disciplinas, aparece la oportunidad para contextualizar las dinámicas que se tejen con el turismo y aclarar los resultados que se presentan en los estudios cuantitativos y cualitativos. Sin embargo, conviene dejar claro que cualquier estudio de contextualización desde la antropología política, al mismo tiempo que descubre ciertas lógicas entre los datos y los argumentos, es solamente el principio de muchas interrogantes que siguen abiertas y que exigen estudios más acotados y continuados en el tiempo.

Ahora bien, tanto los estudios del turismo como los de la salud alimentaria suelen ser abordados desde enfoques separados. Por un lado, el turismo se vincula más con el ámbito económico y el desarrollo mientras que la salud alimentaria se deja a la biomedicina, la nutrición y la salud pública. La ambición de este documento es articular ambas esferas de conocimiento desde el espacio urbano como articulador. La mirada antropológica, además, permite que tanto la comprensión de la alimentación como las lógicas turísticas se encuentren desde las tensiones que resultan en el cruce de culturas; la ciudad patrimonial, por tanto, aparece como un escenario pertinente para situar las dinámicas turísticas y alimentarias desde las desigualdades socioespaciales que se territorializan cuando coinciden los visitantes con los desplazados.

En cuanto a las relaciones entre turismo cultural, antropología y alimentación, Fischler (1990) explica que alimentarse, más que una actividad meramente biológica, es un asunto social y cultural. De acuerdo con este antropólogo de la alimentación, hay una serie de relaciones entre la alimentación, la moral, el individualismo y la colectividad que son inseparables del acto social de alimentarse. Otros, como Little (2007), insisten en las relaciones que se establecen en torno a los productos, el turismo y las dinámicas globales frente a la construcción de las identidades. En todo caso, el escenario al que exponen los espacios turísticos en términos de la alimentación es un cruce de culturas, de creencias, de valores, de usos y, sobre todo, de relaciones de poder. El recuento de estas dinámicas en el centro histórico de San Miguel de Allende puede ilustrar la manera en que se establecen las tensiones en torno a la comida y cómo se vinculan con las desigualdades sociales en el acceso a la salud.

2. San Miguel de Allende: ciudad gourmet, ciudad snack

A lo largo del siglo XX, y sobre todo en las últimas décadas y en el inicio del XXI, la protección patrimonial ha conocido múltiples instrumentalizaciones alineadas con el liberalismo económico. Por un lado, la Convención del Patrimonio Mundial de la UNESCO en 1972 abrió las puertas para la inclusión de bienes culturales y naturales, ampliando la sola protección a sitios y monumentos. Por otro lado, la ampliación de los reconocimientos de la UNESCO pronto se fue alineando con la evolución del consumo turístico al grado en que pudiera ponerse en cuestión el reconocimiento de algunos lugares incluidos en la lista solamente por su estrecha relación con el desarrollo económico y el turismo.

En el caso de San Miguel de Allende, la ciudad se incluyó entre los bienes patrimoniales reconocidos por la UNESCO en 2008, pero este nombramiento es el resultado de una serie de iniciativas que las élites locales venían promoviendo desde años anteriores. Como ejemplo se puede citar la cancelación de la famosa "Sanmiguelada", una fiesta que imitaba a la de San Fermín, en España, y que implicaba que se soltaran varios toros en el centro de la ciudad durante el tercer sábado del mes de septiembre. Aunque el discurso común sobre la cancelación de este festejo se basa en la falta de acuerdo entre el sector hotelero y restaurantero con el gobierno municipal, también se argumenta sobre las condiciones que habría puesto la UNESCO en el proceso de evaluación del expediente en 2007 para incluir a San Miguel de Allende entre las ciudades patrimoniales un año más tarde.

Desde principios del siglo XX, San Miguel de Allende se convirtió en uno de los destinos predilectos para las vacaciones de extranjeros estadounidenses. De acuerdo con varios arquitectos que nacieron, crecieron y han desarrollado su trabajo en la ciudad, a partir de 1960 se comenzó con una dinámica exponencial de adquisición de viviendas por parte de los estadounidenses, que solamente se utilizaban un par de semanas al año, cuando venían de vacaciones. Uno de ellos recuerda que

> …en las casas del centro vivían muchas familias sanmiguelenses que las habían heredado, pero eran casas viejas, con muchos problemas de humedad, con techos viejos y puertas de madera… los americanos las fueron comprando y las arreglaban, pero nomás las usaban para vacaciones… no las querían rentar porque no querían que se las maltrataran —ya sabes, que dañan los muros o los pisos… Entonces preferían dejarlas cerradas y que alguien les

diera mantenimiento y las arreglara cuando venían de vacaciones (David, entrevista 23-03-2019).

Poco a poco la población originaria de San Miguel iría vendiendo sus casas, sobre todo si se consideran las crisis económicas por las que pasó el país en la década de 1980. La opción del turismo, promovido por las mismas instancias gubernamentales, se convirtió en una estrategia para absorber las inestabilidades económicas; algo que puede observarse aún en las últimas décadas porque mientras que otros sectores son más sensibles a las variaciones en el mercado global, el turismo ha mantenido un incremento constante aun en medio de los desastres financieros.

Desde finales del siglo XX se observa en el mercado global un desarrollo del turismo asistido por la planificación del Estado. La inclusión de centros urbanos en la lista de la UNESCO, como Quito, Cartagena y Antigua, Guatemala, marcaría una tendencia en América Latina por incluir los centros históricos entre los espacios reconocidos por la UNESCO y poco a poco promover el turismo en las ciudades más pequeñas.

Con la llegada masiva del turismo a San Miguel de Allende en la última década del siglo XX se duplican las actividades económicas. Al mismo tiempo, las asociaciones que protegen los sitios y monumentos y promueven la actividad cultural de la ciudad se irían multiplicando. Poco a poco se multiplican también las agencias locales, los talleres de artesanía, los comercios de alimentos y, sobre todo, las agencias de bienes raíces. De acuerdo con las entrevistas realizadas, los informantes coinciden en que para 1980 todos conocían menos de diez agencias de bienes raíces en San Miguel de Allende, pero que tan sólo una década después ya había cientos de ellas. Este impacto en el sector inmobiliario, que obedece por un lado al turismo local y por otro al mercado extranjero, en los últimos años ha sido exponencial y deriva en la conversión de las viviendas en hoteles boutique con restaurantes en la parte inferior. El modelo arquitectónico en el centro histórico, como consecuencia, es una hibridación entre alojamientos para el turismo, comercio de artesanías y espacios alimentarios.

Para exponer las desigualdades alimentarias en San Miguel de Allende basta una descripción del jardín central: frente a la parroquia se encuentra el Hotel Posada San Francisco y las oficinas de turismo. A los costados hay algunos bancos, otros hoteles más pequeños, pero sobre todo restaurantes como Bella Italia, El Bazar,

Rentería Artisan Boulanger, Starbucks Coffee, Helados Dolphy y, a unos pasos, Restaurante Pueblo Viejo, Mamma mia y La Azotea. De frente a los portales hay una serie de carritos con forma de tranvía que ofertan golosinas, churros y papas, elotes y esquites, además de algunos juguetes y artesanías locales.[1] Sus vendedores apenas pueden ocultarse del sol, y algunos prefieren dejar el carrito a la distancia para sentarse en las escalinatas del jardín central hasta que aparezca algún cliente. A media tarde, en un rincón adentro de los portales, en la esquina de la calle principal, un tumulto se apiña alrededor de una mujer que desde una canasta dispuesta sobre el piso saca tamales y los vende en platos desechables. Esta imagen, recurrente en otros centros históricos, se acompaña con el desfile interminable entre extranjeros, turistas jóvenes con sus mochilas, familias de los alrededores que vienen con sus niños, habitantes que salen a pasear a sus mascotas y sobre todo vendedores ambulantes. El contraste de alimentos entre las cadenas internacionales, la informalidad y clandestinidad de los ambulantes y la cocina "de autor" de varios restaurantes del centro histórico, no es sino el manifiesto del otro orden que subyace en San Miguel de Allende: el de las políticas de promoción turística, la industria inmobiliaria, las élites culturales y económicas, y el exotismo de una ciudad colonial cuyo folclor es, de principio a fin, una construcción cultural sobrepuesta a uno de tantos pueblos que se podrían encontrar en México.

Sin pasar por alto que el turismo de masas y la disposición de infraestructuras para los visitantes —como los servicios *all inclusive* o los tours organizados— han permitido a muchas familias y jóvenes de niveles socioeconómicos precarios visitar lugares como San Miguel de Allende, es importante anotar que este tipo de dinámicas también ha ocasionado conflictos ambientales y sociales. En la zona central de la ciudad se puede percibir un aumento importante en la diversificación de actividades ligadas a la artesanía, la gastronomía, la música y las creencias, pero también se observa un impacto en la organización socioeconómica y la disposición de ciertas lógicas que segmentan a los grupos sociales y su manera de habitar el espacio. Mientras algunos podrían aplaudir que los turistas más jóvenes y las familias de los alrededores pueden acceder a los alimentos de empresas extranjeras, otros

---

[1] El lector puede darse una idea de esta circunstancia buscando en Google Maps "San Miguel de Allende, jardín central".

podrían valorar la entrada de estos productos desde el impacto con respecto a las culturas alimentarias locales y su repercusión en términos de nutrición y contenidos calóricos.

Las lógicas alimentarias en San Miguel de Allende, desde los restaurantes donde un chef de renombre internacional prepara todos los días platillos únicos hasta la vendedora clandestina de los portales que oferta sus tamales de manera discreta, impactan sobre las estructuras que soportan la salud de los pobladores. En el fondo, reconocen algunos autores, las dinámicas del turismo también transforman la forma en que los valores económicos y los recursos financieros locales están circulando (Faouzi y Martin, 2014). Si la seguridad social que soporta la salud de los pobladores locales es muy dispar y los sistemas financieros de México no permiten un avance hacia la reducción de las brechas sociales (Valencia, 2019), se puede entender cómo la exposición del territorio mexicano frente al turismo deriva en el aumento de las desigualdades sociales en salud.

En el caso particular de los problemas de salud alimentaria para el estado de Guanajuato, si se consideran los datos de la Encuesta Nacional de Salud y Nutrición (ENSANUT) la prevalencia de sobrepeso y obesidad infantil alcanzó al 36.9% de la población, mientras que en los adultos aumentó en 1.2% en los últimos seis años. Por otro lado, la misma encuesta indica que Guanajuato es de los estados del país con mayor prevalencia de inseguridad alimentaria con 7 de cada 10 hogares en estas condiciones (2012: 88).

3. El turismo y su capacidad para reconfigurar los territorios

Las transformaciones que se suscitan en los espacios turísticos están determinadas en gran medida por las instancias gubernamentales y financieras. Con el objetivo del desarrollo turístico, "la gobernanza, entendida como política que pone en marcha los dispositivos de desarrollo, asegura una mejor coordinación entre los actores y las intervenciones de un país o de una región" (Hillali, 2019: 9). De esta manera, tanto las élites locales como las plataformas gubernamentales se coordinan para elaborar una serie de planes y proyectos que permitan la entrada de la ciudad en el ámbito turístico.

El problema del turismo, como un legado de la modernidad, es su vínculo tan estrecho con el liberalismo económico. Si se toma en cuenta que "para el liberalismo, el bienestar es producto de las capacidades individuales de competir en el mercado... [en este sentido] las desigualdades sociales se justifican porque se considera que reflejan diferencias en los méritos, talentos y esfuerzos personales" (Barba Solano, 2019: 145). Lo que habría de valorarse, entonces, desde casos tan concretos como la salud alimentaria en San Miguel de Allende, es la capacidad individual de los habitantes para adaptarse a las presiones globales reflejadas en su espacio inmediato, esto es, su capacidad individual para adaptar la vida ordinaria a las nuevas dinámicas del turismo.

Por otro lado, los reconocimientos de instancias internacionales y la aparición en el espacio mediático tienen un fuerte componente de *branding* o "creación de marca". La construcción, ahora desde las finanzas, de una imagen y un cierto conjunto de valores culturales está dada desde los poderes locales y su lectura del territorio (véase Imagen 1 al final de este capítulo). En este sentido, "el *branding* sostenido por la gobernanza es un instrumento que transforma las lógicas de la infraestructura turística y de la organización del espacio. Su objetivo es la construcción de una imagen de marca sobre un territorio turístico dado" (Hillali, 2019: 9).

Desde una mirada socioantropológica, el turismo sería una excelente revelación de las transformaciones profundas de la sociedad y de la cultura, justamente por su poca sensibilidad a las aparentes coyunturas económicas (Boyer, 2000: 276). Si se considera la evolución del turismo a nivel global desde los años que siguieron a la Segunda Guerra Mundial, se puede observar su crecimiento exponencial. Esto indica, también, que las sociedades contemporáneas han crecido de manera integrada a este fenómeno y que se han ido modelando en un proceso integrado.

A partir del caso de la ciudad medieval de Loches en Touraine, Cousin y Réau exponen cómo se pretende "transformar la ciudad por el turismo, a pesar de que la frecuentación del sitio no parece haber aumentado en los últimos doce años" (2016: 85). En este caso se reconoce que el enfoque en el turismo ha marcado la polarización entre dos grupos principales: los que dicen amar el patrimonio y el resto. Pero cuando se busca un poco más allá del conflicto sobre el turismo se observa que hay diferencias sociales, políticas y espaciales que evidencian la correlación entre los que promueven el turismo y habitan en zonas estratégicas y los que se oponen, pero además habitan en zonas desfavorecidas. En este sentido las políticas de promoción al turismo se convierten en un instrumento de legitimación de políticas culturales enfocadas en los turistas y en detrimento de las condiciones de vida de los habitantes.

De acuerdo con Curtis, hay tres factores principales que impactan en las desigualdades socioespaciales en el acceso alimentario: las estructuras políticas y administrativas, las estructuras sociales que operan en diferentes espacios y la organización de la infraestructura para la distribución de los bienes y servicios (2004, 113). Cuando una buena parte del espacio urbano es apropiado para ofertar ciertos servicios exclusivos para el turismo, al mismo tiempo se reduce el espacio disponible para otros patrones de consumo que son importantes para los grupos de menores niveles socioeconómicos. Lo que se observa en el caso de San Miguel de Allende es el desplazamiento de ciertos recursos alimentarios como las fondas y las tienditas de la esquina, que constituyen los gestos más fidedignos de la alimentación cotidiana de los mexicanos.

Lo que sucede en las ciudades turísticas es que las lógicas de *branding* y reconocimiento nacional e internacional son ante todo el resultado de las élites económico-políticas que se lo plantean como objetivo. Luego, las mismas dinámicas comerciales en los centros históricos, incluyendo las alimentarias, se disponen desde los grupos de poder que concentran estas decisiones. En entrevista, un sanmiguelense que tuvo participación en el Consejo Turístico expone que "el consejo está conformado por iniciativa privada y gobierno, más sillas de iniciativa privada que del gobierno, entonces cualquier iniciativa de la iniciativa privada puede ser votada con un poco más de facilidad" (Luis, entrevista 07-09-2019). Esto permite entender cómo la concentración de los recursos derivados del turismo se ha depositado en un grupo de la población y en contra del resto. Los servicios de hotelería y restaurantes, por lo tanto, implican lo que David Harvey conceptualizó como "acumulación por desposesión", idea que permite entender el desplazamiento paulatino de los habitantes menos favorecidos hacia las periferias urbanas. Esto no equivale necesariamente a la sustitución de habitantes nacionales por los extranjeros, sino a las alteraciones en el uso del suelo del Centro Histórico que muta poco a poco de residencial hacia el comercio y la oferta de servicios.

Por otro lado, la existencia de un cierto vínculo entre el turismo y el nacionalismo es evidente (Cousin y Réau, 2016: 87-88). El turismo participa en el refuerzo del sentimiento de pertenencia nacional y se suele subestimar su relevancia porque la mayor atención de los análisis se dirige hacia su impacto en términos económicos. En este sentido, el turismo sirve también para legitimar y transformar el poder, los territorios y las identidades en el contexto nacional. Las principales adaptaciones que se deben hacer desde los locales para recibir a los turistas son adaptaciones entre grupos o niveles socioeconómicos (Nash, 1989: 85). No obstante, las adaptaciones y ajustes socioculturales no son iguales ni tienen el mismo peso para todos. La comida, por ejemplo, se ha polarizado entre los *snacks* de bajo costo para la población de bajos ingresos y los alimentos *gourmet* para los extranjeros con cierto poder adquisitivo que se pretenden como el mercado esencial de San Miguel de Allende. Lo que se observa, desde esta polarización en los recursos alimentarios en el centro histórico de la ciudad, es cómo las estructuras de las desigualdades sociales y de poder impactan en la manera como los humanos interactúan con el entorno que les envuelve (Singer, 2019: 154). De este modo, no se puede decir con simpleza que los estratos socioeconómicos menos favorecidos prefieren los alimentos de alto contenido energético y bajo valor nutricional, al menos no sin considerar que el entorno construido en que se desenvuelven está polarizado en términos de la disposición económica y espacial de los alimentos que pueden obtener.

Desde el punto de vista de los antropólogos, la contemporaneidad requiere de una mirada crítica que rebase la centralidad de los análisis económicos para entender las crisis. Las desigualdades sociales, y las disimetrías en el cuidado de la vida, incluyendo los desequilibrios en el acceso alimentario, son el reflejo de un capitalismo tardío que se proyecta sobre el territorio en la separación de grupos sociales y la eliminación de los más débiles.

Considerando que la patrimonialización ha sido un motor fundamental para el impulso del turismo, se podría inclusive mantener la hipótesis de que patrimonio y actividad turística van de la mano. En consecuencia, la implicación de los organismos internacionales como la UNESCO debe revisarse desde su centralidad para reconfigurar los territorios y proteger las culturas locales. Aunque el discurso oficial indica que el patrimonio debe ser un beneficio para las poblaciones locales, la falta de análisis sobre las estructuras de poder que determinan la distribución de los recursos, la gestión del espacio y la salvaguarda de los valores culturales, termina por acumular en unos pocos la mayoría de los beneficios traídos por el turismo. No sólo eso, sino que desde las cadenas internacionales de hotelería y restaurantes hay una multiplicación de los monopolios y una sobreexposición de las sociedades populares frente a los nuevos retos que representa vivir en un centro turístico.

Otra de las líneas importantes a considerar es la que vincula el turismo con los procesos colonizadores. Revisando los estudios sobre el impacto del turismo europeo sobre el norte de África, los historiadores descubren que el interés por el patrimonio y el turismo es compartido por los actores económicos y los concejales municipales que se agrupan a fines del siglo XIX en las sociedades invernales de países como Marruecos, Argelia y Túnez. El primero de los sitios de turismo en el norte de África apareció en Argel en 1897, seguido por otros, incluido el de Túnez unos años más tarde. En medio de ellos, los círculos empresariales, académicos y políticos que aportan su legitimidad valorizan el patrimonio local, a través de boletines, carteles y otros medios de propaganda colonial que probablemente atraigan y retengan a los turistas. Ofrecen excursiones o incluso rutas a través del interior, al igual que las compañías navieras que venden boletos circulares a los viajeros para "hacer" Argelia en pocos días, utilizando todos los medios de transporte disponible: barcos, trenes, diligencias o autocares, según el período, mulas, incluso camellos (Zytnicki y Mus-Jelidi, 2018: 27).

Lo que se descubre en el análisis de las colonizaciones y el impulso contemporáneo del turismo es que este tipo de desplazamientos nunca se han diversificado. La multiplicación de marcas territoriales como monumentos o zonas históricas se inició desde los movimientos colonizadores y persisten hasta nuestros días bajo nuevos sistemas de nomenclaturas como las que encierra el turismo. Las transformaciones urbanas, como reconocen quienes estudian la transformación de centros turísticos en Marruecos, corresponden con la herencia de sociedades hegemónicas que siguen imponiendo sus valores culturales con respecto a la organización del espacio.

Al mismo tiempo, la circulación de saberes sobre los que se asienta la cultura local se ve contestada por la importación de otros valores a partir de las élites locales, los inversionistas extranjeros y los planificadores urbanos. Los contrastes que se originan entre las culturas locales se pueden observar, por ejemplo, en las tensiones cotidianas por la negociación de precios de los vendedores ambulantes, la oferta de guías locales o la interpelación de expendedores de volantes para comer en ciertos restaurantes. Este cruce de agencias entre los que diseñan un centro turístico y los que se deben incorporar desde las economías locales y sus propias plataformas culturales, no hace sino evidenciar una cara más de las desigualdades históricas que se han mantenido en nuestro país desde su vuelco hacia las políticas neoliberales donde el mercado determina la condición de los habitantes y sus capacidades de inserción en la vida urbana.

Desde la configuración del territorio a partir de las dinámicas turísticas se observa una réplica de las polarizaciones entre grupos sociales como la que existiera en el origen del turismo. La expresión espacial, material y simbólica de las desigualdades atraviesa las consideraciones sobre los lugares que le corresponden a los más precarios, los establecimientos y los usos que están reservados a algunos pocos afortunados y la eliminación discreta de los más vulnerables a partir de la polarización alimentaria que los conduce a la compra y consumo de productos de poca calidad y menor precio. Por si fuera poco, estas desigualdades se refuerzan en la descalificación social y la evaluación moralista de las prácticas de las sociedades populares afirmando que sus problemas de alimentación están determinados por su "falta de cultura", como si las lógicas globales y el impacto del turismo no influyeran en la creación de una cultura chatarra y como si los pobres fueran los únicos responsables de su propia desgracia.

4. El turismo de salud, reservado a unos pocos

La salud, como un elemento articulador de los grupos sociales, también debe ser vista como una construcción social cuyo significado varía entre territorios y épocas. Entre los diferentes marcos para comprender la salud se puede enunciar la idea de equilibrio, con la enfermedad como un desequilibrio, la del cuerpo como máquina y la enfermedad como un problema de funcionamiento, la de autocontrol sobre la salud, la de la salud como voluntad divina, la idea de salud como resiliencia contra las infecciones y la idea de salud como acceso a los servicios de cuidado y protección (Curtis, 2004: 3).

La liberalización de las compañías aéreas, así como las cadenas hoteleras y de restaurantes, tiende a precipitar la masificación del turismo, pero no resuelve sino que expone en mayor medida las condiciones de las estructuras sociales de cada país. Al preguntarse sobre las dinámicas históricas de desigualdad articuladas en la trayectoria del régimen de bienestar mexicano, Enrique Valencia considera que

...la concepción de derechos integrada de manera preferente en este régimen, articula los viejos derechos adquiridos con los derechos individuales garantizados en las nuevas reformas, derechos precarios para los trabajadores flexibilizados y con débil capacidad de negociación. Este régimen no se sustenta preferentemente en los derechos ciudadanos, universales por principio; lo hace en la no retroactividad de las reformas de mercado (permite mantener ventajas adquiridas), en las viejas jerarquías del régimen corporativo autoritario, complementadas por la narrativa de meritocracia implícita en las reformas de mercado y que promueven la responsabilidad individual, y la articulada por poderosos sectores que adquieren relevancia en la nueva configuración política (Valencia, 2019: 231).

Esto ratifica la actuación desde las políticas públicas sobre la intervención desde el enfoque en las desigualdades individuales y obviando los cambios subsecuentes en el sistema.

Cuando los principales actores del turismo de masas buscan las comodidades occidentales con resultados de importancia visual y cultural como la aparición de hoteles para turistas y los estacionamientos especiales para autobuses de tours, es entonces, dice Smith, cuando la cultura local se encuentra ante la grave disyuntiva de controlar y restringir el turismo o estimularlo como un objetivo económico que puede reestructurar también la cultura de tal manera que ésta pueda absorber el fenómeno turístico mismo (1989: 38).

Uno de los principales problemas de las desigualdades de salud en espacios turísticos es que la mayoría de los turistas, perteneciente a clases medias y superiores, no tiene conciencia sobre las necesidades de ocio y de esparcimiento de los grupos sociales populares. Es decir, mientras viajan parecen olvidarse que en las ciudades que visitan los habitantes establecen su vida ordinaria pero también tienen la ambición de disfrutar de los espacios y gozar de los atractivos que se ofertan. De repente, a los ojos del turista la población local estaría dispuesta como una representación de lo ordinario y su vida cotidiana no implicaría las mismas actividades que desarrollan los visitantes. Esta falta de conciencia se expone cuando se visitan los centros históricos de México y se observa la violencia ejercida por los órdenes policiales sobre el uso de las áreas verdes y el mobiliario urbano. Si se considera que las transformaciones urbanas promueven las mejoras en la calidad de vida, el primer destinatario de estas mejoras no debería ser el habitante extraordinario que se queda un par de días, sino el habitante que realiza sus actividades cotidianas en esta ciudad.

Por otro lado, los estudios de geografía de la salud se han concentrado en explicar las variaciones de salud/enfermedad entre poblaciones de diferentes partes del planeta y cómo se entienden estas diferencias (Curtis, 2004: 9). Poca importancia han recibido, por otro lado, los determinantes de salud que se vinculan con la cultura y con las tradiciones locales. Tomando en cuenta que la alimentación está íntimamente ligada a la vida ordinaria de las sociedades, y que comer es un acto social, las transformaciones que se detonan con los procesos territoriales y políticos desentrañados por el turismo son un elemento central para comprender los cambios en la dieta de una población. Desde la pertinencia de una lectura alternativa, "la cuestión clave a la cual la antropología, la historia, la arqueología y otras ciencias sociales se esfuerzan en responder desde sus orígenes, es la siguiente: ¿cómo comprender y explicar la existencia de hechos, de actitudes, de representaciones, que jamás formaron parte de nuestra manera de vivir y de pensar?" (Godelier, 2016: 61).

La persistencia de las desigualdades sociales en salud está bien establecida: las personas con educación superior, estatus laboral o ingresos tienen una menor morbilidad y una mayor esperanza de vida. Aunque las desigualdades sociales en salud existen en todas las sociedades del mundo, el grado de estas desigualdades varía espacialmente (Eikemo *et al.*, 2016: 3). Y, regresando a Godelier para explicar estos cambios desde el turismo, "por diversos motivos, los individuos o grupos humanos se ven obligados a relacionarse con otros individuos o grupos pertenecientes a clases sociales diferentes en el seno de su propia sociedad, o bien a sociedades profundamente distintas de la suya" (2016: 61). Está claro que la salud varía entre los grupos socioeconómicos, pero, ¿cómo pueden explicarse estas diferencias grupales? La mayoría de los estudios existentes que explican las desigualdades sociales en salud en los países europeos se refieren principalmente a factores de riesgo relacionados con el comportamiento, y han llegado a la conclusión de que las diferencias socioeconómicas en el tabaquismo y la inactividad física son los principales impulsores de las desigualdades y las diferencias espaciales en su magnitud (Eikemo *et al.*, 2016: 13).

Lo que sucede, revisando los cambios en la salud alimentaria de San Miguel Allende, es que en México los últimos treinta años han pasado por crisis socioeconómicas repetitivas, primero en 1982, luego en 1989, y desde principios de 1990 hacia los siguientes años. Como resultado de estos desajustes se vinieron las políticas de liberalización económica del país que se reflejaron en el aumento de las desigualdades sociales. Desde el turismo como alternativa, lo que ha sucedido es que los grupos sociales populares tienen una plataforma menos resistente para incorporar los modelos culturales de salud que se promueven desde el "deber ser" de las élites educadas. En contraparte, la exposición de los grupos precarios ante la creciente multiplicación de comercios conocidos como "chatarra" es mayor que la de los niveles económicos superiores que pueden acceder a los servicios dispuestos por la industria turística.

En entrevista, el gerente de un restaurante de comida francesa en San Miguel de Allende, luego de exponer cómo fueron apareciendo poco a poco los diferentes platillos internacionales y remplazando a las fondas locales de comida regional por la misma presión de los turistas, explica que

> …hay un interés muy particular en esta cuestión, por la clase de turismo que nos visita, que el mismo mercado te lo requiere, te lo demanda, te lo solicita, por lo tanto, tú como prestador de servicios te ves obligado a ver la forma de cómo satisfacer esta demanda, entonces como el turismo que te decía que es culto, sofisticado, demandante, de paladar exigente, obliga a los prestadores de servicios a que innoven, a que se actualicen, y a que vean la forma de cómo satisfacer a su cliente, entonces hay varias asociaciones civiles que se han dedicado a producir productos orgánicos, uno de ellos es Vía Orgánica (Luis, entrevista 07-09-2019).

A pesar de que desde fines de la década de los setenta la Organización Mundial de la Salud ha pedido a los gobiernos que reduzcan las desigualdades en esta materia, tanto los enfoques como las metodologías con las que se realizan los estudios de salud pública suelen quedarse en estadísticas descriptivas en lo que toca a los determinantes territoriales. Las explicaciones de las desigualdades de salud urbana desde la insalubridad, el acceso a la atención o la educación para la salud no permiten visibilizar los factores socioculturales que permanecen en la base de las desigualdades en salud. Por otro lado, la mayoría de estudios sobre la salud pública insiste en la correlación del estado de salud y el nivel socioeconómico sin adentrarse en los factores culturales de comprensión de salud/enfermedad y en las prácticas de cada sociedad para mantener su calidad de vida. Al mismo tiempo, no hay una encuesta sociológica que integre de manera uniforme los datos sobre factores de comportamiento, estilo de vida y condiciones de salud (Eikemo *et al.*, 2016: 3). La mirada de la salud pública y los comportamientos de los grupos populares que consumen alimentos de baja calidad corresponde con una lectura *a priori* de su cultura alimentaria y la poca correspondencia con los modelos dispuestos por las élites dominantes. Aquí se evidencia lo que observa Godelier con respecto a la imposición de modelos desde las sociedades occidentales, porque se ratifica que "la ideología colonial no ha muerto. Se ha transformado en una ideología de los Derechos del Hombre que otorga a los Occidentales y a sus aliados nuevas razones para juzgar otras sociedades e interferir en su desarrollo" (Godelier, 2016: 66-67).

5. Desigualdad alimentaria en zonas turísticas: entre la colonización y el *laissez-faire*

A pesar de las implicaciones del turismo sobre la concentración del capital en las élites ningún autor (sociólogo o filósofo), ha llegado hasta el punto de proponer la prohibición del turismo; se han estudiado mucho las ironías del turismo, pero nunca hasta el punto de rechazarlo (Boyer, 2000: 270). Además, habrá que reconocer que las relaciones entre el imperialismo occidental y la autocolonización global capitalista envuelven la paradoja de una colonización como si se tratara de una metrópoli en la figura de estado-nacional-colonial donde el muticulturalismo involucra además una perspectiva paternalista eurocéntrica para las culturas locales (D'Eramo, 2017: 209). El papel de Occidente sobre estos procesos sigue siendo central y las ideas que se difunden evidencian que, desde el nuevo discurso de patrimonio y derechos humanos hay una perspectiva que predomina sobre las demás. Frente a estas lógicas en el ámbito internacional, los países como México siguen con una agenda pendiente en términos de las plataformas sociales que permitan alzar las voces de las culturas locales.

Algunos autores insisten en la necesidad de releer la historia de las naciones coloniales e independientes a la luz de las prácticas culturales, los actores sociales y la circulación de modelos de negocios a menudo subestimados en las dinámicas políticas y económicas. Desde esta óptica el turismo de los espacios coloniales del pasado antiguo se alinearía con las empresas que apuntan tanto a la promoción turística, como al servicio de propaganda nacional de las culturas hegemónicas (Zytnicki y Mus-Jelidi, 2018: 11). Las condiciones de cada nación y los sistemas de soporte serían entonces la única alternativa para contrarrestar las ideas importadas y las lógicas de expolio a que conduce el turismo para concentrar el capital en algunos pocos líderes del ámbito internacional.

Por otro lado, la alineación de las instituciones con los principios del sistema neoliberal no ayuda, sino que multiplica las desigualdades. Por eso, en México, para comprender esta marginal reducción de la desigualdad se debe atender la debilidad histórica de las instituciones sociales mexicanas (Valencia, 2019: 198). Si además se considera que "para los enfoques relacionales sobre la desigualdad social, las estructuras sociales, las relaciones de poder, el tejido institucional y la construcción simbólica de diferencias resultan fundamentales para explicar o comprender [o las dos] tanto la producción como la reiteración de las desigualdades sociales" (Barba, 2019: 145), la comprensión que se puede tener del fenómeno, más allá de las diferencias economicistas en ingresos, está sentada en los discursos y en la ponderación de ciertos valores culturales importados, más que en el resguardo de las sociedades locales y sus costumbres.

Desde una perspectiva muy optimista que parte del enfoque del desarrollo económico, el turismo incentiva las interconexiones entre las industrias tradicionales de la región y las industrias emergentes para la atención a los visitantes. Desde esta lógica, en lugar de importar los alimentos de fuera de los destinos visitados se promueve la alimentación local y se refuerzan las vinculaciones entre la agricultura local y el turismo (Slocum y Curtis, 2018: 14). En este sentido, la articulación entre la alimentación y el turismo podría verse como una oportunidad única en términos de promoción de la cultura local y de refuerzo de las dinámicas económicas y sociales de los destinos visitados. No obstante, el enfoque neoliberal del desarrollo pone atención en las condiciones individuales y no en los colectivos, lo que deriva en un tratamiento de las desigualdades desde las capacidades y méritos de cada individuo y no en la creación de proyectos y grupos que operen de manera integrada.

En su estudio sobre la agricultura local y el turismo, Slocum y Curtis reconocen los riesgos que implica para el turista el consumo de productos locales. Entienden que "la complejidad de las regulaciones sobre seguridad alimentaria es preocupante [pero que] el objetivo final de cualquier operación turística es garantizar la seguridad y la salud de los visitantes" (2018: 211). Sin minimizar la relevancia que tienen las normas de higiene para la salud, las normas y controles que suelen emplearse en la preparación de los alimentos no siempre están alineadas con las prácticas locales como alternativa, sino que se despliegan desde los sistemas impositivos de normas internacionales que los colectivos no siempre comprenden.

Las medidas que se despliegan desde las lógicas de promoción del turismo son con frecuencia contradictorias con las culturas locales en términos del cuidado de la salud y del tratamiento de los alimentos. Baste recordar que en algunos países del sur de Asia el durián, una fruta de olor muy fuerte que en Occidente se relaciona con el olor a basura o excremento, se prohíbe tanto en los hoteles como en algunos aeropuertos. La idea de fondo es, frente al turista, no incomodar con las prácticas locales. En el fondo, y en una lectura desde las desigualdades alimentarias, el discurso higienista apunta a las disimetrías entre los alimentos permitidos y prohibidos y, en definitiva, hacia las jerarquías culturales que se reflejan en el orden alimentario que se implanta poco a poco en los espacios donde se multiplican los turistas.

En el Consejo Turístico de los sanmiguelenses fue clara la decisión sobre el perfil de turista al que debían apostarle. Tanto el discurso de quienes han participado en el consejo, como el de los comerciantes, se alinean sobre ciertos argumentos:

> …se hizo una buena creación del Consejo Turístico para promover San Miguel como tal, [tanto] nacionalmente como internacionalmente, un turismo de niveles adquisitivos que consumen poco, que se adaptan al medio ambiente que los recibe, te respetan un poco más, un turismo más culto y con más conocimiento del lugar del que visitan… el [turista] que menos te daña el lugar… es un turismo del que tú quieres ¿no?, pero tienes que hacer un estudio de mercado, ver dónde está ese turismo, y ofrecerle a ese turismo qué es lo que está consumiendo (Luis, entrevista 07-09-2019).

De la misma manera, en San Miguel de Allende poco a poco fueron desapareciendo las prácticas locales de alimentos en las calles. Los olores a grasa y humo de los comercios locales, así como las prácticas consideradas como opuestas a las normas generalizadas de higiene han ido poco a poco desplazando a las fondas hacia los márgenes de la ciudad. Como alternativa, se observa la exotización del carrito de snacks en el jardín principal: la sustitución de los comercios ambulantes con carritos en mal estado y con mala imagen en términos estéticos ha sido remplazada por un modelo de puesto ambulante con forma de pequeño tranvía que tuvo un impacto de 3 millones de pesos para la entrega de los primeros 34 carritos que responden al Programa de Modernización al Comercio Detallista "En Marcha", impulsado por la administración del estado de Guanajuato. El problema que se expone en estas iniciativas es, de acuerdo con los mismos comerciantes que recibieron los carritos, que se homologara el mobiliario en búsqueda de una cierta proyección de imagen y de orden, y en contra de las necesidades de cada una de las tipologías de comercio.

Además, la brutal irrupción de las lógicas economicistas en espacios turísticos a partir de la aparición de los servicios de hotelería, así como todas las que implican la modernización capitalista de los espacios alimentarios, desestabiliza las relaciones de poder y engendra nuevas organizaciones clientelares más o menos articuladas con el Estado. En primer lugar, existe la posibilidad de que aparezcan algunos conflictos "en el momento en que las iniciativas locales optan por privilegiar las estructuras turísticas en detrimento de otras actividades, o de los sitios turísticos en detrimento de otros espacios" (Delaplace y Gravari, 2016: 6).

Por otro lado, asistimos actualmente a una forma estética del consumo donde la parte sensible se convierte en un valor mercantil y lo emocional toma un lugar central de la esfera cultural. El apoyo al turismo se hizo más pronunciado cuando las autoridades se dieron cuenta de que el turismo podría ser uno de los mejores vehículos de propaganda para la obra colonial en su conjunto (Kazdaghli, 2018: 4). Por lo tanto, detrás del discurso de desarrollo económico a partir del turismo también se construye la idea de una cierta cultura hegemónica en términos de las ideas y los comportamientos más aceptables que deben difundirse. Alimentarse bien y cuidar la salud, como prácticas adecuadas para mejorar las condiciones de vida, son discursos construidos que no necesariamente corresponden con todos los territorios.

Además, la primera relación que se establece entre las desigualdades en alimentación es con las condiciones de pobreza, como si la precariedad económica fuese el único y el más importante de los factores para entender cómo se polarizan los grupos sociales. Hay que reconocer que, si bien "a menudo la discusión sobre las identidades está ligada a las narrativas de privación... [y] lo que se destaca es la desposesión económica... En otras ocasiones lo que se denuncia son los lazos culturales porque, se dice, mantienen la hegemonía occidental sobre el resto del mundo causando así la decadencia de las identidades nacionales o comunitarias" (Aramberri, 2011: 287-288). Desde esta óptica no es la carencia de alimentos la que debe cuestionarse, sino las reconfiguraciones del espacio social alimentario que se expresan en el acceso a ciertos productos de acuerdo con las condiciones sociales de cada uno de los grupos.

Otra lectura peligrosa del incremento de las desigualdades alimentarias en espacios turísticos es la que explica, *a priori* y basada en conductas sin más, que los grupos sociales populares se exponen al consumo de productos de mala calidad porque han abandonado sus costumbres de preparar la comida en casa y comer en familia. Aceptar este argumento sería aceptar la exclusión de estos grupos sociales en la evolución de la ciudad y su participación en las reconfiguraciones del territorio en el que habitan. De entrada, se debe reconocer que tanto el turista como el habitante, por opuestos que sean, comparten una experiencia espaciotemporal en los lugares por los que transitan. Todo avance en la línea de la igualdad debe desechar la segregación como alternativa, porque a pesar de las diferencias que pudieran existir entre el turista y el habitante, ambos coinciden en el uso de la ciudad y ambos pueden compartir valores simbólicos y prácticas sociales. De hecho, el principal problema de las desigualdades en salud se centra en este punto: no hay un reconocimiento de que ambos comparten las condiciones de lo urbano como oportunidad para mejorar su calidad de vida en lugar de rivalizar y deslegitimarse mutuamente como habitantes.

La crítica que se suele hacer sobre las prácticas sociales de los grupos populares en torno a su alimentación basada en productos considerados de baja calidad se fundamenta en un imaginario del colonizador del control que se debería tener sobre las actividades humanas. Los discursos de la salud no están exentos de representaciones de quienes los emiten, y en los sistemas neoliberales se asigna al individuo la libertad y la responsabilidad completa sobre sus acciones para liberar a los sistemas de protección social y a la gestión política de responsabilidades sobre la salud en las prácticas de la vida cotidiana.

Conclusiones

El impacto del turismo y de los procesos de patrimonialización del territorio suelen estudiarse desde la mirada económica dominante que se concentra en datos de corte cuantitativo para explicar cómo el incremento de viajeros constituye una oportunidad para el desarrollo de las ciudades y el bienestar social. Lo que sucede es que el turismo está alineado a los procesos de la modernidad y las lógicas neoliberales de concentración del capital a partir del incremento de las desigualdades sociales.

Por su parte, los análisis con enfoque antropológico consideran el turismo desde la multiculturalidad y el intercambio de saberes, pero no siempre son sensibles al impacto desigual de los valores culturales entre el visitante y el habitante ordinario. Recuperando las dinámicas turísticas desde el periodo colonial, se observa que la geografía turística mantiene una continuidad entre los desplazamientos y la generación de puntos de referencia simbólicos que obedecen más al exotismo de la mirada extranjera que a los valores locales de cada territorio. Esta continuidad en los procesos colonialistas atraviesa las interacciones efímeras en los recorridos urbanos y llega hasta las modificaciones en las prácticas ordinarias de los habitantes.

La alimentación, más allá de su mera consideración biológica, es una práctica social y cultural que se corresponde con la organización de las sociedades. El impacto manifiesto del turismo sobre la alimentación local en San Miguel de Allende se polariza en dos sentidos: en primer lugar, y en términos económicos desde las lógicas neoliberales, al mismo tiempo que se multiplican los espacios gourmet y la cocina de autor, la comida en el centro de la ciudad se vuelve inaccesible para los grupos sociales populares; en segundo lugar, la descalificación de las prácticas sociales alimentarias de los grupos sociales más precarios desencadena un proceso de legitimación de las dinámicas alimentarias de las élites económicas y de los extranjeros y culpabiliza a los individuos que no pueden acceder a una alimentación "sana" tanto por su condición socioeconómica, como por los reajustes de valores culturales. Esta lectura alternativa de la llegada de alimentos de cadenas extranjeras implica la comprensión de las desigualdades alimentarias desde la reconfiguración del territorio con la llegada del turismo. Lejos de la sola interculturalidad, la ciudad histórica se concibe como un espacio de concentración de capital y de construcción de identidades a partir de prácticas como la alimentación.

Tampoco podría decirse, con el ánimo de protegerse de los discursos dominantes de alimentación y de salud, que los centros históricos son invadidos por turistas y que la solución sería impedirles el ingreso. Se trata sobre todo de profundizar en las implicaciones del turismo más allá de sus meras ventajas económicas que lo han establecido como alternativa a las frecuentes crisis financieras. Falta pensar bajo qué condiciones podría difundirse el turismo sin que arrastre un discurso colonizador de corte occidental sobre el resto del mundo y en detrimento de las culturas locales.

Considerando que, si los habitantes de países precarios tuvieran la misma movilidad de los viajeros de países ricos, el impacto del turismo se convertiría en una amenaza para el planeta, se hace evidente que este tipo de movilidad expone las desigualdades entre sociedades y deposita los riesgos sobre los más vulnerables. Desde lo más concreto de la salud alimentaria, el expolio de los recursos naturales, la *gourmetización* y el exotismo de los restaurantes en centros históricos, así como la emergencia de *snacks* y el ambulantaje de alimentos de poca calidad nutricional, evidencian las disimetrías en el poder que se refuerzan en los sistemas económicos y que cuestionan la vida cotidiana de los habitantes originarios.

Imagen 1. *Millones de viajeros entre 1950 y proyección a 2030*

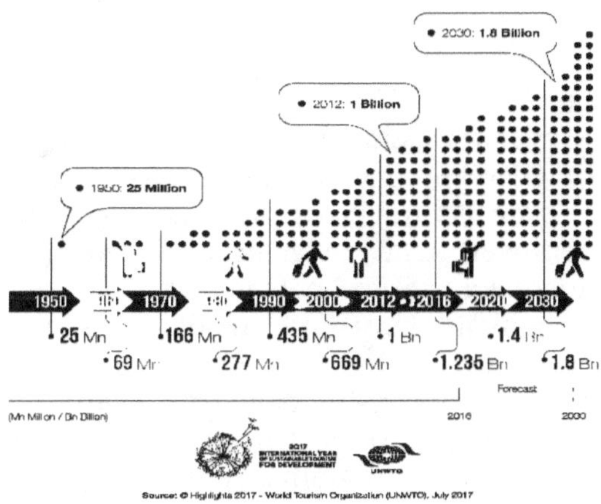

1950: 25 millones; 1970: 166 millones; 1990: 435 millones; 2012: 1 billón; 2020: 1.4; 2030: 1.8. Fuente: Organización Mundial del Turismo

Capítulo 11.
Desigualdad urbana y acceso a la vivienda en contextos urbanos post-catástrofe

Gabriel Gómez Carmona

Introducción

Analizar la estrecha relación entre vivienda, desigualdad urbana y derecho a la ciudad en contextos post-catástrofe, permite entender que la mayoría de las tragedias humanas como efecto de un desastre natural tienen lugar en entornos urbanos, lo que obliga a reflexionar sobre los riesgos potenciales a los que está expuesto cualquier asentamiento humano y los efectos socio-espaciales que esta situación genera.

Los escenarios de reconstrucción urbana posterior a un desastre natural (sismos, inundaciones, tsunamis, incendios) suelen verse condicionados por los programas aplicados, así como por las políticas públicas y las transformaciones socio-espaciales experimentadas con anterioridad en las ciudades, situación que en diversos casos afecta directamente a los damnificados y a los estratos sociales más desfavorecidos al dificultarles el pronto acceso a una vivienda digna que les garantice mejores condiciones de vida después de la catástrofe, como sucedió en la Ciudad de México posterior al sismo del 19 de septiembre de 2017, lo que sin lugar a dudas vulnera sus derechos y genera un grave escenario de desigualdad social.

Por esta razón, el estudio de estos procesos permite entender los efectos de las políticas neoliberales aplicadas en las últimas décadas a la ciudad, mismas que favorecieron el desarrollo de espacios urbanos gentrificados que agudizan la desigualdad para amplios sectores de la población. Lo anterior atenta contra el derecho a la ciudad, entendido como la igualdad en el uso y el disfrute de las ciudades y los asentamientos humanos en los que se promueva la inclusividad y se garantice que todos los habitantes, tanto de las generaciones presentes como futuras, sin discriminación de ningún tipo, puedan crear ciudades y asentamientos humanos justos, seguros, sanos, accesibles, asequibles, resilientes y sostenibles y habitar en ellos, a fin de promover la prosperidad y la calidad de vida para todos los habitantes (Nueva Agenda Urbana, 2017: 5).

Desarrollo

Fenómenos naturales, prevención de riesgos y transformaciones urbanas

La prevención de riesgos ante desastres naturales es un tema que tomó gran impulso como respuesta a múltiples catástrofes ocurridas en diversas latitudes en las últimas décadas. Los fenómenos naturales son inevitables, pero las tragedias humanas como efecto de éstos se pueden minimizar e incluso evitar a través de la prevención, la correcta intervención social e institucional y por la capacidad de resiliencia de los sistemas urbanos que se ven afectados por dichos eventos.

Al analizar el tema se puede reconocer que la mayoría de las catástrofes tiene lugar en entornos urbanos, lo que nos lleva a reflexionar sobre la vulnerabilidad y los riesgos potenciales a los que está expuesto cualquier asentamiento humano, pero en mayor medida aquéllos cuyo crecimiento se dio de manera desmedida, sin la debida planificación, o sin considerar las necesidades espaciales de la futura población. Existen riesgos potenciales al interior de todo asentamiento humano, mismos que se clasifican de diversas maneras y derivan en listas enormes que van desde inundaciones, deslaves, incendios, tornados, huracanes, erupciones, sismos y tsunamis, hasta riesgos causados por meteoritos, sequías, explosiones, contaminación, hundimientos, accidentes (aéreos, marítimos y terrestres) o terrorismo, entre otros más.

Si a este enorme listado se incluyen los efectos derivados de los cambios socio-espaciales experimentados en las ciudades como consecuencia de la urbanización capitalista y neoliberal impulsada en las últimas décadas a nivel planetario, como ocurre actualmente con los procesos de gentrificación, los factores de riesgo antropogénico se incrementan de manera exponencial, siendo generalmente los estratos sociales más desfavorecidos los más vulnerables a ellos, lo que agrava los complejos escenarios de desigualdad urbana.

Los sismos de gran magnitud constituyen momentos de ruptura y refundación de la vida pública y la dinámica social, tanto a nivel nacional como local (Lineamientos generales con perspectiva de no discriminación para la prevención, actuación desde la protección civil y reconstrucción relacionadas con los sismos, 2018: 28). Por esta razón, si ponemos como ejemplo el caso mexicano encontramos que la catástrofe ocurrida en la Ciudad de México por el sismo del año 1985 obligó a replantear la normatividad urbanoconstructiva e implementar nuevos protocolos de protección civil, lo que representó un gran avance. Sin embargo, los riesgos no desaparecieron y muchos de ellos siguen siendo una realidad constante, algunos se agravaron, otros surgieron o sencillamente se repitieron, como ocurrió con el sismo de septiembre del 2017, lo que dejó al descubierto que la vulnerabilidad de la ciudad es inminente; de ahí la importancia de su estudio para mejorar la prevención de riesgos y la resiliencia de los asentamientos humanos en México, lo que permitirá además disminuir las condiciones de desigualdad urbana entre la población.

De esta forma, la prevención de riesgos en contextos urbanos plantea la necesidad de desarrollar investigaciones que analicen la manera en que operan los programas de respuesta (reconstrucción, rehabilitación, regeneración, redensificación) a un desastre natural y, para el caso analizado en el presente capítulo, si dichas acciones atendieron de manera oportuna las urgentes necesidades sociales de vivienda de la población damnificada de la CDMX o si, por el contrario, incrementaron la desigualdad urbana, tal como puede suceder con la gentrificación de las zonas afectadas.

Desde esta perspectiva, el análisis de fenómenos de fuerte impacto socio-espacial posibilita el entendimiento de las causas y efectos de las transformaciones urbanas experimentadas en las últimas décadas y cómo se relacionan con las políticas neoliberales aplicadas a la ciudad, caracterizadas por el nuevo rol del capital privado como orquestador del desarrollo urbano y al Estado como facilitador del proceso a través de la implementación de leyes, normas y políticas públicas que incentivaron la inversión privada en la ciudad, favoreciendo el mercado y la especulación inmobiliaria —empresarialismo urbano— (Contreras, 2017), lo que tiene como una de sus consecuencias una ciudad gentrificada en la que los grupos sociales más desfavorecidos son los principales afectados por este proceso.

Estudios de este tipo permiten tener nueva evidencia para comprobar si desastres naturales, destrucción creativa y gentrificación constituyen una tríada presente en las ciudades ——sean ellas metrópolis o ciudades intermedias— que han tenido que reconstruir sus centros urbanos con posterioridad a una catástrofe natural (Inzulza-Contardo y Díaz, 2016: 125), o si es posible caracterizar nuevas vertientes de la gentrificación, por lo menos, para el ámbito latinoamericano.

Para el caso específico de la Ciudad de México, el estudio de la reconstrucción urbana posterior al 19 de septiembre de 2017 ayudará a evaluar si el programa implementado atendió, ante todo, las urgentes necesidades de vivienda social y si la capacidad de resiliencia del sistema urbano permitió resistir, asimilar, adaptarse y recuperarse, en el corto plazo y de manera eficiente, de los efectos de una catástrofe o un fenómeno natural, a través de la preservación y restauración de sus estructuras básicas y funcionales, para lograr una mejor protección a futuro y mejorar las medidas de reducción de riesgos (LGAH, 2016: 4).

Desigualdad urbana y gentrificación en la ciudad neoliberal
Los cambios experimentados en las últimas tres décadas al interior de las ciudades como producto del proceso de globalización económica, traducido en inversiones y competitividad con otras ciudades acarreó, por un lado, una mejora en las condiciones ambientales de las mismas (dotación de servicios públicos, transporte, seguridad, vivienda), lo que en términos generales buscó el incremento de la calidad de vida de la población y bienestar social (Vélez y Mejía, 2016: 98-99). Sin embargo, la transformación estructural de las relaciones de producción en el mismo lapso de tiempo generó, a la vez, el incremento de la desigualdad y la exclusión social al interior de las ciudades (Vélez y Mejía, 2016: 98), lo que deja comprender que la ciudad es el lugar en el que coexisten realidades duales: riqueza y desarrollo, pero también pobreza y desigualdad, de ahí que la desigualdad se entienda actualmente como un problema multidimensional.

A pesar del desarrollo urbano extensivo experimentado desde la segunda mitad del siglo XX, por lo menos para el caso de la Ciudad de México y la Zona Metropolitana del Valle de México, encontramos que dicho proceso fue caótico y desigual, lo que generó zonas desarrolladas, ricas y bien dotadas, que hoy coexisten a la par de zonas pobres, sin servicios y excluidas, lo que se traduce en fragmentación, polarización, exclusión y fuerte desigualdad urbana, que invariablemente afecta a los sectores de población más desfavorecidos (Vélez y Mejía, 2016: 99).

Tal situación obliga a analizar de manera crítica el modelo urbano difundido hasta esta segunda década del siglo XXI a nivel planetario, es decir, ese modelo caracterizado por una ciudad diseñada con base en las políticas neoliberales que privilegian el control y usufructo del desarrollo urbano-inmobiliario por parte del capital privado y en donde el Estado se convierte en mero promotor y facilitador de una voraz urbanización capitalista.

Esto cuestiona, entre otros, la forma de hacer ciudad de los exclusivos mega desarrollos inmobiliarios mixtos que actualmente surgen por doquier en la ciudad, o bien la destrucción creativa emprendida por los gobiernos y el capital privado posterior a un desastre natural (como sucede con los sismos) en zonas centrales o consolidadas de la ciudad, dando paso a procesos de reconstrucción que terminan por gentrificar los espacios urbanos intervenidos y nos cuestiona si la gentrificación es una consecuencia inherente a la regeneración de espacios urbanos o si, por el contrario, es una voraz estrategia inmobiliaria disfrazada de una redensificación urbana con enfoque social.

Ambas cuestiones nos encaran con el serio problema de desigualdad urbana que actualmente se experimenta en las ciudades contemporáneas, aunque destacamos el caso de América Latina por ser el de mayor nivel de desigualdad pero, a la vez, la región en desarrollo más urbanizada a escala planetaria, por lo que sus ciudades la expresan y la reproducen. Por ello, cabe decir que la desigualdad es un fenómeno que, más allá de la distribución *desigual* de los ingresos, caracteriza las relaciones sociales y espaciales de las metrópolis (CEPAL, 2015: 1).

Si bien la desigualdad ha sido estudiada y medida a lo largo del tiempo desde diferentes ámbitos y metodologías, actualmente se convierte en un fenómeno multidimensional a través del cual se ponen de manifiesto las condiciones de pobreza de la población, la creación de vivienda, el agua potable y su distribución, los aspectos ambientales como la calidad del aire, el deterioro de suelos, o el manejo de zonas de riesgo no aptas para asentamientos humanos, entre otros (Vélez y Mejía, 2016: 102).

La realidad urbana deja ver que el modelo económico dominante ha convertido a las ciudades en lugares de extrema desigualdad, al grado de que en los últimos veinte años en Latinoamérica se observan tasas de desigualdad más altas en las ciudades que en el campo, además de que ciudades como Brasilia, Bogotá, Asunción o Sao Paulo, son las que presentan los mayores niveles de desigualdad en la región, incluso por arriba de los niveles presentados en Ciudad de México (CEPAL, 2015: 2-4), aunque los estudios muestran que entre más grande es una ciudad es mayor el grado de desigualdad de los ingresos entre la población, o se expresa con mayor fuerza que en las ciudades medianas o pequeñas (CEPAL, 2015: 10).

Un punto que vale la pena mencionar es el hecho de que en las ciudades, donde el sector productivo es incapaz de generar empleo formal bien remunerado, se tiene como consecuencia la creación de empleo informal que recrudece la desigualdad social y espacial al condenar a los estratos sociales más desfavorecidos a condiciones de pobreza o de precariedad urbana. En términos territoriales, lo anterior se expresa en la imposibilidad de adquirir vivienda por parte de estos grupos sociales dentro de la ciudad o en zonas consolidadas de ella y esto da como resultado final que dicha población se vea expulsada hacia periferias cada vez más alejadas, lo que repercute en la conformación de enormes conglomerados urbanos con límites urbanos difusos y procesos de megalopolización, con enormes costos sociales, económicos, ambientales y fuertes desigualdades a nivel interurbano (CEPAL, 2015: 6).

La desigualdad en los ingresos de las personas, aunado al costo del suelo en las grandes ciudades, tienen como consecuencia principal que las clases sociales que concentran los mayores ingresos sean las únicas capaces de tener acceso al mercado de suelo y vivienda, lo que se traduce como un fenómeno de exclusión y segregación socio-espacial de la población de menores ingresos y constituye la expresión espacial de la desigualdad (CEPAL, 2015: 10).

Si bien las políticas de vivienda han reducido el déficit cuantitativo de las mismas, no implican consecuentemente mejoras en la calidad espacial de las mismas o el acceso a zonas centrales consolidadas y bien equipadas, mucho menos han significado un desarrollo urbano más compacto y sostenible (CEPAL, 2015: 16). Es correcta así la hipótesis de que la gentrificación termina siendo una voraz estrategia inmobiliaria disfrazada de una redensificación urbana con enfoque social.

Desde esta perspectiva teórica encontramos que la gentrificación se ha estudiado en numerosos países a lo largo de los últimos cincuenta años, convirtiéndose actualmente en un tema de investigación complejo y multidisciplinario que para muchos no termina de ser entendido, delimitado e, incluso, conceptualizado, por las mutaciones presentadas por este proceso en el mismo lapso de tiempo, razón por la cual se convirtió en un fenómeno global con características comunes, pero con diferencias y particularidades (económicas, sociales, culturales) propias de cada país o ciudad donde se presenta. Esto plantea la necesidad de desarrollar investigaciones que aporten datos empíricos a la discusión teórica sobre cómo se genera el fenómeno, qué lo caracteriza y cuáles son sus efectos para cada contexto específico.

La mayoría de los estudios coinciden en que la gentrificación constituye un fenómeno de fuerte impacto social, porque el término mismo tiende a definir desde su concepto original un proceso de elitización de ciertas zonas de la ciudad que son rehabilitadas o regeneradas para atraer nuevos sectores de población, generalmente de niveles socio-económicos mayores al de los habitantes que originalmente residían en ellas, por el hecho de que tienen un mayor poder adquisitivo para pagar precios más elevados por el suelo, la vivienda, el comercio y los nuevos servicios instalados, a diferencia de los residentes originales que son expulsados generalmente hacia la periferia, o bien a zonas de menor valor por su mala ubicación, movilidad, vivienda, o deficiente equipamiento, infraestructura y servicios.

Así, encontramos que para el caso latinoamericano algunos autores —tales como Janoschka, Sequera y Salinas, 2013; Inzulza-Contardo y Galleguillos, 2014; Gómez-Carmona y Villar-Calvo, 2015; Gómez-Carmona, Villar-Calvo e Inzulza-Contardo, 2016; Contreras, 2017— dan cuenta de la existencia de procesos de gentrificación en diversas ciudades latinoamericanas que tienen como punto en común la elitización de zonas centrales o históricas de la ciudad, con la posterior expulsión y segregación de los residentes de menores ingresos.

Lo anterior deja ver que la gentrificación se entiende como un proceso de fuerte impacto social que no termina de ser delimitado, por lo que representa un problema en continuo cambio y mutación que obliga a buscar nuevas maneras de abordarlo y estudiarlo, pues se vuelve un indicador de los niveles de desigualdad urbana existentes actualmente en las ciudades.

Vivienda y desigualdad en la Ciudad de México en el contexto post-catástrofe del 19 de septiembre de 2017
Recordemos que todo desastre natural en ámbitos urbanos puede tener como consecuencia graves catástrofes humanitarias, dependiendo del nivel de prevención del riesgo y la capacidad de resiliencia del sistema urbano en el que se presenta, sin dejar de lado el tipo y la magnitud del desastre. *Los daños a la vivienda y la*

infraestructura en cuyo marco ocurren las interacciones igualitarias en el marco del Estado de derecho y se crean los vínculos comunitarios plantean la necesidad de reconstruir en el menor tiempo posible el espacio común y devolver, e incluso mejorar, la calidad de vida que se le asocia (Lineamientos generales con perspectiva de no discriminación para la prevención, actuación desde la protección civil y reconstrucción relacionadas con los sismos, 2018: 28).

Cuando se presenta un escenario urbano post-catástrofe como sucedió en la Ciudad de México con el sismo del 19 de septiembre del 2017, exactamente a 32 años del sismo de 1985, la ciudad se enfrenta a graves y complejas necesidades socio-espaciales que deben atenderse de manera urgente, como es el caso de la reconstrucción de vivienda y los servicios de salud, educación e infraestructura.

La literatura académica da cuenta de que en diversas ciudades latinoamericanas las zonas afectadas por desastres naturales y que han sido objeto de procesos de reconstrucción (Contreras y Beltrán, 2015; Contreras y Arriagada, 2016; Inzulza-Contardo y Díaz, 2016; Labbé Céspedes, Palma Calorio, Venegas y Ulloa Pincheira, 2016; Matus, Ganter, Barraza y Vergara, 2016) presentaron fenómenos de gentrificación, lo que obliga a analizar si para el caso de la Ciudad de México la fase de reconstrucción del 19 de septiembre de 2017 generará también gentrificación, situación que incrementa los procesos de desigualdad socio-espacial en contextos urbanos y atenta además contra el derecho a la ciudad de los damnificados y de los ciudadanos en general.

Desde este escenario vale cuestionarse cómo las transformaciones urbanas generadas en las últimas décadas, producto de esa voraz urbanización capitalista, dan cuenta de un novedoso y desigual *derecho a la ciudad* en el cual aquellos con mayor poder adquisitivo tienen acceso al consumo de bienes y servicios terciarios *selectos*, lo que se traduce en un proceso de empoderamiento del ciudadano en la construcción de su identidad urbana, frente a todos aquellos individuos que son excluidos, discriminados e invisibilizados de estos selectos espacios de consumo por no contar con los recursos económicos necesarios para acceder a ellos, y esto en términos generales abre el debate sobre la necesidad de mirar actualmente el consumo como condición necesaria para entender al individuo-ciudadano, como alguien que tiene derecho a tener *derechos en la ciudad actual* (Magrini, y Catalán, 2017).

Esta situación marca una transformación radical en la forma de entender y ejercer el derecho a la ciudad, pues desde esa concepción quienes tengan una mayor capacidad económica serán aquellos que podrán acceder en exclusiva no sólo al consumo de vivienda, bienes, comercio y servicios terciarios superiores, sino a los servicios urbanos que tradicionalmente estaban bajo el cuidado y garantía del Estado para beneficio de todos los habitantes de la ciudad. Esto representa un giro radical en la forma de vivir, socializar y apropiar el espacio urbano y la ciudad tradicional, hacia ese *inédito* modelo de ciudad capitalista-neoliberal que privilegia el espacio privado de consumo por encima del espacio público y el bienestar de todos sus habitantes.

Vale la pena destacar este punto por la relación existente entre la calidad y cantidad del espacio público y la desigualdad urbana, lo que se relaciona directamente con la privatización del primero, situación que queda manifiesta con la excesiva construcción y difusión de los espacios privados de ocio en los que la exclusión social en el consumo es una de sus principales características (CEPAL, 2015: 22).

De esta manera podemos ver que un contexto de reconstrucción post-catástrofe acompañado de destrucción creativa y fuerte inversión inmobiliaria a costa de recursos públicos, constituye un marco potencial para escenarios de desigualdad urbana, como ocurre con la gentrificación de las zonas reconstruidas o rehabilitadas, lo que atenta contra el *derecho a la ciudad*, definido como "un derecho colectivo de los habitantes de las ciudades, en especial de los grupos vulnerables y desfavorecidos, que les confiere legitimidad de acción y de organización, basado en sus usos y costumbres, con el objetivo de alcanzar el pleno ejercicio del derecho a la libre autodeterminación y un nivel de vida adecuado" (Carta Mundial por el Derecho a la Ciudad, 2013: 369).

Para el caso de la Ciudad de México, el derecho a la ciudad actualmente se erige en un *derecho humano fundamental* más reconocido por su Constitución Política, en el artículo 12, como "un derecho colectivo que garantiza el ejercicio pleno de los derechos humanos, la función social de la ciudad, su gestión democrática y asegura la justicia territorial, la inclusión social y la distribución equitativa de bienes públicos con la participación de la ciudadanía" (Constitución Política de la Ciudad de México, 2017: 46).

De esta manera, la situación que actualmente se vive en la ciudad —luego de dos años del sismo del 2017—, lleva a analizar la forma en la que el programa de reconstrucción implementado comparte características con los procesos de reconstrucción desarrollados en otras ciudades latinoamericanas y que terminaron por gentrificar las zonas centrales recuperadas pues, como bien argumentan Inzulza-Contardo y Díaz, "los eventos catastróficos naturales se han convertido en una oportunidad para los agentes de la producción de ciudad a la hora de implementar grandes programas de redesarrollo en áreas urbanas centrales, siguiendo una lógica capitalista de destrucción creativa y teniendo la gentrificación como consecuencia socioespacial probable" (2016: 110).

Por esta y muchas más evidencias empíricas, la gentrificación generó a lo largo del tiempo un fuerte debate al interior del ámbito académico principalmente por los *altos costos sociales* que conlleva, cuestionando severamente si es posible la mejora y transformación de espacios centrales de la ciudad o, en su caso, la reconstrucción de zonas centrales de la ciudad afectadas por desastres naturales sin procesos de elitización, ni la consecuente expulsión y segregación de población de menores ingresos, es decir, sin incrementar la desigualdad urbana existente hasta antes de la catástrofe.

El desarrollo de investigaciones de este tipo que documentan y analizan los procesos de desigualdad urbana experimentados en Latinoamérica, permiten tener nuevas lecturas de la manera en la que actualmente operan en la región fenómenos como la gentrificación, lo que contribuye al debate teórico actual sobre la misma, y representa un enfoque prometedor para estudios en otras ciudades "madurando una de las posibles explicaciones de cómo en América Latina la creación de nuevos mercados inmobiliarios está intrínsecamente vinculada con la producción de la ciudad gentrificada" (Janoschka, Sequera y Salinas, 2013: 18-19).

Estudios como el que aquí se presenta facilitan el entendimiento de los efectos socio-espaciales de los procesos de reconstrucción post-catástrofe, como ocurre en la Ciudad de México tras el sismo del 2017 y en donde el programa de reconstrucción implementado por el gobierno local, a dos años de la tragedia, es cuestionado por organizaciones sociales, grupos de damnificados, ONG's, fundaciones y diversas instituciones que ven en ella un mecanismo que, lejos de atender de manera eficiente y prioritaria las urgentes necesidades sociales de vivienda, tan sólo permitió la corrupción a través del desvío de enormes recursos económicos en el marco del proceso electoral del 2018 y el lucro económico por parte de las empresas encargadas de los trabajos de reconstrucción y rehabilitación al margen de la catástrofe —que oficialmente dejó 228 muertos, 80,000 damnificados y también más de 7,000 inmuebles afectados.

La *Ley para la reconstrucción, recuperación y transformación de la Ciudad de México en una cada vez más resiliente*, aprobada en diciembre de 2017 por la Legislatura local, dejó de lado la atención a los grupos sociales más desfavorecidos al no contemplar ningún esquema de vivienda temporal de emergencia en condiciones de dignidad para los damnificados. Si bien la ley establece vivienda de reposición y condiciones para la reparación, no contempla que los procedimientos para acceder a los apoyos de la ley, bajo una adecuada planeación, tardarán un largo tiempo (llevará cinco años más, de acuerdo con estimaciones de las propias autoridades locales), durante el cual los damnificados no cuentan con una alternativa de vivienda digna (Reporte Documenta desde Abajo, 2018), además de que los trámites y requisitos para acceder a los recursos de los programas de apoyo resultan muy complicados y no todos los damnificados pueden cumplirlos, imposibilitando a los sectores de menores ingresos el acceso a una vivienda digna que mejore, o como mínimo asegure, las condiciones de vida que tenían antes de la catástrofe, lo que sin lugar a dudas incrementa las condiciones de desigualdad y discriminación.

La reconstrucción debe respetar la integralidad, progresividad e interdependencia de los derechos humanos y, en consecuencia, evitar la reproducción de actitudes y prácticas discriminatorias que podrían estar naturalizadas e invisibilizadas en las comunidades afectadas por los desastres naturales (Lineamientos generales con perspectiva de no discriminación para la prevención, actuación desde la protección civil y reconstrucción relacionadas con los sismos, 2018: 29).

Conclusiones
Vivienda, desigualdad y el derecho a la ciudad en contextos urbanos post-catástrofe
Uno de los puntos medulares del estudio de las transformaciones socio-espaciales en un contexto de reconstrucción es la oportunidad coyuntural de verificar, en el corto plazo, si desastre natural, reconstrucción y gentrificación, son fenómenos presentes en todas aquellas ciudades que enfrentan escenarios post-catástrofe y si

ellos atentan contra el derecho a la ciudad de los estratos sociales más desposeídos al dificultarles el pronto acceso a una vivienda digna que les garantice mejores condiciones de vida, lo que en el caso de la Ciudad de México incrementa los graves problemas de desigualdad urbana al interior de la ciudad y, por extensión, en su zona metropolitana.

Si a esta situación se suma la verticalización de espacios centrales de la ciudad bajo el discurso de una supuesta redensificación que, lejos de atender el grave déficit de vivienda social termina por incrementar la presión sobre el tejido urbano al colapsar la infraestructura, vialidades y movilidad de la zona además de gentrificarla, el resultado final es el crecimiento exponencial de la desigualdad urbana, lo que sin lugar a dudas constituye un serio problema común a la realidad latinoamericana y tiene como origen las políticas neoliberales aplicadas al desarrollo de la ciudad.

Para autores como Boano y Vergara, el modelo de ciudad neoliberal ha hecho suyo el derecho a la ciudad a través del discurso de la Nueva Agenda Urbana, la cual,

…habla de una ciudad inclusiva pero dentro de los marcos institucionales neoliberales imperantes, razón por la cual, esta agenda podría ser útil para gestionar las ciudades en busca de reducir la segregación y ampliar la disponibilidad de bienes públicos para grupos de la población que han sido postergados históricamente (2019: 21).

De esta forma, el derecho a la ciudad debe superar el mero ámbito del discurso teórico utópico, sin perder su esencia de manifiesto revolucionario de acción política sobre el espacio (Boano y Vergara, 2019) y sin convertirse en un mero discurso descafeinado en favor del neoliberalismo.

Para el caso analizado, el escenario de reconstrucción urbana post-catástrofe constituye el escenario ideal para la implementación del derecho a la ciudad, pues sólo si las urgentes necesidades sociales de los damnificados (tales como vivienda, infraestructura, salud, educación) son atendidas, se estará en la posibilidad real de *garantizar el ejercicio pleno de los derechos humanos, la función social de la ciudad, su gestión democrática y asegurar la justicia territorial, la inclusión social y la distribución equitativa de bienes públicos con la participación de la ciudadanía* (Constitución Política de la Ciudad de México, 2017: 46), lo que en última instancia facilitará superar el grave contexto de desigualdad imperante en la ciudad.

Toda catástrofe conlleva un proceso de aprendizaje colectivo que implica que las sociedades observen de manera crítica sus dinámicas de cohesión social para asumir, así, las deudas históricas de justicia que han acumulado hacia personas y poblaciones en situación de discriminación y que se acentúan durante los desastres naturales (Lineamientos generales con perspectiva de no discriminación para la prevención, actuación desde la protección civil y reconstrucción relacionadas con los sismos, 2018: 28). Por esta razón, la prevención de riesgos ante desastres naturales, junto con escenarios urbanos de reconstrucción post-catástrofe, nos enfrentan a la necesidad de realizar investigaciones que tiendan en el corto, mediano y largo plazo, al análisis de las causas y efectos de las actuales transformaciones urbanas que experimenta la ciudad —como ocurre con la gentrificación—, con el enorme reto de impactar directamente en las políticas públicas a través de la generación de propuestas que tiendan a la reducción del costo social provocado por estos cambios y en el contexto de corrupción, desigualdad, polarización y discriminación que se vive en México y los países latinoamericanos, lo que se traduce en una novedosa interpretación de la realidad social desde la Arquitectura y las Ciencias Sociales y nutre la discusión teórica sobre el tema con la generación de conocimiento transdisciplinario.

Esto debe tener un impacto positivo en la generación de políticas públicas y legislación urbana que velen ante todo por el respeto de los derechos humanos, garantizando el acceso a vivienda digna, bienes y servicios para toda la población, pero protegiendo principalmente el bienestar de los estratos sociales más desfavorecidos que son los mayores afectados por la construcción de ese modelo de ciudad capitalista-neoliberal y que constituyen, además, los grupos más vulnerables ante los desastres naturales a los que está expuesto todo asentamiento humano.

De revertir los entornos de desigualdad urbana (exclusión, discriminación, polarización, elitización y fragmentación socioespacial) en las ciudades contemporáneas, se estará en posibilidad de alcanzar los objetivos de la Nueva Agenda Urbana (2017) y los Objetivos de Desarrollo Sostenible (ODS) de la ONU hacia el 2030, lo que en conjunto puede garantizar el derecho a la ciudad a través del acceso a un desarrollo urbano integrado, equitativo y sustentable para todos los habitantes de la ciudad.

Sólo desde la comprensión de la realidad latinoamericana será posible encontrar estrategias de solución a sus urgentes necesidades socio-espaciales. Por ello, el estudio de estas problemáticas debe generar nuevo conocimiento sobre la compleja realidad urbana y propiciar el diálogo transdisciplinar de alcance regional pues, como bien afirman Ramírez Rosete, Calderón Calderón y Milián Ávila,

> ...es imprescindible la implementación de una normativa reguladora para los centros históricos o los espacios centrales de la ciudad, con criterios de intervención que consideren la heterogeneidad de los usos y funciones de este singular espacio urbano, formulando estrategias oportunas en las que prevalezca la conservación de su población originaria. Un objetivo nada sencillo, dadas las tensiones especulativas que soporta el tejido urbano intervenido, afectado por procesos de vaciamiento selectivo y gentrificación derivada de los propios procesos (2017: 601).

Como se puede comprobar, la actualidad de estas problemáticas deja ver su validez y pertinencia como temas de investigación, además de reflejar la apremiante necesidad de encontrar propuestas de solución viables y socialmente responsables a la desigualdad urbana existente, por lo menos para lo que al ámbito latinoamericano corresponde, lo que refuerza la trascendencia y el impacto académico, social, cultural, económico y político de las mismas, por lo que la construcción de una ciudad equitativa, sustentable y resiliente es un compromiso conjunto e impostergable de todos los actores sociales que en ella confluyen.

IV.

Desigualdad y Discriminación

Capítulo 12.
Del *derecho llave* al *derecho bisagra*: una propuesta de análisis conceptual sobre la evolución de la no discriminación en México

Mario Alfredo Hernández Sánchez

Para Jesús Rodríguez Zepeda,
por haber transitado esta ruta antes y mejor

Introducción

Este texto tiene como propósito trazar una breve historia de la evolución conceptual del derecho a la no discriminación en México. Esto implica revisar de manera general las transformaciones que han ocurrido en la localización institucional y en la comprensión pública del derecho a la no discriminación en al menos tres sentidos: primero, en la manera que se ha vinculado con una lectura compleja del principio de igualdad democrática; segundo, en la forma que se han precisado las responsabilidades del Estado en relación con su garantía y los mecanismos de exigibilidad y justiciabilidad y, tercero, a propósito de su localización en el discurso público y el imaginario social sobre la desigualdad.

La metodología que utilizaré es la ponderación reflexiva que John Rawls asociaba a la filosofía política. Es decir, realizaré una incursión deconstructiva y general sobre las instituciones y los principios de justicia que las estructuran, para abstraer las evidencias empíricas sobre su funcionamiento y, así, tener la posibilidad de decantar la comprensión y las expectativas que distintos actores políticos y sociales han depositado sobre las visiones normativas y consensos ciudadanos que estructuran el orden social (Rawls, 1996: 63-65). En este sentido, propongo realizar una evaluación de la vigencia y centralidad del derecho a la no discriminación en nuestra vida pública no sólo a partir de su carácter positivo y la posibilidad de hacerlo exigible y justiciable. Más bien, intentaré comprender la manera en que al día de hoy se ha configurado una agenda de reivindicaciones de justicia desde distintas posiciones sociales —las de las poblaciones históricamente discriminadas— en torno a este derecho, así como las asignaturas pendientes relacionadas con el fortalecimiento de la institucionalidad pública que permite su garantía universal. Mi hipótesis es que la comprensión pública del derecho a la no discriminación ha evolucionado desde una visión relacionada prioritariamente con las políticas de la identidad hacia una construcción política y jurídica del mismo, principalmente vinculado con las políticas de la redistribución que visibilizan el nexo entre la construcción simbólica de las identidades y las desigualdades materiales. Además, que dicha evolución es resultado de un gradual desplazamiento de este derecho, desde los márgenes del discurso de los derechos humanos a su centro, a causa de la constatación de la interdependencia de las expectativas de reconocimiento, redistribución y participación política paritaria que se han formulado desde los movimientos vindicatorios de derechos y libertades para las poblaciones históricamente discriminadas.

Para mi argumentación procederé en tres momentos. Primero, utilizaré la metáfora del *derecho llave* para referirme a una primera etapa en la caracterización del derecho a la no discriminación, entre 2001 y 2011, que constituye una proyección de lo que se ha denominado como *políticas de la identidad*, es decir, el proyecto de construcción del orden social justo como reflejo espontáneo de la diversidad de formas de constituirse y expresarse la subjetividad, tanto a nivel individual como grupal. Después utilizaré la metáfora del *derecho bisagra* para aludir a una segunda etapa, a partir de 2011 —año de la reforma constitucional en derechos humanos— y hasta el día de hoy, que visibiliza el vínculo entre, por un lado, la construcción simbólica de las jerarquías y las subordinaciones en el imaginario social y, por el otro, las consecuencias para el acceso a derechos y oportunidades como el medio para el acceso a la calidad de vida y la seguridad humana. Entre uno y otro momentos habría cambiado la localización del derecho a la no discriminación en el elenco de protecciones canónicas asociadas al paradigma de los derechos humanos desde una posición periférica hacia otra central. Finalmente, realizaré un balance acerca de la transición de una visión metafórica a otra de la no discriminación, tanto en lo que se refiere a su utilización como bandera de lucha por los movimientos sociales, como en lo que atañe a la posibilidad de convertirse en referente común para formular reclamos de justicia en el espacio público.

1. La no discriminación como derecho llave

Fue en el año 2000, y como consecuencia de la alternancia presidencial por el Partido Acción Nacional (PAN) después de siete décadas de hegemonía del Partido Revolucionario Institucional (PRI), que en México se produjo un ánimo social renovado que permitió tematizar públicamente la desigualdad, más allá de la ideología revolucionaria o la visión desarrollista. "En este nuevo ambiente se hizo posible mostrar que la lucha contra la discriminación y la exclusión social es parte imprescindible del proceso de construcción democrática" (Rodríguez, 2017: 12). Así es que empezaron a organizarse y a discutir en el espacio público aquellos colectivos de personas que en el presente experimentaban discriminación, no a causa de sus trayectorias vitales o de las elecciones relacionadas con un proyecto de vida buena, sino más bien por localizarse sus identidades y adscripciones grupales en un espacio social que naturalizaba y legitimaba su posición de subordinación. No hay que olvidar que una discusión semejante había sido interrumpida de manera violenta en el año de 1968, cuando se evidenció la voluntad estatal de reprimir *a sangre y fuego* cualquier disidencia a propósito de la opacidad del poder público y de preservar a toda costa la estabilidad y la cohesión, incluso pasando sobre las libertades ciudadanas. Entonces, a partir del año 2000, a buena parte de los colectivos sociales dejó de parecerles una opción la referencia a la revolución como vía para igualar las asimetrías generadas por el acceso diferenciado a los medios de producción y para acabar con la explotación de la clase trabajadora, dado que México era un país donde se había consolidado una economía de servicios y lejos estábamos de la industrialización. También, a estos colectivos dejó de parecerles viable un enfoque desarrollista centrado en la estabilidad de las cifras macroeconómicas, en la creación de entornos de negocios atractivos para las inversiones extranjeras y en la subordinación de la inversión en gasto social por parte del Estado a los lineamientos de las instancias internacionales de certificación de las políticas económicas.

El año 2000, entonces, capitalizó la ruptura del *pacto social* surgido de la Revolución mexicana hacia una búsqueda común por la igualdad en las relaciones políticas y sociales formulada en el lenguaje de los derechos humanos. Como ha señalado Samuel Moyn (2010), frente al agotamiento de las utopías tradicionales fue que durante las últimas tres décadas del siglo XX diversos movimientos sociales tuvieron que apropiarse del lenguaje de los derechos para formular sus demandas de inclusión y reconocimiento. Y, al hacerlo, empezaron a vislumbrar que este lenguaje estaba mejor habilitado que las utopías revolucionarias para articular una relación de interdependencia entre las libertades ciudadanas, los derechos sociales y los emergentes derechos de solidaridad que reconocen la incapacidad de cualquier Estado para gestionar por sí mismo el bienestar de sus ciudadanos en contextos de movilidad humana, cambio climático o reconfiguración de las fronteras nacionales.

Hay que señalar además que, de manera paradójica, la reorientación en México de la mirada colectiva sobre la desigualdad social ocurrió con el ascenso del PAN. Este partido históricamente había construido un ideario conservador respecto de temas como las libertades sexuales y los derechos reproductivos; pero, al ser por mucho tiempo la única fuerza de oposición electoralmente competitiva, se vio obligado a colocar como una de sus banderas de lucha la liberalización de las instituciones políticas para incorporar las demandas ciudadanas, por ejemplo, en materia de equidad en la competencia electoral, fiscalización del gasto público, transparencia y rendición de cuentas y, también, en derechos humanos. En este sentido, y como ha señalado Luis Salazar, el "2 de julio del año 2000 no triunfó, pese a las leyendas interesadas, la democracia, sino en todo caso, una coalición de centro-derecha *protodemocrática*" (2010a: 161). Tampoco hay que perder de vista que el PRI había incorporado a las distintas facciones revolucionarias que dieron origen al pacto constitucional de 1917 y que esta vocación de inclusión de actores políticos y sociales potencialmente disidentes se mantuvo durante su larga consolidación como partido hegemónico. Por eso es que el PRI mantuvo por mucho tiempo en su militancia de base y fomentó liderazgos entre los grupos de población —las mujeres, las personas con discapacidad, los indígenas, incluso muy recientemente la diversidad sexual— que reclamaron con el tiempo un espacio en las políticas antidiscriminatorias y que coincidían en su concepción del Estado benefactor como la única estructura capaz de acabar con la pobreza y la desigualdad. La situación paradójica fue que la visibilización de estos movimientos sociales al interior del PRI no derivó en su incorporación en los espacios legislativos o las instituciones que dirigían la política social, salvo casos excepcionales, y las más de las veces eran utilizados como evidencia de un apoyo ciudadano que se iba precarizando. Una vez que el PAN alcanzó la presidencia, su tendencia liberalizadora de las instituciones, aunada al desencanto de las bases sociales del priísmo entre otros factores, hicieron converger a ciertos actores políticos y sociales en un nuevo esquema para pensar la desigualdad: la discriminación como un derecho que implicaba el acceso a la ciudadanía y otros derechos, es decir, como un *derecho llave*.

El término *derecho llave* es una idea formulada por Jesús Rodríguez Zepeda —el principal teórico sobre la no discriminación en nuestro país— y que él remonta a la manera en que este derecho, como el de acceso a la información pública, permite acceder a otros derechos. A propósito del Artículo 7° de la Declaración Universal de Derechos Humanos, de 1948, que prohíbe la aplicación discriminatoria de sus contenidos, él señala que "la no discriminación es la llave de entrada para todas las personas, en condiciones equitativas, a todos los derechos. De esta manera, el derecho a la no discriminación se presenta como una suerte de *derecho a tener derechos*" (Rodríguez, 2006: 25). De acuerdo con Rodríguez Zepeda, la institucionalización tanto de la no discriminación como de la transparencia coinciden con la alternancia en el poder presidencial del año 2000 porque ambos se convirtieron en parte fundamental de una nueva narrativa sobre la relación entre la ciudadanía y el Estado, a partir del reconocimiento de que el acceso a los *arcanos del poder* y el combate de la desigualdad desde un marco de derechos permitirían volver simétricos los vínculos entre quienes gobiernan y quienes son gobernados. "El ejercicio del poder político es, entre otras cosas, una forma de distribución de recursos de distinta índole. Algunos de los recursos que de manera privilegiada distribuye el poder político son la información y el conocimiento" (Rodríguez, 2008: 16). Así, la coyuntura del año 2000 señala el inicio de una nueva forma de observar la responsabilidad del Estado por el combate de la desigualdad tradicionalmente reconocida como un elemento imposible de disociar de la estabilidad económica y la cohesión social, es decir, como un saldo necesario aunque trágico de la modernización. A partir de este momento va a prevalecer una de las premisas del juego democrático que le da a la transición mexicana su talante particular, como señaló Gilberto Rincón Gallardo: "la salud de una democracia no se mide por la fuerza de sus mayorías y la manera en que éstas ejercen el poder, sino por el vigor y protección de sus minorías y la promoción de los grupos vulnerados" (Rincón, 2008: 31).

Ahora bien, la idea de un derecho —la no discriminación— que adquiere relevancia frente a la construcción tribal de las identidades y la institucionalización de los tratamientos diferenciados con fines excluyentes en ciertos episodios puede remontarse a Hannah Arendt y sus reflexiones sobre el totalitarismo. En 1951, Arendt publica *Los orígenes del totalitarismo*, una obra polémica desde el momento de su aparición porque su propósito explícito era tomar distancia de las explicaciones historicistas y psicológicas sobre el mal que el mundo conoció durante la primera mitad del siglo XX. En lugar de atribuir la responsabilidad por lo ocurrido en los campos de concentración a las personalidades demoníacas de los oficiales nazis, o de asegurar que había un condicionamiento histórico para que Alemania asumiera un papel determinado en el contexto de la reconfiguración geopolítica posterior a la Primera Guerra Mundial, Arendt rastrea en la evolución del Estado-nación y en la racionalidad instrumental los gérmenes del totalitarismo (Bernstein, 2018: 9-35).

Para entender la centralidad que el derecho a la no discriminación ha cobrado en las postrimerías de la Segunda Guerra Mundial, vale la pena reconstruir brevemente la posición crítica de Arendt frente al paradigma de los derechos humanos en la modernidad tardía. Aunque ella destaca el carácter de éstos como conquistas frente al ejercicio autoritario del poder político, también afirma que la preeminencia de esta dimensión contraria a la opresión los identificó de manera espontánea y reduccionista con los derechos políticos y, en consecuencia, con aquellos derechos cuya titularidad depende de la pertenencia a una comunidad política particular. Entonces "sólo los nacionales podían ser ciudadanos… sólo las personas del mismo origen nacional podían disfrutar de la completa protección de las instituciones legales [y] las personas de nacionalidad diferente necesitaban de una ley de excepción" (Arendt, 2004: 352). Los derechos humanos, así, fueron convertidos en derechos de ciudadanía, difuminándose su carácter universal a la luz de la otra gran aspiración moderna (explícita por ejemplo en el proyecto cosmopolita de Immanuel Kant) que era la de constituir un proyecto de convivencia pacífica entre las naciones y sus habitantes considerados como ciudadanos del mundo (Benhabib, 2005: 29-44). Para Arendt, el tránsito del siglo XIX al XX, con la expansión colonialista de los Estados europeos en

África y la fractura de los Estados nacionales europeos herederos de los imperios premodernos, generó un gran número de personas sin Estado ni adscripción política, a saber, los *apátridas*. Precisamente, se trataba de quienes poseían filiaciones culturales o étnicas específicas y que el predominio de una narrativa nacionalista había convertido en parias incluso en el corazón de la civilización europea, sin nadie que se preocupara por defender sus derechos o protegerles de los crímenes más atroces y con el silencio cómplice de la comunidad internacional —un fenómeno que se ha repetido en diversos escenarios desde el desmembramiento de Yugoslavia en la década de 1990— (Power, 2005). Frente a este escenario es que Arendt reivindica un derecho fundamental más allá de las clasificaciones tradicionales de los derechos humanos: el *derecho a tener derechos*.

> Llegamos a ser conscientes de la existencia de un derecho a tener derechos (y esto significa vivir dentro de un marco donde uno es juzgado por las acciones y las opiniones propias) y de un derecho a pertenecer a algún tipo de comunidad organizada sólo cuando emergieron millones de personas que habían perdido y que no podían recobrar estos derechos por obra de la situación política global (Arendt, 2004: 375).

En la obra de Arendt, el derecho a tener derechos constituye no tanto una protección a incluir en las Constituciones nacionales o derivada de los incipientes instrumentos de derecho internacional; se trata más bien de una formulación crítica en el propio lenguaje de los derechos respecto de la manera en que la modernidad tardía ha evidenciado su vinculación con las instituciones del Estado nacional como una condición que socava la universalidad de su potencial emancipatorio. Es decir, el derecho a tener derechos sólo evidencia la urgencia de su reconocimiento cuando ya se ha perdido y parece imposible de recuperar porque quienes han padecido las injusticias como consecuencia de su ausencia ya no están para exigir la reparación del daño. Así, "un reconocimiento recíproco de las otras personas como poseedoras del derecho a tener derechos implica luchas políticas, movimientos sociales y procesos de aprendizaje al interior y más allá de las clases, los géneros, las naciones, los grupos étnicos y los credos religiosos" (Benhabib, 2011: 70). También este derecho constituye una llamada de atención sobre la importancia de observar críticamente el paradigma mismo de los derechos humanos para evidenciar aquellos elementos idiosincráticos que dificultan su justiciabilidad y exigibilidad en contextos de barbarie —los *tiempos de oscuridad*, según la expresión de Arendt, que son resultado del predominio de la opacidad de la ideología sobre la luminosidad del espacio público democrático (Sahuí, 2002: 48-68). Si Arendt pensó en el derecho a tener derechos como la protección fundamental para una época postotalitaria es porque se percataba de que la discriminación que institucionalizó y legalizó el régimen nazi era un peligro permanente frente al cual una aceptación acrítica del paradigma de los derechos humanos no podría ofrecer resistencia alguna. En este momento, las intuiciones arendtianas son importantes porque permiten reconocer a la discriminación como una construcción histórica que amerita una reconfiguración de las condiciones políticas —los discursos, las instituciones, las prácticas— que vuelven a los derechos universal y realmente accesibles. Esto, con independencia de todos aquellos rasgos de la identidad —la pertenencia étnica, el origen nacional, la discapacidad, la orientación sexual— que la modernidad excluyó inconscientemente de la figura de la ciudadanía y de todas aquellas modalidades de adscripción grupal —la filiación política, la lengua, la religión, la condición migratoria— que históricamente han justificado las distinciones arbitrarias y excluyentes.

El derecho a tener derechos, a casi setenta años de *Los orígenes del totalitarismo*, se convierte así en un desafío a la imaginación política para buscar colectivamente mejores formas de asegurar el acceso de todas las personas a todos los derechos, sin discriminación, en un contexto donde los nacionalismos y racismos conocidos coexisten con nuevas formas de misoginia, capacitismo, homofobia, aporofobia o xenofobia. Para efectos de la materialización de este desafío a la imaginación política —que implica pensar que los escenarios de desigualdad pueden ser diferentes en el futuro— en dispositivos institucionales, el derecho a tener derechos, entonces, es un *metaderecho*. Se trataría de un derecho llave cuya garantía o desconocimiento permite a las personas acceder o no al conjunto de protecciones jurídicas que tienen, primero, por ser seres humanos —tal y como lo reconocen los instrumentos de derecho internacional— y, luego, por ser ciudadanos de un Estado en específico —de la manera que lo plasman los distintos textos constitucionales. "El derecho a tener derechos puede realizarse sólo en una comunidad política en la que se nos juzga no por las características que nos definen por nacimiento, sino por nuestras acciones y opiniones, por lo que hacemos, decimos y pensamos" (Benhabib, 2005: 52). Precisamente, sobre este trasfondo conceptual y a partir de reiteradas apropiaciones reflexivas de la idea de una común humanidad para los contextos nacionales, la no discriminación se empezó a plasmar en instrumentos del derecho internacional de manera explícita en la Convención para la Prevención y la Sanción del Delito de Genocidio (1948), la Convención sobre la Eliminación de Todas las Formas de Discriminación Racial (1966) y la Convención sobre la Eliminación de Todas las Formas de Discriminación contra la Mujer (1979); y, a partir de este momento, como un principio que se vuelve transversal para el resto de los tratados temáticos, como el que protege a niñas y niños (1989), los trabajadores migratorios y sus familias (1990) y las personas con discapacidad (2006), entre otros (Ferrara, 2008: 189-196).

Al inicio de este apartado señalaba el renovado entusiasmo civil para discutir la desigualdad, mismo que dirigió a las organizaciones sociales hacia el lenguaje de los derechos para frasear sus demandas de inclusión y reconocimiento. Pues bien, este lenguaje fue localizado sobre todo en los instrumentos de derecho internacional, dado que aquí el Estado aparecía como responsable, por acción u omisión, por la naturalización y normalización de la desigualdad en el acceso a derechos y oportunidades. Esto no significaba que automáticamente se materializara un proyecto de justicia cosmopolita o que las instituciones del derecho internacional fueran reconocidas como interlocutoras autorizadas (Vázquez, 2016: 204-215). No obstante, a partir del reconocimiento de dichos instrumentos como norte normativo es que los Estados pueden ser llamados a rendir cuentas por su actuación a propósito de la jurisprudencia emanada de los comités de seguimiento y evaluación derivados de los Sistemas Universal e Interamericano de protección de derechos, sus recomendaciones y observaciones generales. Por eso, en aquel ya lejano año 2000, como sociedad empezamos a coincidir en la comprensión del derecho a la no discriminación como un derecho llave que desafiaba, como ya se ha señalado, las vías tradicionales para combatir la desigualdad desde el Estado y que, además, nos obligaba a repensar nuestra visión de los derechos humanos como derechos universalmente accesibles en un entramado de desigualdad, pobreza y polarización social (Caballero y Aguilar, 2014: 170-177).

El evento seminal de esta ruta de trabajo fue la Comisión Ciudadana de Estudios contra la Discriminación, encabezada por Gilberto Rincón Gallardo, luchador del movimiento estudiantil de 1968, militante del Partido Comunista Mexicano, cofundador del Partido de la Revolución Democrática y también impulsor de la Convención de Naciones Unidas sobre discapacidad. Después de haber participado como candidato presidencial con un ideario socialdemócrata en la elección del 2000, Rincón Gallardo convocó a académicos, activistas y representantes de organismos públicos nacionales e internacionales para discutir y sentar las bases de un proyecto público antidiscriminatorio. A casi veinte años se puede afirmar que, si la sociedad mexicana ha carecido de momentos fundacionales y de ruptura con el pasado a diferencia de otras en transición a la democracia, la Comisión puede ser observada, por lo menos, como un parteaguas definitivo para la evolución de la comprensión de la desigualdad más allá de su identificación simple con la pobreza. La Comisión tuvo dos productos fundamentales: por una parte, su informe final *La discriminación en México. Por una nueva cultura de la igualdad,* que por primera vez introducía la idea del carácter *estructural* de la discriminación en nuestro país y la vinculaba con grupos específicos de población definidos por rasgos de la identidad o por modalidades de adscripción grupal que, en los hechos, les significaban una calidad de vida diferenciada; y, por la otra, el Anteproyecto de Ley Federal para Prevenir y Eliminar la Discriminación (LFPED) que, modificado y aprobado en el año 2003, dio origen al Consejo Nacional para Prevenir la Discriminación (CONAPRED), organismo encargado de coordinar la política del Estado mexicano en la materia. Puede afirmarse que la comprensión de la no discriminación como un derecho llave fue lo que vertebró la construcción de este entramado legal e institucional. Así se planteaba en el referido informe:

De acuerdo con las conclusiones de la Comisión, una comunidad que busca establecer bases sólidas para construir un sistema democrático debe lograr que sus ciudadanos puedan relacionarse entre sí y con quienes ejercen el poder con base en condiciones de mayor igualdad. La democracia exige igualdad, y ello no sólo como imperativo moral, sino como relación necesaria para evitar la degradación violenta de la sociedad. Por ello, es indispensable que en México comience a diseñarse un nuevo paradigma jurídico que busque compensar las relaciones desiguales que históricamente se han establecido entre ciertos grupos de personas (Comisión Ciudadana de Estudios contra la Discriminación, 2001: 191).

Dado que no es posible reconstruir aquí la riqueza de los debates que acompañaron la reconfiguración de la desigualdad como problema público en el marco de esta primera etapa de la lucha contra la discriminación, me centraré en dos conceptos —la idea de discriminación y el perfilamiento del derecho a la no discriminación— para sustentar la aplicación de la metáfora del derecho llave. En la Constitución y la LFPED, la discriminación quedó definida como toda *distinción, exclusión, restricción* o *preferencia* que, *por acción u omisión, con intención o sin ella*, no sea *objetiva, racional* ni *proporcional* y cuyo resultado sea *obstaculizar, restringir* o *cancelar* el *acceso a derechos y libertades basada en rasgos de la identidad de la persona o en formas de adscripción grupal*. Acompaña a esta definición una relación de las causales de discriminación que quedaron prohibidas con base en la constatación de su extensión social —el género, la discapacidad, la etnia, la orientación sexual, la condición de salud, entre otros— y que se han ido ampliando con el tiempo. Esta definición ha sido denominada por Jesús Rodríguez Zepeda como *técnica* en, al menos, dos sentidos. Primero, porque es independiente de cualquier visión filosófica sobre los valores morales particulares que deben sustentar la lucha institucional contra la desigualdad y porque toma distancia de cualquier doctrina ética específica que se comprometa con la promoción del valor de ciertas identidades sobre otras. Segundo, porque es producto de lo que se podría denominar —en términos rawlsianos— un *consenso traslapado* entre distintas ideas de lo bueno y lo valioso sostenidas por distintos actores políticos y sociales, para apuntar en la dirección de un proyecto de lucha contra la discriminación que destaque lo común —la restricción de derechos con base en prejuicios y estigmas— a una diversidad de posiciones de desigualdad históricamente articuladas. En este sentido:

...para entender cabalmente lo que significa la discriminación más allá del léxico cotidiano, y sobre todo si mantenemos la pretensión de dotar a un Estado democrático de criterios fundados en un horizonte de legitimidad como el de los derechos fundamentales, se debe optar por la definición técnica de dicha acción, es decir, por una definición que pueda servir para la política, el análisis social, la acción de las instituciones públicas, el derecho e incluso, pero no menos importante, para elevar la cultura política de los ciudadanos y ofrecerles alternativas de construcción de actitudes y valores que no recurran a un lenguaje sobre otros grupos caracterizado por el prejuicio y el estigma (Rodríguez, 2006: 24).

A partir de esta definición técnica se pueden apuntar tres elementos conceptuales que permiten afirmar el carácter estructural de la discriminación.

• La *discriminación tiene un carácter arbitrario*. Ésta no se observa como producto de la distribución arbitraria de talentos o de la voluntad diferenciada de las personas para impulsarse en la competencia por las oportunidades, sino que es manifestación de dinámicas sociales que establecen jerarquías y subordinaciones que son previas a su nacimiento e incorporación en el entramado social. Aunque se trata de una desigualdad de trato arbitraria e irracional requiere de un imaginario social que otorgue cierta objetividad a los prejuicios y estigmas que sostienen quienes discriminan.

• *La discriminación se define por sus consecuencias que son la limitación o cancelación en el acceso a derechos y libertades*. Esto implica que, independientemente de si se tiene o no la intención de discriminar, si el efecto es negativo para el ejercicio de derechos humanos, entonces se trata de un acto discriminatorio (Courtis, 2009: 177). De este modo, la construcción institucional del derecho a la no discriminación en México, como consecuencia de su alineación con los instrumentos del derecho internacional y su distancia respecto de lo que se ha dado en llamar el *derecho penal del enemigo*, permite criticar aquellas legislaciones que positivizan visiones tribales de la ciudadanía o aquellas políticas públicas que se orientan de manera asistencialista. Tanto uno como otras tendrían una dimensión discriminatoria si convierten prejuicios y estigmas sobre ciertas poblaciones en criterios de acción pública.

• *Los motivos o fundamentos de la discriminación son los prejuicios y estigmas*. Esto permite distinguir a la discriminación de otras formas de vulneración social como la pobreza, la violencia, la impunidad e, incluso, la corrupción. Aunque todos estos fenómenos están interrelacionados, al momento de buscar las mejores formas de hacer justicia se deben de reclamar las vías jurisdiccionales o no jurisdiccionales más adecuadas para la protección de los derechos de las víctimas. Por eso es que la legislación mexicana otorga recursos punitivos limitados a la autoridad y sí, en cambio, la dota de amplias tareas en el terreno del cambio cultural, tales como la sensibilización de la ciudadanía, la capacitación del funcionariado público o el desarrollo de herramientas pedagógicas para incidir en los procesos formales e informales de educación. La premisa que subyace a esta conceptualización de la relación entre cambio cultural y discriminación es que, aunque se castiguen los actos particulares de discriminación, si no se modifica el imaginario social entonces no se trastocará el orden social injusto.

Por su parte, la definición del derecho a la no discriminación como un derecho llave para el orden jurídico mexicano abreva, de un lado, de las experiencias de justicia transicional en ciertas sociedades —como la sudafricana o la española— cuyo pasado de autoritarismo estuvo trenzado con procesos de institucionalización de la exclusión que generaron narrativas contrarias a la dignidad de ciertas personas y poblaciones, promotoras del odio e incitadoras de la violencia. De otra parte, esta definición incorpora las discusiones filosóficas sobre las condiciones políticas que permiten la transición de la igualdad formal a la igualdad sustantiva, sobre todo en el contexto de lo que Rawls denominó *las circunstancias de la justicia*. Con esta expresión, el filósofo estadounidense alude al hecho de que cualquier discusión sobre la justicia distributiva tiene que tomar como punto de partida que las personas poseen marcos valorativos distintos que les permiten formular pretensiones de vida buena y que ellas compiten por los mismos bienes en un panorama dominado por la escasez (Rawls, 1996: 126-129). Si bien es cierto que la no discriminación como derecho llave ocupa un lugar central en los tratados de derecho internacional que han acompañado la construcción del Sistema de Naciones Unidas, también es verdad que su incorporación en las diversas Constituciones nacionales se vincula con las discusiones que ciertas sociedades han tenido a partir del reconocimiento de una necesidad de ruptura con el pasado que naturalizó la injusticia y desigualdad (Teitel: 169-170).

Mucho se ha discutido acerca de si la cláusula antidiscriminatoria en nuestro texto constitucional incorpora elementos de sus similares en España y Sudáfrica. Lo anterior no implica tanto una falta de originalidad, como la intención de capitalizar los aprendizajes colectivos —*aprendizajes a partir de las catástrofes*, según la expresión de Jürgen Habermas (1998: 59-79)—, para evitar la recurrencia de formas de daño que polarizaron a otras sociedades en el pasado. De manera complementaria, en la formulación del derecho a la no discriminación como un derecho llave han convergido las críticas desde la justicia distributiva hacia la noción liberal tradicional. Ésta afirmaría que la igualdad requerida para el ejercicio de los derechos es una que hace abstracción de las circunstancias particulares, que generaliza un modelo de libertad que enfrenta a las personas con sus comunidades y que se ejerce en un ámbito de decisión donde sólo debería importar la voluntad del sujeto, descontextualizada de los equilibrios de poder y la capacidad de decisión que de hecho definen las estratificaciones sociales. Al contrario, como ha señalado por ejemplo Philip Resnick (1996), nuestra visión liberal sobre el valor fundamental en democracia tendría que ser desafiada para que a la igualdad frente a la ley (*isonomía*) y a la igualdad en la participación en la confección de la ley (*isegoría*) correspondiera también una igualdad en el acceso a la renta y los bienes materiales que permiten a las personas involucrarse sin constricciones económicas en los asuntos públicos (*isomoiria*).

Para el caso mexicano, ha sido también Rodríguez Zepeda quien ha evidenciado la impronta de estas discusiones filosóficas en la formulación actual del derecho a la no discriminación. Él ha señalado que, a partir de un análisis comparativo de los instrumentos de derecho internacional y las experiencias nacionales, es posible encontrar dos formulaciones posibles para este derecho. Por una parte, estaría una definición que Rodríguez Zepeda denomina como *llana*, que hace énfasis en la igualdad formal y que lo identifica con "*el derecho de toda persona a ser tratada de manera homogénea, sin exclusión, distinción o restricción arbitraria, de tal modo que se le haga posible el aprovechamiento de sus derechos y libertades fundamentales y el libre acceso a las oportunidades socialmente disponibles*" (Rodríguez, 2006: 28-29; las cursivas están en el original). Esta definición plantea que la discriminación se produce en el presente por el acceso desigual a derechos y oportunidades y que, por tanto, basta también en el presente con retirar los obstáculos estructurales y modificar la cultura política que articula barreras simbólicas para ciertas personas y poblaciones. No obstante, esta definición pierde de vista que muchas de las injusticias y desigualdades son de larga data, tanto como para hacer plausible la creencia acerca de que cierta normalización de la desigualdad es necesaria para la estabilidad y la cohesión sociales, así como que las asimetrías y subordinaciones se transmiten de generación en generación. Por eso, Rodríguez Zepeda afirma que hay otra formulación posible del derecho a la no discriminación que llama *compleja* y que hace énfasis en la igualdad sustantiva:

> *...el derecho de toda persona a ser tratada de manera homogénea, sin exclusión, distinción o restricción arbitraria, de tal modo que se le haga posible el aprovechamiento de sus derechos y libertades fundamentales y el libre acceso a las oportunidades socialmente disponibles; siempre y cuando un tratamiento preferencial temporal hacia ella o hacia su grupo de adscripción no sea necesario para reponer o compensar el daño histórico y la situación de debilidad y vulnerabilidad actuales causada por prácticas discriminatorias previas contra su grupo* (Rodríguez, 2006: 29-30; las cursivas están en el original).

Jesús Rodríguez señala además que, si tratamos de fundamentar filosóficamente esta segunda definición del derecho a la no discriminación, el principio de diferencia del proyecto rawlsiano de justicia como imparcialidad puede resultar útil. En el proyecto de justicia distributiva de Rawls, "las desigualdades controladas por el principio de diferencia están al servicio de una tendencia a la igualdad... que se orienta a cumplir institucionalmente con el valor moral y político de la igualdad de todas las personas" (Rodríguez, 2010: 193). Recordemos que, para Rawls, una concepción de la justicia que podría ser producto de un consenso traslapado entre distintos actores con posiciones sociales y creencias diversas, así como con un velo de ignorancia sobre sus circunstancias particulares, es la *justicia como imparcialidad*. Ésta tendría dos principios lexicalmente jerarquizados: primero, el principio de iguales libertades para todas las personas; y, segundo, el principio de diferencia según el cual la sociedad en su conjunto se beneficia de tratamientos diferenciados dirigidos a favorecer las posiciones sociales menos aventajadas. Este segundo principio implica, para Rawls, que los talentos naturales de las personas en una sociedad conforman un acervo común, aunque aleatoriamente distribuido, y que por tanto no resultan justas ni merecidas las desigualdades de capacidades y acceso a bienes primarios; es decir, no atribuibles sólo a la falta de esfuerzo o la inconstancia en la competencia por las oportunidades (Rawls, 1996: 67-72). Para Rodríguez Zepeda, este segundo principio rawlsiano permite comprender que, aunque la disponibilidad de derechos y oportunidades sea formalmente igualitaria y esté decretada, la distribución desigual de capacidades y el atraso histórico que experimentan ciertas personas y poblaciones dificulta que la sola idea de igualdad formal haga una diferencia en sus trayectorias vitales (Rodríguez, 2010: 189-219).

A partir de una lectura política de las intuiciones rawlsianas sobre el orden lexical de los principios de igualdad y diferencia (que no se aplica el segundo hasta que se agote el primero, que no se abran los tratamientos preferenciales hasta que se garantice que todos tienen las mismas porciones de derechos y libertades) es posible localizar una fundamentación filosófica de la acción afirmativa —lo que el propio Rawls ya no realizó. Así, las acciones afirmativas se constituyen como modalidades de intervención del Estado para dar preferencia a quienes integran poblaciones discriminadas en ámbitos específicos como la educación, el empleo o la representación política. Estas acciones permiten materializar una idea de igualdad sustantiva que responsabiliza al conjunto de la sociedad por las injusticias históricas de las que sólo algunos se han beneficiado en el pasado. "Como se puede apreciar, esta posibilidad autorizada por el principio de diferencia se apoya en una base pragmática, no moral: su propósito es servir de incentivo para la cooperación de aquellos a quienes quizá no les haga falta" (Sahuí, 2018: 47). En sus distintas formulaciones, incluyendo el caso mexicano, las acciones afirmativas se asumen como *temporales*, aunque no se especifica su duración. Esto porque el punto de partida es que la discriminación construida por generaciones requiere de acciones de nivelación también intergeneracionales para que gradualmente se vayan homologando los niveles de bienestar que son resultado del acceso a derechos.

> La pertinencia normativa de esta pretensión reside en la posibilidad de hacer de la no discriminación un principio adecuado para la igualdad real de oportunidades o de condición y no, como sucede hasta ahora, mantenerlo en el estatus, no despreciable pero insuficiente, de una barrera contra el daño social que causan los estigmas y los prejuicios" (Rodríguez, 2006: 39).

En este sentido, el derecho a la no discriminación en el andamiaje institucional mexicano se alinea con una definición compleja del mismo, que señala el norte normativo de crear un orden social donde no existan las distinciones arbitrarias, pero que también asume como una vía necesaria hacia este propósito el otorgamiento de un tratamiento diferenciado incluyente y temporal dirigido a beneficiar a quienes han experimentado acumulación histórica de desventajas.

Si revisamos las discusiones públicas sobre el derecho a la no discriminación en el primer lustro del siglo XX nos encontramos con el predominio de una visión de éste como un *derecho llave*, cuya garantía o cancelación permite o no acceder a otros derechos. No obstante, no hay que olvidar que, en el caso mexicano, quizá el principal obstáculo que tuvo que vencer el naciente proyecto de lucha contra la discriminación fue la ideología del mestizaje. En efecto, la narrativa nacionalista emanada de la Revolución mexicana —expresada de manera ejemplar en la visión de la *raza cósmica* o *raza de bronce* de José Vasconcelos— resolvió los agravios simbólicos y materiales depositados sobre la población indígena desde la época de la Conquista afirmando que se trataba de injusticias superadas, de un conflicto escenificado entre actores a los que ya la historia había juzgado y que, en el presente, la identidad de la nación mexicana no era pura ni en su vertiente originaria ni en la española (Rincón, 2008: 77-84). Así, en 1994 el levantamiento del Ejército Zapatista de Liberación Nacional en Chiapas reveló a los ojos asombrados de México y el mundo la pobreza, el abandono social y la discriminación que se habían normalizado en las comunidades indígenas que ahora reclamaban su autonomía respecto de una autoridad central — la del Estado— que sólo experimentaban como violencia (Le Bot, 1997). Contra esta idea del mestizaje triunfante, el primer diagnóstico sobre la magnitud de la discriminación en México ofrecido por la Comisión Ciudadana mostraba no sólo que la población indígena no asimilada a la identidad mestiza era real y estadísticamente significativa, sino que experimentaba rutinas de discriminación en razón de sus usos y costumbres, la lengua que hablan o su apariencia física, así como la exclusión de los programas sociales en los que había imperado un enfoque asistencialista u homogeneizante contrario a la definición compleja del derecho a la no discriminación. En este sentido es que los procesos históricos que permiten a una comunidad apropiarse de su identidad a partir de la ruptura con los mitos nacionalistas son también procesos políticos de definición de aspiraciones de justicia colectiva *postconvencionales*. Por eso podemos reconocer "el inicio de un complejo proceso que permitió sustituir una forma de legitimidad por otra y construir naciones allí donde antes había pueblos y patrias" (Pérez, 2010: 277). Entonces, el proyecto de lucha contra la discriminación significó una ruptura con la ideología del mestizaje —que nos había dado estabilidad como sociedad incluso bajo los años del autoritarismo político—;

y, además, con una forma unitaria de concebir a la nación mexicana, conformada *ahora* no sólo por mestizos, sino también por mujeres, indígenas, migrantes, afrodescendientes, personas con discapacidad, de creencias religiosas no mayoritarias, con preferencias sexuales o identidades de género no normativas, entre otras identidades y adscripciones grupales que se han ido revelando e incluyendo en la normatividad como categorías prohibidas de discriminación.

2. La no discriminación como derecho bisagra

Como ha señalado José María González (1998), el uso de metáforas para describir de manera indirecta y crítica las relaciones de poder permite echar luz sobre la manera en que en la comprensión pública de los procesos políticos convergen principios normativos abstractos e imaginarios sociales históricamente determinados. Así, visualizar a la no discriminación a partir de la metáfora del *derecho llave* posibilita comprender la manera en que se ha localizado acaso como el elemento definitorio del *paradigma contemporáneo de los derechos humanos*, a partir de la Segunda Guerra Mundial, cuando el mundo conoció los horrores de los campos de concentración y los procesos de discriminación institucionalizada similares. De hecho, algunos teóricos del así llamado giro historicista de los derechos humanos, como Norberto Bobbio (1990) o más recientemente Samuel Moyn (2010), afirman que la principal consecuencia de la centralidad que este paradigma otorga a la no discriminación es tematizar a los derechos ya no sólo como libertades individuales sino, de manera complementaria, como prerrogativas cuyo ejercicio requiere de condiciones mínimas de bienestar material generalizado que permitan a las personas hacer elecciones significativas y llevar a cabo sus planes de vida buena. Lo anterior por la constatación de que, en el mundo contemporáneo, no sólo se requieren mejores técnicas de protección y defensa de los derechos, ni tampoco sólo más autonomía para los contrapesos del poder político; sino, sobre todo, resulta fundamental la incidencia en el imaginario social donde las jerarquías y subordinaciones son naturalizadas y condicionan la conciencia sobre la injustica y la titularidad de los propios derechos en el caso de las poblaciones históricamente discriminadas (Pogge, 2013: 251-281). En este sentido, si los derechos humanos se han convertido en nuestra *última utopía* es porque pueden ser tomados como bandera de lucha para la disminución de las brechas de desigualdad y el acceso universal a los derechos sociales.

Mi intuición es que el final de la primera década del siglo XXI, a partir de una demanda generalizada por la elevación del rendimiento social de las instituciones democráticas alrededor del mundo, ha señalado una nueva etapa en la comprensión del derecho a la no discriminación. Propongo utilizar la metáfora del *derecho bisagra* para entenderlo como un marco conceptual que permite visibilizar el vínculo entre, por una parte, la articulación simbólica de la desigualdad en el imaginario social y, por la otra, sus consecuencias materiales para la dignidad, seguridad y calidad de vida de las poblaciones históricamente discriminadas. En este sentido, lo que antes se consideraba como algo meramente anecdótico o lateral a la desigualdad, es decir, la construcción simbólica de las identidades, se revela el día de hoy como un elemento definitorio en la localización de ciertas personas en las posiciones sociales más vulnerables a la violencia y la impunidad y, además, con los ingresos más bajos. Así, este viraje conceptual permite la comprensión del carácter estructural de la discriminación no como una anomalía en las dinámicas sociales que crea casos excepcionales de exclusión sino, más bien, como el elemento definitorio de la integración y la cohesión sociales. Esto a partir de una lógica de segmentación de la ciudadanía por clases y niveles de proximidad con los recursos de exigibilidad y justiciabilidad de los propios derechos. En este sentido, y como lo ha señalado Patricio Solís, la discriminación puede reconocerse como estructural a partir de tres premisas: "a)… se fundamenta en un orden social que es independiente de las voluntades individuales; b)… se constituye como un proceso de acumulación de desventajas, tanto a lo largo del curso de la vida como entre generaciones, y c)… tiene consecuencias macro-sociales en los ámbitos del disfrute de los derechos y la reproducción de la desigualdad social" (Solís, 2017: 33-34).

Ahora, para diversos movimientos y actores sociales no es suficiente señalar que la no discriminación permite acceder a otros derechos y visibilizar la pluralidad social sometida por las ideologías nacionalistas u homogeneizantes de la identidad comunitaria. Es decir, no es posible suponer que la justicia surge de manera espontánea cuando las instituciones y espacios sociales reflejan la composición diversa de la población. Más bien, la tendencia es converger en la idea de que la no discriminación posibilita el desmontaje de los privilegios y las subordinaciones de los que históricamente se han beneficiado ciertas personas en detrimento de otras. Entonces, se trataría de imaginar cómo la justicia puede ser resultado de la redistribución equitativa de las oportunidades que en el pasado se han reservado para ciertas capas de la población cuyo poderío es apuntalado por los prejuicios y estigmas que se articulan en el imaginario social y, en consecuencia, cesar el sometimiento y la humillación sistemáticas hacia personas y grupos específicos. Se trataría, entonces, de integrar la idea de *una sociedad justa* con la de *una sociedad decente*.

En México habría que señalar al año 2011 como el punto de inflexión en la evolución del derecho a la no discriminación de un derecho llave a un derecho bisagra. Fue en ese año que los principales partidos políticos lograron un consenso para producir la reforma constitucional en materia de derechos humanos que los coloca como el eje alrededor del cual tiene que articularse la vida pública. Este consenso situó la lucha contra la discriminación más allá de los organismos especializados de atención a las poblaciones vulneradas y señaló la obligación del Estado de transversalizarla a todas sus funciones cotidianas (Carbonell, 2011). A partir de un diagnóstico acerca de la incapacidad del Estado mexicano para garantizar plenamente los derechos dadas las disonancias entre su marco legislativo, su mandato institucional, sus políticas públicas y las reglas de operación de programas sociales, los legisladores se esforzaron por crear un consenso político para corresponsabilizar al conjunto de la sociedad por subsanar todas las asignaturas pendientes en la materia (Saltamalacchia y Covarrubias, 2011). Si bien esta reforma constitucional por sí misma —como ya ha sido ampliamente discutido— no puede dar realidad a todas nuestras aspiraciones de igualdad e inclusión, lo cierto es que otorga rango constitucional a los fundamentos conceptuales para lograr un acceso universal y sin discriminación a todos los derechos.

Por lo menos son cuatro los elementos de dicha reforma que resultan relevantes para una comprensión de la no discriminación como un *derecho bisagra*. Primero, la adjetivación de las preferencias como *preferencias sexuales* en la cláusula antidiscriminatoria del Artículo 1° constitucional. Hay que recordar que, en su primera formulación en 2001, en dicha cláusula sólo se señalaban como causales de discriminación las preferencias sin más, aunque la evidencia ha mostrado que son las orientaciones sexuales y las identidades de género no normativas las que generan discriminación y convierten a las personas en potenciales víctimas de agresiones y crímenes de odio por homofobia, lesbofobia y transfobia (González de la Vega, 2017). Segundo, el reconocimiento de los tratados internacionales, la interpretación conforme a ellos y el principio *pro* persona, que dan rango constitucional a la idea según la cual el derecho internacional impone ciertos límites a la discrecionalidad de los Estados. Hasta hace no mucho tiempo existía un conflicto entre la aplicación de la legislación nacional y la internacional que México ha ratificado para la protección de los derechos de las personas y poblaciones históricamente discriminadas. A este respecto, siempre se argumentaba que la autoridad local no disponía de facultades para dar cumplimiento a los estándares internacionales y que, al contrario, aplicarlos podría generarle responsabilidades por una desviación del ejercicio del servicio público. Hoy no solamente ha desaparecido este conflicto, sino que se insta a las autoridades locales a aplicar los estándares internacionales que constituyen un bloque normativo con la Constitución, en su interacción cotidiana con la ciudadanía para evitar discriminaciones y revictimizaciones (Caballero y Aguilar, 2014). Tercero, el reconocimiento del derecho a solicitar asilo y refugio, así como la garantía de audiencia en el proceso de expulsión de personas extranjeras que establece el Artículo 33 constitucional. Anteriormente el Estado mexicano sólo procesaba las peticiones de acogida de aquellas personas forzadas a dejar sus países de origen o a renunciar a la protección de sus Estados por motivos de orden político; el día de hoy se antepone una visión de derechos humanos y se evita restringir el derecho de refugio y asilo sólo para estos motivos, es decir, se aplica el principio de no discriminación en relación con el perfilamiento racial, la persecución religiosa u otras características. Por otra parte, con la garantía de audiencia se evita la posibilidad de aplicación discrecional por parte del Presidente de la prerrogativa de expulsar a los extranjeros si se considera pertinente; ahora, ellos tienen los mismos derechos que los nacionales, incluyendo el debido proceso para la cancelación de sus permisos de estancia legal en el país (Sepúlveda, 2011). De manera conjunta, la regulación del asilo, el refugio y la expulsión de los extranjeros con perspectiva de derechos humanos significa, para estos casos, la eliminación de la ciudadanía como una categoría que condiciona la protección de dichos derechos y el reconocimiento como discriminatorias de las excepciones que el marco normativo había hecho en estos casos. Finalmente, está la posibilidad de que las Comisiones de Derechos Humanos conozcan de violaciones a derechos laborales. Esto constituye, por fin, el reconocimiento de que los derechos laborales son derechos humanos sin más y que su afectación es causa y consecuencia de procesos de vulneración que se extienden más allá de los centros laborales y que implican relaciones de poder que necesitan ser reguladas (González y Hernández, 2013).

Como consecuencia de esta reforma y de la ampliación de las posibilidades de exigibilidad y justiciabilidad de los derechos humanos en general, se produjo un viraje en la localización de la no discriminación en el catálogo de responsabilidades del Estado. Aunque desde su creación en 2003 el CONAPRED fue concebido como la instancia pública que coordina en México la política de Estado en la materia, en los hechos su limitación presupuestal, la precariedad de su estructura operativa en relación con su mandato legal y la resistencia de la administración pública a vincularse para transversalizar la perspectiva de no discriminación, tuvieron como consecuencia resultados limitados (Rodríguez, 2006: 133-138). Si bien el marco normativo ya era lo suficientemente amplio para visualizarla como un derecho bisagra para la incidencia en la calidad de vida de las personas, faltaba construir herramientas para la intervención en los contextos reales de desigualdad frente a los cuales la no discriminación se convertía una aspiración contrafáctica. Es decir, aún estaba ausente la articulación de un proyecto de política pública que tradujera la nueva conceptualización de la no discriminación.

Cabe señalar que, de manera general, en América Latina ha sido precaria la política pública para dar cumplimiento a los compromisos internacionales de los Estados en materia de derechos humanos. Se pueden apuntar algunas razones: la insipiencia de los diagnósticos y las mediciones sobre las violaciones a derechos y sus consecuencias en el mediano y largo plazos; la falta de capacidades para la generación de metodologías, metas e indicadores para alinear las acciones específicas con el gran proyecto de la política social; la desconfianza de la sociedad civil para hacer interlocución con el gobierno y, así, trasladar sus demandas de inclusión y reconocimiento a quienes toman decisiones; también, la resistencia de la autoridad local para abrirse al escrutinio de sus acciones con perspectiva de derechos humanos (Pérez, 2007). Más aún, en el caso de la no discriminación, cuando se la plantea en el discurso público como una herramienta no sólo para evidenciar la pluralidad social —como un derecho llave que permite el acceso a otros derechos— sino sobre todo como una vía para visibilizar y desmontar los privilegios y las subordinaciones históricamente construidos —como un derecho bisagra que posibilita la redistribución igualitaria de las oportunidades—, es necesario el desarrollo de herramientas de política pública con un fundamento normativo sólido (Aguilar, 2015). Precisamente, esto se produjo en el año 2014, con la reforma a la LFPED que incluyó la especificación de medidas para la igualdad que el Estado debe operar de manera permanente y transversal, y no sólo discrecionalmente y de manera limitada a los organismos que atienden la vulneración social.

En la formulación original de la LFPED eran dos los tipos de acciones que el Estado podría realizar: por una parte, las *medidas para prevenir la discriminación*, cuya formulación implicaba reconocer que era más sencillo lidiar con las causas de la discriminación que con sus consecuencias a través de las generaciones; y, por la otra, las *medidas positivas y compensatorias a favor de la igualdad de oportunidades*, que autorizaban al Estado a dar un tratamiento preferencial y temporal a ciertas poblaciones acerca de las cuales existiera evidencia sobre la imposibilidad de remontar su situación de atraso sólo a partir de la aplicación imparcial —neutral frente las diversidades y las estratificaciones sociales— de la ley (Del Pino, 2015: 31-47). Este capítulo de la LFPED era la traducción al vocabulario jurídico mexicano de las *acciones afirmativas* que han acompañado la lucha contra la discriminación en varios países, particularmente en Estados Unidos, donde existe una política de *cuotas* o espacios reservados para las mujeres y los grupos raciales no hegemónicos, fundamentalmente en las universidades y los centros laborales, a partir de la justificación en el sentido de que un tratamiento igualitario contribuiría a preservar las exclusiones históricamente construidas (Rodríguez, 2006: 59-82). Como puede apreciarse, esta formulación original era perfectible al menos por dos razones. Primero, porque implica una desatención de las consecuencias de los prejuicios y estigmas para la calidad de vida de las personas, centrándose sólo en sus causas y perdiéndose de vista que la naturalización de la discriminación refuerza el imaginario social excluyente y genera nuevos ciclos de desempoderamiento y pérdida de autonomía material y moral. Segundo, porque la escisión entre acciones preventivas y tratamientos preferenciales segmentaba la posibilidad de desplegar en el conjunto de la administración pública el poder de la legislación para nivelar a quienes históricamente habían sido colocados en la periferia y la capacidad de la política pública para revertir trayectorias vitales y comunitarias para las que la desigualdad aparecía como un destino insuperable.

Por eso, en 2014 se realizó una reforma a la LFPED para situar en ella el fundamento de las políticas públicas antidiscriminatorias y, así, avanzar en el posicionamiento de la discriminación como un *problema público* que atañe al Estado resolver en vista de la evidencia sobre los daños materiales que generan los prejuicios y estigmas. Esta reforma mantuvo el capítulo "Medidas para prevenir la discriminación", aunque se acentuó el deber de intervenir el Estado en los ámbitos públicos y privados para combatir la discriminación —por ejemplo, de manera explícita en la garantía de un trato igualitario en la prestación de servicios financieros— y se añadieron consideraciones para evitar la exclusión de personas con adicciones, que viven con VIH o para implementar políticas públicas con orientación social que puedan resultar contrarias a los derechos humanos. Estas últimas consideraciones apuntan en tres direcciones para la materialización de la no discriminación como un derecho bisagra: primero, hacer un uso decidido de la facultad de conocimiento de casos de discriminación en que los agentes son particulares, lo que implica reconocer que buena parte de la exclusión ocurre a partir de la interacción con personas físicas o morales que antes se pensaba escapaban del ámbito de acción estatal; segundo, sustraer de los filtros morales e ideológicos aquellos problemas de salud pública que requieren una intervención con perspectiva de derechos para evitar la revictimización por discriminación a personas usuarias de drogas y quienes viven con VIH; y, tercero, establecer restricciones para las políticas públicas con orientación social en el sentido de no relativizar las afectaciones para la autonomía y la gestión civil de derechos desde visiones asistencialistas o filantrópicas que producen discriminación de manera inintencionada sobre las poblaciones que buscan atender si no se acompañan de estructuras institucionales para su inclusión (como ya se apuntó, no se requiere tener intenciones de hacerlo para producir un acto discriminatorio).

La otra gran reforma de 2014 a la LFPED deroga el capítulo de "Medidas positivas y compensatorias a favor de la igualdad de oportunidades" y adiciona otro titulado "De las medidas de nivelación, medidas de inclusión y acciones afirmativas", que establece las acciones que el Estado puede realizar para, de manera simultánea, nivelar a las poblaciones históricamente discriminadas, incluirles en las dinámicas sociales y de bienestar, así como para remediar aquellas injusticias históricas que un tratamiento imparcial frente a la ley no podría revertir por sí mismo (Del Pino, 2015: 51-57). Así, a partir de ahora, en México, la legislación fundamenta normativamente la política pública antidiscriminatoria y establece tres modalidades posibles de ésta:

• Las *medidas de nivelación* que tienen el propósito de uniformar o allanar el terreno simbólico y material donde las personas interactúan para ejercer sus derechos y acceder a oportunidades. Aquí se inscriben acciones como los ajustes razonables para personas con discapacidad, la pertinencia cultural en los mensajes de los medios de comunicación públicos y privados, así como la derogación de disposiciones en las leyes y reglamentos que establezcan distinciones que no sean racionales, proporcionales u objetivas.
• Las *medidas de inclusión* que tienen el objetivo de incorporar a los ámbitos literales y simbólicos que resultan relevantes para el ejercicio de derechos a quienes han sido situados fuera de éstos de manera parcial o total como consecuencia de la discriminación, corrigiendo o previniendo las prácticas excluyentes reiteradas. En este rubro se incluyen las campañas de información y sensibilización estructuradas para acabar con el racismo, la misoginia, el edadismo, el adultocentrismo y otras ideologías discriminatorias que se han incorporado a las instituciones públicas.
• Las *medidas de acción afirmativa* que autorizan a dar un tratamiento preferencial y temporal a ciertos grupos discriminados con el objetivo de liberarlos gradualmente de las injusticias que también progresivamente se han ido acumulando sobre ellos. La legislación mexicana reserva estas acciones para las mujeres, las personas con discapacidad o indígenas en los subsistemas sociales fundamentales que constituyen el empleo, la educación y la participación política. Hay que apuntar que conceptualmente las acciones afirmativas no se tipifican como derechos en sentido estricto. Más bien, constituyen un vehículo para que la acción pública permita el acceso a los que sí son derechos fundamentales, tales como el trato digno, la cobertura sanitaria universal con independencia de si la persona tiene o no un empleo que le significa beneficios de seguridad social, la educación incluyente y de calidad o la posibilidad de incorporarse a los espacios legislativos y de toma de decisiones.

En breve, con la adición de este capítulo sobre lo que genéricamente se conoce como *medidas para la igualdad* desaparece la escisión entre acciones para prevenir la discriminación, para revertirla y para compensar a los grupos sobre los que históricamente ésta se ha depositado. La razón es que, ahora, la no discriminación es conceptualizada como una vía de acceso hacia las relaciones igualitarias definidas no sólo por la identidad o la visibilidad en el espacio público, sino sobre todo por un real acceso a las oportunidades que permiten a las personas disponer de los bienes primarios necesarios para llevar a cabo un plan de vida buena y habitar espacios seguros y libres de humillaciones.

Además, la idea de un posicionamiento frontal frente a la desigualdad permite reconocer el fenómeno de la *discriminación interseccional* o *múltiple*, es decir, el hecho de que sobre una persona puede depositarse más de una causal de discriminación prohibida por la ley, lo que permite —por expresarlo de cierta manera— dotar de *tridimensionalidad* a los sujetos de la exclusión social. Así, por ejemplo, una mujer no sólo podría ser discriminada en razón del género, sino también por su origen étnico, por tener alguna discapacidad temporal que refuerce los estereotipos sobre su productividad en el ámbito laboral o por ser parte de una estructura familiar recompuesta por la migración. Esta mirada renovada sobre las personas que experimentan discriminación permite reformular el carácter interdependiente de los derechos, más allá de las conceptualizaciones tradicionales, las ideologías conservadoras o unidimensionales de las identidades. En este sentido, las personas con discapacidad *también* tendrían derechos sexuales y reproductivos, incluso si a través de juicios de interdicción se limitara su capacidad para decidir sobre sus vínculos sexoafectivos o el momento de formar una familia; las personas mayores *también* necesitan de acceso a trabajos dignos, seguros y adecuadamente remunerados, en un contexto donde la disminución de las pensiones y la seguridad social les exige ampliar su vida productiva; las personas indígenas *también* requieren el diseño de programas de becas específicas que les permitan ingresar a posgrados, dado que el rezago en esos niveles educativos es tan amplio que quienes logran acceder lo hacen de manera excepcional y con costos muy elevados, a diferencia de otras personas.

Conclusión: la política de la teoría política del derecho a la no discriminación

Para terminar, quisiera retomar dos críticas —la de Wendy Brown hacia las políticas de integración en Estados Unidos durante la era Obama y la de Melinda Cooper hacia el neoconservadurismo y sus intentos por institucionalizar una visión tradicional de la familia— que permiten evaluar la importancia de la evolución conceptual de la no discriminación como un *derecho llave* a la no discriminación como un *derecho bisagra*.

Por una parte, Wendy Brown en su libro *El pueblo sin atributos* (2016) y apoyada en la caracterización foucaultiana de la razón neoliberal como un estadio presentado como natural, espontáneo y hasta deseable en la evolución de la razón moderna que autoriza la sustitución de los imperativos de la política y la deliberación por los del mercado y la optimización de las ganancias, analiza el discurso sobre la diversidad sexual durante el segundo período presidencial de Barak Obama. De acuerdo con Brown, si Obama fue promotor del matrimonio igualitario, logró revocar la política "Don't ask, don't tell" que obligaba a los miembros del ejército a no revelar ni exigir el reconocimiento de sus orientaciones sexuales o identidades de género y se esforzó porque el sistema de salud universal no discriminara a las familias diversas, su discurso público asumía los costos de la reacción conservadora afirmando que todas estas personas ahora se podían integrar a la productividad y convertirse en capital social para la generación de riqueza. "El discurso de Obama también deja claro que el listado de propósitos y prioridades del Estado también se ha vuelto indistinguible del de las empresas modernas, en especial ahora que estas últimas adoptan cada vez más preocupaciones con la justicia y la sustentabilidad" (Brown, 2016: 28).

Por supuesto que pueden considerarse como logros estas formas de inclusión y reconocimiento, no obstante, oscurecen las posibilidades de que la no discriminación efectivamente pueda ser utilizada como un derecho llave para quienes no pueden adecuarse a la noción imperante del éxito social o aceptar las formas de precarización del trabajo que generalmente se depositan sobre las identidades históricamente discriminadas. No es lo mismo ser varón homosexual, blanco, de clase media que, además, experimentar las interseccionalidades que podrían significar la condición trans, la discapacidad, la migración o el envejecimiento. Difícilmente estas variables acumuladas de discriminación se avienen con la idea del éxito social que significa una celebración apolítica y neutral de la heteronormatividad frente a las estratificaciones al interior de la propia diversidad sexual. "La conducta del gobierno y la conducta de las empresas son ahora fundamentalmente idénticas: ambas se encuentran en el negocio de la justicia y la sustentabilidad, pero nunca como fines por sí mismos" (Brown, 2016: 28).

Por otra parte, Melinda Cooper, en su obra *Family Values. Between Neoliberalism and the New Social Conservatism* (2017), se pregunta por qué la agenda conservadora en lugares tan disímbolos como las economías líderes —Estados Unidos— y las emergentes —los países asiáticos— a nivel mundial coinciden en un elogio de la familia tradicional, la criminalización de la pobreza y la reorientación de la educación universitaria hacia la tecnocracia. Y la respuesta que encuentra es que el nuevo conservadurismo ha invertido sus valores tradicionales: ahora, la legitimación de la desigualdad producto de la lógica del mercado liberada de las regulaciones estatales no es la consecuencia imprevista del ideario conservador. Más bien, se trata del propósito deliberado de una ideología que enmascara su interés por la exacerbación de los privilegios y subordinaciones sociales en una pretendida nostalgia por un pasado que nunca existió, donde la diversidad se observaba como una amenaza para la cohesión social y las luchas por la inclusión y el reconocimiento eran desestimadas y no prohijadas por la propia sociedad civil. Frente a las exigencias de los movimientos sociales por la regulación estatal y el combate de la desigualdad que es producto de la lógica salvaje del mercado, "tanto los neoliberales como los nuevos conservadores sociales se asumen como responsables por revertir este desarrollo histórico para poder recuperar una tradición de responsabilidad privada familiar por el cuidado de quienes son dependientes" (Cooper, 2017: 70).

Así, para Cooper serían dos los escenarios estratégicos donde se libran las batallas por la imposición del conservadurismo. De un lado, la defensa de la familia tradicional, como el ámbito que debería mantenerse libre de ideologías —como el feminismo o la teoría *queer*— que buscan cuestionar la natural construcción de las relaciones entre los géneros, es decir, de los varones razonando en el espacio público sobre lo políticamente valioso y las mujeres asumiendo la carga por el cuidado del hogar y los hijos. Subvertir este orden, se afirma, tiene como consecuencia la desintegración social, una amenaza que exige de las mujeres el sacrificio por aceptar las responsabilidades que la biología —no la historia ni el orden social— habría depositado sobre ellas y que perniciosamente se las habría enseñado a observar desde las *ideologías de género* como causales de discriminación. Así, "los neoliberales no están menos dispuestos que los comunitaristas a invocar la necesidad de mantener las obligaciones no especificadas contractualmente en el matrimonio y la paternidad, y están más que dispuestos ambos a pelear porque el Estado refuerce estas cargas" (Cooper, 2017: 116). Del otro lado, está la moral sexual conservadora como el imaginario social que permite reconocer aquellos comportamientos sexoafectivos que contribuyen a la cohesión social o que la socavan, es decir, que posibilita distinguir el ejercicio de una sexualidad con fines reproductivos de otra que no lo es y, por tanto, sólo es proyección egoísta de la subjetividad. Defender la búsqueda del placer, visibilizar como libertades democráticas las disidencias en materia de orientación sexual o identidad de género e insistir sobre una educación sexual laica que informe sobre el cuidado del propio cuerpo frente a la imposición de la violencia y la maternidad, constituirían todos elementos de un ideario liberal contrario a la sexualidad como instinto espontáneo de sobrevivencia como especie. Si bien es cierto que el neoliberalismo puede adoptar puntos de vista progresistas respecto del uso de drogas, las relaciones entre personas del mismo sexo o la prostitución, "su indiferencia moral aparente viene con la advertencia sobre que los costos de tales conductas tendrían que ser completamente asumidos en privado" (Cooper, 2017: 174-175).

Como puede apreciarse a partir de la esquematización que Brown y Cooper hacen sobre la forma en que se han naturalizado la discriminación y la desigualdad, y la manera en que se han despolitizado las luchas por la inclusión y el reconocimiento en la modernidad tardía, es que se vuelve necesaria una defensa de lo público como rasgo definitorio de la nueva izquierda, de las herramientas de incidencia del Estado para garantizar los derechos humanos y la regeneración de las condiciones deliberativas que permitan los intercambios críticos entre ciudadanos que se perciban a sí mismos no sólo como consumidores de promesas electorales que apuntalan el *status quo*. En este horizonte normativo parece resultar más plausible la conceptualización de la no discriminación como un *derecho bisagra* que como un *derecho llave* para hacer explícito el vínculo entre, por una parte, los imaginarios sociales donde convergen las aspiraciones neoliberales, la exaltación de la meritocracia, la criminalización de la pobreza y los prejuicios y los estigmas excluyentes; y, por la otra, la depreciación de la calidad de vida de ciertas poblaciones sobre las que se van acumulando la pobreza, la violencia y la impunidad por las violaciones a sus derechos humanos tematizadas como saldos necesarios de la productividad y la generación de riqueza. Sobre todo, porque esta conceptualización tiene como correlato la defensa del papel central del Estado para la articulación de una política antidiscriminatoria de largo aliento que incluya legislaciones y políticas públicas que permitan, por fin, poner al alcance de las poblaciones históricamente excluidas los recursos para la exigibilidad y justiciabilidad de sus derechos.

Capítulo 13.
Discriminación y estéticas de la religiosidad popular en México: imaginería, identidad y estigma en la devoción de la Santa Muerte

César Rebolledo González

Introducción

El tópico de la identidad se posicionó dentro de nuestras disciplinas por la emergencia de ciertos movimientos sociales durante la década de los sesenta que tomaron por estandarte la identidad de un grupo (étnico, regional, juvenil, etcétera) o de una categoría social (movimientos feministas, por ejemplo), para cuestionar una relación de dominación o reivindicar su diferencia.

Estudiar identidades nos permite indagar en los procesos continuos de negociación que los actores sociales entablan para reconocerse y ser reconocidos simbólicamente en entornos de estigmatización y desigualdad social. En ese sentido, la noción de reconocimiento es un punto de partida clave para el estudio de las identidades sociales. Reconocer alude al acto de discernir una cosa o persona de otra, para dar cuenta de su existencia en una estructura social jerarquizada. Reconocer es un acto de valorización (positiva o negativa) que se asocia con la mirada social, con el estereotipo y los símbolos.

En este capítulo se discute la pertinencia teórico-conceptual de la estética para el tratamiento de las identidades en contextos de estigmatización. La apariencia es la condición de toda presencia; es reconocible aquel o aquello que en primera instancia es perceptible. Llámese moda, estilo o *look*, este ángulo de análisis habilita la pregunta sobre los procesos disruptivos de distinción y cuáles son las lógicas simbólicas de la provocación estética.

En la religiosidad popular objeto y sujeto se intrincan bajo el mismo aparato estético. En el caso específico de la Santa Muerte, la imagen materializa la creencia, la hace pública, reconocible en múltiples formatos: estatuillas, escapularios, joyas, veladoras, pócimas, ropa estampada, tatuajes. Se trata de un culto donde el motivo de adoración no sólo se carga en brazos, sino que se corporeiza.

Si el objeto funge como prueba material de lo sagrado; el cuerpo funge como representación de la creencia. En el culto no sólo operan objetos de distinción ornamentales, sino que el cuerpo mismo de los devotos se convierte en símbolo. Vestirse como la Santa Muerte es una práctica ritual que sobre-expone en el espacio social la presencia de un grupo que se identifica en torno a una imagen macabra, a sabiendas que ella escandaliza socialmente, a sabiendas del rechazo que ello podría generarles.

Portar el símbolo de la muerte atenta contra la esperanza social de la vida eterna; vestirse de muerte es un mecanismo disruptivo para hacer visible una creencia y una ética particular de vida. Las identidades generan identificaciones, pero también distinciones. La Santa Muerte constituye un objeto de análisis estético que nos habilita para comprender cómo la apariencia da forma y estructura simbólicamente las interacciones sociales mediadas por la estigmatización y cómo operan los procesos de inversión del prejuicio.

1. Consideraciones teóricas para el estudio de las identidades
De inicio, una sentencia del antropólogo Claude Lévi-Strauss cuyo sentido concentra la problemática a tratar en este apartado: "Toda utilización de la noción de identidad comienza por la crítica misma de ésta" (1977: 10). El pronunciamiento anterior nos remite a un seminario interdisciplinario sobre identidad realizado en la década de los setenta en Francia,[1] precisamente cuando el proceso de adopción e implementación de dicho término se posicionaba como uno de los principales objetos de debate en prácticamente todas las disciplinas de las ciencias sociales.

En tan sólo algunos años, la identidad había "logrado atravesar las barreras disciplinarias a veces tan hermetizadas por la tradición y las prácticas institucionales" (Gutiérrez-Martínez, 2010: 16) y se había convertido en una especie de herramienta fetiche a la que parecía permitírsele todo, como si su novedad fuese sinónimo de conveniencia teórica. Hace pocas décadas —expresa Zygmunt Bauman—, la identidad estaba lejos de nuestras preocupaciones,

---

[1] El seminario, dirigido por el propio C. Lévi-Strauss, fue realizado entre 1974 y 1975 y tuvo por título "L'identité". Entre los expositores participantes figuran: Jean-Marie Benoist, Michel Serres, Françoise Héritier, André Green, Jean Petitot, Christopher Crocker, Antoine Danchin, Julia Kristeva, Françoise Zonabend, Paul Henri Stahl y Michel Izard.

sólo era pretexto de la elucubración filosófica. Hoy todo el mundo no habla más que de ella. El repentino entusiasmo que generó la identidad en la década de los setenta "constituye un verdadero enigma, uno sobre el cual, seguramente, los grandes sociólogos se hubiesen preguntado, quizá de manera aún más enfática que sobre la identidad misma" (Gutiérrez-Martínez 2010: 27).

La popularización se debía a su pretendida capacidad para arrojar luz sobre los movimientos identitarios de la época, avivados, según la teoría en boga, por la reivindicación de la diferencia (étnica, religiosa, ideológica, generacional, sexual, etcétera) y el colapso de las instituciones sociales (la Nación, la Iglesia, la Familia, el Matrimonio, entre otras). Esta lógica puede sintetizarse a partir de la descripción del señuelo que, a decir de Lévi-Strauss, atrapó las reflexiones de la mayoría de los teóricos de entonces: "Cuando las actitudes seculares se derrumban, cuando los estilos de vida desaparecen, cuando las viejas solidaridades se desmoronan es ciertamente frecuente que una crisis de identidad se produzca" (1977: 9).

Lo cierto es que el uso de la identidad rebasó el umbral de la *crisis* que le dio vida y comenzó rápidamente a ser utilizada sin mesura para explicar en bloque todo tipo de fenómenos, sin diferenciar si el asunto en cuestión refería a un individuo o a un grupo, a un rol o a un perfil psicológico: identidad étnica, identidad cultural, identidad nacional, identidad juvenil, identidad colectiva, identidad individual, identidad religiosa, identidad empresarial, identidad grupal, identidad de género, identidad profesional, identidad académica, identidad deportiva, etcétera.

Lo anterior obstaculizó sin duda su operación, pues pareciera que la sola enunciación del mismo término podía aclarar las oscuridades de la problemática en torno a la representación social del otro. Este uso indiscriminado y poco fundamentado de la identidad nos da la pauta para comprender por qué algunos teóricos llegaron a referirse a ella como una *moda pretenciosa* (Benoist, 1977). En efecto, uno de los principales obstáculos que dificultaba (y dificulta) su utilización fue, desde el inicio, su propia banalización: "La identidad devino una moda académica hasta el punto de que hoy en día no hay autor que no la convoque en el título de su monografía como marca de novedad y de prestigio" (Giménez, 2009: 10).

Desde nuestra perspectiva, lejos de negar el potencial teórico de la identidad, las primeras acusaciones contra el uso frívolo de la misma pueden leerse como advertencias sobre los retos epistemológicos que trae consigo abordar la cuestión de la *diferencia* y sus representaciones. La adopción del vocablo fue producto de una necesidad para explicar los conflictos sociales de la época, derivados de las consignas identitarias de grupos estigmatizados o estructuralmente segregados. Ciertamente, la noción en cuestión había mostrado su potencial para describir la conformación identitaria en términos de luchas por el reconocimiento, pero para los críticos era necesario revisar la problemática que traía consigo utilizar la misma noción para analizar otro tipo de escenarios.

Para Jean-Marie Benoist (1977: 13-23), por ejemplo, resultaba ingenuo pensar que es posible determinar las identidades del *otro* (no occidental) a partir de concepciones como poder y subordinación, pues éstas pertenecen a una visión particularmente significada del mundo. A su modo de ver, este particular descuido ponía en evidencia una actitud homogeneizante que borraba las diferencias y la diversidad cultural, reabsorbiéndolas en el seno de una identidad de tipo substancial. En ese sentido, el etnólogo subraya que para abordar el tema de la identidad hay que dejar subsistir las diferencias por sí mismas, y para ello es necesario separarse del mundo conceptual con el que el observador externo se familiariza; esto es, introducirse en los esquemas de significación propios a los actores estudiados. Consideramos que el apunte de Benoist expande de manera significativa los alcances de la identidad en dos niveles:

• Porque advierte al investigador sobre el peligro de pisar los terrenos de las categorizaciones y los estereotipos —propios al saber de *sentido común*— durante el tratamiento del tema identitario. Describir al otro a partir de generalizaciones propias de un sistema de valores es equivalente a estereotiparlo, y esto se agrava aún más cuando el actor social en cuestión se encuentra en condiciones de marginalización o estigmatización.

El acento epistemológico de Benoist nos permite anticipar uno de los principales obstáculos que se encuentran a la hora de adentrarse en los terrenos de la identidad: la *fijación*. La pertinencia teórica de la identidad radicó históricamente en describir cómo la identidad puede comprenderse como un fenómeno contestatario, cuyo eje argumentativo es la legitimización de la *diferencia*. Sin embargo, desde un principio comenzó a utilizarse —paradójicamente— para describir ese mismo fenómeno a partir de generalizaciones categóricas hechas de manera unidireccional.

- Porque nos permite sostener que la identidad de un actor social no puede ser reducida a un conjunto de rasgos percibidos y descritos por un científico social, pues el proceso de configuración identitario es de índole interrelacional. En él entran en juego tanto la autopercepción y lógica *diferenciante* de los actores estudiados, como la interacción que éstos sostienen con los *otros*, que a su vez los representan e identifican.

Estudiar identidad en ciencias sociales no es enumerar las características observables que singularizan a los individuos ni tampoco la búsqueda de ninguna esencia o *continuidad*, sino un proceso interrelacional a través del cual se producen identificaciones, diferenciaciones e interacciones con respecto a *los otros*; un proceso sujeto a transformaciones y negociaciones en las que entra en juego la paradoja de la diferencia. Y esta interrelación es justamente visible (medible) en momentos específicos y extraordinarios, como las ritualizaciones religiosas, deportivas, músicales, políticas.

A más de cuarenta años, consideramos que la invitación a la prudencia de Lévi-Strauss y Benoist guarda vigencia. La identidad es una palabra problema más no una solución *mágica* para comprender las dinámicas sociales. La identidad remite al quehacer propio de la re-significación, de los reajustes teóricos. Desde nuestra perspectiva, la evolución lexicológica del término responde, ante todo, a una necesidad de índole cognitiva (epistemológica). La palabra en juego se re-significa para dar luz sobre una realidad social cambiante que exige nuevas herramientas para ser estudiada.

En ese sentido, sostenemos que las identidades constituyeron, en su primera etapa, una unidad de análisis que nos permitió visibilizar luchas sociales por el reconocimiento por parte de grupos o minorías estigmatizadas durante la década de los setenta. Trátese de reivindicaciones de tipo étnico, religioso, de género, de preferencia sexual o de orientación política, la realidad de la crisis institucional asentó el tema de la diversidad como asunto central en las agendas sociológicas. La idea de crisis suele acompañar las reflexiones tempranas de la identidad en términos de *diferenciación* y, en buena medida, puede ayudarnos a comprender hoy en día las lógicas de pertenencia y separación de las cuales echan mano los actores sociales para interactuar simbólicamente. Hablar de identidades no es hablar de singularización, sino de diversidad, y por ende de procesos continuos de negociación a través de los cuales los actores buscan reconocerse y ser reconocidos. Y es precisamente en esa continuidad donde radica la necesidad de revisitar dicha noción en el contexto propio de la estigmatización social.

2. Significación de estigma

A decir de Erving Goffman (1975: 11-19), los griegos acuñaron el término estigma para designar ciertas marcas corporales destinadas a exponer a las personas consideradas como inhabituales, detestables o indeseables dentro de una comunidad. Esas marcas se grababan sobre la piel con cuchillo o fierro incandescente y proclamaban a quien las portaba como un esclavo, un criminal o un traidor; un individuo infame, ritualmente impuro, el cual era necesario evitar, mantener a la distancia, sobre todo en los lugares públicos.

Este vocablo servía pues para rubricar la desacreditación social de aquellos sujetos cuyos atributos eran considerados como impropios. En otras palabras, el estigma era una marca de exclusión y evidenciaba la pérdida de derechos de quienes lo portaban para interactuar socialmente. Pero, más allá de describir el uso de la palabra estigma para señalar *desgracia* en el plano cotidiano, las inferencias de Goffman sobre su significación primigenia giraban en torno a sus alcances conceptuales en el presente. Con el tiempo, el estigma dejó de ser una marca exclusivamente corporal para convertirse en un aspecto más bien simbólico. El autor observa que el término se emplea actualmente en un sentido bastante cercano al original, pero se aplica más a la desgracia en sí misma (para quien lo porta) que a su manifestación corporal.

La definición de Goffman hace referencia al estigma como un acto de deslegitimación en el cual se quitan derechos a los sujetos cuyos atributos son considerados como deplorables dentro del sistema de ponderación social. Si bien Goffman no habla de discriminación en el sentido legal del término, su argumentación sobre el estigma ayuda a entender hasta qué grado el factor simbólico determina las interacciones sociales y las prácticas de los individuos y grupos. Dicho de otra manera, subrayar la relación entre estigma e identidad es una forma retórica de cuestionar el rol de lo simbólico en el ejercicio de la igualdad.

Y es precisamente en este sentido como proponemos analizar las representaciones de la devoción a la Santa Muerte. Al fijar, el estigma anula la posibilidad de la diferencia. Homogeneiza, reduce y, de alguna u otra forma, es evidencia de una negativa de reconocimiento identitario. El estigma generaliza a los grupos, los unifica sin dejar posibilidad a la diferencia, les atribuye comportamientos en tabula rasa. Para Goffman, los portadores de estigmas sociales son objeto de exclusión y, en consecuencia, de una limitación de posibilidades que afecta su calidad de vida en sociedad:

> Es común que pensemos que una persona portadora de estigma no es del todo humana. Partiendo de este postulado, nosotros practicamos toda clase de discriminaciones, por las cuales reducimos eficazmente —aun de manera inconsciente— sus oportunidades. A fin de explicar su inferioridad y de justificar que ella representa un peligro, concebimos una teoría, una ideología del estigma, que sirve también —a veces— para racionalizar una animosidad fundada sobre otras diferencias, de clase, por ejemplo. Nosotros empleamos todos los días toda clase de términos designando específicamente un estigma: bastardo, vil… para hacer una fuente de imágenes y metáforas, sin pensar siempre en su significación primera (1975: 14).

Cabe señalar que la utilización de esta definición responde a nuestro interés por analizar cómo influye la estigmatización en la percepción que tienen de sí mismos los grupos (como el contingente devocional de la Santa Muerte) y que, más allá de señalar su desgracia, el fin del presente capítulo es indagar sobre sus maneras simbólicas o fáticas —conscientes o inconscientes— de reaccionar ante ello.

La estigmatización social reúne una serie de estereotipos negativos sobre determinado actor social (persona o grupo), que repercuten en el rumbo de las interacciones en que éste participa. Destacan al respecto algunos ejemplos de grupos estigmatizados que a todos nos resultan familiares, y que bien podrían utilizarse como pretextos para la reflexión en torno a la asimilación de los estigmas: judíos, homosexuales, negros, indios, mujeres, jóvenes, musulmanes, pobres, etcétera. No sobra insistir en ello, el estigma es una marca despreciativa y, como tal, forma parte del conjunto de atribuciones que ayudan a configurar las representaciones sociales de los actores.

3. *Auto* y *hetero* reconocimiento identitario

En el título de este apartado se hace mención al análisis de dos factores que resultan fundamentales para el estudio de las identidades sociales: *auto* y *hetero* representación. A continuación, nos detendremos a aclarar nuestra manera de concebirlos:

• *Hetero* representación: este factor se entiende como la representación que se tiene de algún actor social (personal o grupal) desde la mirada exterior. Hace referencia a una categorización que juzga de diversas formas sus maneras de ser y de actuar en el espacio social.

• *Auto* representación: este factor se entiende como la representación que posee determinado actor sobre la posición social de sí mismo con respecto a su(s) grupo(s) de pertenencia en los juicios de la alteridad.

Los actores no se experimentan a sí mismos directamente, es únicamente al ubicarse en el punto de vista de los otros miembros de su grupo (y del de otros grupos) que devienen un objeto para sí mismos (Araya, 2002: 17). El hecho de pensar las configuraciones identitarias como procesos eminentemente sociales nos exige poner especial atención en su carácter intersubjetivo y simbólico. Desde nuestra perspectiva, el otro y sus representaciones juegan un rol central en la conformación de identidades.

Las representaciones hacen referencia a un tipo específico de conocimiento crucial para la interpretación de la realidad por parte de los actores sociales: el conocimiento del sentido común en tanto que constituye una forma elemental de percibir, razonar y clasificar espontáneamente la información que se les presenta. La representación de una persona por parte de otra requiere entonces de categorías que lo habilitan para formar una impresión rápida en el ejercicio de la interacción (Giménez, 2009: 10). En ese sentido, los estereotipos cumplen esa función de *economía psíquica* en el proceso de representación social. Por decirlo de alguna manera, los estereotipos son el primer paso en el origen de una representación; sin embargo, dado el dinamismo de las interacciones y la multidimensionalidad de la *persona*, ellos sólo fungen como intermediarios primarios. Los estereotipos son imágenes esquemáticas y rígidas, que facilitan la categorización del otro, mientras que las representaciones son susceptibles de modificarse constantemente en la interacción diaria de las personas (Muchielli, 2002: 43).

La identidad es una idea dinámica y por ende su comprensión sólo puede darse en términos procesuales. Lo anterior puede pensarse a partir de las lógicas narrativas que se presentan a la hora que representamos a los *otros*. En el contexto de la interacción cotidiana, las identidades constituyen una mera impresión sobre el otro, una impresión que imagina sus roles y sus modos de ser, pero que de ninguna forma lo constituye cabalmente. Por ello, cuando los actores se refieren a *otro* no están efectuando la descripción de una idea fija que pervive en su mente, sino que están construyendo activamente esa imagen con relación al entorno.

Ahora bien, esa imagen es conocida por el actor representado en tanto que ésta se comparte socialmente, y en ese sentido está relacionada con las propias maneras con que éste suele auto-representarse. En otras palabras, el *auto*-conocimiento de los actores sociales está influido en buena medida por las imágenes estereotipadas del *hetero*-reconocimiento. Y es así como la idea de las representaciones sociales adquiere relevancia para el estudio de las configuraciones identitarias.

Las representaciones sociales "no son simples *imaginaciones subjetivas* desprovistas de consecuencias prácticas, sino entidades operativas que determinan, entre otras cosas, el sistema de preferencias, las opciones prácticas y las tomas de posición de los agentes sociales" (Giménez, 2009: 202). Las representaciones de la identidad posibilitan la comunicación entre los miembros de una comunidad proporcionándoles un código para clasificarse de manera espontánea. En ese sentido, las conversaciones se pueden definir como el lugar donde las personas, provistas de unos esquemas interpretativos socialmente adquiridos, construyen y negocian su propia identidad. Así pues, el estudio de las identidades no puede reducirse a inventariar los rasgos distintivos y durables de los grupos desde la *hetero*-representación; este requiere de la indagación sobre la autopercepción que los actores tienen de sí mismos y de las significaciones que elaboran como grupo —conscientes de los estigmas generalizantes que lo califican, a pesar de su diversidad. Las representaciones en torno a las identidades pueden definirse entonces como un conjunto impreciso, flexible y variable de nociones, imágenes e ideas producto del *auto* y *hetero* reconocimiento, a través de las cuales podemos adentrarnos en la manera como se significan los estigmas en los procesos de configuración identitaria.

4. Consideraciones analíticas

Para el sociólogo Pierre Bourdieu, la lucha por hacerse reconocer se define como un acto *mágico* a través del cual "un grupo práctico, virtual, ignorado o negado, se hace visible y manifiesto ante los demás grupos y ante sí mismo, para de este modo dar testimonio de su existencia en tanto que grupo conocido y reconocido que aspira a la institucionalización" (1980: 63).

En tanto expresión transitoria de la *diferencia*, las identidades subrayan posicionamientos circunstanciales en los cuales se inscriben los actores sociales al afiliarse o alejarse entre sí. Por ello, vale la pena asegurar que el objetivo de este trabajo no radica en encontrar y enlistar los atributos de los devotos de la Santa Muerte, sino más bien en analizar los procesos de *auto* y *hetero* reconocimiento que se generan a partir de la manifestación estética de lo religioso.

Aquí radica quizá el acomodo base de nuestro andamiaje metodológico. Si tenemos claro que la identidad de un actor social es multidimensional y situacional —que ésta se construye a partir de diversos círculos de pertenencia en momentos específicamente situados—, habrá que tenerse en cuenta que hay casos en que una pertenencia (véase una identidad) se enarbola de manera más pronunciada que las otras. Y por eso fue precisamente en momentos rituales donde insertamos nuestro trabajo de campo en la Ciudad de México.

Hay ritualizaciones (fiestas, bailes, conciertos, juegos, ceremonias religiosas, etc.) donde los actores sociales privilegian una identidad sobre otra. La exageración de la apariencia y la saturación de símbolos de contraste nos ayudan a distinguir culturas urbanas como los cholombianos, las barras de futbol, los rockeros o los santeros. La exageración de la apariencia y la saturación de símbolos de contraste es una característica central en las ritualizaciones en honor a la Santa Muerte. El contingente devocional que entrevistamos durante un año en distintos altares públicos de la alcaldía Cuauhtémoc es una muestra de que la identidad es un complejo juego de identificación y demarcación y, como tal, un encuentro circunstancial de representaciones estéticas discordantes (tanto internas como externas).

No sobra reiterar que la palabra identidad alude al conflicto, a la reivindicación de la diferencia ante escenarios sociopolíticos de tendencia excluyente y homogeneizante. Y es desde esa perspectiva que la resaltamos como un acto de visibilización: jóvenes, mujeres, minorías raciales, étnicas y religiosas constituyen ejemplos de las luchas por el reconocimiento a la diversidad emprendidas en el espacio público. Los conflictos de los años sesenta llevaron a algunos sociólogos a pensar en la identidad en términos de *lucha por el reconocimiento*, rebasando así la noción de clase social que resultaba ya insuficiente para explicar el fenómeno en turno (Gutiérrez-Martínez, 2010: 16). Era claro que las demandas de los grupos étnicos, raciales, juveniles, feministas, entre otros, no se circunscribían únicamente al posicionamiento socioeconómico, o a la cultura de clase, sino que había un aspecto de tipo simbólico que hacía a los investigadores entender en otros términos el fenómeno: la *lucha* era en sí una búsqueda de reconocimiento que subrayaba la necesidad del *otro* (en términos físicos, morales y sociales) para cristalizar la diferencia.

Los grupos religiosos constituyen ejemplos de estos procesos de identificación y diferenciación con respecto a la cosmovisión del *otro* (sea en términos institucionales o *societales*) y, al mismo tiempo, de los posicionamientos o marcos de referencias desde los cuales los actores dan sentido a sus acciones a partir de la apariencia ritual. Las formas de religiosidad y ritualización que se desarrollan al margen de las iglesias centrales (santería, veneración a Malverde, devoción de San Judas Tadeo) nos permiten sostener que las identidades son en sí cristalizaciones de posicionamientos divergentes —no necesariamente conscientes— ante los paradigmas imperantes.

Pero ello no quiere decir que éstos se traduzcan siempre en un reconocimiento social positivo. Si las identidades materializan posturas ideológicas, afectivas, preferencias, estéticas y gustos, su estigmatización social evidencia rechazo y, en algunos casos, deseos manifiestos de supresión. En ese sentido, el tratamiento teórico de las identidades nos conmina no sólo a valorar el potencial de la noción como forma de análisis de las interacciones sociales en contextos de estigmatización, sino también a visualizar el impacto que lo simbólico puede tener en las prácticas; específicamente en las discriminatorias.

5. Simbología de la distinción en el culto a la Santa Muerte

La noción de reconocimiento es un punto de partida nodal para el estudio de las identidades sociales. Reconocer alude al acto de discernir una cosa o persona de otra, para dar cuenta de su existencia. Es cognoscible aquel o aquello que en primera instancia es perceptible: la apariencia es la condición de toda presencia.

Reconocer es una condición del saber ordinario que se asocia con la mirada, con la imagen. En la religiosidad popular, objeto y sujeto se intrincan bajo el mismo aparato estético. En el caso específico de la Santa Muerte, la imagen materializa la creencia, la hace pública, reconocible en múltiples formatos: estatuillas, escapularios, joyas, veladoras, pócimas, ropa estampada, tatuajes. Se trata de un culto donde el objeto de adoración no sólo se carga en brazos, sino que se corporeiza. Para los devotos de la Santa Muerte, las imágenes religiosas representan en sí mismas piezas sacras colmadas de atributos divinos. La portación de imágenes de la Santa Muerte no sólo hace explícita la creencia disruptiva y la adscripción devocional de una comunidad que se extiende a lo largo de México y trasciende ambas fronteras, sino que le dan vida y sentido; son formas que exteriorizan el credo, que lo exhiben, que lo hacen concurrir. Las imágenes de *La Niña Blanca* instalan la creencia fuera del templo, la hacen distinguible en el entorno cotidiano.

La imagen sacralizada de la muerte cautiva a los propios y desconcierta a los extraños. Es común escuchar decir a los devotos cuán bella es la imagen de *La Flaca*; y también es común escuchar el desprecio estético de sus detractores bajo el argumento de lo grotesco, de lo espurio. El gusto antecede al juicio moral por el que se define si la imagen es milagrosa o maligna, si la imagen es buena o mala.

Con testimonios como "la Santa está chida" o "la imagen está chingona", algunos devotos entrevistados justifican su adscripción devocional. De la misma manera, quienes refutan el culto tienden a la valoración estética antes del argumento moral: "no me gusta"; "está muy fea". La cualidad estética es fundamental en la definición de posicionamientos con respecto al objeto macabro. Nuestra hipótesis es que la valoración estética de los objetos y de los sujetos define los posicionamientos éticos y las interacciones entre los sujetos. Esto aplica de manera evidente para el caso de la Santa Muerte, pero también de manera general. La noción de ética de la estética resulta instructiva en este sentido: la apariencia traduce las situaciones ideológicas de los sujetos y prescribe sus asociaciones.

La imaginería de la Santa muerte es intimidante y provocadora, violenta y negativa. Dentro de la tradición cristiana, la muerte se asocia con el mal, con el enemigo. Según el mito bíblico, fue

Cristo quien venció a la muerte para ofrecernos la vida eterna. La expresión de San Pablo "Dónde está oh, Muerte, tu victoria", traduce bien la enemistad religiosa ante la muerte.

La Santa Muerte y su culto constituyen un objeto de análisis estético que nos habilita para comprender cómo la apariencia da forma y estructura simbólicamente las interacciones sociales. Las identidades generan identificaciones, pero también distinciones. Si el objeto funge como prueba material de lo sagrado; el cuerpo funge como representación de la creencia. En el culto no sólo operan objetos de distinción ornamentales, sino que el cuerpo mismo de los devotos se convierte en símbolo. Vestirse como la Santa Muerte es una práctica ritual que sobre-expone en el espacio social la presencia de un grupo que se identifica en torno a una imagen macabra, a sabiendas que ella escandaliza socialmente.

Portar el símbolo de la muerte no sólo atenta contra la esperanza social de la vida eterna; sino que aviva el estigma de lo marginal. El culto a la Santa Muerte suele relacionarse con el mundo de la delincuencia y la drogadicción, con el ocultismo y la brujería. En función del estereotipo social, la Niña Blanca es "la santa de los desposeídos", la santa de los excluidos, de los parias. El mote de popular redunda en un culto que se caracteriza por tener una presencia en barrios pobres donde la violencia resulta cotidiana, donde el peligro se vive en todo momento. Como símbolo de distinción, la imagen de la muerte es piadosa y a la vez transgresora; compasiva para sus fieles y amenazante para los escépticos. En ella se traducen a la vez los sentidos de pertenencia y distinción propios de la identidad.

Vestirse de muerte es un mecanismo disruptivo para hacer visible una creencia y una ética particular de vida; supone una procuración ornamental que cuestiona el canon. La apariencia temeraria de gran variedad de culturas urbanas juveniles da prueba de cómo la indumentaria (el cuerpo) se utiliza para recuperar simbólicamente el espacio público: "nomás me ven y les da miedo, se hacen a un lado". Causar temor es una manera de invertir los roles de poder en una sociedad excluyente. Las procesiones y celebraciones de la Santa Muerte en el espacio público representan una forma para desplazar a quienes históricamente los rechazan; se trata de una lucha simbólica por el reconocimiento, de una reivindicación estética de la diferencia.

6. Imaginería e identidad religiosa

La idea de aparición es instructiva en el imaginario religioso: la creencia es por antonomasia representacional; la *revelación* es en sí una figuración de lo sagrado, una representación objetual. Las formas de la religiosidad popular son eminentemente estéticas. Los objetos de adoración pueden concebirse como materializaciones de la creencia popular, cuya función mediadora pone en común la fe, tanto al interior del grupo devocional como al exterior.

En un análisis sobre la obra de G. van der Leuuw, Salvador García Arnillas (2015: 3) sostiene que la religión no puede expresarse si no es con medios materiales; sin ellos, sin simbolización, simplemente no podría existir. La fe también se confecciona, es ornamento y, como tal, intermediaria estética de los posicionamientos ético-religiosos. El arte posee una capacidad para mediar el mensaje religioso; se dice que las dotes comunicativas de la pintura o del tallado coadyuvaron en buena medida a las misiones evangelizadoras. La hipótesis es que la potencia de las imágenes religiosas posibilita la conversión, que sin experiencia estética no hay sentido religioso.

La imaginería es una técnica artesanal para producir objetos religiosos. Como oficio, su nombre invoca el *quehacer* tradicional para confeccionar imágenes sacras. Las figuras de la religiosidad popular se modelan, se visten, se manufacturan. Los objetos devocionales son puntos de acceso en que lo sagrado se hace presente, son unidades estéticas tangibles que traducen una posición ética bajo el recurso de lo vistoso. Sin símbolo no hay evidencia de lo divino ni tampoco religiosidad. Las imágenes fundan el lazo común de lo religioso, constituyen la congregación misma. La imaginería traduce un reflejo exteriorizador desde el cual se producen y sacralizan los objetos profanos para hacer comunidad; en ese sentido, la habilitación de lo sagrado es la consagración del vínculo, la exaltación de la pertenencia a un credo, a un grupo.

Katia Perdigón (2015) describe cómo el diseño y confección de la indumentaria constituye una de las prácticas fundamentales en la devoción de la Santa Muerte. Se embellece a la Niña Blanca en agradecimiento por la concesión de un favor; se le viste y además se le engalana, se le conmemora para reafirmar el pacto, la alianza. En el contexto ritual, la gratitud es una expresión pública que se comparte, que reúne e identifica. Como lo describe Perdigón, el intercambio de prendas durante las celebraciones de la Santa

Muerte puede interpretarse como la transacción de poderes simbólicos que porta en sí la indumentaria.

El poder de los objetos de la religiosidad popular suele ser un pretexto persecutorio para estigmatizar a los "adoradores" de santos en el mundo cristiano. Mientras que la idea de iconoclasia refiere a la animadversión y destrucción de ídolos ceremoniales en las cruzadas religiosas, la iconofilia (iconodulía) alude a la pasión desbordada que pueden despertar las imágenes divinas en sus devotos. En ese tenor, la imaginería le proporciona forma y vestido a la creencia, la vuelve presencia, pasión, revelación. El esmero estético en la forma como se presenta a la Santa Muerte proyecta una aspiración al reconocimiento social, un esmero para neutralizar el estigma que recae sobre la imagen misma y sus devotos.

La diferenciación entre aquello que se entiende por religión y por religiosidad puede ayudarnos a entender de qué manera se generan los procesos sociales de identificación-diferenciación y estigmatización, así como a recalcar el aspecto multidimensional propio de las identidades.

La religión refiere a la institucionalización de lo religioso y al supuesto poder envolvente que posee tradicionalmente la Iglesia para gestionar las relaciones con lo sagrado e incrustar los preceptos morales en la conciencia colectiva. En cambio, la religiosidad define un conjunto de conductas y actitudes rituales no dogmatizadas y *perennes*, relacionadas con la creencia o adoración personal o grupal de alguna divinidad o ente trascendente, cuya práctica no necesariamente se aparta o contradice lo establecido por las religiones centrales o institucionales, sino que se caracteriza por el intercambio y adaptación de elementos de orden mágico y mítico provenientes de otras tradiciones, tales como el esoterismo, el chamanismo, el budismo, el hinduismo, la santería afrocubana, etcétera (Gutiérrez-Martínez, 2005: 618). En ambas definiciones se destaca el factor social que compone lo religioso.

En efecto, lo religioso posee un peso histórico importante en el proceso de conformación de toda cultura y por ende en la constitución valórica de los sujetos que la conforman. Siguiendo a E. Durkheim (2014), consideramos que hablar de identidades religiosas no es hablar únicamente de un rasgo identificativo, sino de un principio de cohesión social activo que le permite a una diversidad importante de creyentes vivir en sociedad, regulando de manera indirecta sus interacciones.

De esta manera, el caso de la Santa Muerte puede ser interpretado como una forma de congregación y separación (del otro: quien no pertenece), que trae consigo un cuestionamiento no siempre verbalizado sobre la legitimidad de las creencias apartadas de las religiones establecidas. Las identidades en torno a la devoción de la Santa Muerte encarnan formas de demarcación que nos remiten a una discusión sobre los juicios de valor negativos que sobre este culto recaen.

La identidad no es la representación absoluta ni estática de determinado actor, llámese católico, protestante, mormón, santero, *cientiólogo*, *sanjudero*, etcétera. Por ello, no debe buscarse esencia ni unidad ni permanencia en las identidades vinculadas a la figura de la Santa Muerte; tampoco debe confundirse con la posesión de un rostro social único, sino más bien debe entenderse en términos de pertenencia, multidimensionalidad, dinamismo y diversidad.

La pluralidad de credos refleja tanto una gradual pérdida de terreno de las iglesias centrales, como una serie de sincretismos e hibridaciones que nos permiten pensar la noción de identidad como agregación y divergencia. En ese sentido, la devoción de la Santa Muerte puede ser entendida como una forma de religiosidad que ejerce cierta autonomía ante la institución católica. A manera de una periferia que circunda la centralidad de la Iglesia, el culto a la Santa Muerte se presenta como una comunidad emocional y *desviante* en el seno del catolicismo, que pone de relieve los contrastes en torno a la representación de la religiosidad y la moral en el ámbito social. Pero más allá de lo propiamente religioso, estamos frente a la emergencia de una forma de *socialidad*, donde la interacción, la afectividad y la experiencia compartida se caracterizan por ser festivas, *transgresoras*.

Conclusiones

La noción de estigma juega un rol primordial dentro del tratamiento teórico de las identidades justamente porque, desde nuestra perspectiva, la intervención de esta variable hace posible remarcar cómo se desarrollan los procesos de representación social. Consideramos que el cruce de los términos identidad, estigma y estética abre una oportunidad para nutrir el debate teórico en torno a las lógicas de pertenencia y demarcación que utilizan los actores sociales en el ejercicio de sus interacciones cotidianas. El estudio de los estigmas sociales ayuda a entender hasta qué grado el factor simbólico determina las interacciones sociales y las prácticas de los individuos y grupos; subrayar la relación entre estigma e identidad es por tanto una forma retórica de cuestionar el rol de lo simbólico en el ejercicio de la igualdad.

En la devoción a la Santa Muerte el alcance de lo estético se observa con detalle en las *hetero*-representaciones. Los estigmas de la devoción se acompañan de adjetivos y descripciones negativas en torno a la imagen de culto, cuya afección en las maneras de *auto*-reconocerse por parte de los devotos nos llevan a indagar sobre las identidades en términos de reivindicación o resistencia. Como mencionamos, el esmero estético en la forma como se presenta a la Santa Muerte proyecta una aspiración al reconocimiento social, un esmero para neutralizar el estigma que recae sobre la imagen misma y sus devotos.

Durante mucho tiempo, la lucha por el reconocimiento social estuvo subyugada por el fantasma de la "identidad legítima". Dicha obstinación puede comprenderse mejor a través de la idea del "pueblo elegido", de aquel que se considera a sí mismo superior y por lo tanto con autoridad de marcar el rumbo correcto a quienes a su juicio se encuentran fuera de órbita. Pero la situación cambió sustancialmente, la crisis de la identidad sobrevino en la década de 1970 y con ella una demanda de reconocimiento a la diferencia y a la diversidad cultural. Parafraseando a G. Giménez, no se trataba de revertir la idea sobre los rasgos estigmatizados o descalificados frente a un contrario genérico, sino de fundamentar la autonomía de cada grupo a definirse por cuenta propia (véase de neutralizar los estigmas): "el objetivo de la lucha no es tanto reconquistar una identidad negada o sofocada, sino reapropiarse del poder de construir y evaluar autónomamente la propia identidad" (2009: 57). Si bien este enfoque nos remite a décadas pasadas, presenta aportaciones fructíferas para la comprensión del fenómeno identitario que aquí nos ocupa. Según nuestra hipótesis, en el caso de la Santa Muerte las identidades representan luchas por el poder autónomo para legitimar la identidad propia. Se trata de formas de reivindicación ritualizadas, y no siempre concientizadas, a partir de las cuales los devotos neutralizan los estigmas.

Capítulo 14.
Prejuicios y estigmas en torno a la desigualdad socioeconómica en México

Ricardo Bernal Lugo

Introducción

Como se ha planteado a lo largo del presente libro, la persistencia de distintas formas de desigualdad es uno de los principales retos para nuestra sociedad. A partir de 2011, la Constitución Política de los Estados Unidos Mexicanos establece que el objetivo primordial de nuestra organización política es garantizar plenamente los Derechos Humanos, entre los cuales los llamados DESCA (Derechos Económicos, Sociales, Culturales y Ambientales) ocupan un lugar fundamental (Cap. 1). No obstante, como nos recuerdan Castillo, Chiatchua y Valderrama (Cap. 3), la distribución desigual de bienes, recursos y oportunidades que caracteriza a nuestro país lleva a "privaciones directas, absolutas o relativas" de las personas en distintas dimensiones asociadas con "el ingreso, la educación, la salud, la vivienda y la recreación, entre otras", impidiendo así lograr los objetivos plasmados en nuestra ley fundamental.

Las perniciosas consecuencias del alto nivel de desigualdad por ingresos (Cortés, 2018: 119 *ss*) y del porcentaje de personas en situación de pobreza (43.6% según CONEVAL) pueden ser mejor comprendidas si se considera la baja movilidad social. Según un estudio reciente del Centro de Estudios Espinosa Yglesias (2019), el 74% de las personas que nacen en pobreza permanecen en esa situación durante toda su vida, lo que demuestra la importancia de las condiciones de origen en el destino de los individuos. A esto debe añadirse que la desigualdad socioeconómica se entrecruza con otras formas de desigualdad (Colmex, 2018) vinculadas al género (Cap. 5), a las características étnico-raciales (Solís, Güemes y Lorenzo, 2019) o al hecho de tener algún tipo de discapacidad (Cap. 10). Estas formas de desigualdad suelen acumularse entre sí y tienden a traducirse en la limitación de oportunidades y en obstáculos que permanecen a lo largo de la vida.

Resulta igualmente preocupante constatar que en nuestro país el 1% de la población concentra más del 20% de la riqueza (Esquivel, 2015) pues, como en esta misma obra afirma Tapia (Cap. 6), la conformación de élites con un poder económico desmedido contradice el sentido mismo de la democracia ya que ellas suelen tener mayor capacidad de incidencia en las decisiones políticas que el resto de la población. Esta opinión es compartida también por el Premio Nobel de Economía Angus Deaton quien, refiriéndose al caso británico, ha declarado que el aumento de la desigualdad socioeconómica se ha convertido en un "riesgo para la democracia".

No obstante, como en el capítulo 8 sugiere Ríos, el estudio de la desigualdad y la pobreza basado en estadísticas debe acompañarse de una comprensión más amplia que tome en cuenta la dimensión cultural, ya que muchas de las formas de desigualdad se sustentan "en valores simbólicos que se reflejan en estructuras de poder". En efecto, las distintas formas de desigualdad cristalizan en prácticas institucionales y comportamientos que, de manera consciente o inconsciente (Rodríguez, 2009), perpetúan prejuicios, estereotipos y estigmas en la sociedad.

Al hilo de este argumento, me propongo analizar la existencia de ciertos discursos que contribuyen a mantener la idea de que la desigualdad socioeconómica que caracteriza a nuestro país no es el resultado de una estructura social injusta, sino producto de la falta de mérito de los individuos. Mi aproximación intenta establecer una relación entre los enfoques normativos y los análisis empíricos siguiendo la idea de filosofía social planteada por Emmanuel Renault en el seno de la Teoría Crítica.

Para desarrollar mi razonamiento iniciaré (1) explicando el concepto de "conciencia de injusticia", acuñado por Axel Honneth en sus primeros trabajos, con la finalidad de hacer visible la distancia existente entre la vivencia de experiencias negativas y la consolidación de demandas y luchas sociales, una distancia que puede abrir paso a mecanismos de legitimación de relaciones injustas; posteriormente, dibujaré un marco histórico-conceptual que busca delinear el contexto en el que han vuelto a cobrar fuerza los discursos sobre el mérito y el esfuerzo individual (2); y, finalmente (3), centrándome en el debate público mexicano, analizaré de qué manera la apelación al esfuerzo individual funciona como una narrativa recurrente para legitimar la desigualdad, particularmente al ser asociada a una serie de prejuicios que "estigmatizan" a los más desaventajados. Entre muchos otros factores, este discurso, cuya intención es responsabilizar a los individuos en circunstancias de desigualdad socioeconómica de su situación debido a su falta de esfuerzo, puede ayudar a comprender la paulatina aceptación de planteamientos que normalizan las condiciones de precariedad laboral y falta de acceso a los derechos sociales que caracteriza a la sociedad mexicana.

1. Conciencia de injusticia y legitimación de la dominación
En un texto temprano en el que toma distancia del modelo de espacio público planteado por Jürgen Habermas, el filósofo alemán Axel Honneth (2011) sugiere que las expectativas normativas que guían la interacción social no pueden pensarse únicamente como resultado de la deliberación racional, sino que también deben considerarse otras fuentes morales constituidas en el seno mismo de los conflictos sociales. Para ello, utiliza la noción de "conciencia de injusticia" con la intención de hacer visible una forma de comprensión moral que, aún sin partir de representaciones éticojurídicas totalmente coherentes entre sí y conectadas lógicamente, da cuenta de un potencial normativo que surge como respuesta a la vivencia de experiencias negativas.

Esta idea resulta importante pues, como señala Emmanuel Renault (2017), subraya que las experiencias negativas vividas por los sujetos no se traducen de inmediato en demandas sociales articuladas en discursos coherentes y mucho menos en luchas colectivas. Por el contrario, las experiencias negativas de agravio, de menosprecio y de dominación deben pasar por un largo camino para convertirse en demandas de justicia y, posteriormente, en luchas orientadas por exigencias explícitas de reconocimiento o redistribución. Sin embargo, ese camino no se encuentra exento de obstáculos, barreras e impedimentos.

En lo que se antojaba como un diálogo fructífero con la sociología crítica de Pierre Bourdieu, Honneth advierte las dificultades que la "conciencia de injusticia" debe afrontar para poder expresarse en "demandas" articuladas y en "luchas sociales". Con la intención de alejarse de aquellas teorías que explican las formas de dominación como el resultado de una imposición unilateral sobre sujetos sin aparente capacidad de agencia, el alemán plantea una explicación bilateral de las formas de dominación enfatizando los "factores motivacionales" que llevan a los individuos a consentir, aunque sea de forma parcial, "la distribución asimétrica de cargas y ventajas" y los sistemas específicos de "poder y privilegios". En un texto reciente, Abril (2017) se refiere a este enfoque, donde se toma en cuenta la participación de los propios individuos en los procesos que legitiman las prácticas de dominación, como "contrato sombrío".

Con la idea entonces de un "contrato sombrío", Honneth pone en el centro de las tareas filosóficas el análisis de las formas de "legitimación de la dominación", esto es, de aquellos "mecanismos sociales" que obstaculizan "la expresión de una conciencia de injusticia". De manera que el alemán esboza un marco explicativo no determinista capaz de responder a la pregunta planteada por Barrington Moore (1996) sobre qué es aquello que hace que, mientras algunos grupos sociales se levantan y luchan ante situaciones de injusticia, otras personas que ocupan las posiciones más desaventajadas en el orden social terminan por adaptarse y normalizar dicha situación en lugar de plantearla como una forma de injusticia (Honneth, 2011).

En lo que sigue, quisiera retomar esta idea surgida en el marco de los debates filosóficos en torno a la Teoría Crítica para analizar una circunstancia particular del caso mexicano. Me refiero a la existencia de un discurso que normaliza la desigualdad y legitima la existencia de una distribución asimétrica de cargas y ventajas en un contexto en el que abundan las relaciones de poder. En la medida en la que se trata de un discurso con un peso importante en el debate público, su comprensión podría ayudar a explicar por qué algunas experiencias negativas derivadas de situaciones de precariedad y de ausencia de derechos encuentran dificultades para articularse como demandas de justicia o como críticas a las desigualdades sociales que anegan a nuestro país.

Durante las últimas décadas, psicólogos (Dejours, 2006), sociólogos (Laval y Dardot, 2015) y filósofos (Brown, 2016) de todo el mundo han estudiado la configuración de una forma de comprensión de la realidad expresada tanto en prácticas sociales como en discursos —una forma de *racionalidad* en los términos de M. Foucault (2006)— que enfatiza el papel del esfuerzo individual sobre los lazos de solidaridad (Honneth y Hartmann, 2009: 389 *ss*; Contreras Natera, 2015); el trabajo sobre sí mismo por encima de las formas de acción colectiva (Moruno, 2018) y la lógica empresarial sobre la lógica de los derechos (Brown, 2016).

Por mi parte, tomando como botón de muestra aquellas discusiones en las que se han puesto sobre la mesa temas de justicia social, deseo analizar las peculiaridades de una narrativa similar en el debate público nacional. Para lo anterior, quisiera iniciar dando cuenta del marco histórico-conceptual en el que han vuelto a cobrar relevancia los discursos en los que el esfuerzo individual es considerado como el criterio central para definir la legitimidad de la asignación de bienes y recursos. Una vez realizado este recorrido me detendré a estudiar la forma en la que opera esta narrativa en ciertas discusiones del debate nacional.

2. Los avatares de la igualdad

Entre sus diferentes rasgos, el proceso de modernización se caracterizó por la incorporación paulatina de mecanismos institucionales y simbólicos orientados a desacreditar la legitimidad de aquellas diferencias sociales fundadas en criterios como la herencia, la sangre, la religión o el prestigio (Habermas, 2008; Bidet, 1990). No es ninguna casualidad que la Revolución francesa y la Independencia norteamericana, ambas motivadas por la crítica a los privilegios de las sociedades del siglo XVIII, sean consideradas como las principales manifestaciones de este cambio fundamental en la historia de la humanidad, producto, en buena medida, de una reconfiguración de los ideales morales de Occidente.

El reconocimiento de la igualdad jurídica y la libertad de todos los miembros del orden social, plasmado tanto en la Declaración de los Derechos del Hombre y del Ciudadano como en la Carta de Derechos (*Bill of Rights*) norteamericana, supuso una creciente positivación de las normas jurídicas que sustituyó el "privilegio sin justificación", propio del orden estamental (Honneth, 2014: 100), por los llamados derechos civiles (Ferrajoli, 2004). Derechos que, al menos teóricamente, debían ser considerados válidos para cualquier miembro de una comunidad política, independientemente de su posición social. Así, en oposición a los sistemas políticos precedentes, los derechos civiles fueron planteados como protecciones frente al poder omnímodo del Estado y destinados a garantizar la libertad de conciencia, la propiedad privada, la libre asociación y la libertad de comercio (Habermas, 2010).

De manera un tanto paradójica, el proceso de consolidación de los derechos civiles también vino acompañado de la idea de que el mérito personal (Castillo, 2018) podía ser considerado el único elemento legítimo para justificar las desigualdades en sociedades en las que los individuos ya no estaban sujetos a la coerción de la tradición, la religión o el poder estatal. En Europa y en Norteamérica esta convicción coincidió con la creciente relevancia que desde el siglo XVIII adquirió una institución como el mercado (Rosanvallon, 2012: 46-48). Esto no era gratuito, por razones históricas muy precisas la burguesía ascendente percibía al comercio como un espacio que, debido a su aparente independencia del poder estatal, permitía encarnar las aspiraciones de libertad, igualdad y racionalidad propias de la modernidad (Bidet, 1999).

Así, por ejemplo, muchos de los miembros del ala girondina de la Revolución francesa consideraban que una vez que el Antiguo Régimen se hubiera disuelto, el comercio encarnaría el lugar de la justicia, un lugar donde, finalmente, individuos considerados iguales jurídicamente podrían ejercer plenamente su libertad mediante la compraventa de bienes y servicios (Gauthier, 2014). Como lo muestra Rosanvallon (2012), esta idea se transformó rápidamente en una nueva forma de legitimación de las desigualdades por parte de los representantes del liberalismo conservador dominante en Europa entre la década de 1830 y 1840. Así, por ejemplo, Charles Dunoyer aseguraba que el fin de las desigualdades "artificiales" del Antiguo Régimen permitiría clasificar adecuadamente a los hombres según las diferencias de capacidades físicas, intelectuales y morales, que constituían una ley de la especie humana (Rosanvallon, 2012: 121).

Con todo, las revueltas sociales de los trabajadores apenas iniciado el siglo XIX (Hobswan, 2006), sirvieron para contradecir la pretensión liberal de que, por sí mismos, los derechos civiles garantizarían los ideales de libertad e igualdad. Desde el owenismo hasta el movimiento cartista en Inglaterra (Thompson, 2000), pasando por el neojacobinismo y el socialismo francés (Bernal, 2016), la socialdemocracia alemana (Domenech, 2004) o el movimiento asociacionista en México (Illades, 2008: 99 *ss*), las protestas y las revueltas sociales ponían en duda que los ideales de libertad e igualdad fueran efectivos en sociedades caracterizadas por la explotación, la miseria y la desigualdad extrema.

En toda Europa, en Norteamérica y de manera singular en México, las luchas obreras y campesinas del siglo XIX y de principios del siglo XX no sólo tuvieron como objetivo disminuir la jornada laboral, minimizar las formas de explotación o garantizar la propiedad de las tierras, sino también acceder a los derechos de participación política en un contexto dominado por la idea del sufragio censitario (Losurdo, 2014: 20 *ss*). Así, como he desarrollado en otro trabajo (Bernal, 2016), durante todo el siglo XIX las demandas sociales fueron inseparables de las exigencias democráticas, por lo que no debe sorprender que, a pesar de ser defensores de los derechos civiles, muchos de los autores liberales del siglo XIX se opusieran al mismo tiempo a la transformación de la llamada "cuestión social" y a la implementación de un régimen democrático.

No es accidental que la consolidación de los sistemas democráticos en Occidente corriera en paralelo al reconocimiento de los Estados de la necesidad de atender la llamada "cuestión social". De manera muy general, podemos afirmar que la segunda parte del siglo XIX y la primera del siglo XX se caracterizaron por una confrontación permanente entre quienes consideraban que las desigualdades materiales debían ser corregidas socialmente, sea mediante intervenciones del Estado, sea mediante la reconfiguración total del sistema económico, por un lado, y quienes, por el otro, defendían que bastaba con garantizar los derechos civiles para que la acción en la esfera económica de individuos formalmente libres y jurídicamente iguales asignara los recursos de manera adecuada en función del mérito y el talento personal.

Como quiera que sea, después de la crisis de 1929, y sobre todo luego de la Segunda Guerra Mundial, tanto los Estados nacionales como las instituciones internacionales se inclinaron por la promoción de la acción redistributiva del Estado, dando paso a lo que Rosanvallon (2012: 203 *ss*) ha llamado el "siglo de la redistribución". En Estados Unidos este proceso tomó impulso en la década de 1930 con el llamado *New Deal* y dio paso a políticas keynesianas que limitaron las desigualdades de manera significativa. Sin embargo, fue en Europa donde las desigualdades socioeconómicas se redujeron de manera asombrosa, principalmente gracias a la implementación de tres mecanismos: en primer lugar, la adopción de políticas de recaudación fiscal sostenidas en impuestos progresivos sobre los ingresos (Rosanvallon, 2012); en segundo lugar, la creación de mecanismos de seguros destinados a proteger a los individuos de los riesgos sociales (Donzelot, 2006), y, finalmente, la regulación colectiva del trabajo a través del establecimiento de derechos laborales y el reconocimiento de los sindicatos, medidas que condujeron a una mejora de la calidad de vida de los trabajadores como nunca antes se había observado en la historia del capitalismo (Castel, 2011).

A pesar de que las aspiraciones democráticas de la Revolución de 1910 no fueron cumplidas sino mucho tiempo después, México fue el primer país en incorporar derechos sociales en su Constitución. Ciertamente, este reconocimiento no significó la plena garantía de estos derechos para toda la ciudadanía, pero ayudó a definir la narrativa del Estado mexicano durante buena parte del siglo XX. Las innumerables luchas intestinas que signaron las décadas posteriores al estallido popular, no pudieron borrar su vinculación con la llamada "cuestión social" que derivó en medidas como el reparto agrario, la adopción en la década de 1930 de una política industrial con importantes efectos redistributivos (Cárdenas, 2015: 454 *ss*) y la construcción de instituciones fundamentales dedicadas a la protección social de los trabajadores y a la consolidación de la educación pública (Loaeza, 2019: 265 *ss*). Así, como lo muestran diversas evidencias, las deudas democráticas y el imperdonable talante autoritario de los gobiernos posrevolucionarios coincidieron con un periodo de disminución de la abismal desigualdad socioeconómica que caracterizó al México decimonónico.

Ahora bien, tanto los mecanismos de redistribución señalados más arriba, como la idea más general de que la sociedad era el resultado de una empresa colectiva en cuyo seno jugaba un papel central la acción del Estado, produjeron un consenso más o menos generalizado en el mundo occidental que, sin embargo, comenzó a ser cuestionado en la década de los setenta. En efecto, la crisis del petróleo del año 1973, la inusitada aparición de un fenómeno de estanflación (Harvey, 2010) y las victorias políticas de Thatcher y Reagan (Escalante, 2015: 71 *ss*), condujeron a una transformación radical de la política económica que John Williamson bautizó como "Consenso de Washington" y que puede sintetizarse en la implementación de medidas orientadas a la disciplina presupuestal y monetaria, la privatización de empresas públicas, la liberalización de los mercados y la desregulación de los mismos.

Aunado a estas medidas, las décadas de 1980 y 1990 vieron florecer un proceso de deslegitimación de la participación del Estado en la disminución de las desigualdades, la estigmatización del papel de los sindicatos en la economía y la recuperación de una retórica individualista que recordaba a los discursos liberales del siglo XIX (Contreras Natera, 2015: 38-54). Como mostraron Boltansky y Chiapello (2001) en el ya célebre libro titulado *El nuevo espíritu del capitalismo*, tanto el abandono del paradigma fordista-taylorista en el interior de la empresa capitalista, como también la disolución paulatina del Estado benefactor son inseparables de un cambio cultural y simbólico respaldado en ideas como la movilidad permanente de los individuos, la flexibilidad en el mundo laboral y la crítica a las jerarquías burocráticas.

Análisis más recientes han observado la incorporación cada vez más frecuente de valores y medidas de mercado "a cada esfera de la vida" y la adopción de una interpretación "del ser humano mismo exclusivamente como *homo oeconomicus*" (Brown, 2016: 236). De igual forma, Laval y Dardot (2015) han insistido en que la transformación a la que asistimos desde la década de 1970 no consiste tanto en una disminución del Estado sino en la sustitución de la idea de que el interés público debía orientar a este último por el principio de la eficacia empresarial y la competitividad, una modificación que no se reduce a las directrices de la nueva "gobernanza" sino a prácticamente todas las esferas de la vida. En un sentido parecido, el sociólogo Ronen Shamir (2008) ha hablado de una "moralización de la acción económica" que tiende a "responsabilizar" al trabajador, al estudiante, al consumidor o a la persona en situación de pobreza de elegir los dispositivos de "autoinversión" y "el espíritu emprendedor" que los conduzca a una mejor situación.

Sin embargo, la seductora oferta de un orden social de individuos sin ataduras jerárquicas, libres para desplazarse en el mundo laboral y para invertir sobre sí mismos con el afán de volverse "exitosos", ha corrido a la par de un acelerado proceso de precarización laboral y una significativa reducción de las redes de protección social edificadas durante el siglo XX (Castel, 2011). En su ya famoso libro titulado *El precariado*, Standing (2011) ha hablado del surgimiento de una nueva clase social resultado de los procesos de flexibilización laboral que paulatinamente han transferido los riesgos a los individuos y sus familias. En un contexto de apertura económica global centrado en la competitividad de los mercados y en fuertes innovaciones tecnológicas, los beneficios del capital ascendieron (Piketty, 2014: 220) en el mismo período en el que se registró un significativo abaratamiento de la mano de obra, una disolución de las formas de representación colectiva y un profundo aumento de la desigualdad (Atkinson, 2016).

En México, como señala González Chávez (2017), el mercado laboral no permaneció ajeno al proceso de apertura económica global y a las modificaciones en el mundo del trabajo. Las políticas de flexibilización laboral tuvieron efectos negativos sobre los salarios y sobre las prestaciones laborales (Jiménez-Bandala y Contreras, 2018: 169); a lo que debe sumarse la imposibilidad de generar empleos formales, circunstancia que se traduce en trabajos sin acceso a infraestructura o a subvenciones sociales (González, 2017: 228 *ss*). Según datos oficiales, 68 millones de mexicanos no tienen acceso a seguridad social, 18 millones pueden considerarse en carencia por falta de acceso a servicios de salud y 62 millones tienen un ingreso menor a la línea de bienestar (CONEVAL, 2016).

Así, mientras que las condiciones laborales de buena parte de la población tienden a precarizarse y las instituciones sobre las que descansaba el Estado benefactor se diluyen, asistimos al crecimiento de una retórica fraguada en el interior del mundo empresarial que acentúa la capacidad de adaptación del individuo a las dinámicas de competencia (Haber, 2015), aun cuando esto implique una enorme tolerancia al sufrimiento (Dejours, 2006: 35 *ss*). No sin resistencias, los lazos de solidaridad y los mecanismos construidos durante el siglo XX para aminorar la miseria y la enorme desigualdad que caracterizó al nacimiento del capitalismo industrial, han sido sustituidos de forma paulatina tanto en el interior del mundo del trabajo como fuera de él por un sistema centrado en la competitividad de los individuos y en su capacidad de "auto-inversión" (Brown, 2016).

3. Pobres, flojos y viciosos: prejuicios y estigmas en el debate público

Como hemos visto, el énfasis en la capacidad de adaptación del individuo a un contexto de competitividad permanente en el que el mérito definiría la posición que se ocupa en la sociedad, contrasta con un contexto económico donde se multiplican los empleos precarizados y las brechas de ingreso aumentan de manera acelerada. En el caso particular de México, la idea de que el esfuerzo individual es suficiente para obtener éxito económico se topa con los contundentes datos sobre movilidad social que evidencian una nación cimentada sobre la base de oportunidades desiguales. Las conclusiones del *Informe sobre Movilidad Social* del Centro Espinosa Yglesias se orientan en este sentido:

La desigualdad de oportunidades es injusta y tiene consecuencias negativas para toda la sociedad. Con altos niveles de pobreza y desigualdad como los que existen en México, una sociedad sin igualdad de oportunidades se polariza. Como resultado, sin igualdad de oportunidades no importa cuán grandes sean los esfuerzos de quienes nacen en situaciones de mayor desventaja, sus posibilidades de mejora serán limitadas (CEEY, 2019: 67).

Sin embargo, como vimos en el primer apartado, aun cuando en términos normativos podamos afirmar que la estructura social de nuestro país es esencialmente injusta e incluso si podemos identificar de manera más o menos clara experiencias de precariedad y sufrimiento social, ello no se traduce de manera inmediata en demandas sociales, en reivindicaciones articuladas y mucho menos en un apoyo generalizado al combate a las distintas formas de desigualdad. Entre los múltiples factores que explican esta situación, la existencia de una serie de mitos basados en prejuicios, estereotipos y estigmas respecto a las razones que colocan a las personas en situación de desventaja debe ser considerada con atención (Bayón, 2013: 90 *ss*).

La existencia de estigmas sobre sectores en situación de desventaja no es de ninguna manera una novedad en la historia. En un célebre texto titulado *En los bordes de lo político*, el filósofo francés Jacques Rancière sugiere que la historia política de Occidente puede analizarse a través de la dialéctica entre igualdad y desigualdad (Rancière, 2000). Aunque las sociedades modernas tienen la peculiaridad de partir de la negación explícita de toda "jerarquía natural" entre los seres humanos sobre la cual podría justificarse la dominación de unos sobre otros como algo autoevidente, también es posible constatar cómo en el seno mismo de dichas sociedades han surgido mecanismos que intentan hacer pasar como legítimas las distintas formas de exclusión de grupos e individuos del reparto social de los bienes materiales y simbólicos (Deranty, 2018).

Así por ejemplo, a partir del siglo XVI, en consonancia con el ascenso del capitalismo, los discursos sobre la pobreza comenzaron a tomar distancia de las representaciones de carácter religioso dominantes en la Edad Media (Liz y Soly, 1984; Foucault, 2005). Desde entonces, la idea de que las personas en situación de pobreza eran culpables de su propia situación debido a su falta de industriosidad y a su propensión al ocio comenzó a florecer. En *La idea de la pobreza* Gertrude Himmelfarb (1995) estudia la forma en la que se concebía a los pobres en Inglaterra durante los siglos XVIII y XIX recurriendo a los nacientes discursos de la economía política, a documentos legales y a la literatura de la época, entre otras fuentes. Autores tan importantes como Burke resaltaban el pernicioso carácter de los pobres a quienes sólo el trabajo duro y los bajos salarios podrían sacar de su viciosa constitución, una opinión compartida por otros célebres intelectuales como Malthus o previamente por Hume.

Himmelfarb cita como ejemplo la obra *London Labour and the London Poor*, curiosamente elogiada por E. P. Thompson como un libro que recuperaba las experiencias del proletariado, en la que su autor Henry Mayhew se propuso realizar una suerte de "fisonomía moral" de los pobres. El periodista victoriano caracterizaba a los miembros de esta "raza errante" como sujetos con una disposición contraria al trabajo regular y continuo, individuos propensos al alcohol y henchidos por deseos de venganza. Mayhew incluso aventuraba una subdivisión de esta "raza" basada en sus rasgos físicos, mismos que vinculaba con su talante moral.

Por su parte, Illades (2016) recuerda cómo en las primeras décadas de la República independiente el Estado mexicano implementó una política social cautelosa que obedecía menos a razones de justicia social que al intento de prevenir las revueltas de los artesanos empobrecidos. Estas revueltas, producto de las transformaciones económicas asociadas a la adopción del liberalismo, eran justificadas bajo la idea de que los pobres tenían mayor propensión al delito que los ricos, que el desorden social era una característica prácticamente consustancial a ellos, y que las muchedumbres tendían a amenazar el orden legal. De igual forma, en el siglo XIX era recurrente la idea de que los trabajadores más pauperizados tenían una responsabilidad moral por su situación en tanto que preferían gastar su tiempo libre "en la ociosidad, el paseo y a la taberna" antes que en el trabajo (Illades, 2017: 79).

Aunque parezcan lejanas, estas ideas siguen teniendo eco en nuestros días. En efecto, aun cuando en el siglo XXI los sistemas de valores y los principios jurídicos de prácticamente todas las democracias en Occidente se sustenten en la idea de la igual dignidad del conjunto del género humano, en los hechos siguen proliferando formas de justificar la existencia de grupos que queden fuera del "reparto social". En el caso actual de México, los recientes debates sobre la implementación de políticas sociales nos permiten identificar la persistencia de algunos estigmas y su reelaboración en el contexto del ascenso de los discursos empresariales.

Para ilustrar este fenómeno, tomo como referencia un estudio de 6,915 interacciones en redes sociales enfocadas en notas periodísticas referidas a la entrega de becas a estudiantes de primaria y a un programa de becas de capacitación para jóvenes sin empleo. En los materiales estudiados se constata que sigue vigente la idea de que los más desaventajados son más propensos al vicio y que su situación refleja una disposición contraria al trabajo duro. Un sector significativo de la opinión pública considera que los beneficiarios del programa terminarán destinando los apoyos a la reproducción de hábitos viciosos o superfluos.

En los comentarios referidos pueden hallarse intervenciones como las siguientes: "Ojalá la beca la ocuparan realmente en mejorar su alimentación, su uniforme, la salud, etc., pero no, sólo es para vicios y cosas que no necesitan. A veces ni siquiera con los vales de uniformes se los compran los papás ven la manera de canjearlos o venderlos a alguien para ocupar el dinero en vicios [*sic*]" (comentario en *El Universal*, 2019): "Se los van a gastar los papás y las mamás en perreos y compras por catálogo" (comentario en *El Universal*, 2019); "Para q las mamás luchonas se lo gasten y los papás se lo tomen… No pues que bien [*sic*]" (comentario en *El Universal*, 2019); o "Lo van a gastar en las caguamas" (comentario en *Excélsior*, 2019).

De manera recurrente, la atribución estigmatizante de vicios respecto a las poblaciones en desventaja se acompaña con la idea de que estas personas permanecen en dicha situación debido a su falta de esfuerzo. Algunos ejemplos de esta perspectiva son los siguientes: "Las becas son para quienes se esfuerzan, no para flojos, pero parece que en nuestro país se premia la flojera y vicios" (comentario en *El Universal*, 2019); "Estira manos buenos para nada" (comentario en *Excélsior*, 2019); o "Este régimen apuesta por la holgazanería. Entre menos esfuerzo haya, menos se valorara el compromiso [*sic*]" (comentario en *El Universal*, 2019).

La relación entre el vicio y la falta de mérito se hace aún más patente en el caso del programa de becas de capacitación para aprendices, quienes son calificados como "holgazanes", "flojos" y "huevones", a pesar de que dicho programa condiciona la beca a la inscripción en una empresa donde se prevé trabajar a lo largo de un año: "A mantener holgazanes con nuestros impuestos!!! [*sic*]" (comentario en *Excélsior*, 2019); "Que no les den nada que le chinguen como los demás" (comentario en *Excélsior*, 2019); "desempleados de 29 años?, a eso se les llama huevones" (comentario en *Excélsior*, 2019).

Además, la apelación a la ausencia de esfuerzo individual suele acompañarse, por un lado, de una condena a la "mediocridad" y, por el otro, de la convicción de que la intervención del Estado atenta contra la cultura del mérito: "Que se podía esperar de una administración con tal aversión a la meritocracia... [*sic*]" (comentario en *Excélsior*, 2019). De esta manera se perpetúa el prejuicio, refutado por los datos sobre movilidad social, de que en México es "pobre quien quiere".

Como documentan Moruno (2016), Laval y Dardot (2015), en el marco de los discursos del *management* y de la cultura empresarial se ha impulsado la idea de que el éxito es ante todo responsabilidad del individuo y que los obstáculos y las adversidades externas pueden ser afrontados a través del esfuerzo propio y de un cambio de "mentalidad". Esta constelación de ideas aparece de manera más o menos articulada en el debate público nacional y tiende a reforzar el mito de que las desigualdades socioeconómicas están determinadas, en gran medida, por la falta de voluntad de los sujetos para "salir adelante": "Apoye a los jóvenes que quieren crear una empresa. Dejemos la mentalidad de ser el gato o godín y por que no ser los jefes y dirigir empresas y de verdad hacer crecer a México [*sic*]" (comentario *Excélsior*, 2019).

La penetración de los discursos que se enfocan en convertir a los sujetos en "empresarios de sí mismos" (Moruno, 2015), en gestores de su propio éxito y en individuos plenamente responsables de sortear los riesgos de una sociedad en la que se han desmantelado las redes de protección social, no se restringe al mundo laboral, sino que ha incidido en múltiples ámbitos como el educativo, el cultural y, sobre todo, en los marcos en los que se encuadra la opinión pública. En los debates sobre política social de México no es extraño encontrar columnas de opinión, artículos e intervenciones, en los que se sostiene la necesidad de transformar la "actitud" de las personas para mejorar su situación.

Esta moralización del problema social enmarcado en la neojerga empresarial (Brown, 2016) tiende a diluir las causas estructurales del aumento de la desigualdad, de la precarización laboral y de la situación de pobreza de millones de personas. Con el concepto de "conciencia de injusticia" de Honneth he tratado de insistir en que las experiencias negativas, como aquellas que pueden estar asociadas a bajos salarios, empleos desgastantes con pagas mínimas, falta de certidumbre laboral, propensión al riesgo, etc., no necesariamente son convertidas de inmediato en demandas de justicia debido, entre otras cosas, a mecanismos que normalizan y legitiman estas experiencias. En ese sentido, la idea de que una situación social desventajosa es el resultado de la falta de esfuerzo y la incapacidad de invertir en sí mismo de forma adecuada, así como los estigmas asociados a la pobreza, pueden entenderse como disuasorios importantes que impiden la transformación de esas experiencias en demandas sociales.

Conclusiones

A lo largo de este capítulo he intentado señalar que el aumento de la desigualdad socioeconómica, la precarización laboral y el desmantelamiento de las instituciones de protección social a nivel mundial han venido acompañados de una serie de discursos que acentúan la necesidad de adaptación del individuo a las nuevas dinámicas de competitividad y rendimiento. En México, estos discursos contrastan con las evidencias sobre movilidad social que atestiguan un importante problema de desigualdad de oportunidades y con los distintos mecanismos de discriminación por razones socioeconómicas, por género, por circunstancias étnico-raciales o por discapacidad.

Sin embargo, las experiencias asociadas a la falta de ingresos suficientes, a la precarización del empleo, a la ausencia de seguridad y certidumbre social, que caracterizan las transformaciones económicas de los últimos años, se presentan en un contexto en el que se le exige al individuo hacerse cargo por sí mismo de los riesgos de un mundo en permanente cambio; esta circunstancia dificulta la posibilidad de vincular dichas experiencias de sufrimiento social con demandas de justicia.

De ahí que uno de los retos para hacer frente a los efectos negativos de la desigualdad consista en repensar la manera en que se construyen los discursos en el debate público. En la medida en que adquieran mayor fuerza las ideas que normalizan la desigualdad en función de la lógica de la competitividad y el mérito personal, resultará más difícil dar pasos hacia delante en el objetivo de garantizar los derechos sociales, un objetivo que, por lo demás, se encuentra en los tratados internacionales en materia de Derechos Humanos firmados por nuestro país.

Referencias bibliográficas y hemerográficas

Abélès, M. (2008). *Anthropologie de la globalisation*. Paris: Payot.

Abramovich, V., & Courtis, C. (2014). *Los derechos sociales como derechos exigibles*. Madrid: Trotta.

Abric, J. C. (2004). *Prácticas sociales y representaciones* (1ª ed. 1994). México: Ediciones Coyoacán.

Abril, F. (2017). "Repensar la dominación. Axel Honneth y el legado de la Teoría Crítica". *Revista Mexicana de Ciencias Políticas y Sociales*, núm. 232, México: UNAM, pp. 103-128.

Acción (2009). "Dilemas y desafíos democráticos fundamentales en la región: síntesis del estado de la cuestión en algunos países". Caso Chile. Seminario Internacional Democracia en América Latina: límites y posibilidades de cambio. Disponible en: http://mesadearticulacion.org/wp-content/uploads/2009/09/5.pdf

Acción Ciudadana Frente a la Pobreza (2017). "Derechos Humanos y Pobreza. Políticas públicas frente a la pobreza con la perspectiva de derechos del artículo 1º constitucional". Fundación para la Paz en Guerrero. Consultado en: http://www.cndh.org.mx/sites/all/doc/Informes/Especiales/Pobreza_DH_SE_082018.pdf

Acemoglu, D. (2004). *Economic origins of Dictatorship and Democracy*. Cambridge: Cambridge University Press.

Aedo, C. (2014). *Innovación Democrática: Empedramiento. Estudio comparado de ocho experiencias de presupuesto participativo en Chile*. Tesis. Disponible en: http://www.tdx.cat/bitstream/handle/10803/285354/cav1de1.pdf;jsessionid=23C42BDB

Agier, Michel (2013). *La condition cosmopolite. L'anthropologie à l'épreuve du piège identitaire*. Paris: La Découverte.

Aguado, L. F., Girón, L. E. y Salazar, F. (2007) (2006). "Una aproximación empírica a la relación entre educación y pobreza, Problemas del Desarrollo". *Revista Latinoamericana de Economía*, 38 (149):35-60.

Aguilar, L. (2015). *Gobernanza y política pública para la igualdad*. México: CONAPRED/Cátedra UNESCO "Igualdad y no discriminación" de la Universidad de Guadalajara.

Alberch i Fugueras, R. (2008). *Archivos y derechos humanos*. España: Ediciones Trea.

Andrade, L. y Jiménez-Bandala, C. (2018). "El desempleo y la probabilidad de caer en trampas de pobreza: consideraciones para países en vías de desarrollo". *Revista Española de Investigación Sociológica*, 164: 3-20, http://dx.doi.org/10.5477/cis/reis.164.3

Animal político (12 de junio de 2013). *México, país de clase baja*. INEGI. Obtenido de https://www.animalpolitico.com/2013/06/mexico-pais-de-clase-baja-inegi/.

Antequera, J. (2011). "Memoria histórica como relato emblemático. Consideraciones en medio de la emergencia de políticas de memoria en Colombia". Recuperado de: https://www.javeriana.edu.co/biblos/tesis/politica/tesis491.pdf.

Aramberri, Julio (2011). *Turismo de masas y modernidad*. Madrid: Centro de Investigaciones Sociológicas.

Araya Umaña, S. "Las representaciones sociales: ejes teóricos para su reflexión". *Cuaderno de Ciencias Sociales*, Volumen 127, Costa Rica: FLACSO.

Arrioja, A. (1998). *Derecho Fiscal*. México: Themis.

Asamblea General Naciones Unidas (1966). *Pacto Internacional de Derechos Económicos, Sociales y Culturales*. Ginebra: Asamblea General Naciones Unidas.

Asamblea General de la Organización de Estados Americanos (1988). *Protocolo Adicional a la Convención Americana sobre Derechos Humanos en Materia de Derechos Económicos, Sociales y Culturales*. San Salvador, Salvador: Organización de Estados Americanos.

Asamblea General de las Naciones Unidas (2008). *Protocolo Facultativo del Pacto Internacional de Derechos Económicos, Sociales y Culturales*. Ginebra: Naciones Unidas.

ATD (2019). *Las dinámicas ocultas de la pobreza*. ATD. París: Actuar Todos por la Dignidad.

Atkinson, A. (2016). *Desigualdad. ¿Qué podemos hacer?*. México: Fondo de Cultura Económica.

Attili, A. (2010). Cambios políticos y Estado de derecho en México" En A. Attili y L. Salazar. *Más allá de la transición. Los cambios políticos en México 1977-2008* (pp. 9-68). México: Miguel Ángel Porrúa editor/ UAM-Iztapalapa.

Ayala González, B. (17 de 08 de 2017). "El PAN: una historia de debates y desencuentros azules". *El Economista*, en https://www.eleconomista.com.mx/politica/El-PAN-una-historia-de-debates-y-desencuentros-azules-20170917-0099.html.

Ayuntamiento de Sarrià de Ter. (2008). "El acceso y la desclasificación de los documentos. Actas del Congreso Internacional de Archivos y Derechos Humanos". Ayuntamiento de Sarrià de Ter. Sarrià de Ter. Disponible en: https://repositories.lib.utexas.edu/bitstream/handle/2152/11975/Llibre_Congreso_Internacional_Archivos_y_Derechos_Humanos.pdf.

Balandier, G. (2013). *Anthropologie politique*. Paris: PUF.

Banco Mundial (2013). *Promueve innovación inclusiva para el crecimiento sostenible.* Washington: BM.

Banco Mundial (2018). *Definición de Sociedad Civil,* (en línea) disponible en http://www.bancomundial.org/es/about/partners/civil-society.

Barba Solano, C. (2019). "Desigualdad y regímenes de bienestar: Una mirada teórica". En Cristina Bayón (coord.). *Las grietas del neoliberalismo: Dimensiones de la desigualdad contemporánea en México,* (pp. 145-194). Ciudad de México: UNAM/IIS.

Bataille, G. (1973). *Théorie de la religion.* Paris: Gallimard.

Bauman, Z. (2010). *Identité.* Paris: Éditions de L'Herne « Carnets ».

Bayón, M. (2013). "Hacia una sociología de la pobreza: la relevancia de las dimensiones culturales", en: *Estudios sociológicos,* núm, 91: El Colegio de México.

BBC. (3 de abril de 2013). "Huge survey reveals seven social classes in UK". Obtenido de *BBC News*: https://www.bbc.com/news/uk-22007058.

Becerra, M. y Mastrini, G. (2015). "Concentración y convergencia de medios en América Latina". *Revista Ensambles,* 3, pp. 64-83.

Berger, P. (2001). *Le réenchantement du monde.* Paris: Bayard.

Benhabib, S. (2005). *Los derechos de los otros. Extranjeros, residentes y ciudadanos.* Barcelona: Gedisa.

Benhabib, S. (2011). *Dignity in Adversity. Human Rights in Troubled Times.* Cambridge: Polity.

Bernal, R. (2016). "Fraternidad y democracia en el origen de la modernidad política", en: Ambriz G., y R. Bernal (coords.). *El Derecho contra el Capital.* México: Contraste Editorial.

Betancourt Echeverry, D. (2004). "Memoria individual, memoria colectiva y memoria histórica. Lo secreto y lo escondido en la narración y el recuerdo". *Betancurt* Echeverry, D. (ed.). *La práctica investigativa en ciencias sociales.* Bogotá: Universidad Pedagógica Nacional (pp. 124-134).

Bernstein, R. (2018). *Why Read Arendt Now.* Cambridge: Polity.

Bidet, J. (1990). *Théorie de la modernité.* Paris: PUF.

Bidet, J. (1999). *Théorie generale.* Paris: PUF.

Bloj, C. (2009). *El "presupuesto participativo" y sus potenciales aportes a la construcción de políticas sociales orientadas a las familias.* Santiago de Chile: Naciones Unidas/CEPAL.

Bobbio, N. (1990). *El tiempo de los derechos.* Madrid: Sistema.

Bobineau O. y S. Tank-Storper (2007). *Sociologie des religions,* Paris: Armand Coli.

Boltansky. L, y E. Chiapello (2001). *El nuevo espíritu del capitalismo.* Madrid: Akal.

Boltvinik, J. (2003). "Welfare, inequality and poverty in Mexico 1970-2000", en K. Middlebrook y E. Zepeda (coord.). *Confronting development. Assessing Mexico's Economic and Social Policy Challenges*, USA: Stanford University Press (pp. 385-446).

Boltvinik, J. (2007). "Elementos para la crítica de la Economía Política de la pobreza", en *Desacatos, Revista de antropología social*, 23: pp. 53-86.

Bouillon, C. (2000). *Inequality and Mexico's Labor Market after trade reform*. Sustainable Development Department, IADB.

Bourdieu P. (1980). «L'identité et la représentation [Éléments pour une réflexion critique sur l'idée de région]». En: *Actes de la recherche en sciences sociales*. Vol. 35, pp. 63-72. Paris.

Bourdieu, P. (1988). *La distinción: criterio y bases sociales del gusto*. Madrid: Taurus.

Bourdieu, P. (2000). *La dominación masculina*. España: Anagrama.

Boyer, M. (2000). *Histoire de l'invention du tourisme*. Paris: L'Aube.

Brown, J. (2010). "De la gobernanza o la constitución de la política del neoliberalismo". En *Sociología crítica*, artículos y textos para el debate y análisis de la realidad social. Disponible en https://dedona.wordpress.com /2010/05/13/de-la-gobernanza-o-la-constitucion-de-la-politica-del-neoliberal ismo-john-brown/.

Brown, W. (2016). *El pueblo sin atributos. La secreta revolución del neoliberalismo*. México: Malpaso.

Brunner, J. (1996). *Participación y democracia: viejos y nuevos dilemas*. Santiago de Chile: Ministerio Secretaría General de Gobierno. División de Organizaciones Sociales.

Caballero, J. L. y Aguilar, M. (2014). "Nuevas tendencias del derecho a la no discriminación a la luz del Derecho Internacional de los Derechos Humanos y en relación con México". En T. González y J. Rodríguez, *Hacia una razón antidiscriminatoria. Estudios analíticos y normativos sobre la igualdad de trato* (pp. 169-212). México: CONAPRED.

Cailliau, H. (2003). *L'esprit des religions*, Paris: Editions Milan.

Carbonell, M. (2011). "Las obligaciones del Estado en el artículo 1º constitucional". En M. Carbonell y P. Salazar (coords.), *La reforma constitucional de derechos humanos: un nuevo paradigma* (pp. 63-102). México: Instituto de Investigaciones Filosóficas-UNAM.

Cárdenas, E. (12 del 11 de 2012). "El Fobaproa era indispensable". (*Expansión*, Entrevista).

Cárdenas, E. (2015). *El largo curso de la economía mexicana*, México: Fondo de Cultura Económica.

Carta Mundial por el Derecho a la Ciudad. (2013). *Cuadernos Geográficos*, núm. 52, pp. 368-380. Recuperado de: http://www.redalyc.org /articulo.oa? id=17128112016 (17 de octubre de 2017).

Castel, R. (2010). *El ascenso de las incertidumbres. Trabajo, protecciones, estatuto del individuo.* Buenos Aires: Fondo de Cultura Económica.

Castells, M. (2009). *Communication power.* Oxford: Oxford University Press.

CEPAL (2007). *El cuidado como cuestión social desde un enfoque de derechos.* Santiago: Comisión Económica para América Latina y El Caribe.

CEPAL (2007). *Panorama Social de América Latina.* Santiago: Comisión Económica para América Latina.

CEPAL (2015). *Desarrollo urbano y desigualdades socioespaciales.* Recuperado de: https://www.prefeitura.sp.gov.br/cidade/secretarias/upload/ relacoes_internacionais/arquivos/Texto_Tematico_II_Coloquio_MSUR.pdf (31 de julio de 2019).

CEPAL (2018). *La ineficiencia de la desigualdad.* Comisión Económica para América Latina y el Caribe.

Christenson, García y Orlandina de Oliveira, (1989). "Los múltiples condicionantes del trabajo femenino en México", *Estudios Sociológicos*, VII (20) 251-280.

CIA, C. I. (17 de mayo de 2019). The World Factbook. Obtenido de Distribution of the Family Income, the GINI Index: https://www.cia.gov/l ibrary/publications/the-world-factbook/rankorder/2172rank.html.

Colmex (2018). *Desigualdades en México/2018.* México: El Colegio de México-BBVA Bancomer.

Colom, F. (2001). "Presentación". En F. Colom (ed.), *El espejo, el mosaico y el crisol* (pp. 7-9). Barcelona: Anthropos/ UAM-Iztapalapa.

Comisión Ciudadana de Estudios contra la Discriminación (2001). *La discriminación en México. Por una nueva cultura de la igualdad.* México: *Comisión* Ciudadana de Estudios contra la Discriminación.

Comisión Interamericana de Derechos Humanos (2018). *Informe del mecanismo especial de seguimiento al asunto Ayotzinapa.* http://www.oas. org/es/cidh/informes/pdfs/MESA-es.pdf.

Comisión Interamericana de Derechos Humanos (2000). *Declaración de Principios sobre Libertad de Expresión.* Washington: Organización de Estados Americanos.

Comisión Interamericana de Derechos Humanos (2015). *Acceso al Agua en las Américas una aproximación al Derecho Humano al Agua en el Sistema Interamericano.* CIDH.

Comisión Nacional de Verdad y Reconciliación (1990). *Informe de la Comisión Nacional de Verdad y Reconciliació*n. Chile: Corporación

Nacional de Reparación y Reconciliación. Recuperado de: http://www.derechoshumanos.net/lesahumanidad/informes/informe-rettig.htm.

Comité de Derechos Económicos, Sociales y Culturales (2005). Observación General número 18, *El derecho al trabajo (artículo 6)*. Ginebra: Naciones Unidas.

CONAPRED (2018a). *Encuesta Nacional sobre Discriminación 2017. Prontuario de resultados*. México: CONAPRED.

CONAPRED (2018b). *Prevención de prácticas por perfilamiento racial. Guía de acción pública*. México: CONAPRED.

CONEVAL (2016). *Evolución de las dimensiones de la pobreza 1990-2015*. http://www.coneval.org.mx/Medicion/Paginas/Evolucion_dimensiones_pobreza_1990_2015.aspx (21 de julio 2018).

CONEVAL (2018). https://www.coneval.org.mx/Evaluacion/IEPSM/Documents/Documento-completo-40-A-de-estrategias.pdf, fecha de última consulta 13 de noviembre de 2018.

CONEVAL (2018). *Informe anual sobre la situación de pobreza y rezago social 2018*. México: Gobierno de la República.

Consejo Consultivo del Agua (2012). *El Agua en Baja California Sur*. México.

Consejo Consultivo del Agua. (2019). *Situación y contexto de la problemática del agua en México*. México: Consejo Consultivo del Agua.

Constitución Política de la Ciudad de México (2017). Recuperado de: http://www.infodf.org.mx/constitucion_cdmx/Constitucion_%20Politica_CDMX.pdf (11 de julio de 2019).

Constitución Política de los Estados Unidos Mexicanos (19 de junio de 2019). *Diario Oficial de la Federación*. México: H. Congreso de la Unión.

Contreras Natera, M. (2015). *Crítica a la razón neoliberal*. Madrid: Akal.

Contreras, Y. (2017). "De los "gentries" a los precarios urbanos. Los nuevos residentes del centro de Santiago". *EURE*, vol. 43, núm. 129. pp. 115-141. Recuperado de: http://www.eure.cl/index.php/eure/article/view/1764 (11 de septiembre de 2017).

Contreras, Y. y Arriagada, C. (2016). "Reconstrucción exclusionaria. Lo comunitario y las políticas públicas en ciudades menores e intermedias chilenas afectadas por el terremoto y tsunami del 27F2010. Los casos de Constitución y Dichato". *Revista de Geografía Norte Grande*, núm. 64. pp. 83-107. Recuperado de: http://www.redalyc.org/articulo.oa?id=30048478006 (02 de octubre de 2017).

Contreras, Y. y Beltrán, M. (2015). "Reconstruir con capacidad de resiliencia: El casco histórico de la ciudad de Constitución y el sitio del desastre del terremoto y tsunami del 27 de febrero 2010". Revista *INVI*, vol. 30. núm.

83. pp. 79-115. Recuperado de: http://www.revistainvi.uchile.cl/index.php/INVI/article/view/826/1181 (02 de octubre de 2017).

Cooper, M. (2017). *Family Values. Between Neoliberalism and the New Social Conservatism*. New York: Zone Books.

Cordero A, G. (1999). Educación, pobreza y desigualdad. Entrevista al Dr. Fernando Reimers REDIE. *Revista Electrónica de Investigación Educativa*, 1(1):72-80.

Córdova, A. (1972). *La formación del poder político en México*. México: Era.

Cortés, A. (2006). "Inequidad, pobreza y salud". *Colombia Médica*, 37(3): pp. 223-227.

Cortés, F. (2018). "Desigualdad en el ingreso en México, 1963 a 2014" en: Puchet, M. y A. Puyana (Eds.). *América Latina en la larga historia de la desigualdad*. México: FLACSO.

Cortés Landázury, R. (2007). "A propósito de la relación economía y medio ambiente: un balance crítico sobre las convenciones y tensiones epistémicas de la disciplina". *Cuadernos de Economía*, XXVI (47): pp. 223-246.

Cortina, A. (2017). *Aporofobia, el rechazo al pobre. Un desafío para la democracia*. Barcelona: Paidós.

Couldry N., Rodríguez C., Bolin G., Cohen J., Volkmer I., Goggin G., Kraidy M., Iwabuchi K., Qiu J. L., Wasserman H., Zhao Y., Rincón O., Magallanes-Blanco C., Thomas P.N., Kolstova O., Rakhmani I. & Lee K.S. (2018). "Media, communication and the struggle for social progress". *Global Media and Communication*, 14(2), 173-191. DOI: 10.1177/1742766518 776679.

Courtis, Ch. (2009). *El mundo prometido. Escritos sobre derechos sociales y derechos humanos*. México: Fontamara.

Cousin, S. y B. Réau (2016). *Sociologie du tourisme*. Paris: La Découverte.

Cox, M.; Booth, K.; Dunne, T. (eds.), (1999). *The Interregnum: Controversies in World Politics, 1989–1999*. Cambridge: Cambridge University Press.

Crespo, E. y Serrano A. (2013). "Las paradojas de las políticas de empleo europeas: de la justicia a la terapia". *Universitas Psychologica*, 12 (4), 111-1124.

Cruz Rivera, D. L. (30 de mayo de 2019). Instituto Nacional de Estudios de la Revolución Mexicana. Obtenido de "Del Partido de Grupo al Partido de Masas, la Transformación del PNR al PRM": https://inehrm.gob.mx/es/inehrm/Del_partido_de_grupo_al_partido_de_masas_La_transformacion_del_PNR_al_PRM#articulo.

Cruz, J. (2017). "Reflexiones sobre derechos sociales y desigualdad". En Cerdio, J., De Larragaña, P. y Salazar, P. (eds.), *Entre la libertad y la igualdad*. México: UNAM.

Cuesta, M. (2009). "Análisis Causal de la Desigualdad y Pobreza en Michoacán: 1990-2000". *Center for Latin American Studies*, (17): pp. 1-18.

Curtis, S. (2004). *Health and Inequality*. Londres: SAGE.

D'Amico, M. V. (2016). "La definición de la desigualdad en las agendas recientes de los organismos internacionales para América Latina". *Revista Colombiana de Sociología*. 39(1), pp. 221-240.

D'Eramo, Marco (2017). *Il selfie del mondo: Indagine sull'età del turismo*. Milano: Feltrinelli.

Damián, A. (2012). "Crisis, empleo y pobreza". En E. De la Garza (coord.), *La situación del trabajo en México 2012, el trabajo en la crisis* (pp. 41-64). México: UAM-Iztapalapa–Plaza y Valdés.

De Andrea S., F. J. (1998). *El origen y la evolución de los partidos políticos en México desde el Periodo 1821 a 1928*. México: Instituto de Investigaciones Jurídicas, UNAM.

De la Maza, G. (2005). *Tan lejos, tan cerca. Políticas públicas y sociedad civil en Chile*. Santiago: LOM Ediciones.

De Moragas M., Díez M., Becerra M. & Fernández Alonso, I. (2005). "El Informe MacBride, 25 años después. Contexto y contenido de un debate inacabado". *Quaderns del Consell de l'Audiovisual de Catalunya*, 21, pp. 5-14.

De Sousa S., B. (2009). *Sociología jurídica crítica. Para un nuevo sentido común en el derecho*. Bogotá: Trotta.

Del Pino, M. (2015). *Catálogo de medidas para la igualdad*. México: CONAPRED.

Deaton, A. y J. Muelbauer (1991). *Economics and consumer behavior*. Cambridge: Cambridge University Press.

DeGooyer, S., Hunt, A., Maxwell, L. y Moyn, S. (2019). *The right to have rights*. London: Verso.

Dejours, C. (2006). *La banalización de la injusticia*. Colombia: Tópica.

Delaplace, M. y M. Gravari Barbas (2016). Introduction. Marie Delaplace y Maria Gravari Barbas, *Nouveaux territoires touristiques* (pp. 1-12). Quebec: Presses Universitaires de l'Université du Québec.

Delgado Ramos, G. C. (2014). "Estudio de País: Una revisión de casos". En G. C. Delgado Ramos, *Apropiación de agua, medio ambiente y obesidad. Los impactos del negocio de bebidas embotelladas en México* (p. 108). México: UNAM.

Deranty, P. (2017). "The Great Leveler: Conceptual and Figural Ambiguities of Equality", en: *Cogent, Arts & Humanities*, núm 4.

Diario Oficial de la Federación. (19 de mayo de 2019). *Ley Federal de Vivienda*. México: H. Congreso de la Unión.

Diario Oficial de la Federación. (junio de 2011).

Diario Oficial de la Federación. (2014). ACUERDO por el que se dan a conocer los estudios técnicos de las aguas nacionales subterráneas del Acuífero Alto Atoyac, clave 2901, en el Estado de Tlaxcala, Región Hidrológico Administrativa Balsas. México: CONAGUA.

Domenech, A. (2004). *El eclipse de la fraternidad*. Barcelona: Crítica.

Donzelot, J. (2006). *La invención de lo social*. Buenos Aires: Nueva Visión.

Dragomir, M., & Thompson, M. (2014). Mapping the wolrd's digital media. En Open Society Foundations, *Mapping digital media. Global findings* (pp. 11-19). New York: Open Society Foundations.

Draper, S. (2018). *México 1968. Experimentos de la libertad, constelaciones de la democracia*. México: Siglo XXI editores.

Durkheim, E. (1986). *Les formes élémentaires de la vie religieuse* (1a. ed. 1912). Paris: PUF.

Duterme, B. (2006). "Expansion du tourisme international: gagnants et perdants". *Alternatives sud*, 13: pp. 7-22.

Echeverría, B. (2008). "Seminario la Modernidad: versiones y dimensiones". *Revista Contra Historia*, Núm. 11 agosto 2008.

Eikemo, T.; Tim Huijts; Clare Bambra; Courtney McNamara; Per Stornes y Mirza Balaj (2016). *Social Inequalities in Health and their Determinants*. Londres: European Social Survey ERIC.

Eisenstein, H. (2005). "A Dangerous Liaison? Feminism and Corporate Globalization". *Science and Society*, 69 (3), pp 487-518.

Eliade, M. (1965). *Le sacré et le profane* (1a ed. 1957). Paris: Editions Gallimard.

Eliade, M. (1971). *La nostalgie des origines, Méthodologie et histoire des religions*. Paris: Editions Gallimard.

Eliade, M. (1978). *Occultisme, sorcellerie et modes culturelles*. Paris: Editions Gallimard.

Elias, N. (1999). *La sociedad de los individuos*. Barcelona, España: Península.

ENADIS (2017). Encuesta Nacional sobre Discriminación. México: Segob, Conapred, Conacyt, CNDH, UNAM, INEGI. Recuperado desde: https://www.conapred. org.mx/documentos_cedoc/Enadis_Prontuario_Ax.pdf.

ENH (2017). *Encuesta Nacional de los Hogares*. México: Instituto Nacional de Estadística y Geografía (INEGI).

ENIGH (2016). *Encuesta Nacional de Ingresos y Gastos de los Hogares*. México: Instituto Nacional de Estadística y Geografía (INEGI).

ENOE (2008) y (2018). *Encuesta Nacional de Ocupación y Empleo*. México: Instituto Nacional de Estadística y Geografía (INEGI).

Entwistle, J. (2002). *El cuerpo y la moda, una visión sociológica*. Barcelona: Paidós.

Escalante, F. (2015). *Historia mínima del neoliberalismo*. México: El Colegio de México.

Escalante, F. (2016). *Historia mínima del neoliberalismo*. Madrid: Turner.

Espejel, J. (2013). *Los fundamentos político-administrativos de la gobernanza*. México: Fontamara.

Espinoza Yglesias, Centro de Estudios (20 de mayo de 2019). *Movilidad social en México: ¿qué es y por qué te debe importar?* Obtenido de https://ceey.org.mx/movilidad-social-en-mexico-que-es-y-por-que-te-debe importar.

Esquivel, G. (2015). *Desigualdad Extrema en México: Concentración del Poder Económico y Político*. OXFAM.

Fabbiano, G.; Michel Peraldi; Alexandra Poli y Liza Terrazzoni (2019). "Introduction". En Giulia Fabiano; Michel Peraldi; Alexandra Poli y Liza Terrazzoni, *Les migrations des Nords vers les Suds,* (pp. 5-22). Paris: Karthala.

Ferrajoli, L. (2001). *Derecho y Razón*. Madrid: Trotta.

Ferrajoli, L. (2004). *Espistemologia Juridica y Garantismo*. México: Fontamara.

Ferrajoli, L. (2006). "Sobre los derechos fundamentales". *Cuestiones Constitucionales Revista Mexicana de Derecho Consitucional,* núm. 15, julio-diciembre, México: UNAM.

Ferrara, A. (2008) *La fuerza del ejemplo. Exploraciones del paradigma del juicio*. Barcelona: Gedisa.

Ferrer, E. (2017). *La justiciabilidad de los derechos económicos, sociales, culturales y ambientales en el sistema Interamericano de derechos humanos*. México: Comisión Nacional de Derechos Humanos.

Fischler, C. (1990). *L'omnivore*. Paris: Odile Jacob.

Flores-Márquez D., Bravo Luis E. S. & González Reyes R. (2012). "La exclusión-inclusión digital en México. Una sucinta revisión a sus condiciones actuales". En Ramírez Plascencia, D. (coord). *El nexo inclusión-marginación en la era digital* (pp. 45-65). Guadalajara: UdeG Virtual.

Fondo para la comunicación y educación ambiental, A. (2018). *Salud y calidad del agua*. México: AGUA.ORG.MX.

Fontela Montes, E. y J. Guzmán (2003). "La teoría circular del desarrollo, un enfoque complejo". *Estudios de Economía Aplicada*, 21(2): pp. 221-242.

Forbes México (05 de Marzo de 2019). Billionaires 2019|Los mexicanos más ricos: aumentan, pero tienen menos dinero. Obtenido de Alejandro Ángeles:

https://www.forbes.com.mx/billionaires-2019-la-familia-mexicana-crece-per
o-con-menos-dolares/

Foucault, M. (2004). *Naissance de la biopolitique*. Paris: Seuil, Gallimard.

Fraser, N. (1989). "Talking About Needs: Interpretive Contests as Political Conflicts in Welfare-State Societies". *Ethics*, Vol. 99 (2), pp. 291-313.

Fraser, N. (2009). "Feminism, Capitalism and the Cunning of History". *New Left Review*, núm. 56, pp. 97-117.

Friedman, J. (1994). *Cultural identity and global process*. London: SAGE.

Fuentes Díaz, V. (1996). *Los partidos políticos en México*. México: Porrúa.

Fuentes Navarro, R. & C. E. Luna Cortés (1984). "La comunicación como fenómeno sociocultural". En Fernández Christlieb, F. & M. Yépez Hernández (comps.). *Comunicación y teoría social* (pp. 97-108). México: UNAM.

Fuentes Navarro, R. (2016). "Convergencias y divergencias epistemológicas en y para el estudio de la comunicación". *Revista Latinoamericana de Ciencias de la Comunicación*, 12(23), pp. 184-191.

Gaceta del Semanario Judicial de la Federación (2014). Suprema Corte de Justicia de la Nación. DERECHO FUNDAMENTAL A UNA VIVIENDA DIGNA Y DECOROSA. SU CONTENIDO A LA LUZ DE LOS TRATADOS INTERNACIONALES. México: Primera Sala.

Gaceta del Semanario Judicial de la Federación (agosto de 2011). Suprema Corte de Justicia de la Nación. DIGNIDAD HUMANA. CONSTITUYE UNA NORMA JURÍDICA QUE CONSAGRA UN DERECHO FUNDAMENTAL A FAVOR DE LAS PERSONAS Y NO UNA SIMPLE DECLARACIÓN ÉTICA. México: Primera Sala.

Gaceta del Semanario Judicial de la Federación (Julio de 2018). Suprema Corte de Justicia de la Nación. DERECHOS FUNDAMENTALES A LA IGUALDAD Y A LA NO DISCRIMINACIÓN. METODOLOGÍA PARA EL ESTUDIO DE CASOS QUE INVOLUCREN LA POSIBLE EXISTENCIA DE UN TRATAMIENTO NORMATIVO DIFERENCIADO. México: Primera Sala.

Gaitán, F. (2011). "Crecimiento, desigualdad y pobreza en el capitalismo periférico: análisis de los países latinoamericanos", en *Pobreza y desigualdad en América Latina y el Caribe*, Paula Boniolo. María Mercedes Di Virgilio. María Pia Otero. Buenos Aires: CLACSO-CROP, pp. 141-169. En:<http://www.redalyc.org/articulo.oa?id=26702002> (ISSN 0188-7742).

Galende Díaz, J. C. & García Ruipérez, M. (2003). "El concepto de documento desde una perspectiva interdisciplinar: de la diplomática a la archivística". *Revista general de información y documentación*. 13(2), pp.7-35, https://revistas.ucm.es/index.php/RGID/article/viewFile/RGID03032200
07A/9914.

Gangas Peiró, Pilar (2003). "Desigualdad y pobreza: América Latina y Europa desde 1950". *Política y Cultura* [en línea]: [Fecha de consulta: 4 de abril de 2019].

García, S. (2015). "Lo sagrado en el arte. La estética teológica de Gerardus Van Der Leeuw", en *Miscelánea Comillas: Revista de Ciencias Humanas y Sociales*, vol. 73, núm. 142, Madrid: Universidad Pontificia.

García-Granero, M. (2018). "Injusticias de género en tiempos de neoliberalismo. El planteamiento de Nancy Fraser". *Asparkía. Investigación feminista*, 33, pp. 207-223.

Gauchet, M. (1985). *Le désenchantement du monde, Une histoire politique de la religión.* Paris: Gallimard.

Gauthier, F (2014). *Triomphe et mort de la Révolution des Droits de l'homme et du citoyen.* Paris: Syllepse.

Georgescu-Roegen, N. (1996). *La ley de la entropía y el proceso económico.* Madrid: Argentaria, Visor.

Giddens, A. (1999). *La tercera vía. La renovación de la socialdemocracia.* México: Taurus.

Giménez, G. (coord.) (1996). *Identidades sociales y religiosas en México.* México: UNAM.

Giménez, G. (2009). *Identidades sociales.* México: Conaculta.

Godart, F. (2011). *Sociologie de la mode.* Paris: Éditions La Découverte.

Godelier, M. (2016). "En el mundo de hoy, la antropología es más importante que nunca". *AIBR*, 11(1):59-76.

Godínez, L., Figueroa, E. y Pérez, F. (2015). "Determinantes del ingreso en los hogares en zonas rurales de Chiapas". *Noésis. Revista de Ciencias Sociales y Humanidades*, 24(47): pp. 138-156.

Goffman, E. (1973). *La mise en scène de la vie quotidienne, la présentation de soi.* Paris: Les éditions de minuit.

Goffman, E. S. (1975). *Les usages sociaux des handicaps* (1a. ed. 1963). Paris: Les Éditions de Minuit.

Goldfrank, B. (2006). "Los procesos de 'presupuesto participativo' en América latina: éxito, fracaso y cambio". *Revista de Ciencia Política*, vol. 26, núm. 2, 2006, pp. 3-28. Santiago de Chile: Pontificia Universidad Católica de Chile.

Gómez-Carmona, G. y Villar-Calvo, A. (2015). "Impactos de lo global en lo local: Gentrificación en ciudades latinoamericanas". *Revista de Urbanismo*, núm. 32. pp. 3-17. Recuperado de: https://revistaurbanismo.uchile.cl/index.php/RU/article/view/36553 (30 de agosto de 2017).

Gómez-Carmona, G., Villar-Calvo, A., e Inzulza-Contardo, J. (2016). "La reconfiguración urbana de ciudades intermedias mexicanas en el contexto latinoamericano. El caso de Metepec, México". *AUS*, núm. 19. pp. 66-72.

Recuperado de: http://www.redalyc.org/articulo.oa?id=281749193011 (30 de agosto de 2017).

González, G. (2017). *Mercado de trabajo en México. Acumulación, salario y ganancia.* México: UNAM.

González, J. M. (1998). *Metáforas del poder.* Madrid: Alianza editorial.

González, L. y Hernández, M. A. (2013) El papel de las comisiones de derechos humanos de cara a la reforma constitucional de 2011. *Dfensor*, 06 (XI), pp. 27-31.

González de la Vega, G. (2017). "Matrimonio igualitario en México: un análisis a partir de las reformas constitucionales de 2011". En A. M. Alterio y R. Niembro (coords.). *La Suprema Corte y el matrimonio igualitario en México* (pp. 55-77). México: Instituto de Investigaciones Jurídicas-UNAM.

Gramsci, A. (1985). *La política y el Estado moderno.* Zaragoza: Planeta-Agostini.

Gutiérrez-Martínez, D. (2005). "Multirreligiosidad en la Ciudad de México", en *Economía, Sociedad y Territori*o, vol. V, núm. 19, pp. 617-657.

Gutiérrez-Martínez, D. (2008). "La creencia en lo trágico, el culto a la Santa Muerte". En *Imaginario y religión. Caminos de la devoción popular en Brasil y México.* Brasil: Armazem Digital Comunicacao.

Gutiérrez-Martínez, D. (coord.) (2010). *Epistemología de las identidades, Reflexiones en torno a la pluralidad.* México: UNAM.

Guzmán, F. (2019). *Botellas y bolsas de plástico contaminan playas y mares.* México: Gaceta UNAM.

Haas, A. (2018). *Le decían El Chino.* México: Secretaría de Cultura.

Haber, S. (2013). *Penser le neocapítalisme. Vie, capitalisme e alienation.* Paris: Les Preires.

Habermas, J. (1998). *La constelación posnacional. Ensayos políticos.* Barcelona: Paidós.

Habermas, J. (2005). *Facticidad y Validez.* Madrid: Trotta.

Habermas, J. (2008). *Teoría de la acción comunicativa.* Madrid: Taurus.

Habermas, J. (2010). *Facticidad y validez*, Madrid: Trotta.

Halbwachs, M. (2004). *La memoria colectiva.* Zaragoza: Prensas Universitarias Zaragoza.

Hamelink, C. J. (2014). "Equality and human rights". En Wilkins, K. G., *Tufte*, T. & Obregón, R. (eds). *The handbook of development communication and social change* (pp. 72-91). West Sussex: Wiley Blackwell.

Han, B. (2014). *Psicopolítica.* España: Herder.

Hao, L. y Naiman, D. (2007). *Quantile Regression.* London:SAGE Publications.

Hartmann, M. y Honneth, A. (2009). "Paradojas del capitalismo". En: Honneth, A. *Crítica del agravio moral*, México: Fondo de Cultura Económica.

Harvey, D. (2008). "The Right to the City". *New Left Review*, núm. 53, pp. 23-40. Recuperado de: https://newleftreview.org /II/53/david-harvey-the-right-to-the-city (30 de enero de 2018).

Harvey, D. (2010). *Breve historia del neoliberalismo*. Madrid: Akal.

Harvey, D. (2010). *El enigma del capital y la crisis del capitalismo*. Madrid: Akal.

Harvey, D. (2010). *El nuevo imperialismo*. Madrid: Akal.

Hernández, M. A. (2009). "Con Arendt y contra Arendt: juzgando su juicio sobre la integración racial en Estados Unidos en el siglo XX". *Andamios*, 6 (12), pp. 225-247.

Hervieu-Léger (1987). "Danièle, Faut-il définir la religion? Questions préalables à la construction d'une sociologie de la modernité religieuse". *Archives de Sciences Sociales des Religions*. Paris: Editions du CNRS.

Hillali, M. (2019). "Preface". En Faouzi, Hassan y Mimoun Hillali, *Gouvernance et « branding » des territoires touristiques,* (pp. 9-14). Paris: L'Harmatan.

Hobsbawm, E. (2003). *La era de la Revolución, 1789-1848*. Barcelona: Crítica.

Hobsbawm, E. y Ranger, T. (2012). *La invención de la tradición*. Barcelona: Crítica.

Honneth, A. (2011). *La sociedad del desprecio*. Madrid: Trotta.

Huneeus, C. (2014). *La democracia semisoberana. Chile después de Pinochet*. Santiago: Editorial Taurus.

Ibañez, T. (2012). *La Gobernanza: pieza clave del neoliberalismo avanzado*. Madrid: Debates, LP 73.

Illades, C. (2008). *Las otras ideas. El primer socialismo en México 1850-1935*. México: UAM.

Illades, C. (2016). *Hacia la República del trabajo. El mutualismo artesanal del siglo XIX*. México: Gedisa/ UAM.

Illades, E. (01 de junio de 2014). "Thomas Piketty, el capital y la desigualdad en el siglo XXI". Obtenido de *Nexos*: https://www.nexos.com. mx/?p=21276.

Impensando. (08 de 04 de 2012). Obtenido de https://impensando.wordpress. com/2012/04/08/173-la-lucha-de-clases-sigue-existiendo-pero-la-mia-va-gan ando-w-buffet/.

INEGI (1996). *Encuesta Nacional de Ingreso y Gasto en los Hogares*. México: Instituto Nacional de Estadística y Geografía.

INEGI (2016). Encuesta Nacional de Ingresos y Gastos de los Hogares 2016, Nueva serie. México: Instituto Nacional de Estadística y Geografía.

INEGI (2017). *Cuenta satélite del trabajo no remunerado de los hogares de México*. México: Instituto Nacional de Estadística y Geografía.

INEGI (2017). *Encuesta Nacional de Hogares 2016*. México: Comunicado de Prensa número 273/2017.

INEGI (2018). *Encuesta Nacional de Ingreso y Gasto en los Hogares*. México: Instituto Nacional de Estadística y Geografía.

INEGI (2018). *Módulo de Hogares y Medio Ambiente*. México: Comunicado de Prensa No. 262/18.

INEGI (2018). *Mujeres y Hombres en México*. México: Gobierno de la República, Inmujeres, Instituto Nacional de Estadística y Geografía.

INEGI. (13 de mayo de 2019). *Encuesta Nacional de Ingresos y Gastos de los Hogares 2016*. Obtenido de Encuesta Nacional de Ingresos y Gastos de los Hogares 2016 Nueva serie: file:///C:/Mis%20Documentos/presentacion _resultados_enigh2016.pdf.

Instituto de Comunicación y Desarrollo (2014). "Estudio Regional sobre mecanismos de financiamiento de las organizaciones de la sociedad civil en América Latina". Mesa de Articulación y sus aliados del sur aumentan sus capacidades de incidencia y diálogo con gobiernos y sector privado 2013-2014. Agosto 2014. Disponible en: http://accionag.cl/wp-content/uploads/ 2015/02/Estudio-Mecanismos-de-Financiamiento-ONG-America-Latina-y-el -Caribe.pdf.

International Telecommunications Union (2018). Percentage of individuals using the internet. Disponible en: https://www.itu.int/en/ITU-D/Statistics /Pages/stat/default.aspx.

Inzulza-Contardo J. y Galleguillos, X. (2014). "Latino gentrificación y polarización: transformaciones socioespaciales en barrios pericentrales y periféricos de Santiago, Chile". *Revista de Geografía Norte Grande*, vol. 58, pp. 135-159. Recuperado de: http://www.redalyc.org/articulo.oa?id= 30031 739008 (16 de octubre de 2015).

Inzulza-Contardo, J. y Díaz, I. (2016). "Desastres naturales, destrucción creativa y gentrificación: estudio de casos comparados en Sevilla (España), Ciudad de México (México) y Talca (Chile)". *Revista de Geografía Norte Grande*, núm. 64, pp. 110-128. Recuperado de: http://www.scielo.cl/pdf/ rgeong/n64/art08.pdf (29 de septiembre de 2017).

Irarrázaval, I. (1990). "Promoción del desarrollo social privado a nivel local: una propuesta". *Estudios Públicos*, núm. 38, Santiago, Chile, otoño 1990, pp. 149-192.

Irarrázaval, I., Hairel, E., Sokolowski, W. y Salamon, L. (2006). "Estudio Comparativo del Sector Sin Fines de Lucro en Chile". *Proyecto Sociedad Civil Global, Sección Chile*. Santiago: Johns Hopkins University-FOCUS.

Isnart, C.; C. Mus-Jelidi y C. Zytnicki (2018). *Penser le tourisme et le patrimoine, au Maghreb et au-delà (XIXe-XXIe siècles)*. Centre Jacques-Berque. En línea url: https://books.openedition.org/cjb/1452.

Izquierdo, J. (2018). "Consideraciones recientes sobre el debate del cuidado". En Ferreyra, A. (coord.) *El trabajo de cuidados: Una cuestión de derechos humanos y políticas públicas*. México: Organización de las Naciones Unidas.

Izquierdo, M. J. (2004). "El cuidado de los individuos y de los grupos: ¿quién cuida a quién? Organización social y género". *Debate Feminista*, núm. 30, pp. 129-153.

Janoschka, M.; Sequera, J. y Salinas L. (2013). "Gentrification in Spain, and Latin America, a Critical Dialogue". *International Journal of Urban and Regional Research*. Vol. 38, núm. 4. pp. 1234-1265. Recuperado de: http://onlinelibrary.wiley.com/doi/10.1111/1468-2427.12030/pdf [24 de agosto de 2014].

Jáquez, A. (2002). "Destrucción y ocultamiento de archivos públicos". *Proceso*, (1317), Recuperado de: https://www.proceso.com.mx/186945/ destruccion-y-ocultamiento-de-archivos-publicos.

Jaramillo Molina, M. (31 de octubre de 2016). "La pobreza no es un problema individual sino estructural". Obtenido de: https://horizontal.mx/la-pobreza-no-es-un-problema-individual-sino-estructural/.

Jelidi, C. (2014). "Les villes, les acteurs de leur production et leurs archives (XIXe-XXe siècles). Introduction". En Charlotte Jelidi (dir.), *Villes maghrébines en situations coloniales* (pp. 11-40). Túnez/Paris: IRMC/Karthala.

Jiménez-Bandala, C. y Pérez, N. (2017). "Vinculación Universidad-Empresa por medio del isomorfismo normativo, el caso de las empresas de la Bolsa Mexicana de Valores". *Revista Congreso Universidad*, 6 (5): pp. 163-176.

Jiménez-Bandala, C. y A. Contreras (2018). "Transferencia de valor y degradación humana en empresas de un clúster automotriz en México", en: *Trabajo y sociedad*, núm. 31, Caycet-Conycet.

Juárez-Salazar, E. (2017). "Memoria y significación social: burocracia y archivo histórico sobre la guerra sucia en México". *Revista Colombiana de Sociología*. 40(1), 83-100.

Judisman, C. (2009). "Desigualdad y política social". *Nueva sociedad*, núm. 220, pp. 190-206. https://nuso.org/articulo/desigualdad-y-politica-social-en-mexico/.

Kazdaghli, H. (2018). *Fabrique du tourisme et expériences patrimoniales au Maghreb, XIXe-XXIe siècles*. Centre Jacques-Berque. En línea url: https://books.openedition.org/cjb/1448.

Khun, T. (1998). *La estructura de las revoluciones científicas*. México: FCE.

Krugman, P. M. (2016). *Economía Internacional*. Madrid: Pearson.

La Rue Lewy, F. (2012). "Comunicación y derechos humanos: la Relatoría Especial de Naciones Unidas". En Vega Montiel, A. (coord). *Comunicación y derechos humanos* (pp. 55-59). Ciudad de México: UNAM/IAMCR.

Labbé Céspedes, G., Palma Calorio, P., Venegas, V., y Ulloa Pincheira, F. (2016). "Estigma territorial y gentrificación post-desastre 2014. El caso de las poblaciones pericentrales del norte de Iquique". *Revista de Urbanismo*. Núm. 34. pp. 34-54. Recuperado de: https://revistaurbanismo.uchile.cl/ index .php/RU/article/view/39724/43591 (02 de octubre de 2017).

Lahera Ramón, V. (2010). "Infraestructura Sustentable: Las Plantas de Tratamiento de Aguas Residuales. Quivera". *Revista de Estudios Territoriales*, 2(12), 62.

Lamas, M. (2016). "Una mejor división del trabajo implica más igualdad en la calidad de vida". En *El descuido de los cuidados*, (pp. 27-58), México: Consejo Económico de la Ciudad de México, Gobierno de la Ciudad de México.

Landman, T. (2004). "Measuring Human Rigths: Principle, Practice and Policy". *Human Rigths Quaterly*, Vol. 26, Núm.4, The Johns Hopkins University Press, 906-931.

Lang, K. (2007). *Poverty and discrimination*: Princeton y Oxford: Princeton University Press.

Latinobarómetro (2018). *Informe 2018*. Santiago: Corporación Latinobarómetro.

Laval, C; Dardot, P. (2015). *La nueva razón del mundo*. Barcelona: Gedisa.

Le Bot, Y. (1997). *El sueño zapatista*. México: Plaza y Janés.

Le Breton, D. (2004). *L'interactionnisme symbolique*. Paris: PUF.

Légal, J. B.; Delouvée, S. (2008). *Stéréotypes, préjugés et discrimination*. Paris: Dunond.

Lévi- Strauss, C. (1977). *L'identité*. Paris: PUF.

Ley para la reconstrucción, recuperación y transformación de la Ciudad de México en una cada vez más resiliente. (2017). Recuperado de: http://www. aldf.gob.mx/archivo-05ef73e68fe 4de6ce1dfff11c3588fde.pdf (12 de enero de 2018).

LGAH. (2016). *Ley General de Asentamientos Humanos Ordenamiento Territorial y Desarrollo Urbano*. Recuperado de: http://www.diputados. gob.mx/LeyesBiblio/pdf/LGAHOTDU _281116.pdf (10 de agosto de 2017).

Lipovetsky, Gilles (1a. ed. 1987). *El imperio de lo efímero. La moda y su destino en las sociedades modernas*. Barcelona: Anagrama.

Lipovetsky, Gilles (1a. ed. 1988). *Le temps de tribus; le déclin de l'individualisme dans les sociétés de masse*. Paris: Le Livre de Poche.

Lis, C y H. Soly (1985). *Pobreza y capitalismo en la Europa preindustrial (1350-1850)*. Madrid: Akal.

Lissidini, A., Welp, Y. y Zovatto D. (2014). *Democracias en Movimiento*. México: UNAM.

Little, W. (2007). "Mayas in the Marketplace: Tourism, Globalization, and Cultural Identity". *Bulletin of Latin American Research* 26(1): pp. 143-145.

Loaeza, S. (2019). "Modernización autoritaria a la sombra de la superpotencia, 1944-1968". En *Historia general de México ilustrada, volumen II,* México: COLMEX.

López, H. y Mora, H. (2007). "Cálculo de los estimadores de regresión cuantílica lineal por medio del método ACCPM". *Revista Colombiana de Estadística*, 30(1): pp. 53-68.

Losurdo, D. (2014). *Contrahistoria del liberalismo*, Barcelona: El Viejo Topo.

Lustig, N. y A. Mitchell (1995). "Poverty in Mexico: the effects of adjusting survey data for under-reporting". *Estudios Económicos*, 10 (1): pp. 3-28.

MacBride, S. (1980). *Many voices, one world. Towards a new more just and more efficient world information and communication order*. Paris: United Nations.

MacCormick, N. (2010). "Argumentación e Interpretación en el derecho". *Doxa*, 04 (33), 75.

Magrini, M. y Cataláo, I. (2017). "Del derecho al consumo, al derecho a la ciudad: contradicciones y convergencias". *Eure*, vol. 43, núm. 130, pp. 25-46. Recuperado de: http://www.eure.cl/index.php/eure/article/view/2039/1017 (11 de septiembre de 2017).

MAH (2005). "Marco de Acción de Hyogo para 2005-2015: Aumento de la resiliencia de las naciones y las comunidades ante los desastres". EIRD-ONU. Recuperado de: http://www.eird.org/cdmah/contenido/hyogo-framework-spanish.pdf (03 de julio de 2017).

Malthus, T. (1978[1798]). *An essay on the principle of population*. Nueva York: Norton critical edition.

Marchal, H. (1966). *L´identité en question*. Paris: Editions Ellipses.

Martín-Barbero, J. (2002). *Oficio de cartógrafo. Travesías latinoamericanas de la comunicación en la cultura*. México y Santiago de Chile: Fondo de Cultura Económica.

Margalit, A. (1997). *La sociedad decente*. Barcelona: Paidós.

Martínez, P. (2018). "La verdad histórica de Ayotzinapa es falsa, concluye la CIDH; pide un cambio de narrativa en el caso", *Animal Político*. Recuperado de: https://www.animalpolitico.com/2018/11/version-ayotzinapa-falsa-cidh/.

Marx, K. y F. Engels (2015[1872]). *El manifiesto comunista*. Madrid: Akal.

Masclet, Olivier (2012). *Sociologie de la diversité et des discriminations*. Paris: Armand Colin.

Mastrini, G. y Becerra, M. (2006). *Periodistas y magnates. Estructura y concentración de las industrias culturales en América Latina*. Buenos Aires: Instituto de Prensa y Sociedad/Prometeo Libros.

Matus, C., Ganter, R., Barraza, C., y Vergara, C. (2016). "Renovación urbana y gentrificación post-catástrofe en Concepción: el caso Aurora de Chile". *Revista de Urbanismo*, núm. 34. pp. 89-110. Recuperado de: https://revista urbanismo.uchile.cl/index.php/RU/article/view/39576 (02 de octubre de 2017).

Maya Villazón, E. (2008). "Inauguración del Seminario". Archivos, memoria y derecho a la verdad. *Memorias Seminario Internacional*, pp. 19-23. Bogotá D.C.: Alcaldía Mayor de Bogotá D.C./Gobierno de la Ciudad.

McKay, A. (2002). *Defining and measuring inequality*. Briefing Paper No.1. Economists' Resource Centre.

McKay, A. (2002). *Defining and Measuring Inequality*. Nottingham: Overseas Development Institute and University of Nottingham.

McRobbie, A. (2009). *The Aftermath of Feminism. Gender, Culture and Social Change*. London: Sage.

McRobbie, A. (2016). *Be Creative!*. London: Polity Press.

Medina Mayagoitia, N., Navarro Casillas, A. & Flores Márquez, D. (2017). "De la brecha a la inclusión digital y social: conceptos y discusiones". En Zermeño Flores, A. I. (coord). *Inclusión digital para la inclusión social: Contextos teóricos, modelos de intervención y experiencias de inclusión* (pp. 43-61). Colima: Universidad de Colima/Colofón.

Mendoza García, J. (2011). "La tortura en el marco de la guerra sucia en México: un ejercicio de memoria colectiva". *Polis*. 1(2), pp. 139-179. Recuperado de: http://historico.juridicas.unam.mx/publica/librev/rev/polis /cont/20112/art/art7.pdf.

Mendoza García, J. (2016). "Trazando la memoria de la guerra sucia en México: la ideologización de la guerrilla. Pacarina del sur". *Revista de Pensamiento Crítico Latinoamericano*. 7(18), Recuperado de: http://www. pacarinadelsur.com/home/brisas/58-dossiers/dossier-18/1329-trazando-la-me moria-de-la-guerra-sucia-en-mexico-la-ideologizacion-de-la-guerrilla.

Miège, B. (2006). "La concentración en las industrias culturales y mediáticas y los cambios en los contenidos". *Cuadernos de Información y Comunicación*, núm. 11, pp. 155-166.

Milán, H y Pérez, R. (2008). "Desigualdad social y pobreza en el Estado de México: ¿convergencia o divergencia?". *Economía y Sociedad*, (21):pp. 17-39.

Miller, T. (2012). "Política cultural/industrias creativas". *Cuadernos de Literatura*, núm. 32, pp. 19-40.

Montes de Oca, L. (2014). "¿Innovaciones democráticas? Análisis del *Consejo* Consultivo de telecomunicaciones en México". *Revista mexicana de sociología*, 76(2), pp. 287-320. Disponible en: 02 de mayo de 2017, de http://www.scielo.org.mx/scielo.php?script=sci_arttext&pid=S0188-250320 14000200005&lng=es&tlng=es.

Moruno, J. (2015). *La fábrica del emprendedor. Trabajo y política en la empresa-mundo*. Madrid: Akal.

Moruno, J. (2018). *No tengo tiempo. Geografías de la precariedad*. Akal: Madrid.

Moyn, S. (2010). *The Last Utopia*. Cambrigde y Londres: The Belknap Press of Harvard University Press.

Mucchielli, A. (2002). *L´identité*. París: PUF.

Myrdal, G. (1974). *La pobreza de las naciones*. Barcelona: Ariel.

Naciones Unidas (1948). *Declaración Universal de Derechos Humanos*. Disponible en: http://www.un.org/es/documents/udhr/.

Naschold, F. (2002). "Why inequality matters for poverty". *Briefing Paper* Núm. 2, Overseas Development Institute.

Nash, D. (1989). "El turismo considerado como una forma de imperialismo". En Valene L. Smith (comp.). *Antropología del turismo*, (pp. 69-94). Madrid: Endymion.

Nateras, A. (2002). *Jóvenes, culturas e identidades urbanas*. México: UAM-Unidad Iztapalapa.

Nava, I. y Brown, F. (2018). "Determinantes del ahorro de los hogares en México: Un análisis de regresión cuantílica". *Economía. Teoría y Práctica*, 9: pp. 93-118.

Nieminen, H. (2019). "Inequality, social trust and the media. Towards citizens' communication and information rights". En Trappel, J. (2019). Inequality, (new) media and communications. En Trappel, J. (ed). *Digital media inequalities. Policies against divides, distrust and discrimination* (pp. 43-66). Göteborg: Nordicom.

Nordhaus, W. (2006). "The Stern review on the economics of Climate Change". *NBER, Working Paper*, W12741.

Novelo, F. (2011). *De Keynes a Keynes*. México: UAM.

Nueva Agenda Urbana. (2017). *ONU-Hábitat*. Recuperado de: http://habitat3.org /the-new-urban-agenda/ (02 de agosto de 2017).

Nussbaum, M. y Maldonado, C. (2009). "Las capacidades de las mujeres y la justicia social". *Debate Feminista*, núm. 39, pp. 89-129.

Nussbaum, M. y Sen, A. (comps.) (1996). *La calidad de vida*. México: Fondo de Cultura Económica.

OECD (01 de julio de 2015). *Inequality*. Obtenido de https://data.oecd.org/inequality/income-inequality.htm.

OECD (2010). *Interfutures. Facing the Future: Mastering the Probable and Managing the Unpredictable*. Paris: OECD.

Oficina del Alto Comisionado de las Naciones Unidas para los Derechos Humanos (1966a). *Pacto Internacional de Derechos Civiles y Políticos*. Nueva York: Orgnización de las Naciones Unidas.

Oficina del Alto Comisionado de las Naciones Unidas para los Derechos Humanos. (1966b). *Pacto Internacional de Derechos Económicos, Sociales y Culturales*. Nueva York: Organización de las Naciones Unidas.

Oficina del Alto Comisionado de las Naciones Unidas para los Derechos Humanos (2008). *El derecho al agua*. Nueva York: Organización de las Naciones Unidas.

OIT/PNUD (2009). *Trabajo y familia: Hacia nuevas formas de conciliación con corresponsabilidad social*. Santiago de Chile: OIT.

Okun, A. (1975). *Equality and Efficiency: The Big Trade Off.* Washington, D.C: Booking Institution Press.

OMS y UNICEF (2017). *Acceso a agua potable y saneamiento OMS 2017*. Ginebra: Organización Mundial de la Salud.

OMS (2015). *Agua potable salubre y saneamiento básico en pro de la salud*. Organización Mundial de la Salud.

OMT (2019). UNWTO World Tourism Barometer and Statistical Annex, January 2019. [En línea] url: https://www.e-unwto.org/doi/abs/10.18111 /wtobarometereng.2019.17.1.1.

ONU (1966). *Pacto Internacional de Derechos Económicos, Sociales y Culturales*. Nueva York: Organización de las Naciones Unidas.

ONU (2001). *Cuestiones sustantivas que se plantean en la aplicación del pacto internacional de derechos económicos, sociales y culturales*. Nueva York: Organización de las Naciones Unidas.

ONU (2019). *El progreso de las mujeres 2019-2020. Familias en un mundo cambiante*. ONU-Mujeres.

ONU/Unión Internacional de Telecomunicaciones (2006, junio 28). *Agenda de Túnez para la Sociedad de la Información*. Disponible en http://www.itu.int/wsis/docs2/tunis/off/6rev1-es.html.

Ordóñez Barba, G. (2018). "Discriminación, pobreza y vulnerabilidad: los entresijos de la desigualdad social en México". *Región y Sociedad*, 30(71): pp. 1-30. DOI: http://dx.doi.org/10.22198/rys.2018.71.a377.

Organización de los Estados Americanos (1969, noviembre). *Convención Americana sobre Derechos Humanos. San José, Costa Rica: OAS*. Disponible en Organización de Estados Americanos: http://www.oas.org/ dil/esp/tratados_B-32_Convencion_Americana_sobre_Derechos _Humanos. htm.

Ortiz G y Ríos B. (2013). "La pobreza en México, un análisis con enfoque multidimensional". *Análisis Económico*, vol. 28 (69):pp. 189-218.

OXFAM (2018). *Annual Report*, disponible: en https://www-cdn.ox fam.org/s3fs-public/file_attachments/story/oxfam_annual_report_2017-2018 _final_2.pdf.

Pacto Internacional de Derechos Civiles y Políticos. (1966). Parte III, artículo 19, fracción 2. Recuperado de: http://www.derechos.org/nizkor/ley/ pdcp.html.

Padovani, C. y Calabrese, A. (2014). Introduction. Padovani, C. & Calabrese, A. (ed). *Communication rights and social justice. Historical accounts of transnational mobilizations* (pp. 1-13). Hampshire/New York: Palgrave Macmillan.

Palma, E. (2008). "El problema de la confianza en los partidos en las democracias latinoamericanas: reflexiones desde el caso mexicano". En I. Bizberg y E. Palma, *Partidos políticos y sistemas electorales* (pp. 53-87). México: Instituto Electoral del Estado de México.

Palomino, A. (2010). "La concesión una forma indebida del uso y aprovechamiento del agua". *Revistas UNAM*, 5(12), 71.

Peña García, A. (2006). "Una perspectiva social de la problemática del agua". *Investigaciones Geográficas*, 125.

Perdigón, J. Katia (2015). "La indumentaria para "La Santa Muerte"", en *Cuicuilco*, núm. 64. México: Escuela Nacional de Antropología e Historia.

Pérez, L. (2007). "Desarrollo, derechos sociales y políticas púnlicas". En L. Pérez, R. U. y C. Rodríguez, *Los derechos sociales en serio: hacia un diálogo entre derechos y políticas públicas*. Bogotá: DeJuSticia.

Pérez, T. (2010). *Elegía criolla. Una reinterpretación de las guerras de independencia hispanoamericanas*. México: Tusquets.

Piketty, T. (2013). *El capital en el siglo XXI* (1ª ed. en español). Madrid: Fondo de Cultura Económica.

Piketty, T. (2014). *El Capital en el Siglo XXI*. Cambridge: Harvard University Press.

Pindyck, R, (2006). "Uncertainty in environmental economics", Working Paper 12752, *National Bureau of Economic Research*. Obtenido desde el sitio http://www.nber.org/papers/w12752.

Pisarello, G. (2007). *Los derechos sociales y sus garantías*. Madrid: Trotta.

PNUD (2018). *Índice Mundial de Pobreza Multidimensional. Reporte de Desarrollo Humano*. Ginebra: Programa de las Naciones Unidas para el Desarrollo.

Pogge, T. (2002). *World poverty and Human rights*. Cambridge: Polity Press.

Pogge, Th. (2013). *Hacer justicia a la humanidad*. México: Instituto de Investigaciones Filosóficas-UNAM/ Comisión Nacional de los Derechos Humanos/ Fondo de Cultura Económica.

Power, S. (2005). *Problema infernal. Estados Unidos en la era del genocidio*. México: Fondo de Cultura Económica.

Proceso (30 de 03 de 2004). Obtenido de "El modelo económico en México, "hecho para empresarios"": Fox: https://www.proceso.com.mx/232411/el-modelo-economico-en-mexico-8220hecho-para-empresarios-8221-fox.

Proceso (22 de 07 de 2006). Obtenido de https://www.proceso.com.mx/ 219614/convoca-amlo-a-calderon-a-aceptar-recuento-de-votos-el-pan-contesta-eso-es-improcedente.

Programa de las Naciones Unidas para el Desarrollo (2016). *Informe sobre Desarrollo Humano 2016. Desarrollo humano para todos*. Nueva York: Programa de las Naciones Unidas para el Desarrollo.

Provoste, P. (2012). *Protección social y redistribución del cuidado en América Latina y el Caribe: el ancho de las políticas*. Chile: ONU-CEPAL.

Rabotnikof, N. (2002). "Sociedad civil: cambio político y cambio conceptual". En Lucía Álvarez (Coord.), *La sociedad civil ante la transición democrática*. México: Red Mexicana de Investigadores Sobre Organismos Civiles-Plaza y Valdés.

Ramírez, E. (2012). "Instituciones y gobernanza metropolitana: una primera aproximación al caso de México". *Estudios Demográficos y Urbanos*, vol. 27, núm. 2, mayo-agosto, 2012, pp. 491-520. México: El Colegio de México, A.C.

Ramírez, N., Calderón, B. y Milián, M. (2017). "Gestión participativa en la elaboración de estrategias de revitalización urbana para el barrio histórico de San José, Puebla". *Revista Nova Scientia*, núm. 18, vol. 9 (1). pp. 588-626. Recuperado de: http://novascientia.delasalle.edu.mx/ojs/index.php/Nova/article/view/680 (05 de julio de 2017).

Ramos, G. C. (2014). *Apropiación de Agua, Medio Ambiente y Obesidad: los impactos del negocio de bebidas embotelladas en México*. México: Centro de Investigaciones Interdisciplinarias en Ciencias y Humanidades, UNAM.

Rancière, J. (2000). *En los bordes de lo político*. Madrid: Ediciones La cebra.

Rankia (2019). Obtenido de https://www.rankia.mx/blog/mejores-opiniones-mexico/2611565-hombres-mas-ricos-mexico-2019.

Rawls, J. (1996). *Teoría de la justicia*. México: Fondo de Cultura Económica.

Renault, E. (2017). *L'expérience de l'injustice*. Paris: La Découverte.

Reporte Documenta desde Abajo, (2018). Recuperado de: http://www.documenta desdeabajo.org/ (14 de septiembre de 2018).

Requena, C. (2014). *Gobernanza, retos en la relación Estado-Sociedad.* México: LID.

Resnick, Ph. (1996). "Isonomía, isegoría, isomoiría y democracia a escala global". *Isegoría,* 13, pp. 170-184.

Rey, G. (2016). "Mesures des inégalités socio-spatiales de santé". En Thierry Lang y Valerie Ulrich (coords.). *Les inégalités sociales de santé. Actes du séminaire de recherche de la DREES 2015-2016.* Université de Toulouse III/DREES.

Reygadas, L. (2004). "Las redes de la desigualdad: un enfoque multidimensional". *Política y Cultura,* núm. 22. pp. 7-25.

Rincón, G. (2008) *Entre el pasado definitivo y el futuro posible. Ejercicios de reflexión política en clave democrática.* México: Fondo de Cultura Económica.

Rivas, M. Á. (2007). *Recuentos Parciales y Totales de Votación. Administrativos y Jurisdiccionales.* Zacatecas: Instituto Federal Electoral.

Rivera Mir, S. (2014). "El archivo y la construcción de lo "confidencial" en los inicios del México posrrevolucionario". *Transhumante. Revista Americana de Historia Social,* núm. 4. pp. 46-63.

Rivière, C. (2005). *Socio-anthropologie des religions.* Paris: Armand Colin.

Rodríguez Rodríguez, J. y Gutiérrez Ramírez, L. (2015). "Legados de impunidad y rostros de verdad en Guatemala. Reflexiones en torno al juicio por genocidio (caso Ríos Montt)". *Revista del Instituto Interamericano de Derechos Humanos,* 61(1). pp. 57-86. Recuperado de: https://www.iidh .ed. cr/IIDH/media/2833/revista-61webn.pdf.

Rodríguez, C. (2005). *Economía del cuidado y política económica.* Santiago: Comisión Económica para América Latina y el Caribe.

Rodríguez, H. (2018). *Europa declara la guerra al plástico.* España: National Geographic.

Rodríguez, J. (2006). *Un marco teórico para la discriminación.* México: CONAPRED.

Rodríguez, J. (2008) *Estado y transparencia: un paseo por la filosofía política.* México: IFAI.

Rodríguez, J. (2010) *El igualitarismo liberal de John Rawls. Estudio de la Teoría de la justicia.* México: Miguel Ángel Porrúa editor/UAM-Iztapalapa.

Rodríguez, J. (2017) *Iguales y diferentes: la discriminación y los retos de la democracia incluyente.* México: Tribunal Electoral del Poder Judicial de la Federación.

Rodríguez, J. (2018). "Sensatez y sensibilidad: cómo construir una institución antidiscriminatoria en un país fragmentado". En M. A. Hernández, M. Azuela e Y. Casas (comps.), *Por la igualdad somos mucho más que dos. 15 años de lucha contra la desigualdad en México* (pp. 49-64). México: CONAPRED.

Rolland, L. V. (2010). "La gestión del agua en México". *Polis*, 6 (2), 155.

Rosanvallon, P. (2012). *La sociedad de los iguales*. Buenos Aires: Manantial.

Rosenau, J. (2006). *The Study of World Politics*. New York: Routledge.

Rottenberg, C. (2014). "The Rise of Neoliberal Feminism". *Cultural Studies*, 28, pp. 418- 437.

Rottenberg, C. (2017). "Neoliberal Feminism and the Future of the Human Capital". *Signs*, 42 (2), pp. 329-348.

Ruelas Serna, A. C. (2013). *El costo de la legitimidad, El uso de la publicidad oficial en las entidades federativas*. México: Fundar, Centro de Análisis e Investigación, A.C.

Sahui, A. (2002). *Razón y espacio público. Arendt, Habermas y Rawls*. México: Ediciones Coyoacán.

Sahui, A. (2018). *Derechos humanos, grupos desaventajados y democracia*. México: Fontamara.

Salamon, L. (2008). "Bussiness Social Engagement in Latin America: The New Alliance for Progress?" *Grassroots Development. Journal of the Inter-American Foundation*. Vol. 29, núm. 1, pp. 44-57.

Salamon, L., Sokolowski, W. y Anheier, H. (2000). "Social Origines of Civil Society: An Overview". Working Papers of *The John Hopkins Comparative Nonprofit Sector Project*. Núm. 38. Baltimore: The John Hopkins Center for Civil Society Studies, December 2000.

Salazar, L. (2010a). "Saldos políticos de la alternancia". En A. Attili y L. Salazar, *Más allá de la transición. Los cambios políticos en México 1977-2008* (pp. 131-162). México: Miguel Ángel Porrúa editor/ UAM-Iztapalapa.

Salazar, L. (2010b). *Para pensar la democracia*. México: Fontamara.

Salgado-Vega, J. y G. Zepeda-Mercado (2012). "Desigualdad y crecimiento en México: un análisis por entidad federativa". *Papeles de Población*, 18 (71): pp. 213-237.

Saltamalacchia, N y Covarrubias, A. (2011). "La dimensión internacional de la reforma de derechos humanos: antecedentes históricos". En M. Carbonell y P. Salazar (coords.), *La reforma constitucional de derechos humanos: un nuevo paradigma* (pp. 1-38). México: Instituto de Investigaciones Filosóficas-UNAM.

Sánchez Carrera, E. y. (2015). *Democracia y Desigualdad Económica en México. Un análisis de cointegración*. Facultad de Economía, Universidad Autonóma de San Luis Potosí.

Sánchez Ruiz, E. (2005). "Actualidad del Informe MacBride, a 25 años de su publicación". *Revista de Economía Política de las Tecnologías de la Información y la Comunicación*, VIII (6), pp. 1-10.

Sánchez, A. (2006). "Crecimiento económico, desigualdad y pobreza: una reflexión a partir de Kuznets", Problemas del Desarrollo. *Revista Latinoamericana de Economía*, 37(145): pp. 11-30.

Schmucler, H. (2005). "Recuerdo de lo que no fue". *Quaderns del Consell de l'Audiovisual de Catalunya*, 21, pp. 29-30.

Schvarstein, L. (2005). *Trabajo y subjetividad. Entre lo existente y lo necesario*. España: Paidós.

Scott, J. W. (1993). "La mujer trabajadora en el siglo XIX". En Duby, G. y Perrot, M. *Historia de las mujeres* (pp. 99-129), Tomo 8: El siglo XIX. Cuerpo, trabajo y modernidad. Madrid: Taurus.

Secretaría de Desarrollo Económico Sustentable (2019). *Programa de Modernización al Comercio Detallista "En Marcha"*. [En línea] url: https://portalsocial.guanajuato.gob.mx/sites/default/files/programas_sociales/ reglas_operacion/2019_SDES_Proyecto_modernizacion_comercio_detallista _en_marcha_reglas_operacion.pdf.

SECTUR (2018). *Visión Global del Turismo a México: Análisis de mercados, perspectivas del turismo mundial*. Ciudad de México: SECTUR.

SECTUR (2018b). *Informe de labores 2016-2017*. Ciudad de México: SECTUR. [En línea] url: http://www.sectur.gob.mx/wp-content/uploads /2018/09/SEXTOinformeSECTUR_B.pdf.

Semanario Judicial de la Federación y su Gaceta. (abril de 2012). Suprema Corte de Justicia de la Nación. PRINCIPIO PRO HOMINE. SU CONCEP-TUALIZACIÓN Y FUNDAMENTOS. México: Tercer Tribunal Colegiado del Décimo Octavo Circuito.

SEMARNAT (2014). *El medio ambiente en México 2013-2014*. México: SEMARNAT, CONAGUA.

Sen, A. (1980). "Equality of what?", En Mc Murrin (Ed.). *The Tanner Lectures on Human Values*. Cambridge: Cambridge University Press.

Sen, A. (2003). "Pobre, en términos relativos", *Comercio Exterior*, 53(5).

Sen, A. (2010). *La idea de la justicia*. México: Taurus.

Sepúlveda, R. (2011). "Análisis de los aspectos de la reforma constitucional relacionados con le ámbito internacional". En M. Carbonell y P. Salazar (coords.), *La reforma constitucional de derechos humanos: un nuevo paradigma* (pp. 201-220). México: Instituto de Investigaciones Filosóficas-UNAM.

Serrano, S., y Vazquez, D. (2013). *Los derechos en acción*. México: FLACSO México.

Serret, E. (2012). Las bases androcráticas de la democracia moderna. En E. Serret (coord.), *Democracia y ciudadanía: perspectivas críticas feministas* (pp. 1-22). México: Suprema Corte de Justicia de la Nación/ Fontamara.

Shamir, R. (2008). "The age of Responsabilization. On Market-Embedded Morality", *Economy and Society*, vol, 53, núm. 3.

Silva Catela, L. (2002). "El mundo de los archivos". Los archivos de la represión: Documentos, memoria y verdad. Madrid: Siglo XXI editores.

Sin Embargo (12 de 04 de 2013). Obtenido de: https://www.sinembargo.mx/ 12-04-2013/3013720.

Singer, M. (2019). *Climate Change and Social Inequality*. London/New York: Routledge.

Slocum, S. y K. Curtis (2018). *Food and agricultural tourism: theory and best practice*. London/New York: Routledge.

Smith, H. (2012). *Who Stole the American Dream?* New York: Random House.

Smith, V. (1989). *Anfitriones e invitados: Antropología del turismo*. Madrid: Endymion.

Soberanes, D. J. (2011). "La igualdad y la desigualdad jurídicas". *Cuestiones constitucionales: revista mexicana de derecho consitucional*, Núm. 25 389.

Sociedad Civil DESCA. (2017). *Informe conjunto de sociedad civil sobre los Derechos Económicos, Sociales, Culturales y Ambientales en México.* México: Informe alternativo a los Informes V y VI Periódicos combinados.

Solís, P. (2017) *Discriminación estructural y desigualdad social. Con casos ilustrativos para jóvenes indígenas, mujeres y personas con discapacidad.* México: CONAPRED/CEPAL.

Soto, F. y Viveros, F. (2016). "Las Organizaciones de la Sociedad Civil desde su marco jurídico e institucional: Configurando un actor social". Tercer informe Proyecto Sociedad en Acción. Santiago: Centro de Políticas Públicas UC y Fundación Chile más Hoy.

Soto, M. y. (2009). *De la barbarie al orgullo nacional: indígenas, diversidad cultural y exclusión: siglos XVI al XIX*. Berkeley: Universidad Nacional Autonóma de México.

Standing, G. (2011). *El precariado. Una nueva clase social*. Barcelona: Pasado y Presente.

Stiglitz, J. (2015). *La gran brecha*. México: Taurus.

Suárez, M., Ruiz, N. y Delgado, J. (2012). "Desigualdad, desarrollo humano y la consolidación urbano-regional en México". *EURE*, vol. 38, núm. 115. pp. 73-93. Recuperado de: https://scielo.conicyt.cl/pdf/eure/v38n115/art04 .pdf (06 de agosto de 2019).

Suprema Corte de Justicia de la Nación. (2014). Amparo en revisión 2441/2014. México: Primera Sala.

Székely, M. (2005). "Pobreza y Desigualdad en México entre 1950 y 2004", *El Trimestre Económico*, LXXII (4): pp. 913-931.

Taylor, S. (2017). *Beasts of burden. Animal and disability liberation*. Nueva York: The New Press.

Teitel, R. G. (2000). *Transitional justice*. New York: Oxford University Press.

Teixidó, S. y Chavarri, R. (eds.) (2000). *La acción filantrópica como un elemento de la responsabilidad social*. Santiago de Chile: PROHumana.

Tello, M. L. (2016). *La justiciabilidad del derecho al agua en México*. México: Comisión Nacional de Derechos Humanos.

Terceiro, L. J. (2006). *Sobre la desigualdad*. Madrid: RACMYP.

Thirwall. A. (2006). *Growth and development with special reference to developing economies*. Palgrave-MacMillan. En Ortíz. J. y Ríos, H. (2013). "La pobreza en México. Un análisis con enfoque multidimensional". *Análisis Económico*, 28(69): pp. 189-218.

Thurow, L. (1969). "Problems in the Area of Poverty: Discussion". *American Economic Review*, 59(2): pp. 476-478.

Torre, J. C. (2008). "Cohesión Social y Democracia. Obtenido de Comentarios a las versiones preliminares de los papers de: Zamosc, Jerome, Szmukler, Oro y Mitre": https://fundacaofhc.org.br/files/papers/453.pdf.

Touraine, A. (1997). *¿Podremos vivir juntos? Iguales y diferentes*. Madrid: PPC Editorial.

Tourliere, M. (18 de mayo de 2019). Obtenido de Condenados a la pobreza... o a la riqueza: Proceso. https://www.proceso.com.mx584668/condenados-a-la-pobreza-o-a-la-riqueza.

Trappel, J. (2019). "Inequality, (new) media and communications". En Trappel, J. (ed). *Digital media inequalities. Policies against divides, distrust and discrimination* (pp. 9-30). Göteborg: Nordicom.

Trejo Delarbre, R. (2012). "Derecho a la comunicación, todavía no para todos". En Vega Montiel, A. (coord). *Comunicación y derechos humanos* (pp. 111-114). Ciudad de México: UNAM/IAMCR.

Tron, P. J. (2010). *Lo real y lo justo de los impuestos, consideraciones sobre la interpretación*. México: Dofiscal.

Unesco (2018). *World trends in freedom of expression and media development. Global report 2017-2018*. París: Unesco/University of Oxford.

Urbain, J. D. (2002). *L'idiot du voyage: histoires de touristes*. Paris: Payot.

Urteaga, M. (2011). *La construcción juvenil de la realidad: Jóvenes mexicanos contemporáneos*. México: UAM-Juan Pablos Editor.

Valencia Lomelí, E. (2019). "Dinámicas históricas de desigualdad en el régimen de bienestar mexicano". En Cristina Bayón (coord.). *Las grietas del neoliberalismo: Dimensiones de la desigualdad contemporánea en México*, (pp. 195-244). Ciudad de México: UNAM/IIS.

Vanguardia, La (27 de mayo de 2016). *¿En qué países son más inteligentes y en cuáles tienen un Cociente Intelectual más bajo?* Obtenido de VangData: https://www.lavanguardia.com/vangdata/20160520/401924557016/paises-in teligencia-ci.html.

Vázquez, R. (2016). *Derechos humanos. Una lectura liberal igualitaria.* México: Instituto de Investigaciones Jurídicas-UNAM/ ITAM.

Vega Montiel, A. (2012). "Prólogo". En Vega Montiel, A. (Coord). *Comunicación y derechos humanos* (pp. 15-16). Ciudad de México: UNAM /IAMCR.

Vela, E. (2017). *La discriminación en el empleo en México*. México: Instituto Belisario Domínguez-CONAPRED.

Vélez, M. y Mejía, L. (2016). "Los espacios urbanos como expresión de la desigualdad". *Perspectivas*, vol. 10, núm. 1, pp. 95-107. Recuperado de: http://publicaciones.eco.uaslp.mx/VOL17/Volumen_10.5.PDF (06 de agosto de 2019).

Villa, S. (2019). *Las políticas de cuidados en México. ¿Quién cuida y cómo se cuida?* Ciudad de México: Fundación Friedrich Ebert-México.

Villamán, M. (2001). "Equidad, pobreza y derechos humanos", *Ciencia y Sociedad*, 26(1): 36-41.

Waldron, J. (2016) *Political Political Theory*. Cambridge: Harvard University Press.

Wallerstein, I. (2001). *La reestructuración capitalista y el sistema mundo.* México: Siglo XXI.

Yitzhaki, S. (1998). "More than a dozen of alternative ways of spelling Gini". *Research on Economic Inequality*, 8: pp. 13-30.

Zagrebelsky, G. (1995). *El derecho Dúctil*. Madrid: Trotta.

Zamudio Santos, V. (2018). *La Comisión Nacional del Agua en los informes de la Auditoria Superior de la Federación*. México: Controla tu Gobierno.

Zúñiga, M. (2005). "La invisibilidad de la violencia en la dominación de género en el trabajo". *Debate Feminista*, 31, pp. 99-129.

Zygmunt, B. (2009). *Globalización: Consecuencias Humanas*. México: Fondo de la Cultura Económica.

Los autores

Oscar Javier Apáez Pineda. Doctor en Derecho y Globalización y licenciado en Derecho por la Universidad Autónoma del Estado de Morelos, maestro en Derecho y especialista en Derecho Social por la Universidad Nacional Autónoma de México. Estancia de investigación doctoral en el Instituto Max Planck de Derecho Social y Política Social. Investigador y jefe de Procesos Académicos del Doctorado en Ciencias Jurídicas de la Universidad La Salle, México. Autor de varios artículos de investigación y co-coordinador de la obra *El impacto de la reforma en materia de derechos humanos en la seguridad social de México*, editada y publicada por la Comisión Nacional de Derechos Humanos.

Analaura Medina Conde. Posdoctorado CONACYT en Derecho de la Empresa en la Universidad de Zaragoza, España. Doctorado en Derecho en Argumentación Jurídica y Maestría en Derecho Fiscal por el Centro de Estudios Jurídico-Políticos de la Universidad Autónoma de Tlaxcala y Licenciatura en Derecho Civil. Miembro del Sistema Nacional de Investigadores (2015-2019), profesor-investigador de tiempo completo a partir de 2008 con perfil PRODEP, actualmente investigadora en la Universidad La Salle, México. Últimas publicaciones: Medina, A. L. y Flores, U. (2019). "Argumentación jurídica del derecho humano a la vivienda en México". *Revista Latinoamericana de Derecho Social. Instituto de Investigaciones Jurídicas,* UNAM, (28). Medina, A. L. y Flores, U. (2018). "Estudio Dialéctico de la Economía Social". *Boletín de la Asociación Internacional de Derecho Cooperativo*, (52), 73-106. Medina, A. L. y Flores, U. (2018). "Aceptación del concepto de Economía Social e identificación de grupos homogéneos en países de Latinoamérica y Europa". *Ciencia*, UAT, 12(2), 104-126. Medina, A. L. y Flores, U. (2017). "La seguridad social como Derecho Humano en el Contexto Internacional". *DÍKÊ. Revista de Investigación en Derecho, Criminología y Consultoría Jurídica*, (20), 111-128. Medina, A. L. y Flores, U. (2017). "Situación fiscal de la Empresa en México respecto del Impuesto Sobre la Renta". *GECONTEC. Revista Internacional de Gestión del Conocimiento y la Tecnología*, 5(1), 61-82.

Cesaire Chiatchoua. Licenciado en Management por la Universidad de Buea, Camerún (2004); maestro en Administración de Empresas por la Universidad de Dschang, Camerún, y doctor en Ciencias Económicas por la Escuela Superior de Economía del Instituto Politécnico Nacional (IPN), México. Actualmente es profesor-investigador de tiempo completo en la

Universidad La Salle, México. Asimismo, es miembro del Sistema Nacional de Investigadores del CONACYT desde 2015. Ha dirigido varias tesis a nivel licenciatura, maestría y doctorado. Sus áreas de investigación son las siguientes: desarrollo económico, administración de empresas, política económica y desarrollo regional. Ha publicado el libro *MIPYMES y Empleo. Categorización y Perspectivas* (LAES, 2017), así como *Perspectivas de la innovación regional en México: propuesta de un modelo* (Colofón, 2017) y diversos artículos tanto a nivel nacional como internacional.

Omar Neme Castillo. Doctor en Ciencias Económicas por el Instituto Politécnico Nacional (2009), maestro en Negocios Internacionales por la Universidad Nacional Autónoma de México (2002) y licenciado en Economía por la Universidad Autónoma Metropolitana, Unidad Xochimilco (1998). Actualmente es profesor-investigador de la Sección de Estudios de Posgrado e Investigación de la Escuela Superior de Economía del Instituto Politécnico Nacional. Asimismo, es miembro del Sistema Nacional de Investigadores del CONACYT, nivel II. Fue subdirector de Investigación Económica en la Asociación Nacional de Importadores y Exportadores de la República Mexicana. Sus líneas de investigación son desarrollo económico y comercio internacional.

Ana Lilia Valderrama Santibáñez. Doctora en Ciencias Económicas por el Instituto Politécnico Nacional (2009), maestra en Economía por el Centro de Investigación y Docencia Económicas (2001) y licenciada en Economía por la Universidad Autónoma Metropolitana, Unidad Xochimilco (1998). Actualmente es profesora investigadora de la Sección de Estudios de Posgrado e Investigación de la Escuela Superior de Economía del Instituto Politécnico Nacional. Pertenece al Sistema Nacional de Investigadores del CONACYT, nivel I. Fue subdirectora de Investigación de Dumping en la Unidad de Prácticas Comerciales Internacionales de la Secretaría de Economía. Sus principales líneas de investigación son el comportamiento de los agentes económicos y la creación de Pymes, técnicas para el desarrollo de habilidades gerenciales, agentes innovadores, organización industrial y sistemas de innovación, organización industrial en México y desarrollo económico y el papel de las finanzas públicas en el crecimiento económico.

Dorismilda Flores-Márquez. Es profesora-investigadora en la Facultad de Comunicación y Mercadotecnia de la Universidad La Salle, Bajío. Es doctora en Estudios Científico-Sociales por el ITESO y realizó una estancia de investigación doctoral en la Université Catholique de Louvain y la École des Hautes Études en Sciences Sociales. Es parte del Sistema Nacional de

Investigadores en nivel candidato. En 2017 obtuvo el segundo lugar en el Premio Internacional de Tesis Doctorales en Comunicación, otorgado por la Federación Latinoamericana de Facultades de Comunicación Social. Es autora del libro *Imaginar un mundo mejor: La expresión pública de los activistas en internet* (ITESO, 2019).

Carlos Alberto Jiménez-Bandala. Profesor-investigador de tiempo completo en la Facultad de Negocios de la Universidad La Salle, Ciudad de México. Jefe de Procesos Académicos del Doctorado en Administración en la misma Universidad. Miembro del Sistema Nacional de Investigadores (Conacyt), nivel 1. Doctor y maestro en Estudios Organizacionales por la Universidad Autónoma Metropolitana-Iztapalapa (UAM-I). Licenciado en Economía por la Universidad Nacional Autónoma de México (UNAM) y licenciado en Administración por la Benemérita Universidad Autónoma de Puebla (BUAP). Ha participado como conferencista y ponente en congresos nacionales e internacionales. Es evaluador en revistas arbitradas e indexadas y autor de artículos en revistas de factor de impacto, capítulos de libro y un libro. Sus publicaciones más recientes son: "Unemployment and the Probability of Falling into Poverty Traps: Considerations for Developing Countries", "Development in Southern Mexico: Empirical Verification of the "Seven Erroneous Theses about Latin America"", "Education, Poverty and the Trap of Poor Countries in The Face of Development" y el libro *Organizaciones fractales: El caso de México, Cuba, y Colombia. Estudios Transmodernos de organización socia*l.

Érika Paz Vázquez. Periodista, maestra en Estudios Políticos y Sociales, y doctoranda en Ciencias Políticas por la Universidad Nacional Autónoma de México (UNAM). Cuenta con estudios en la Universidad Autónoma de Barcelona, donde realizó una estancia de investigación en la Unidad de Medios de Comunicación y Género. Se ha desempeñado como asesora parlamentaria en telecomunicaciones y radiodifusión y derechos humanos, y como asesora en estrategias de comunicación social con perspectiva de género. Sus proyectos de investigación se encuentran en el campo de la democracia, los medios de comunicación y las agresiones a periodistas, articulados con el género y los derechos humanos de las mujeres.

Agustín Tapia Alba. Estudió la Licenciatura en Comercio Internacional en la Escuela Superior de Comercio y Administración del Instituto Politécnico Nacional. Posteriormente, en la misma escuela concluyó la Maestría en Administración Pública en la especialización de Nuevos Escenarios en la Administración Pública Internacional. El Doctorado en Estudios Sociales lo cursó, becado por el Conacyt, en el área de Procesos Políticos. Sus trabajos de investigación se relacionan, principalmente, con la liberalización comercial, el estudio de la intervención gubernamental en la promoción del comercio internacional, neo-institucionalismo y los efectos económicos y comerciales que la desigualdad puede causar. Actualmente es profesor de tiempo completo en la Escuela de Negocios de la Universidad Autónoma Popular del Estado de Puebla en las Carreras de Comercio Internacional y Estrategia y Logística de Negocios. Ha supervisado trabajos de tesis a nivel Licenciatura, Maestría y Doctorado.

Cutberto Hernández Legorreta. Doctor en Historia por el Instituto de Investigaciones Históricas de la Universidad Michoacana de San Nicolas de Hidalgo; maestro en Estudios Latinoamericanos por la Facultad de Filosofía y Letras de la UNAM. Doctorando en Estudios de Asia y África por El Colegio de México. Investigador-maestro de tiempo completo en la Licenciatura en Relaciones Internacionales y Coordinador Académico de la Maestría en Gobernanza y Estrategia Internacional, ambos en la Universidad La Salle. Miembro del Sistema Nacional de Investigadores del Conacyt. Líder del Grupo de Investigación, Desarrollo e Innovación (GID+i), "Los nuevos paradigmas de la sociedad internacional: regiones, actores, estructuras e instituciones", en donde desarrolla las líneas de investigación sobre cultura de la gobernanza; estudios sobre la paz; el papel transformador de las OSC en las sociedades en la posmodernidad. Actualmente coordina el proyecto de investigación "Cultura de la gobernanza y educación para la paz en ecoespacios sociales inmersos en proceso de violencia estructural", en colaboración con el GIDI, "Los nuevos paradigmas de la sociedad internacional: regiones, actores, estructuras e instituciones" de la Universidad La Salle, México.

Jorge Valtierra Zamudio. Doctor en Antropología por el Centro de Investigaciones y Estudios Superiores en Antropología Social (CIESAS), maestro en Antropología social por la misma institución y licenciado en historia por la UNAM. Es miembro del Sistema Nacional de Investigadores (Conacyt), investigador y docente en la Facultad de Derecho de la Universidad La Salle, A. C. Sus principales líneas de investigación son gobernanza, antropología política y cultural, así como poblaciones en situaciones vulnerables.

Adriana María Arrubla Echavarría. Es maestrante en Conservación de Acervos Documentales en la Escuela Nacional de Conservación, Restauración y Museografía del Instituto Nacional de Antropología e Historia, así como licenciada en Bibliotecología en la Universidad de Antioquia. En la actualidad se desempeña como docente de archivística en la Universidad Nacional Autónoma de México. Sus líneas de investigación son bibliotecología, archivística y conservación de archivos de derechos humanos.

Gabriel Gómez Carmona. Arquitecto, maestro en Antropología Social y doctor en Urbanismo por la Universidad Autónoma del Estado de México. Ha publicado dos libros: *La Gavia. Historia y Arquitectura de una Hacienda Mexicana* (ISBN 978-3-659-08361-7) y *La Enseñanza de la Arquitectura. Retos y Perspectivas en la Era Digital* (ISBN 978-607-8506-05-7). Autor de 8 capítulos de libro y 17 artículos en revistas especializadas nacionales e internacionales. Organizador, dictaminador, conferencista y ponente en 25 eventos académicos a nivel nacional e internacional. Miembro de la Comisión Académica Nacional de Educación en Arquitectura de la Asociación de Instituciones de Enseñanza de la Arquitectura de la República Mexicana (ASINEA). Miembro del Sistema Nacional de Investigadores (SNI) nivel candidato (Conacyt). Actualmente es profesor-investigador de la Facultad Mexicana de Arquitectura, Diseño y Comunicación (FAMADYC) de la Universidad La Salle, México.

Carlos Ríos-Llamas. Arquitecto, socioantropólogo de lo urbano. Doctor en Estudios Científico-Sociales (ITESO) con estancia de investigación en la École des Hautes Études en Sciences Sociales (EHESS 2015-2017). Profesor-investigador en la Facultad de Arquitectura de la Universidad La Salle Bajío, León, México. Su línea de investigación actual es antropología urbana y salud pública, con especial interés en las desigualdades socioespaciales y la estética urbano-arquitectónica. Entre sus últimas publicaciones destaca el libro *Ciudades obesogénicas y mujeres vulnerables* (ITESO, 2018), además de varios artículos en revistas científicas.

Mario Alfredo Hernández Sánchez. Doctor en Humanidades, con especialidad en Filosofía Moral y Política, por la Universidad Autónoma Metropolitana-Iztapalapa, en México. Es profesor investigador de tiempo completo en la Facultad de Filosofía y el Posgrado Interinstitucional en Derechos Humanos de la Universidad Autónoma de Tlaxcala. Es integrante del Sistema Nacional de Investigadores y del Cuerpo Académico "Justicia internacional, contextos locales de injusticia y derechos humanos". Autor de diversos capítulos en libros colectivos y artículos especializados sobre filosofía de los derechos humanos y la democracia; igualdad y no discriminación; feminismo y estudios de género; políticas de la memoria y justicia transicional. Es coautor del libro *Nada sobre nosotros sin nosotros. La*

Convención de Naciones Unidas sobre discapacidad y la gestión civil de derechos (2016). Es coordinador de los volúmenes colectivos *Razones universales de justicia y contextos locales de injusticia. Los desafíos teóricos del paradigma de los derechos humanos* (2017) y *Los derechos sociales desde una perspectiva filosófica. Hacia un equilibrio reflexivo entre el horizonte normativo y las expectativas ciudadanas de justicia* (2017). Ha sido asesor de la Comisión de Derechos Humanos de la Ciudad de México y del Consejo Nacional para Prevenir la Discriminación.

César Rebolledo González. Doctor en Ciencias Sociales por el Colegio Mexiquense AC. Cuenta con un posdoctorado en Comunicación por la Universidad Iberoamericana (México). Realizó estudios de maestría en Sociología por la Universidad Paris V-Sorbonne (Francia). Es licenciado en Ciencias de la Comunicación por la UNAM (México). Es investigador asociado del CEAQ-Sorbonne. Es profesor-investigador en La Universidad La Salle. Cuenta con distintos artículos publicados en México, Francia e Italia. Ha impartido conferencias en México, Francia, Perú y Chile. Ha recibido distintos reconocimientos por su trayectoria docente, así como diversas becas académicas y apoyos para la investigación. Recientemente ingresó al Sistema Nacional de Investigadores (SNI).

Ricardo Bernal Lugo. Profesor-investigador de la Facultad de Humanidades y Ciencias Sociales de la Universidad La Salle, Ciudad de México. Es doctor en Humanidades con línea en Filosofía Moral y Política por la Universidad Autónoma Metropolitana-Iztapalapa. Ha realizado estudios doctorales en la Universidad Paris VIII-Vincennes Saint Denis y una estancia de investigación en la Universidad Paris-Nanterre. Junto con Gerardo Ambriz ha coordinado el libro *El Derecho contra el Capital* (2016), ha publicado más de una decena de artículos en revistas nacionales e internacionales y ha editado y traducido la obra *Para una refundación del marxismo* del filósofo francés Jacques Bidet. Recientemente ha coordinado el libro *Justicia, reconocimiento y paridad participativa* (2019). Forma parte del Sistema Nacional de Investigadores (SNI), nivel candidato.

Otros títulos de nuestra editorial

Colección Testimonio

Fernando Pineda Ochoa. *Balada Marina y otras Historias* (2013).
Javier Balladares Gómez y Yared Elguera Fernández (Compiladores). *Ayotzinapa y la Crisis Política de México* (2016).

Colección Humanidades

Benedicto XVI y Francisco. *Fe, Esperanza y Caridad. Tres Encíclicas* (2014).
Gabriel Amengual, Ronald Beiner, Mauricio Beuchot, John Dunn, Otfried Höffe, María Pía Lara, Sergio Pérez, Francisco Piñón, Viridiana Platas, Jorge Rendón, Roberto R. Aramayo y Gabriel Vargas. *Filosofía y Sociedad hoy. Una conversación* (2017).

Colección Ensayo

Gustavo Leyva Martínez, Jesús Rodríguez Zepeda, Guillermo Flores Miller, Suzanne Islas Azaïs y Jorge Rendón Alarcón. *Octavio Paz, México y la Modernidad* (2014).
Gerardo Ambriz Arévalo y Ricardo Bernal Lugo (Coordinadores). *El Derecho contra el Capital. Reflexiones desde la Izquierda Contemporánea* (2016).
Jacques Bidet. *Para una Refundación del Marxismo. Reflexiones sobre El Capital, el Estado-Mundo y el régimen neoliberal* (Ricardo Bernal Lugo, editor, 2017).
Ernst Kantorowicz. *Morir por la patria* (Estudio introductorio de Sergio Pérez y Javier Balladares, 2018).

Colección Problemas de México

Jorge Rendón Alarcón. *Sociedad y conflicto en el Estado de Guerrero, 1911-1995. Poder político y estructura social de la entidad* (2019).